Franz Schultheis, Berthold Vogel, Kristina Mau (Hg.)
Im öffentlichen Dienst

D1671364

Franz Schultheis, Berthold Vogel, Kristina Mau (Hg.)

Im öffentlichen Dienst

Kontrastive Stimmen aus einer Arbeitswelt im Wandel

[transcript]

Das Buch entstand im Rahmen eines von der DFG, dem SNF und dem FWF geförderten D-A-CH-Projektes mit freundlicher Unterstützung durch den Dr. Albert Bühler-Reindl-Fonds der Universität St. Gallen (Schweiz).

Bibliografische Information der Deutschen Nationalbibliothek

Die Deutsche Nationalbibliothek verzeichnet diese Publikation in der Deutschen Nationalbibliografie; detaillierte bibliografische Daten sind im Internet über http://dnb.d-nb.de abrufbar.

Umschlaggestaltung: Kordula Röckenhaus, Bielefeld
Korrektorat: Andreas Merkel, Köln
Satz: Michael Rauscher, Bielefeld
Druck: Majuskel Medienproduktion GmbH, Wetzlar
Print-ISBN 978-3-8376-2770-1
PDF-ISBN 978-3-8394-2770-5

Gedruckt auf alterungsbeständigem Papier mit chlorfrei gebleichtem Zellstoff.
Besuchen Sie uns im Internet: *http://www.transcript-verlag.de*
Bitte fordern Sie unser Gesamtverzeichnis und andere Broschüren an unter:
info@transcript-verlag.de

Inhalt

Dank

Diese Publikation entstand im Rahmen des Projektes »Im Dienste öffentlicher Güter: Akteure, Institutionen, Praktiken«, beruhend auf einer Forschungskooperation zwischen dem Soziologischen Seminar der Universität St. Gallen, dem Hamburger Institut für Sozialforschung und der Forschungs- und Beratungsstelle Arbeitswelt in Wien, und wurde von Oktober 2010 bis März 2013 finanziert durch die Deutsche Forschungsgemeinschaft DFG, den Österreichischen Fonds zur Förderung der wissenschaftlichen Forschung FWF und den Schweizerischen Nationalfonds SNF.

Mit freundlicher Unterstützung durch den Dr.-Albert-Bühler-Reindl-Fonds der Universität St. Gallen (Schweiz).

Unser Dank gilt Dr. Artur Göser für das sorgfältige und kompetente Lektorat sowie all jenen Produzenten öffentlicher Güter, die bereit waren, Zeugnisse von ihren Erfahrungen in der Arbeitswelt zu liefern.

Einleitung

Franz Schultheis/Berthold Vogel

Die Arbeitswelten öffentlicher Dienste waren in der Vergangenheit bereits auf vielfältige Weise Gegenstand und Thema wissenschaftlicher Analyse[1]. Das gilt für die reformfreudigen 1970er Jahre, in denen der Staatssektor eine historisch einmalige Ausbauphase erlebte, das gilt aber auch für die Zeit nach der Einführung neuer Methoden der Verwaltungsführung und der Privatisierung öffentlicher Aufgabenbereiche. Die Literatur, die in dieser Boomphase des Wandels öffentlicher Beschäftigung entstand, ist zu großen Teilen Empfehlungs- und Bewertungsliteratur, die über Reformen und Wandel spricht.[2] Die konkret handelnden Menschen spielen hierbei freilich nur eine nachgeordnete Rolle. Nach Jahren der Marktvergesellschaftung und Ökonomisierung des staatlichen Sektors scheint es nun höchste Zeit zu sein, gerade dort, bei den Beschäftigten und Arbeitnehmern[3] des öffentlichen Dienstes, sozialwissenschaftlich informiert und interessiert nachzufragen. Der Forschungsbedarf ist groß, gerade wenn es um die Befindlichkeit der Beschäftigten, ihr Selbstverständnis und ihre berufsethischen

---

1 | Vgl. beispielsweise Mayntz 1998; Czerwick 2007; Czerwick/Lorig/Treutner (Hg.) 2009; Bogumil/Holtkamp 2013; Kersten/Neu/Vogel 2012; Keller 2010; Krohn 2013; oder die zahlreichen Arbeiten, die im Sonderforschungsbereich »Staatlichkeit im Wandel« an der Universität Bremen entstanden sind, hier zum Beispiel Gottschall 2009. Für die Schweiz siehe Fluder 1996; Pelizzari 2001; Ballendowitsch 2003 sowie Attac Schweiz (Hg.) 2005. In international vergleichender Perspektive gilt es vor allem auf das europäische PIQUE-Projekt und seine Hauptpublikation zu verweisen: Brandt et al. 2009.

2 | Exemplarisch für die jüngere Zeit ist die umfangreiche Publikationsreihe des sigma-Verlags Berlin zur »Modernisierung des öffentlichen Sektors« (www.gelbereihe.de) oder für die 1970er Jahre die Bände der »Studienkommission für die Reform des öffentlichen Dienstrechts«, die seit 1972 im Nomos-Verlag erschienen sind.

3 | Der besseren Lesbarkeit willen verzichten wir auf die durchgängige Anwendung der geschlechtersensiblen Schreibweise. Mit der Nennung der gängigen (und in der Regel männlichen) Funktionsbezeichnung ist in diesem Buch, sofern nicht anders gekennzeichnet, immer auch die jeweils andere (in der Regel weibliche) Form gemeint.

Motivationen und Orientierungen in solchen traditionellerweise »geschützten« »non market«-Sektoren geht[4]. Dies soll im Folgenden gezielt aus der Sicht und der Erfahrung der Produzenten dieser öffentlichen Güter geschehen, um die es ja letztlich und zuvorderst bei solchen Fragestellungen geht. Was können wir hier erwarten?

Zum einen können Individuen einer veränderten Lebenswelt – aufgrund spezifischer persönlicher Dispositionen – mit mehr oder minder ausgeprägter passiver Hinnahme oder Widerständigkeit begegnen. Sie zeigen Bedrohungsgefühle oder Neugierde, Verlustängste oder Optimismus – kurzum, sie legen eine breite Palette unterschiedlicher Befindlichkeiten und Reaktionen an den Tag. Zum anderen müssen wir davon ausgehen, dass solchen intersubjektiven Divergenzen und psychologischen Differenzierungen beim Umgang mit erlebtem arbeitsweltlichem Wandel auch originär gesellschaftliche Faktoren zugrunde liegen. Hierzu zählen zunächst die soziodemographischen Variablen wie Geschlecht oder Alter, die zweifellos den unterschiedlichen Erfahrungen von Wandel zugrunde liegen. Aber auch sozialstrukturelle Bedingungen wie zum Beispiel die Verfügbarkeit ökonomischen, kulturellen, sozialen und symbolischen Kapitals, die Platzierung im gesellschaftlichen Raum der Hierarchien und Machtverhältnisse müssen hier berücksichtigt werden. Schließlich ist zu erwarten, dass Wahrnehmung und Beurteilung arbeitsweltlichen Wandels auch von der Bewertung der eigenen Position und der mit ihr verknüpften Lebenschancen beeinflusst wird. Für die Produktion öffentlicher Güter und Dienstleistungen ist es ganz und gar nicht unwichtig, unter welchen Bedingungen dies geschieht.

Diese Wechselwirkung von gesellschaftlichen Bedingungen auf der einen und der Erfahrung und biographischen Verarbeitung des Wandels von Arbeitswelten auf der anderen Seite ist Gegenstand der hier vorgelegten Studien. Am Beispiel der Arbeitswelten ausgewählter öffentlicher Dienste in Deutschland und der Schweiz wurde zunächst mittels verstehender Interviews eine Anzahl subjektiver Zeugnisse von Mitarbeitern beiderlei Geschlechtes, unterschiedlichsten Alters und Status, mit stark differenzierten Bildungs- und Ausbildungswegen und auch mit sehr verschiedenen Rückwirkungen arbeitsweltlichen Wandels auf ihre berufsbiographischen Flugbahnen gewonnen. Dadurch, dass jeweils eine ansehnliche Zahl solcher Zeugnisse aus der gleichen Arbeitswelt stammt, ergibt sich eine spezifische Pluriperspektivität bei der Betrachtung und Analyse der berichteten gesellschaftlichen Veränderungen. Diese Pluriperspektivität ermöglicht

---

4 | Im internationalen Maßstab waren und sind es Autoren wie Colin Crouch und Tony Judt, die diese Perspektive ansprechen, auch auf der EU-Ebene spielt dieser Aspekt eine Rolle. In den vergangenen Jahren sind erste Arbeiten in dieser Optik entstanden, wovon folgende hervorzuheben sind: Perry/Hondeghem (Hg.) 2009; Emery/Martin 2010 und vor allem McDonough 2006.

es, unterschiedliche Erfahrungen im Umgang mit arbeitsweltlichem Wandel sichtbar zu machen. Doch wollten wir uns mit unserem spezifischen Erkenntnisinteresse nicht einfach damit begnügen, eine Serie soziologischer Porträts von Mitmenschen aus den Arbeitswelten öffentlicher Dienste unvermittelt nebeneinanderzustellen und es dem Leser zu überlassen, entsprechende Hypothesen zu entwickeln. Vielmehr haben wir den Versuch unternommen, mittels eines hier erstmals erprobten Verfahrens ausgewählter kontrastiver[5] Konfigurationen Wechselbeziehungen zwischen den eingenommenen Positionen im sozialen Raum, sozio-demographischen Charakteristika und Perspektiven auf die Arbeitswelt zu verdeutlichen. Es ist der Versuch, die Positionsabhängigkeit der Wahrnehmung und Beurteilung von Veränderungen der arbeitsweltlichen Strukturen und Prozesse exemplarisch an theoriegeleitet und gleichzeitig erfahrungsbasierten ausgewählten Kontrastfolien zu plausibilisieren und die subjektiven Zeugnisse der befragten Beschäftigten in gesellschaftliche Zusammenhänge wie hierarchische Beziehungen, ungleiche Verteilung von Ressourcen und unterschiedliche biographische Flugbahnen in spezifische berufliche Positionen zu stellen.

Der vorliegende Band steht in der Kontinuität einer verstehenden Soziologie der Arbeitswelt, setzt zugleich aber durch die gewählte Formgebung bei der Präsentation empirischer Befunde neue Akzente und eröffnet neue Perspektiven. Er basiert – wie im Falle der Studien »Gesellschaft mit beschränkter Haftung« (Schultheis/Schulz [Hg.] 2005) und »Ein halbes Leben« (Schultheis/Vogel/Gemperle [Hg.] 2010) – auf qualitativen Interviews und der Interpretation und Rahmung soziologischer Porträts. Die verantwortliche Forschungs- und Autorengruppe entschied sich im Fall des vorliegenden Bandes dafür, die jeweiligen Sichtweisen und Deutungen der befragten Akteure öffentlicher Dienste nicht isoliert als selbstreferenzielle und selbstgenügsame alltagsweltliche Erfahrungsberichte zu behandeln und darzustellen, sondern diese durch die Konfrontation mit den Perspektiven anderer Akteure derselben oder ähnlicher Arbeitswelten systematisch zu kontrastieren. Dadurch entstanden die hier vorliegenden, zum Teil theatralisch anmutenden Inszenierungen eines Dialogs, der so nicht stattgefunden hat, der aber dennoch »realistisch« ist, denn es handelt sich ja um Erzählungen von Zeitgenossen, die eine gemeinsame berufliche Lebenswelt mit ihren spezifischen Erfahrungshorizonten teilen. Durch den gewählten Kunstgriff werden die Erzählungen der befragten Akteure aus ihrer Singularität herausgelöst und ihr Blick auf ihre gesellschaftliche Welt und dessen Einbettung in konkrete gesellschaftliche Strukturen »objektiviert«. So soll die jeweilige Positionsabhängigkeit der in den subjektiven Zeugnissen zum Ausdruck kommenden Perspektiven auf arbeitsweltliche Zusammenhänge und die jeweilige Befindlichkeit der Befragten

---

5 | Der Begriff »kontrastiv« ist im soziologischen Diskurs eher ungebräuchlich, findet jedoch in der so genannten »kontrastiven Linguistik«, also dem synchronen Vergleich von Konvergenzen und Divergenzen von Sprachsystemen gewisse Anschlussmöglichkeiten (vgl. beispielsweise Rein 1983).

in Relation zu alternativen Sichtweisen aus dem gleichen gesellschaftlichen Zusammenhang heraus objektivierbar gemacht werden. Unterschiedliche biographische Flugbahnen, geschlechts- oder generationsspezifische Dispositionen und Erfahrungen sowie statusmäßige Besonderheiten werden auf diese Weise nachvollziehbar und einsichtig. Die Perspektiven auf den arbeitsweltlichen Wandel und auf arbeitsweltliche Realitäten erscheinen in ihrer engen Wechselwirkung mit den jeweiligen konkreten Positionen der Akteure in den unterschiedlichen beruflichen Feldern öffentlicher Dienste wie auch mit dem (berufs-)biographischen Weg dorthin: Diese Vorgehensweise zielt auf eine relationale Lesart der erhobenen Daten. Trotz der Erweiterung des bereits bewährten Ansatzes der Analyse subjektiver Erfahrungen durch ein neues Aufbereitungs- und Darstellungsprinzip, welches die systematische Einbettung der subjektiven Zeugnisse in die jeweiligen strukturellen Gegebenheiten verdeutlichen soll, bleibt es ein Anliegen auch dieser Publikation, ein Buch zu sein, das auch außerhalb soziologischer Fachkreise gelesen wird und unterschiedliche Publika anspricht.

Dieser Band ist aus einem Drei-Länder-Projekt zu den Veränderungen der Arbeitswirklichkeit öffentlicher Dienstleistungen hervorgegangen.[6] Aus einem Fundus von rund 150 qualitativen Interviews in den Arbeitsfeldern der Postdienste, der Gesundheitsversorgung und der Kommunalverwaltung haben wir »Fälle« bzw. Fallkonstellationen ausgewählt, die in verschiedenen Orten in Deutschland und in der Schweiz durchgeführt wurden.[7] Anhand dieser Fälle verdeutlichen wir unterschiedliche Erfahrungen und Wahrnehmungsmuster der jeweils eigenen Arbeitswelt. Ausgehend von unserem empirischen Material kann so unsere Theoriebildung mittlerer Reichweite nachvollzogen werden. Da bei diesem Vorgang

6 | Diese Publikation resultiert aus dem Projekt »Im Dienste öffentlicher Güter: Akteure, Institutionen, Praktiken«, beruhend auf einer Forschungskooperation zwischen dem Soziologischen Seminar der Universität St. Gallen, dem Hamburger Institut für Sozialforschung und der Forschungs- und Beratungsstelle Arbeitswelt in Wien, und wurde von Oktober 2010 bis März 2013 finanziert durch die Deutsche Forschungsgemeinschaft DFG, den Österreichischen Fonds zur Förderung der wissenschaftlichen Forschung FWF und den Schweizerischen Nationalfonds SNF. Es wurden umfassende Interviews mit Beschäftigten verschiedener Aufgabenbereiche und Organisationsebenen in ausgewählten Sektoren aller drei Länder geführt, die Entwicklung der jeweiligen Institutionen und ihrer je landesweiten Kontexte analysiert und soziologische Diagnosen und Interpretationen der beobachtbaren gesellschaftlichen Transformationsdynamiken unternommen. Neben dem hier vorliegenden Band ist eine weitere Buchpublikation aus dem Zusammenhang dieser Drei-Länder-Studie in Vorbereitung (Flecker/Schultheis/Vogel [Hg.] 2014a), der die Ergebnisse aller drei beteiligten Länder abbilden wird. Bislang erschienen sind Beiträge in der Zeitschrift Mittelweg 36, Heft 5/2012 (vgl. Vogel 2012, Schultheis 2012 und Flecker/Hermann 2012).
7 | Sämtliche Orts- und Personennamen wurden anonymisiert.

auf soziologisches Vor- und Kontextwissen zurückgegriffen wird, lässt sich diese Hypothesenbildung als »induktiv-deduktives« Vorgehen beschreiben.

Die theoriegeleitet konstruierten Dialoge orientieren sich an der praxeologischen Soziologie Pierre Bourdieus, die die Interdependenz von Stellungnahmen und Stellungen, Perspektiven und Positionen im gesellschaftlichen Raum hervorhebt. Zugleich machen sie den sozialen Sachverhalt nachvollziehbar, warum Menschen ihre berufliche Welt, die eigene Rolle darin und die damit verbundenen Funktionen und Motive so darstellen, wie sie es in unseren Interviews tun, warum sie so urteilen, wie sie urteilen, und warum sie so handeln, wie sie handeln und nicht anders. Kurzum, es geht darum, sie in ihren »Notwendigkeiten« zu begreifen. Durch die inszenierte Konfrontation mit einer kontrastierenden »Erzählung« eines Alter Ego, verknüpft mit einem anderen Ensemble an biographischen oder statusbedingten Merkmalen, werden diese sozio-logischen Notwendigkeiten auf sehr plastische Art und Weise exemplarisch sichtbar – ohne Anspruch auf Repräsentativität. Vielmehr enthält jede der präsentierten Fallkonfigurationen eine spezifische sozialtheoretisch fundierte (Hypo-)These zum Zusammenhang von gesellschaftlich geprägten biographischen Flugbahnen, spezifischen Habitus und besonderen Dispositionen der Wahrnehmung und Beurteilung des eigenen Handelns in gesellschaftlichen Zusammenhängen. Die spezifischen Wahlverwandtschaften von Positionen in den jeweiligen beruflichen Feldern bzw. die besonderen Sichtweisen auf die dort stattfindenden strukturellen Veränderungen werden nachfolgend an ausgewählten Konfigurationen aus dem von uns erhobenen breiten Korpus an Interviews aufgezeigt.

In den einzelnen Texten wird nicht der Anspruch verfolgt, den State of the Art bezüglich der jeweils verhandelten Thematik und Zusammenhänge wiederzugeben; auf ausholende Erklärungen und Abgrenzungen zu anderen soziologischen Deutungsmustern wird im Rahmen dieser Publikation bewusst verzichtet.[8] In allen Interviews finden sich Erfahrungen von permanentem Wandel, ebenso wie Auswirkungen der Ökonomisierung und der Kommerzialisierung (vormals) öffentlicher Dienstleistungen. Diese Veränderungen bilden den Hintergrund bzw. die Möglichkeitsbedingungen der aus den Interviews zusammengetragenen Stel-

---

8 | So bildet das Bourdieu'sche Feldkonzept den Rahmen unseres theoretischen Verständnisses – es bleibt aber im Falle dieser konkreten Publikation im Hintergrund. Interessante Fallkonstellationen und produktive empirische Analysen und Referenzpunkte finden sich in zwei weiteren Projektvorhaben zu unserem Thema, die aktuell an den Universitäten Bremen und Siegen durchgeführt werden. Es handelt sich zum einen um das von Karin Gottschall geleitete Projekt »Der Wandel des Staates als Arbeitgeber: Rollen- und Selbstverständnis öffentlich Beschäftigter und ihre Interessenvertretung im internationalen Vergleich« und um das Projekt »L'état, c'est moi? Transformation von Staatlichkeit und ihre Folgen für Deutungsmuster, Habitusformationen und berufliches Selbstverständnis«, das an der Universität Siegen unter der Leitung von Wolfgang Ludwig-Mayerhofer durchgeführt wird.

lungnahmen. Zwischen den Kontrastierungen finden sich kurze Zwischenkapitel, die Verbindungen, Brüche und Unterschiedlichkeiten zwischen den verhandelten Themen deutlich machen und die Leserschaft im Stile einer Metaerzählung durch die Galerie an inszenierten Gruppenbildern führen.

Das Buch richtet sich nicht primär an Fachsoziologen, auch wenn diese speziell durch die innovative methodologische Ausrichtung der Studie angesprochen werden können und sollen, sondern es will gerade auch Leser suchen und finden, die in den dargestellten Arbeitswelten tätig sind. Wir wünschen und hoffen, dieses Ziel zu erreichen, indem wir bewusst auf komplexe sozialtheoretische Herleitungen verzichten und einen entsprechenden soziologischen Jargon zugunsten eines erzählenden, alltagsnahen Stils vermeiden.

ZU DEN EINZELNEN KAPITELN

In einem ersten Dialog treten zwei Mitarbeiterinnen eines großen Schweizer Kantonsspitals auf und sprechen über ihren Arbeitsalltag. Die ältere von beiden erlebte einen für die Laufbahn qualifizierter Pflegeberufe in den letzten Jahren typischen Prozess der Höherqualifizierung und Statusverbesserung innerhalb der Krankenhaushierarchie und kann als eine Gewinnerin im Prozess der Modernisierung und Rationalisierung ihrer Arbeitswelt gelten. Die jüngere Kollegin hingegen tritt in dieses Krankenhaus mit einem neu geschaffenen Profil als Fachangestellte Gesundheit (FaGe) ein und übernimmt komplementär zu dem von ihrer Kollegin gewonnenen medizinischen Kompetenzzuwachs gering qualifizierte Pflegeaufgaben, die von den höher Qualifizierten »hinter« bzw. »unter« sich gelassen worden sind. Dieses Doppelporträt schildert demnach aus der Perspektive zweier auseinander driftender Statusgruppen den Wandel der Arbeitsorganisation und Anforderungsprofile mit ihren mehr oder minder erstrebenswerten Gratifikationen.

Dann folgen zwei Stimmen aus einem deutschen Krankenhaus, in dem sich die vielerorts im Lande spürbare chronische Krise dieser Institution in besonders markanter Weise äußert. Sie stehen für zwei geradezu gegensätzliche Arten und Weisen, angesichts belastender Arbeitsbedingungen und mangelnder Anerkennung als Pflegekraft mit dieser Situation umzugehen. Während die jüngere Vertreterin dieses Berufes ungeachtet aller von ihr geschilderten Zustände aus Verbundenheit zu diesem Haus an ihrer Stellung festhält, hat ihre ältere Kollegin bereits den Bruch mit dieser Tätigkeit vollzogen. Sie schildert ihre Arbeit in einem neu eingeführten Tätigkeitsbereich, in dem sie ihre mitgebrachten Qualifikationen zwar gewinnbringend einsetzen kann, gleichwohl aber entwickelt sich das Anforderungsprofil in vielerlei Hinsicht konträr zu medizinisch-pflegerischen Orientierungen.

In einem dritten Kapitel geht es um die Arbeitswelt »Post« aus der Sicht zweier »Pöstler«, deren Schicksale und biographische Flugbahnen auf besondere Art miteinander verquickt erscheinen. Beide erlebten aus nächster Nähe und eigener Erfahrung den radikalen Wandel der Institution Post im Prozess der zunehmenden Privatisierung und Kommerzialisierung öffentlicher Dienstleistungen. Allerdings legten sie dabei sehr unterschiedliche Formen der Anpassung und je andere Strategien der Widerständigkeit und Bewältigung an den Tag. Während die Kollegin sich als ausgesprochen flexibel erweist und es versteht, die neuen Strukturen und Funktionen als »Chance« für die eigene Laufbahn zu nutzen, werden diese Strukturveränderungen parallel dazu ihrem männlichen Kollegen zu einer Quelle von Risiken für den eigenen Status im Unternehmen, dessen Legitimität und die eigenen Überlebenschancen in dieser Arbeitswelt.

Daran anschließend kommen zwei Pflegende eines Zentrumspitals zu Wort, die über ihr jeweiliges Arrangement zwischen einem hochflexiblen Arbeitsverhältnis in einem Springerteam und ihrem »Leben neben dem Beruf« berichten. Hier wird deutlich, wie unterschiedlich Flexibilität erlebt und genutzt wird und somit aus Sicht der Beschäftigten zwischen den Polen »notwendiges Übel« und »Möglichkeit zur Selbstverwirklichung« situiert sein kann, je nach persönlicher Situation und Dispositionen.

Es folgt ein grenzüberschreitender Dialog zwischen Mitarbeitern zweier Sozialämter in ähnlichen Statuspositionen und mit vergleichbaren Aufgabengebieten, jedoch sehr unterschiedlichen berufsbiographischen Werdegängen. Wie hier exemplarisch aufgezeigt wird, ist die Frage, »wie« und »warum«, das heißt aufgrund welcher biographischen Entscheidungen und Weichenstellungen und mit welchen Motiven und Motivationen man in eine solche berufliche Situation und Rolle geraten ist, von enormer Bedeutung für deren Wahrnehmung und die von den Akteuren jeweils an sie geknüpften sozialen Identitäten und Selbstverständnisse. Die vorliegende Kontrastierung verdeutlicht, dass Menschen mit sehr unterschiedlichen Erwartungen an eine Berufslaufbahn und deren materielle Bedingungen und arbeitsrechtlichen Spezifika, mit ganz unterschiedlichen weltanschaulich-normativen Hintergründen und aus ganz unterschiedlichen »Richtungen« kommend am gleichen »Schreibtisch« landen können.

Das nächste Duo bilden zwei Pfleger, die in unterschiedlichen Häusern derselben schweizerischen Stadt als Ausbilder beschäftigt sind. Während für den einen das »Mann-Sein in der Pflege« ein zentrales Thema ist, scheint diese Dimension für den anderen Pfleger überhaupt keine Rolle zu spielen. Seine nicht-schweizerische Herkunft »übertönt« in gewisser Weise die Geschlechtszugehörigkeit und ist in seiner Wahrnehmung der beruflichen Realität wesentlich prägnanter. Im Vergleich der beiden Interviews treten sowohl Gemeinsamkeiten in Berufsethos und Arbeitspraxis als auch sehr deutliche Unterschiede in den Berufsbiographien der beiden Männer zutage. Diese Differenzen lassen sich mit den unterschiedlichen Bedingungen und Entfaltungsmöglichkeiten der beiden Akteure erklären.

Mit dem Dilemma des Doppelmandates in der Sozialhilfe schließlich beschäftigen sich zwei Sozialarbeiter eines Schweizer Sozialamtes. Es wird deutlich, dass sich diejenigen, die für den Transfer von Sozialleistungen zuständig sind, immer im Spannungsfeld zwischen dem »Dienst am Kunden« (dem Sozialhilfeempfänger) und dem »Dienst am Arbeitgeber« (der Kommune und letztendlich dem Steuerzahler) bewegen und dass der Umgang damit einerseits individuell und von persönlichen Erfahrungen geprägt erscheint, andererseits aber auch politisch-ökonomischen Entscheidungen auf kommunaler, kantonaler oder nationalstaatlicher Ebene, vorherrschenden gesellschaftlichen Werthaltungen sowie einem sich wandelnden Berufsverständnis und damit einhergehenden Menschenbild geschuldet ist.

Wer trägt die Verantwortung für öffentliche Güter? In einem weiteren Kapitel kommen Personen aus unterschiedlichen Tätigkeiten ins Gespräch, die jeweils für einen bestimmten Bereich öffentlicher Dienstleistungen verantwortlich sind. Dabei wird deutlich, wie sehr sie sich jeweils mit ihrer Aufgabe identifizieren, aber auch in welch unterschiedlicher Weise sie ihre Rollen interpretieren. Alle Stellungnahmen, die in diesem Kapitel zusammengetragen sind, machen klar, dass wir es im Falle öffentlicher Güter keineswegs allein mit Abstiegsgeschichten zu tun haben. Die Berufsfelder ändern sich, sie werden in mancher Hinsicht prekärer und spiegeln kein Idealbild des öffentlichen Sektors mit beruflicher Sicherheit und Aufstiegsperspektiven; aber zugleich öffnen sich auch neue Handlungsspielräume und alte Hierarchien brechen auf.

Eine Aufstiegs- und eine Abstiegsgeschichte erzählen die beiden Beschäftigten der Hausdruckerei einer Kommunalverwaltung im folgenden Kapitel. Die Wandlungen des öffentlichen Dienstes im Allgemeinen und die im Zuge der Durchsetzung von Elementen des New Public Managements eingeführten Reformmaßnahmen im Besonderen werden von den Beschäftigten jeweils als Chancen und als Zumutungen erfahren und bewältigt. Allerdings entsteht ein Bild, das nicht so ganz zu dem oft stereotyp verwendeten Gegensatzpaar von jungen Reformbejahern und älteren Reformverweigerern passt.

Der darauf folgende Beitrag beschäftigt sich mit den Auswirkungen der Durchsetzung betriebswirtschaftlicher Kriterien im Bereich der stationären Gesundheitsversorgung auf das über mehrere Jahrzehnte relativ stabile Verhältnis zwischen Ärzteschaft und Pflege. Zu Wort kommen mit einer Pflegedienstleiterin und einem Leitenden Arzt Vertreter der beiden Beschäftigtengruppen, die sich aufgrund ihrer Position besonders intensiv mit den Prinzipien des New Public Managements auseinandersetzen und sich diese auch ein Stück weit zu eigen machen mussten. Der Dialog zeigt, wie die beiden diese Entwicklung wahrnehmen, woran sie mögliche Veränderungen in der Beziehung zwischen beiden Berufsgruppen festmachen und inwiefern ihre spezifische Sichtweise in Verbindung mit ihrer spezifischen Position und ihrer biographischen Flugbahn gebracht werden kann. Zum anderen wird aus den Schilderungen deutlich, inwiefern der Strukturwandel des öffentlichen Krankenhaussektors vor allem zugunsten der Kategorie der Pflegedienstleitenden und zuungunsten der Leitenden Ärzte und Ärztinnen ausgefallen ist und das Verhältnis zwischen Ärzteschaft und Pflege ausdifferenziert hat.

Anschließend kommen zwei Personen zu Wort, welche einige grundlegende Unterschiede und Gemeinsamkeiten in den Denk-, Wahrnehmungs- und Handlungsschemata von Zustellern bei der Schweizerischen Post nach der Einführung des New Public Managements geradezu idealtypisch zu verkörpern scheinen. In der präsentierten Kontrastierung geben die Schilderungen der beiden einen guten Einblick, wie sich die gesellschaftliche Einbettung der Tätigkeit der Zusteller in den vergangenen beiden Jahrzehnten verändert hat, aber auch, in welchen Punkten die Denk- und Handlungsweisen dieser Zusteller verschiedenen Typs divergieren oder konvergieren. Die Gegenüberstellung macht deutlich, wie sich die Beziehung der Zusteller zu ihrer Tätigkeit verändert, welche Auswirkungen die Ausrichtung des Unternehmens an betriebswirtschaftlichen Kriterien auf die Formen des Austausches jenseits der betrieblichen Ökonomie hat und welche beruflichen Wertvorstellungen von der gewandelten Post heute gefordert und gefördert werden.

Völlig unterschiedliche Blicke auf ein und dieselbe Arbeitswelt haben zwei von uns interviewte Busfahrer. Soziologisch kann das so erklärt werden, dass hier zwei Akteure zu Wort kommen, die in verschiedenen Epochen ihre berufliche Sozialisation erfahren haben. In den vergangenen 40 Jahren, die den jungen Busfahrer und seine ältere Kollegin trennen, haben die Verkehrsbetriebe einen starken Wandel durchlebt. Die jetzige Situation erscheint der älteren Busfahrerin vor diesem Hintergrund in jeglicher Hinsicht als totale Katastrophe, während ihr junger Kollege sie als zufriedenstellenden Zustand erlebt. Doch die beiden Beschäftigten haben nicht nur völlig unterschiedliche Wertvorstellungen, sondern sind auch im Unternehmen anders positioniert (sprichwörtlich der »junge Aufstrebende« und das »alte Eisen«).

Abschließend kommen zwei Frauen zu Wort, die beide als Ärztinnen im gleichen Spital tätig sind. Sie gehören zwei verschiedenen Generationen an, kommen einmal von einem für diese Karriere prädestiniert erscheinenden Hintergrund her, wo für die eigene berufliche Karriere starke Vorbilder angeboten werden, denen auf ebenso geradlinige Weise biographisch erfolgreich nachgeeifert wird, dies jedoch im Sinne einer »totalen sozialen Rolle« unter Verzicht auf Mutterschaft.

Die jüngere Kollegin hat einen bildungs- und karriereferneren Hintergrund. Die für Aufsteiger oft so typische Tendenz zur sozialen Selbstbescheidung führt hier – verknüpft mit dem durch den Wunsch nach Mutterschaft geprägten weiblichen Geschlechtsschicksal – zum bedingten Karriereverzicht. Beide Frauen machen auf je eigene Weise das für sie am »passendsten« Scheinende aus den sich ihnen eröffnenden beruflichen Möglichkeiten. Beide bewältigen erfolgreich die für weibliche biographische Flugbahnen immer noch typisch erscheinenden Ein- und Beschränkungen. Die beiden Ärztinnen stehen exemplarisch für unterschiedliche Rollenverständnisse bei der Produktion eines zentralen öffentlichen Gutes: Gesundheit.

»Dann kann man Leute von der Straße holen und ans Bett stellen«

Zwei Einschätzungen zu Anerkennung, Kompetenz und Qualifikation unterschiedlicher Ausbildungsabschlüsse innerhalb der Pflege in der Schweiz

Kristina Mau/Constantin Wagner

Die folgende Gegenüberstellung des Interviews mit einer Stationsleiterin und dem einer Fachangestellten Gesundheit (FaGe) an einem Schweizer Zentrumsspital soll den Kampf um Anerkennung (von Ausbildungsgängen) verdeutlichen, der auch innerhalb einer Berufsgruppe – hier: der Pflege – zu beobachten ist. Es handelt sich um zwei Interviews, die im gleichen Spital, auf der gleichen Station geführt wurden: Würde man beide einzeln lesen, könnte man kaum annehmen, dass beide Befragten von der gleichen Station berichten – so unterschiedlich sind die Beschreibungen des Alltags. Dies verdeutlicht, wie positionsabhängig die Wahrnehmung der eigenen Arbeitswelt ist. Auch was »Qualifikation« ist, die zu bestimmten Tätigkeiten und mit diesen korrespondierenden (symbolischen) Positionen berechtigt, ist nicht etwas objektiv Gegebenes, sondern von den Akteuren im Feld Umkämpftes. Es wird dabei ausgehandelt, was als wertvolle Qualifikation zählt; das Reden über die anderen Berufsgruppen ist immer auch eine Selbstverortung, die eigene Selbstverortung sagt immer auch etwas über die den anderen zugestandene Position.

Der weitere Kontext – das Spital und die in ihm stattfindenden Aushandlungsprozesse zwischen Pflegenden, Ärzteschaft und anderen Berufsgruppen – steckt dabei in gewisser Weise den Rahmen für die Auseinandersetzung innerhalb der Pflege ab: Das Verhältnis zur Ärzteschaft ist in den letzten Jahren durch Tendenzen wie Akademisierung und Ausdifferenzierungen in Bewegung geraten. Auch die partielle Feminisierung des Arztberufes mag hier eine Rolle gespielt haben. Gleichzeitig kommt es angesichts von fortlaufenden Veränderungen in den Ausbildungsgängen seitens der Etablierten zu Unsicherheiten und Versuchen, den erreichten, oftmals verbesserten beruflichen Status zu erhalten. Hinter dem Konflikt über Qualifikation und Kompetenz sowie den Argumenten der Akteure stehen Kämpfe um Befugnisse und Prestige, um die Veränderung (und den Schutz) von Berufsbildern, aber auch um Bezahlung – all dies wird in den Diskursen der beiden Pflegenden deutlich. Die berufliche Praxis ist in diesem Kontext von Versuchen der Statussicherung (Stationsleiterin) bzw. von Statusunsicherheit (Fachangestellte) geprägt. Der Abgrenzung nach unten steht ein Bemühen um Anerkennung nach oben gegenüber.

So befürchtet die interviewte Stationsleiterin, dass (jüngere) Pflegende mit niedrigerem Ausbildungsniveau (FaGe) und wenig Erfahrung den hohen Standard in der Pflege nicht halten könnten. Im Redefluss bezeichnet sie die FaGes oft als »Pflegeassistenten«, die nur angelernt sind, oder stellt sie auf die gleiche Ebene mit Lernenden und Praktikanten. Durch die vom Berufsbild der FaGe her vorgesehene Übernahme von Tätigkeiten, die offensichtlich aus dem Berufsbild der hochqualifizierten Pflegenden ausgeschlossen werden sollen (»Außendienst«) und von diesen in der Regel auch nicht ausgeübt werden, schließt sich die FaGe vom »Reinheitsstatus« der Pflegenden aus und wird zu den Hilfskräften gruppiert, von denen man sich abgrenzt. Dies findet – selbstverständlich – seinen Niederschlag im Arbeitsalltag und in der Wahrnehmung der Fachangestellten. Sie erlebt massive Abwertungserfahrungen.

In der hier beispielhaft dargestellten Kontrastierung geht es also in erster Linie um die Beziehung zwischen einer hochqualifizierten, langjährig erfahrenen Vertreterin des Pflegeberufes, die sowohl in der krankenhausinternen Hierarchie als auch gesamtgesellschaftlich Anerkennung erfährt, und einer sehr jungen Vertreterin eines durch die Reform der Bildungssystematik im Jahr 2002 neu geschaffenen Berufes im Pflegebereich, die in doppelter Hinsicht auf der Suche ist: zum einen ganz persönlich nach dem Ort der beruflichen Identität (»Wer bin ich?« und »Was will ich?«), zum anderen gleichsam prototypisch als Abgängerin eines neuen Ausbildungsganges, der seinen Ort im Gefüge der Pflegeberufe noch nicht gefunden hat. Ausdruck findet diese Suche nach der Verortung des Berufes in zahlreichen Interviews, die wir mit Angehörigen der pflegenden Berufe geführt haben: Von »im Dazwischen«, »weder Fisch noch Fleisch«, einer »Generalistenausbildung« ist da die Rede. Dem persönlichen Leiden der jungen FaGe und dem Unwillen der Stationsleitung liegen strukturelle Ursachen zugrunde, die wir nachfolgend skizzieren wollen.

REFORMEN IN DER BILDUNGSSYSTEMATIK

Wie in der gesamten EU gab es auch innerhalb der Schweiz Bemühungen, die Ausbildung im Gesundheitswesen zu vereinheitlichen, um die Mobilität der Beschäftigten sowohl innerhalb der Schweiz als auch in Europa zukünftig zu erleichtern (»Bologna-Prozess«). Gestützt auf die neue Bundesverfassung, die zum 1.1.2000 in Kraft trat, wurde im Dezember 2002 das neue Berufsbildungsge-

setz (nBBG) vom Parlament verabschiedet. Mit Inkrafttreten des neuen Berufs-
bildungsgesetzes wurden die Zuständigkeiten für die bislang kantonal geregelte Berufsbildung in den Bereichen Gesundheit – Soziales – Kunst an den Bund
(BBT) übertragen. Die Zuständigkeiten wechselten innerhalb der Kantone von
den Gesundheits- zu den Erziehungsdirektoren. Wichtige Eckpfeiler des neu-
en BBG sind auf Sekundarstufe II die Einführung neuer drei- bis vierjähriger
Grundbildungen mit hohem Schulanteil und einem Fähigkeitszeugnis (seit 2002
gibt es den Beruf der Fachangestellten Gesundheit) sowie zweijährige Ausbildungen mit Attest (»Attestlehre«). Auf der Tertiärstufe gibt es klar definierte »Höhere
Berufsbildungen« im Nicht-Hochschulbereich sowie die Möglichkeit (seit 2000),
auf Fachhochschul- und Hochschulniveau Pflegewissenschaften zu studieren
(Schweizerische Sanitätsdirektorenkonferenz SDK).

Die von uns Befragten haben je nach Alter und je nach Zeitpunkt der Ausbildung verschiedene Ausbildungssystematiken erlebt: Die Ältesten haben den
Abschluss »AKP« (Allgemeine Krankenpflege), so auch Frau Karcher, die hier
im Zentrum stehende Stationsleiterin; diese dreijährige Ausbildung wurde bis
1992/1993 angeboten und lief landläufig unter dem Titel »Krankenschwester«.
Nach 1993 erfolgte die Ausbildung zur Diplomierten Pflegefachkraft Diplomniveau I (Dauer drei Jahre) und Diplomniveau II (Dauer vier Jahre). Wie bei der
Ausbildung AKP lag auch hier das Zugangsalter bei 18 Jahren. Bei der Ausbildung
zur FaGe beträgt das Zugangsalter 16 Jahre; die Ausbildung dauert drei Jahre und
ist im Anschluss an die Pflichtschulzeit (Sek I) möglich. Im Anschluss daran
kann die Höhere Fachschule besucht werden, die abermals drei Jahre dauert (als
ausgebildete FaGe kann eine Verkürzung auf zweieinhalb Jahre beantragt werden) und mit dem Abschluss Diplomierte Pflegefachkraft HF endet. Absolventen
von Mittelschulen (Sek II) mit abgeschlossener Berufsausbildung oder mit Matura[1] können direkt die Höhere Fachschule besuchen. Darüber hinaus ist es möglich, mit der Matura an einer Fachhochschule Pflege zu studieren und mit dem
Titel Pflegefachkraft FH abzuschließen, die dem Bachelor gleichgesetzt ist. Bis
Herbst 2012 war außerdem die einjährige Anlehre zur Pflegeassistenz möglich.
Mittlerweile wurde diese ersetzt durch die zweijährige Ausbildung zur Assistenz
Gesundheit/Soziales. Mancherorts werden auch Pflegehelfer SRK (Schweizeri-
sches Rotes Kreuz) eingesetzt, deren Ausbildung 120 Stunden Theorie und zwölf
Tage Pflegepraktikum beinhaltet.

Die Ausbildung zur Fachangestellten Gesundheit, die Frau Zurbriggen durchlaufen hat, kann in unterschiedlichen Betrieben absolviert werden (Spitäler, Al-
ters-, Pflege- und Behindertenheime, psychiatrische Kliniken, Rehabilitations-
zentren und in der Spitex[2]). Der Kompetenzkatalog wird kantonal und für alle
Bereiche gleichermaßen erarbeitet, da der schulische Bereich betriebsübergrei-

---

1 | Bezeichnung für Abitur in der Schweiz.

2 | Spitex ist die Abkürzung für »Spitalexterne Hilfe und Pflege« und meint die von Fach-
personen übernommene ambulante Pflege.

fend organisiert ist. Hier kommt es immer wieder zu Differenzen mit manchen Ausbildungsbetrieben, die sich damit »aus fachlichen Gründen« zum Teil nicht einverstanden erklären können. So gibt es zum Teil gravierende Unterschiede hinsichtlich der Kompetenzen, die FaGes im Gegensatz zum Spital in Alters- und Pflegeheimen eingeräumt werden (zum Beispiel Insulin spritzen, Katheter legen), weil hier Situationen in der Regel stabiler und vorhersehbarer sind als in Spitälern mit sehr viel komplexeren Situationen. Ein immer wiederkehrendes Thema ist das Alter der FaGes: Viele Befragte äußern kritisch, dass das Zugangsalter von 16 Jahren sowohl für den Betrieb als auch für die Jugendlichen selbst eine große Herausforderung darstellt, zumal auch besondere Jugendschutzmaßnahmen zu beachten sind, die sowohl die Ausbildung inhaltlich erschweren als auch die Aufrechterhaltung und Routinisierung des Alltagsbetriebes behindern können.

Die Reform der Bildungssystematik fordert den Berufsstand der Diplomierten Pflegekräfte heraus, sich selbst zwischen den Polen der Studierten und der Angelernten zu positionieren und den legitimen Ort der anderen und die Relation zu ihnen abzustecken. So finden wir auch in Richtung der Pflegewissenschaftler Abgrenzungsäußerungen; gleichwohl haben die Studierten eine andere Legitimation, einen anderen Status im Gefüge der Pflegeberufe, um sich zur Wehr setzen zu können. Möglicherweise finden aber auch hier tatsächlich erlebte Ausgrenzungen statt.[3] Es wird deutlich, dass es im Bewerten der anderen und der Selbstsituierung und Selbstetikettierung um symbolische Kämpfe um den angemessenen und von allen Akteuren akzeptierten Ort im »Kosmos« Krankenhaus geht: Die Machtbalance zwischen den Gruppen von Akteuren ist mit der Bildungsreform erneut in Bewegung geraten und muss, gleich einem Mobile, neu austariert werden. Dabei ist die Sichtweise der Beteiligten positionsabhängig; ihre Perspektive hängt von ihrer Position innerhalb der Figuration ab, ist aber nicht nur relational zu den anderen Akteuren, sondern auch zur eigenen biographischen Flugbahn. Mit Hilfe des Begriffs der Figuration, wie Norbert Elias ihn geprägt hat, lassen sich die Veränderungen in der Arbeitswelt Krankenhaus veranschaulichen und analysieren.

Im Folgenden wollen wir zunächst aber die beiden exemplarisch ausgewählten Pflegenden kurz vorstellen, um zu verdeutlichen, dass es angesichts der Macht-

---

3 | Die Diplomierten befinden sich quasi in einer Sandwich-Position zwischen FaGes und Studierten, wobei sie die Bedeutung der Wissenschaftler ambivalent einschätzen. So gibt es einerseits diejenigen (vor allem im Kader), die die Möglichkeit, auch im Pflegebereich studieren zu können, grundsätzlich gutheißen und die Akademisierung als neues Schwert im Kampf um die Macht sehen; als Form einer Emanzipationsbewegung und hin zu einer – auch von männlichen Ärzten anerkannten – Tätigkeit. Andererseits wird hier auch eine Quelle der Unzufriedenheit gesehen, gepaart mit einer gewissen Unsicherheit, als »Assistenzpersonal« das erarbeitete Wissen dennoch nicht anwenden zu dürfen und eine Entfernung von den eigentlichen Kernaufgaben einer guten »Krankenschwester« zu befürchten.

und Positionsunterschiede zwischen den beiden Akteurinnen nicht verwundert, dass Frau Karcher eine »Metaperspektive« auf die Station und ihre Berufswelt einnimmt, während Frau Zurbriggen aus einer Betroffenenperspektive spricht. Wie das System von Aus- und Abgrenzungen sich anfühlt und konkret wirkt, kann nur Frau Zurbriggen beurteilen bzw. an ihrem Diskurs nachvollzogen werden.

EINE STATIONSLEITERIN UND EINE FACHANGESTELLTE GESUNDHEIT IM PORTRÄT

Die Stationsleiterin Andrea Karcher zeigt sich im Gespräch von einer sehr kompetenten, erfahrenen und in sich ruhenden Seite. Sie wirkt sehr offen und freundlich und gibt sehr detailliert und fundiert Auskunft über ihre Arbeit. Ihr unterstehen ca. 40 Mitarbeiterinnen plus zusätzlich ca. zehn Auszubildende und Praktikantinnen. Sie hat eine gesicherte, anspruchsvolle Position auf mittlerer Führungsebene inne, die ihr einen gewissen Grad an Autonomie garantiert. Über Vernetzungen und Mitwirkung in verschiedenen Gremien, auch spitalextern, ermöglicht diese Position ihr einen nicht zu unterschätzenden Mitgestaltungsspielraum. Frau Karcher ist zum Zeitpunkt des Interviews 58 Jahre alt und verheiratet. Nach dem Besuch der Sekundarschule machte sie ihre Ausbildung zur Pflegefachfrau (Abschluss 1973). 1987 wurde sie dann für die Stationsleitung vorgeschlagen und absolvierte die hierfür obligatorische Weiterbildung. Seither hat sie diese Position inne und besuchte darüber hinaus weitere Fachfortbildungen. Ihr Verdienst fällt mit »zwischen 8000 und 8999 Schweizer Franken«, gemessen an der Position, den Weiterbildungen, den 38 Jahren Berufserfahrung und Betriebszugehörigkeit sowie der Verantwortung für eine Station mit 40-50 Mitarbeitern, für Schweizer Verhältnisse nicht übermäßig, aber doch gut aus.

Die Fachangestellte Gesundheit Nadine Zurbriggen ist eine 20-jährige, modisch jung gekleidete Frau, die ihre offensichtliche Unsicherheit durch häufiges Lachen zu überspielen sucht. Sehr viele ihrer Aussagen, in denen sie von ihren Belastungen erzählt und die beim Zuhören Betroffenheit auslösen, werden von einem Kichern und Lachen begleitet, das Hilflosigkeit und Unsicherheit ausdrückt und die leiser werdende und manchmal den Tränen nahe Stimme auffangen soll. Frau Zurbriggen arbeitet seit einem Jahr als Fachangestellte Gesundheit auf der Station, die von Frau Karcher geführt wird. Nebenher besucht sie die Arztsekretärinnenschule und hat für sich beschlossen, zukünftig nicht mehr als Fachangestellte zu arbeiten; dies vor allem aufgrund der Belastungen, die dieser Beruf mit Schichtarbeit und gefühlter Abwertung durch die Diplomierten mit sich bringt. Mit einem monatlichen Bruttoeinkommen von 4000[4]-4999 Schweizer Franken ist Frau Zurbriggen fürs Erste zufrieden. Sie hat nach der Schule die

---

4 | Bei der auch in der Schweiz geführten Mindestlohndebatte werden 4000 Schweizer Franken als Untergrenze angenommen.

Ausbildung zur Fachangestellten Gesundheit mehr zufällig gewählt. Nach ihrer dreijährigen Ausbildung in einem Pflegeheim für Demenzkranke entschied sie sich, in ein etwas »erfreulicheres« Arbeitsumfeld zu wechseln.

DAS KONZEPT DER »FIGURATION« UND DIE PFLEGEBERUFE

Norbert Elias bezeichnet Interdependenzgeflechte zwischen Menschen als Figurationen.[5] Diese können affektiver, sozialer, ökonomischer oder räumlicher Natur sein und sind dynamisch, das heißt unterliegen einem Prozess des Wandels, unabhängig von den Individuen, die sie bilden. Dennoch liegen ihnen Strukturen zugrunde, was von Elias als »Fließgleichgewicht« bezeichnet wird.[6] Die Interdependenzgeflechte evozieren Handlungs- und Reaktionsketten und können eine Eigendynamik entwickeln, die losgelöst von den Akteuren innerhalb der Figuration besteht und zu nicht-intendierten Aktionen führen kann. Dies geschieht vor allem in sehr komplexen Figurationen. Interdependenzgeflechte zwischen Menschen beinhalten für Elias unabdingbar Machtbeziehungen, die durchaus positiven Charakter haben können, wenn sie lediglich als Handlungssteuerung aufgrund der Interdependenz begriffen werden. Er betont den Beziehungscharakter von Macht (das Aufeinander-ausgerichtet-Sein), da diese nur zwischen Menschen bestehen kann, die miteinander in Beziehung stehen (und damit voneinander abhängen); daraus resultiert der Begriff der Machtbalance, die immer in Bewegung ist und auch Menschen oder Gruppierungen, die stärker abhängig und damit als schwächer zu bezeichnen sind, die Möglichkeit gibt, an Macht zu gewinnen, solange sie einen Wert für die vermeintlich Stärkeren darstellen.

Mit dem Rückgriff auf das Elias'sche Figurationskonzept wird deutlich, dass sich die abgebildeten Anerkennungskämpfe auf eine Struktur beziehen, die den Interaktionen der beteiligten Akteure zugrunde liegt. Tradierte Machtstrukturen wurden mit der Reform der Bildungssystematik außer Kraft gesetzt, und jede einzelne Berufsgruppe war und ist gezwungen, ihren Platz neu zu bestimmen. In der Begrifflichkeit des Elias'schen Figurationskonzepts heißt dies nichts anderes, als dass die einzelnen Berufsgruppen versuchen, die Machtbalance zu ihren Gunsten auszutarieren, wobei sie auf unterschiedliche und unterschiedlich verteilte Machtquellen zugreifen können.[7] Zugespitzt ausgedrückt – und um im Rahmen

---

5 | Zum Begriff der Figuration und der Machtbalance siehe Elias 1970; Baumgart/Eichener 1991; Elias/Scotson 1993.

6 | Elias beschreibt dies am Beispiel von Gesellschaftstänzen: Hier werden bestimmte Tanzmuster ausgeführt; trotz Individualität der Tänzer können diese beliebig ausgetauscht werden, ohne dass sich die Tanzfiguration an sich ändert.

7 | Wolfgang Sofsky und Rainer Paris schreiben in Anlehnung an Elias: »Eine Machtfiguration ist ein komplexes Geflecht asymmetrischer und wechselseitiger Beziehungen, in dem

der Elias'schen Denktradition zu bleiben – könnte man hier auch von den Etablierten (die Diplomierten Pflegefachkräfte) und den Außenseitern (die FaGes)
reden und fragen, welche Durchsetzungschancen den einzelnen Gruppen eingeräumt werden können. Als eine wesentliche Machtquelle im Rahmen einer Eta-
blierten-Außenseiter-Figuration beschreibt Elias die Gruppenkohäsion mit der
Ausbildung eines Gruppencharismas und einem kollektiven konformen Verhalten gegenüber den Außenseitern, in diesem Fall den FaGes. Dabei profitieren die
Diplomierten Pflegekräfte von der Anciennität ihres Berufes im Gegensatz zum
Versuch der Etablierung eines neuen Gesundheitsberufes, der noch nicht über
eine eigene Identität verfügt und in dem noch Unklarheit herrscht hinsichtlich
der Kompetenzen, Funktionen und Aufgabenbereiche, die den Berufsvertretern
zugesprochen werden. Es fehlt an Ordnung und Struktur. Hinzu kommt, dass
die Absolventen dieses neuen Berufes in der Regel jung und damit berufs- und le-
bensunerfahren sind. Sie können sich in ihrem Beruf auf nichts berufen, weil es
keine kollektive Vergangenheit gibt. Die geringe Fallzahl von FaGes auf den Stationen erschwert es zudem, sich zusammenzuschließen und gemeinsam eigene
Interessen zu verteidigen. Im Gegensatz dazu stehen die Diplomierten Pflegekräfte, die auf ihre Erfahrung, ihre kollektive Vergangenheit und die Erarbeitung oder
gar Erkämpfung ihrer Position in der Institution Krankenhaus auch gegen andere
Berufsgruppen (wie die Ärzteschaft) setzen können. Sie haben ihren Machtbe-
reich und ihre Kompetenzen, und diese gilt es zu verteidigen. Durch die Schaffung neuer Berufe wird diese Ordnung in Frage gestellt. Durch die (scheinbare?)
Gefährdung der Position der Diplomierten durch die FaGes, die aufgrund der
ihnen zugesprochenen Kompetenzen nicht mehr trennscharf zum Hilfspersonal
gerechnet werden können – wie dies in der Arbeitsteilung zwischen Diplomierten und Pflegeassistenten klar angelegt ist – wird das Wir-Gefühl und damit die
Gruppenkohäsion der Diplomierten gestärkt. Einerseits kommen die FaGes also
bedrohlich nahe an den Kompetenzbereich der Diplomierten heran und müssen
deshalb abgelehnt werden, andererseits verfügen sie nicht über Eigenschaften,
die Überlegenheit schaffen könnten, wie zum Beispiel ein höheres Maß an Bildung oder Erfahrung. Sie werden also nicht nur zum Außenseiter gemacht, sondern auch kollektiv abgewertet.

Die »Bedrohlichkeit«, die von den FaGes ausgeht, stellt sich konkret folgendermaßen dar: Obwohl die FaGe nicht als »kleine Krankenschwester« anzusehen
ist, ist sie dennoch mit Teilaspekten der Medizinaltechnik vertraut, wie Spritzen geben, Infusionen richten oder Katheter legen. Diese Kompetenzen, die sie
im Rahmen ihrer schulischen Ausbildung erwirbt, möchte sie zur Anwendung
bringen, was sie allerdings nur im Pflegeheim, der Gesundheitseinrichtung mit
dem geringsten Ansehen, auch darf. Diese Handhabung wird mit medizinischen
Gründen versehen und legitimiert.

---

mehrere Personen, Gruppen oder Parteien miteinander verknüpft sind und in dem Veränderungen einer Relation auch die anderen Relationen ändern.« (Sofsky/Paris 1994: 14)

ZUR EINSCHÄTZUNG DER KOMPETENZEN EINER FAGE

Wie uns in verschiedenen Interviews erklärt wird, hängt die Zufriedenheit einer FaGe von der Station und den jeweils spezifischen Anforderungen ab: So gibt es Stationen, auf denen eine FaGe mehrheitlich die Aufgaben einer Pflegeassistentin wie Waschen, Tee bringen und Außendienst übernehmen muss, während sie auf anderen Stationen sehr viel umfangreicher in die tägliche Arbeit eingebunden werden kann. Frau Karcher beschreibt die Aufgaben einer FaGe auf ihrer Station folgendermaßen:

Frau Karcher: Das ist sicher ein 80/20-Schlüssel [qualifizierte zu unqualifizierte Pflege-kräfte], wenn nicht noch mehr, was da angestrebt wird, ja. Eigentlich dass so quasi die Fachangestellten Gesundheit so im Delegiertenbereich arbeiten. Das ist auch so eine Ent-wicklung. Eigentlich redet man von der Bezugspflege, das heißt, jede Patientin hat ihre Bezugspflegende, und wenn sie ähm, die Schwierigkeit ist, wenn sie nicht selber in der Pflege ist, sie hat eigentlich den Auftrag, dass sie für die Pflege verantwortlich ist von Ein-tritt bis Austritt. Und der Anspruch und der Wunsch von der Bezugspflege ist eigentlich, in die Pflege mit den Patienten zu kommen. Und wenn sie alles delegieren muss, dann kommt sie gar nicht ins Gespräch, oder weniger, sie führt vielleicht die Anamnesegespräche, weil das macht ja die Pflege...[8] äh die Fachangestellte Gesundheit nicht.
– Also Bezugspflege macht nur die Pflegefachkraft, nicht die Fachangestellte.
Frau Karcher: Ja. Ja. Also ich habe jetzt erst eine Pflege... eine *ausgebildete* Pflegeassis-tentin habe ich erst *eine*. Die anderen sind noch einfach übriggeblieben, die haben mal einen Rotkreuzhilfekurs, der geht zehn Tage, und so sind die ähm, ins Spital reingekommen und vor allem im Haushalt. Die machen den Außendienst, es gibt Wäsche, Sterilgut, so diese Arbeiten und Zimmer auffüllen.
– Also die Zuarbeiten?
Frau Karcher: Die Zuarbeiten, genau. Und *neu* ist jetzt eben mit der Ausbildung Fachange-stellte Gesundheit, da habe ich jetzt zwei, das ist noch eine Praktikantin, und da, dann ist die eingeplant mit einer Diplomierten.

Dies verdeutlicht auch die statusbedingte Unsicherheit (und zum Teil auch die erlebte Willkür), der die Fachangestellten ausgesetzt sind, wie dies von Frau Zur-briggen deutlich beschrieben wird.

– Ja, vielleicht können wir damit einsteigen, dass Sie uns ein bisschen erzählen, was eigentlich Ihre Aufgaben genau sind, so wie ein Arbeitstag aussieht oder strukturiert ist...
Frau Zurbriggen: Es kommt halt ganz darauf an, was für einen Dienst man hat. Oft ist man halt schon auch ein wenig die rechte Hand von den Diplomierten. Man schafft ja eigent-lich nie allein, man ist immer mit einer Diplomierten zusammen und da wird alles, was irgendwie geht, wird eigentlich abgegeben, alles was wir dürfen von den Kompetenzen her,

---

8 | »...« steht für »Gedankengang/Satz wird nicht zu Ende geführt«.

wird abgegeben. (...)[9] Und ja, und sonst tut man auch viel, einfach das Ganze rundherum, also Aufräumen, die Sauberkeit, Desinfektionssachen, viel auch so, dass einfach rundherum, dass nicht die Diplomierten noch irgendetwas aufräumen müssen oder etwas suchen müssen oder dass etwas leer ist oder so. Das ist auch schon ein großer Teil eigentlich von meinen, von den Aufgaben, ja.

– Die Zuarbeit dann?

Frau Zurbriggen: Genau, ja.

– Und das ist vom Dienst abhängig, welchen Dienst man hat//ja//was man da für Aufgaben hat?

Frau Zurbriggen: Also, man kann, man hat ja den Außendienst zum Beispiel. Dort ist man, hat man einen geteilten Dienst. Dort ist man dann vollständig nur für eigentlich das Rundherum, (...) dass es aufgeräumt ist, wenn es Austritte gibt, dort ist man wirklich nur für außen herum. Und der ist dann eben mit geteilten Zeiten.

– Also eine Schicht morgens, eine Schicht nachmittags?

Frau Zurbriggen: Genau. Also wir haben drei Stunden Mittagspause dort von halb eins bis um halb vier und bleiben dann dafür wieder bis um halb sieben. Genau. Dann gibt es den normalen Frühdienst von morgens um sieben bis am Nachmittag um vier. Dort ist man dann auch in der Pflege eben mit einer Diplomierten zusammen, wo man eben alles Mögliche ein wenig macht und außen herum nur, ja, einen Teil Sachen eigentlich. Und dann der Spätdienst, das ist etwa das Gleiche, einfach von den Zeiten halt anders, dass man am Nachmittag kommt bis um elf, und dann der Nachtdienst. Und dort ist man eigentlich, in der Nachtwache hast du kein Außenherum eigentlich nichts (...) du bist dort voll in der Pflege. Genau...

– Irgendjemand hat in einem Gespräch mal gesagt, dass in einem Pflegeheim die Kompetenzen von einer Fachangestellten höher wären. Stimmt das?

Frau Zurbriggen: Also in einem Pflegeheim schaffst du als FaGe für dich allein. Also du hast deine, manchmal sieben, acht Leute, wo du pflegen musst, und du bist wirklich den ganzen Tag, wo du dort bist, voll für sie zuständig, für alles. Es ist egal, was es eigentlich ist. Du bist wirklich dort voll verantwortlich.

– Das heißt, man darf da aber einfach auch viel mehr machen als dann im Spital, oder?

Frau Zurbriggen: Mmh, genau.

– Ist es dann nicht, ist dann nicht auch der Wechsel ein bisschen schwer vielleicht, ich meine, dass man auf einmal quasi weniger darf und die Diplomierten nur, oder?

Frau Zurbriggen: Doch doch, es ist schon – also eben, ich habe für mich immer selbstständig eigentlich geschafft, vor allem im letzten Lehrjahr dann, und dann, dann bist du hierhergekommen und hast auf einmal alles zeigen müssen. Also es fängt an bei den Medikamenten richten, was du nicht mehr allein darfst; bei den Spritzen, wo du die ersten fünf, sechs Mal zeigen musst, wo du eigentlich, wo ich im Pflegeheim einfach immer gemacht habe. Und ja, da musst du dich schon auch umstellen, dass du es wieder zeigen musst und wieder zeigen musst und wieder zeigen musst. Ja, das ist schon so und das, das, für mich

---

9 | »(...)« steht für eine Text-Auslassung.

ist es auch eine Umstellung gewesen, lernen zu müssen, das darf ich nicht mehr machen, was ich vorher gedurft habe, so...
– Haben Sie das Gefühl, es ist gerechtfertigt, dass man nicht so viel darf, weil die Ausbildung es auch nicht leisten kann, dass man das alles kann, oder haben Sie das Gefühl, das ist so, ja, eher so eine Einstellungssache, dass die Diplomierten halt sagen »nein, das ist unser Bereich, wir wollen uns ein Stück weit da auch abgrenzen«.
Frau Zurbriggen: Jein. Also, es ist noch schwierig. Ich habe halt das Gefühl, die FaGe ist irgendwie nicht so und auch nicht so. Also, von der Schule her lernt man ja ein Megaspektrum eigentlich, aber überall nur ein bisschen. Also nicht in die Tiefe, aber oberflächlich. Und drum ist es gewissermaßen sicher berechtigt, dass man nicht so viel machen kann wie eine Diplomierte...
– Also so ein bisschen die Klarheit fehlt//ja//was man darf und was man nicht darf.
Frau Zurbriggen: Genau. Ich finde, ja.

Weder Patienten noch Ärzte wissen häufig in der täglichen Interaktion, was Fachangestellte dürfen; und auch diplomierte Kollegen sind zum Teil unsicher. Die FaGe ist von ihrer Position her »hybrid«; sie übernimmt Tätigkeiten, die im Wesentlichen den Pflegeassistierenden zugeteilt waren, gleichzeitig hat sie darüber hinausgehende Kompetenzen aus dem Bereich der qualifizierten Pflege und wird deswegen zu deren Bedrohung; oder um es mit den Worten von Frau Zurbriggen zu sagen:

– Haben Sie das Gefühl, es könnte sich ändern, die Situation von den Fachangestellten, dass das einfach noch eine Zeit braucht, bis sich das so ein bisschen etabliert hat, wer was darf und wer welche Rolle hat und die Diplomierten vielleicht auch so ein bisschen sich daran gewöhnen, dass es noch eine andere Berufsgruppe gibt, die auch ein Stück weit qualifiziert arbeitet, dass sich das verändern könnte? Oder haben Sie da gar keine Hoffnung?
Frau Zurbriggen: Ich glaube, es ist schwierig. Weil die Diplomierten haben doch auch das Gefühl, sie sind die Diplomierten, einfach so, einen gewissen Stellenwert halt, wo sie das Gefühl haben, das haben jetzt einfach sie – das stimmt ja auch. Aber ich glaube, es wird schwierig, weil, die FaGe ist einfach etwas zwischendrin (.)[10] Ja, ich glaube, es wird einfach schwierig irgendwie, weil, du bist gleich als FaGe – das merke ich oft – dann sollst du eben viel außen herum machen oder so, aber wenn es dann drauf und dran kommt, sollst du alles können, wo du eigentlich noch gar nie hast machen müssen, weil sie es dich nie haben machen lassen. Und wenn Not am Mann ist, sollst du dann doch alles können. Und das kommt dann oft zu Konflikten einfach so, und ich, also ich hoffe, dass man es ändern kann, aber ich glaube ehrlich gesagt nicht so dran. So wie ich jetzt den Alltag erlebe...
– Also keine große Zukunft für die FaGes?
Frau Zurbriggen: Ich glaube nicht. Ich habe einfach das Gefühl, es ist zu fest zwischendrin. Ich habe es eigentlich fast besser gefunden, vorher wo es Diplomierte gegeben hat und Hilfen und dann haben auch die Diplomierten wirklich alles selber machen müssen,

---

10 | »(.)« steht für eine Denkpause/kurzes Schweigen.

haben nicht noch mal jemand gehabt, wo einem geholfen hat und dafür hat es mehr Hilfen vielleicht auch gegeben, wo dann alles, wirklich alles andere gemacht haben. Jetzt bist du eben einfach, musst an beiden Ecken schaffen, und irgendwie gibt es dann oft sehr viel, weil die Diplomierten wollen eigentlich, dass du möglichst alles machst wo du kannst, und außen herum sollst du auch alles machen – ich glaube, es ist von Anfang an einfach zu fest zwischendrin gewesen. Und wenn das mal in den Köpfen drin ist, dann habe ich das Gefühl, dann ist das drin. Habe ich das Gefühl, aber ich hoffe, es ist nicht so.

Ob und welche der erlernten Kompetenzen sie anwenden darf, hängt vom Standpunkt der Vorgesetzten und vom Goodwill der Kollegen ab. Gerade dies zeigt aber wiederum den prekären Status, in dem man auf das Entgegenkommen anderer angewiesen ist. Dies belegt auch ein arbeitswissenschaftliches Gutachten, in dem die Ausbildung und die Arbeitsfunktionen von FaGes mit Abgängern der DN-I-Ausbildung sowie FA-SRK-Abgängern[11] verglichen wird: »Die Ausbildung bereitet die FAGE darauf vor, in Situationen mit voraussehbarer Entwicklung und kontinuierlichem Verlauf anspruchsvolle Pflegefunktionen verantwortlich zu übernehmen. Allerdings scheint es so zu sein, dass an einigen Orten geplant ist, solche anspruchsvolleren Pflegefunktionen nicht an die FAGE zu übertragen.« (Baitsch [o.J.])

Die weitere Differenzierung innerhalb der Pflege führt zu einem Aushandlungsprozess über den legitimen Platz der Fachangestellten, der noch nicht endgültig ausgetragen ist. Häufig kommt es dabei zu Abwertungen, aus denen ein »positionsspezifisches Elend« (Bourdieu) der Fachangestellten resultiert: Es sind also in erster Linie nicht »objektive Parameter« wie Aufgaben, Belastung oder Bezahlung, die den Fachangestellten zu schaffen machen, sondern die spezifische Position im Team, die sich – auch durch die oftmals geringe Anzahl von FaGes im Team – als Außenseiterposition darstellt, oder wie Frau Zurbriggen selbst sagt: »Ich glaube, es ist von Anfang an einfach zu fest zwischendrin gewesen.«

Um eine »optimale Stellenbesetzung« zu gewährleisten, ist das von uns untersuchte Spital dabei, einen so genannten »skill-and-grade-mix« für jede Station zu erstellen. Hier zeigt sich, dass bestimmte Tätigkeiten an (kostengünstigere) FaGes abgegeben werden sollen, die nicht einer (teureren) Diplomierten bedürfen. Beim Kampf um die Kompetenzen geht es damit ganz konkret also auch darum, (nicht) durch günstigere Kräfte ersetzt zu werden und gleichzeitig eine Lohngerechtigkeit zu erfahren. Dazu noch einmal die Stationsleiterin:

– Und wie sehen Sie das, wenn es mehr Fachangestellte gibt und weniger Diplomierte? Also wenn es dorthin geht, was angestrebt wird?
Frau Karcher: Das macht mir *sehr* Sorge, weil es braucht eine gewisse Erfahrung, damit man eine Pflegesituation erfassen kann. Also sie sind wie auf Handlungen orientiert und

---

11 | Krankenpfleger mit Fähigkeitsausweis des Schweizerischen Roten Kreuzes.

nicht auf das gesamte Bild. Es fehlt ja dann auch der Wissenshintergrund, um das Gesamte zu erfassen. Und das kann auch mal gefährlich werden.

– Und das ist schon gegeben, wenn Sie einen Schlüssel von 80 zu 20 haben?

Frau Karcher: 80/20, ich denke, das ist vielleicht noch gut möglich, ja, aber mehr, ich glaube, mehr darf es nicht sein.

– Sind Sie da allein mit der Haltung, oder sind Sie sich da auf den Stationsleitungen einig, dass, also ist es jetzt vielleicht speziell hier auf der Station, oder ist es insgesamt so die Haltung, dass die Durchmischung nicht stärker sein dürfte?

Frau Karcher: Ich glaube, das ist, tendenziell glaube ich schon, dass es äh, einerseits ist es eine Entwicklung, andererseits denke ich, ist sicher eine Gefahr da, wo bei anderen auch Sorgen macht.

– Mmh. Aber Sie sind da nicht so im Austausch, oder...

Frau Karcher: Weniger. Weniger, ja. Aber so tendenziell ist klar, schon, dass man, also, das ist die Stimmung, dass man sagt, ja nicht mehr Fachangestellte, weil, es ist auch eine Abwertung von der Pflege. Wenn man dann so quasi sagt, man kann auch Fachangestellte Gesundheit ans Bett tun, das ist eine Abwertung von den ausgebildeten Fachfrauen, oder. Dann kann man Leute von der Straße holen und ans Bett stellen, die könnten es genauso. Also, grob gesagt.

– Was ist der Unterschied, ist es so gering die Qualifikation von den Fachangestellten im Vergleich zu dem, was eine Pflegefachkraft macht? Weil, also wir haben, wir wissen ja nicht, was die Ausbildungsinhalte sind...

Frau Karcher: Ja. Ja. Es ist schon sehr anders, ja. Also sie, sie haben eine Ausbildung, also bei uns jetzt, in Logistik, im Außendienst und in der Pflege. Also sie werden immer so rotieren, und sie sind ein Jahr bei uns auf der Station. Und es gibt, sicher macht es nachher einen Unterschied, ob ich eine habe im dritten Ausbildungsjahr oder im ersten Ausbildungsjahr, aber, sie fangen an, sie sind16, sie sind sehr jung und sind selber in der Entwicklung, in der eigenen Körperfindung und das kann *ganz* sicher nicht eine Pflegeass... so ein junges, äh junge Frau beraten. Also, man hat ganz viele, also ich denke, die Pflege hat sich *sehr* entwickelt, und sehr in die eigenständigen Bereiche rein, aber die Frage ist immer vom Bezahlen halt, oder.

– Mmh, dass das dann zu teuer wird, wenn man...

Frau Karcher: Ja, und ich denke auch, dass man erkennt, viel Wissenschaft betrieben hat, und evidenzbasiert immer mehr auch schaffen können muss, oder, und auch begründen können muss, also das nimmt *extrem* zu. Aber äh, und dann jetzt mit der Bezugspflege und wenn dann die Idee ist, dass viele in der Gruppenleitung sind, wo eine hohe Ausbildung haben und dann einfach unten dran dann die Pflegeassis... also äh Fachangestellten Gesundheit sind, nur im delegierten Bereich sind, es geht wie nicht auf irgendwie. Also da habe ich einfach meine Sorge, wenn die ganze Erkenntnis, die ganze Pflegeentwicklung, wo wir gemacht haben, wo wir eigentlich eine gute Pflege leisten könnten, aber die sind nicht mehr die, wo an der Basis dann schaffen, oder. (...)

– Wie ist es denn so über die Jahre, Sie haben das ja jetzt wirklich mitgekriegt, die Entwicklung von den Löhnen, von der Bezahlung. Haben Sie das Gefühl, es wird angemessen bezahlt, oder sehen Sie es eher schwierig an?

Frau Karcher: Ich finde, der Lohn von einer Diplomierten Pflegefachfrau finde ich angemessen so. Wo ich finde, es ist zu *hoch*, das ist bei den Fachangestellten Gesundheit, die wo jetzt mit drei Jahren, also mit 19 einfach 4400 Franken verdienen.

– Im Vergleich jetzt zur Pflegefachfrau zu viel?

Frau Karcher: Die Pflegefachfrau, wo noch mal drei Jahre lernt, hat *1000* Franken mehr. Das finde ich, ich finde es zu viel, mit 19 4400 Franken zu haben. Weil also, vor allem, wenn man nachher den Wechsel anschaut, also nachher noch mal drei Jahre lernen, nur 1000 Franken Unterschied ist. Dann finde ich, ist dann das im Gegensatz zu wenig.

Gepaart ist die Sorge um das Finanzielle mit einem weiteren sehr zentralen Aspekt: Während pflegerische Tätigkeiten zunehmend von FaGes übernommen werden können und sollen, ist die neue Aufgabe der Diplomierten zunehmend, pro »Fall« (=Patient) die Fäden in der Hand zu behalten und quasi im Hintergrund eine Art Patientenmanagement zu betreiben, was von einigen Pflegenden bedauert wird, weil es weniger Arbeit »am Bett« bedeutet; in zahlreichen weiteren Interviews wird deutlich, dass es zu einer »Entkernung« von den eigentlichen Tätigkeiten kommt, wofür die FaGes stellvertretend verantwortlich gemacht werden. Dies kann sich negativ auf die Zusammenarbeit auswirken und dazu führen, dass die Diplomierten ihren Kompetenzvorsprung als »bessere Pflegende« besonders betonen.

ZUSAMMENARBEIT UND GEGENSEITIGE ANERKENNUNG

Frau Karcher hat aufgrund ihrer langen Berufslaufbahn sämtliche Veränderungen in der Berufsausbildung der letzten fast 40 Jahre und die Kämpfe um Anerkennung der Pflege – auch im Verhältnis zu den Ärzten – miterlebt. Frau Zurbriggen hingegen ist neu im Beruf; frühere Zustände sind ihr fremd. In den Augen von Frau Karcher verkörpert sie das Neue, die Veränderung und damit auch die mögliche Bedrohung des Machtgefüges. In Frau Zurbriggen manifestiert sich die veränderte Ausbildung, die aus Sicht von Frau Karcher inhaltlich gering ist, gleichzeitig jedoch den Status der Diplomierten bedroht, weil sie, auch aus Kostengründen, von der Spitalleitung bis zur Ausschöpfung des »skill-and-grade-mix« eingestellt werden wird. Zusätzlich verkörpert Frau Zurbriggen auch die junge Generation, die eine andere Einstellung zur Arbeit vorweist, was in der Aussage von Frau Karcher gipfelt, dass sie keinen Dienstplan, sondern einen »Freiplan« erstellen müsse. Aus Sicht von Frau Zurbriggen stellt Frau Karcher die »alte Macht« dar, die ihr das Leben schwer macht. Das erlebt sie in zahlreichen Abwertungserfahrungen, die sie insbesondere bei älteren Diplomierten zu machen scheint, wohingegen jüngere Kolleginnen, die möglicherweise ebenfalls zunächst die FaGe-Ausbildung absolviert haben, wertschätzender zu sein scheinen. Frau Karcher sagt:

Frau Karcher: Und es ist aber schon so, unter den Jungen, eine andere Haltung gegen-über dem Beruf. Das hat sich gewandelt. Es ist heute so, dass die Freizeit wichtig ist, also es ist ein *Frei*plan und nicht ein *Dienst*plan, den ich mache. Das ist auch schon mal ein Unterschied.

– Das heißt, es werden viele Wünsche eingegeben?

Frau Karcher: Ja. Ja. Und das Freie, also die dienstfreien Tage, die sind sehr ausgefüllt pri-vat und eigentlich nicht unbedingt Erholung, sondern Hobby und Besuche und Aktivitäten, und, das sind auch, wenn man schaut, wer Überstunden macht, sind es *nicht unbedingt* die Jungen. Die können sich einfach anders abgrenzen und ja, auch eine andere Haltung. Ich höre dann vielleicht »ja, wenn die Frau mir das nicht sagt, dann mache ich es nicht«, so quasi: wer nichts fordert, bekommt nichts.

– Also eine andere Arbeits- und Berufsauffassung.

Frau Karcher: Es ist eine andere, ja, absolut. Ja. *Das* hat sich *sehr* geändert.

– Wie gehen *Sie* damit um?

Frau Karcher: Einmal, ja, nicht immer gleich gut. Aber ich muss es annehmen, ich muss, weil ich kann nicht sagen, das ist, äh, es wird sich irgendwann zeigen, was ist gesünder, oder, wer geht nachher gesünder, wer bleibt gesund dabei? Die, wo sich wirklich halt noch ganz, sehr engagieren im Beruf, oder die, wo halt ein wenig ausgeglichen sind und sagen, ich habe neben dem Job halt noch ein wenig andere Interessen, mehr Interessen.

– Also es ist auch eine Generationenfrage?

Frau Karcher: Ja. Ja. Das ist es.

– Früher eine Berufung, heute ein Beruf?

Frau Karcher: Ja. Ja. Absolut. Drum auch weg vom Titel »Schwester«, oder. Man hat einen Namen, und man spricht sich mit »Frau« an. Oder, der Wandel ist extrem gewesen. Also man stellt sich vor als Frau X., und das ist auch vor ein paar Jahren, hat das stattgefunden, und heute ist man die Pflegefachfrau, ja, man stellt sich vor als Frau. Schwester ist weg.

Bei Frau Zurbriggen hört sich das wie folgt an:

Frau Zurbriggen: Weil eben halt so, also ich habe jetzt, weil ich die einzige FaGe bin, habe ich jetzt im Monat etwa acht, neun Mal Nachtwache, und du lebst einfach, eigentlich vorbei an allem. Du kommst am Morgen um halb neun heim und gehst schlafen bis um drei und dann kannst du, ja, machst auch nicht mehr viel und dann gehst du auf zehn Uhr wieder zum Schaffen, also, du lebst wirklich…, und dann immer die Umstellung von Tag und wie-der Nacht und wieder Tag und dann vom Späten und dann, du, du musst, du kannst nicht einfach zum Beispiel eingeben, ich möchte an dem Tag kein… es ist sehr schwierig, wenn du etwas vorhast: Du hast wie keine Chance. Also entweder bekommst du die Nacht, be-kommst den Späten oder Frühen oder, es gibt einfach zu viel Möglichkeiten zum dich falsch einplanen zu können eigentlich. Es ist sehr schwierig, für dich persönlich etwas zu planen.

– Und da kann man nicht reden und sagen, das ist zu viel, oder wird das nicht gehört?

Frau Zurbriggen: Man kann es schon probieren, aber unsere Chefin ist nicht so kompro-missbereit, habe ich das Gefühl. Also, sie sagt einfach, du weißt, wie unser Stand ist mit dem Personal, aber sie sagt ja, wir stellen niemand Neues ein. Und dann bist du wie eigentlich aus..., ja. Du kannst einfach nichts machen. Und ich kann mit niemandem abtauschen und dann wird es eh schwierig.

Hier zeigt sich exemplarisch die völlig unterschiedliche Wahrnehmung und Einschätzung der gleichen Situation. Im Folgenden kommt Frau Zurbriggen ausführlich auf das Verhältnis zu den Diplomierten zu sprechen:

— Und wenn sie jetzt gesagt haben am Anfang, die rechte Hand von den Diplomierten: Wie ist denn dann das Verhältnis so zu den Diplomierten?
Frau Zurbriggen: Ganz unterschiedlich. Also, die, wo selber vielleicht den Weg gemacht haben über FaGe zur Diplomierten, ist ganz ein anderes Verhältnis als zu denen, wo schon länger sind und vielleicht gerade direkt so... Also ich habe das Gefühl, die, wo auch gewesen sind, haben wie auch mehr Verständnis mal, dass man vielleicht gerne auch ein wenig mehr in der Pflege ist, oder. Ja, es sind einfach meistens halt die jüngeren auch, und dort, dort kannst du es auch lustig haben miteinander. Wenn es die etwas älteren sind, ist es oft so, dass du wirklich ein wenig mehr, ja, abgeschoben wirst, so, putz doch noch das und mach doch noch das, halt eher ein wenig die nicht so schönen Arbeiten. Ja.
— Und die Fachangestellten sind alle jünger?
Frau Zurbriggen: Ja. Die meisten machen halt weiter oder ganz etwas anderes. Es bleiben ja sehr wenig auf FaGe. Da bin ich die Einzige hier.
— Haben Sie denn dann das Gefühl, dass es irgendjemanden gibt, der die Interessen der FaGes eigentlich vertritt im Spital? Ich weiß nicht, Personalrat oder Gewerkschaft oder...
Frau Zurbriggen: Es geht; eigentlich nicht wirklich. Also, ich meine, wir haben schon viele Lehrlinge und so und die haben ja Bezugspersonen, die schon schauen, aber, eben so, ich habe nicht das Gefühl, dass jemand auch interessiert daran ist, dass sich etwas ändert. Weil ich habe das Gefühl, die Diplomierten und so sind zufrieden so, wie es läuft mit den FaGes, wo eben auch außen herum schaffen und so. Ich habe das Gefühl, sonst sind eigentlich – außer den FaGes selber – sind alle zufrieden.
— Das heißt, die Diplomierten haben auch so ein bisschen die Macht//ja, auf jeden Fall// zu definieren, was geändert werden muss.
Frau Zurbriggen: Mmh. Mmh. Ich habe das Gefühl, ja. Sie werden halt mehr ernst genommen, weil sie auch einfach älter sind.
— Das heißt, Sie haben gar niemanden, wo Sie damit jetzt hingehen könnten?
Frau Zurbriggen: Nein. Eigentlich..., ich glaube, es würde auch nichts bringen, wenn ich da groß irgendwie anfangen würde zu streiten wegen so Zeug. Ich glaube, da hast du am Schluss noch mehr Probleme wieder. (.) Und das ist eben das auch manchmal ein wenig mein Problem: Die Diplomierten tun einen viel dann als Pflegehilfe ab; und das finde ich, ist nicht das Gleiche, so...Wenn ich Leitung wäre, würde ich auch mal den Diplomierten sagen, dass es einfach keine Pflegehilfen sind. Dass die das einfach noch lernen. Das wäre halt so ein wenig das, wo ich jetzt ändern würde.
— Ja, ja, so die Einstellung ein bisschen ändern.
Frau Zurbriggen: Ja, genau, weil sie haben schon einfach oft das Gefühl, es ist eine Pflegehilfe, wo alles können sollte.

— Ist es denn auch so, dass die sehr viel Stress haben, die Diplomierten, dass die da gar nicht mehr drüber nachdenken, sondern einfach froh sind, wenn ihnen irgendjemand die Sachen abnimmt? Wie sehen Sie das? Wer hat da am meisten Stress auf so einer Station? Sind das Ärzte, die Diplomierten...

Frau Zurbriggen: Also die Ärzte haben sicher immer Stress eigentlich. Aber ähm, es kommt halt darauf an, wie viele Patienten dass wir haben. Wenn wirklich die Station voll ist, sind eigentlich alle im Stress und dann sind die Diplomierten auch einfach froh, wenn es läuft. Aber es gibt schon auch wirklich so Situationen, wo einfach alle Diplomierten im Stationszimmer hocken und den FaGes den Auftrag geben, geht doch das putzen und das oder so, irgendetwas putzen gehen einfach, und sie sitzen herum und essen und trinken Kaffee oder weiß ich was. Das gibt es schon auch sehr oft. Und das sind dann die Situationen, wo man nicht so gern hat. Und wo man sich mal aufregt. Ja, das gibt es schon auch...

— Ich meine, das ist auch noch schwierig, oder, wenn Sie, wenn es sozusagen ein bisschen im Ermessensspielraum von den Diplomierten liegt, was Sie dann dürfen und was nicht. Wenn Sie an einem Tag der Patientin die Spritze geben und am nächsten Tag dürfen Sie es nicht.

Frau Zurbriggen: Ja, das hat auch damit zu tun. Eben, sie haben auch schon gefragt, und manchmal muss man halt eben, muss ich dort oft sagen, ja, ich muss die Diplomierte holen, oder so, und eigentlich wüsste ich es ja, oder könnte es ja, aber mit gewissen Diplomierten musst du dann einfach sagen: ich muss die Diplomierte holen.

— Und wie reagieren da die Patienten drauf? Sagen die was dazu, oder nehmen die das einfach so hin?

Frau Zurbriggen: Nein, sie sagen meistens, es ist gut. Aber ich habe manchmal schon auch das Gefühl, dass die dann wie beim nächsten Mal lieber grade schon, also, weil sie dann das Gefühl haben, ja, die Person ist zu wenig kompetent oder so. Oder sich fragen, was ist sie denn überhaupt, also ja, was ist das für eine Lehre, oder ist es nur eine Anlehre, oder.

FAZIT: SYMBOLISCHE ABGRENZUNGEN INNERHALB DER PFLEGEBERUFE UND IHR KONTEXT

Ökonomische Aspekte, nämlich die einfachen pflegerischen Arbeiten an kostengünstigeres Personal (FaGes, Pflegeassistenten) zu delegieren, geraten zunehmend in Konflikt mit dem Anspruch einer durchgehenden Betreuung der Patienten durch eine(n) Bezugspflegende(n) (Qualitätsanspruch) und gleichbleibendem zugeteiltem Assistenzpersonal zu Lasten der Mitarbeitenden, die sich dagegen wehren, (aus arbeitsorganisatorischen Gründen) keine Freiwünsche mehr eingeben zu können und sich so dem Diktat der Bezugspflege unterordnen zu müssen. So scheint es eine große Herausforderung zu sein, Dienstpläne zu erstellen, die einerseits eine möglichst hohe personelle Kontinuität in der Betreuung der Patienten vom Eintritt bis zum Austritt gewährleisten (so wie es das Spital auch bewirbt), gleichzeitig jedoch auch die persönlichen Freiwünsche der Diplomierten Pflegekräfte mit den Freiwünschen der zugeteilten FaGes und den schulischen

Vorgaben und jugendschutzrechtlichen Bestimmungen der Auszubildenden, die ebenfalls diplomierten Kräften zugeteilt werden, zu berücksichtigen. Dies kann in Abhängigkeit von der Prioritätensetzung der Stationsleitung eben auch zu Lasten des Pflegepersonals gehen oder in der ablehnenden Haltung gegenüber der aus pflegefachlicher Sicht geschätzten Bezugspflege seinen Ausdruck finden.

Gleichzeitig sprechen Pflegeleitung wie auch andere Pflegefachfrauen von der Aufwertung des eigenen Berufes durch die Bezugspflege, welche die Beziehung Patienten – Pflegende neu valorisiert und damit auch den Wert der Tätigkeiten der Pflegenden unterstreicht. Dies ist insbesondere im Verhältnis zur Ärzteschaft wichtig, zu der sich das Verhältnis in den letzten Jahren massiv verändert hat[12]; die Beziehungen zu anderen Berufsgruppen setzen in gewisser Weise den Rahmen für die Kämpfe innerhalb der Pflege. Unsere Interviews zeigen eindeutig eine Statusverbesserung in Bezug auf die Ärzteschaft, was in einem größeren Selbstbewusstsein seitens der Pflegenden und flacheren Hierarchien zum Ausdruck kommt. Dieses veränderte Verhältnis ist der Kontext des Abgrenzungskampfes, den wir in den obigen Interviewzitaten sehen können, denn betont werden gegenüber der Ärzteschaft ja gerade die Beziehung zu den Patienten sowie die eigenen Fähigkeiten und Kompetenzen. Auch auf Klinik- und Spitalebene, etwa in Ausschüssen, versuchen die unterschiedlichen Berufsgruppen, ihrem Wort Gewicht zu verleihen. Hier zeigt sich deutlich, dass die Pflegenden in einem strukturierten Machtfeld in Interdependenzbeziehungen zu den anderen Akteuren im Spital stehen. Durch die Erstellung eigener »Pflegediagnosen«[13] sind die Pflegenden in das Hoheitsgebiet der Ärzteschaft eingedrungen; auch durch die Reglementierung bzw. Reduzierung der Arbeitszeit auf 50 Stunden pro Woche (durch die Unterstellung unter das Arbeitsgesetz) wird an der vormals gegebenen sozialen Rolle »des Arztes« gerüttelt und eine Annäherung an die anderen Gesundheitsberufe bewirkt. Die Hierarchien im Spital sind in den letzten Jahren aufgrund verschiedener Tendenzen in Bewegung geraten: Jede Veränderung einer Position hat Auswirkungen auf die anderen Positionen. Um im Bild der Figuration zu bleiben: Zwischen den Akteuren bestehen Interdependenzverflechtungen, die sie

---

12 | Vgl. hierzu Mau/Wagner 2014.

13 | Pflegediagnosen stellen, analog zu den Diagnosis Related Groups (DRGs), eine theoriegeleitete, standardisierte Benennung des Pflegebedarfes dar. Auf dieser Grundlage können die nächsten Schritte im Pflegeprozess eingeleitet und schließlich auch abgerechnet werden. Die Pflegediagnosen beschreiben den Pflegebedarf aus pflegefachlicher Sicht. Durch die Zuordnung von Pflegetätigkeiten zu Pflegediagnosen wird ein Abrechnungssystem ermöglicht, dem die pflegerische Arbeit und nicht die ärztliche Diagnose der Internationalen statistischen Klassifikation der Krankheiten und verwandter Gesundheitsprobleme (ICD-10) bzw. der Operationen- und Prozedurenschlüssel (OPS) als Abrechnungssystem zugrunde liegt. (Wikipedia: Pflegediagnose) Selbstverständlich sind es nicht die FaGes, sondern die Diplomierten Pflegefachfrauen, welche die Diagnosen stellen.

aneinander binden und voneinander abhängig machen – auch weil sie im Spital-alltag aufeinander angewiesen sind.

Die Statuskämpfe zwischen angrenzenden Kategorien um die Verschiebung von Anerkennung und Macht ist in vollem Gange – trotzdem können es sich, wie unsere Interviews zeigen, die Ärzte zum jetzigen Zeitpunkt noch leisten, sich nicht mit den Differenzierungen innerhalb der Pflege auseinanderzusetzen: Sie wissen oft nicht, welche Berufsgruppen es innerhalb der Pflege gibt, und nehmen sie als homogenen Block wahr. Gerade das macht es für Diplomierte wie Frau Karcher notwendig, möglichst wenige FaGes innerhalb der Gruppe der Pflegen-den zuzulassen; schließlich gilt es, ein gerade erreichtes Standing zu verteidigen:

– Was mich noch interessiert – wie ist denn das Verhältnis zwischen Pflegepersonal und Ärztinnen und Ärzten?

Frau Karcher: Also, ich denke, die Hierarchiestufen, wo ich von früher kenne, wo wirklich, also, dass der Assistenzarzt oder der Arzt, wo das Sagen gehabt hat und die Pflegende ist die Dienende, das ist schon *lang* nicht mehr bei uns. Also ich würde sagen, es ist ein *sehr* gutes Einvernehmen, eine gute Zusammenarbeit, also man ist angewiesen aufeinander, und äh, gerade jetzt in unserem Fachgebiet ist natürlich die Pflege sehr viel mehr involviert und sehr eigenständig. Ja. Also *das* hat sich *sehr* entwickelt, die Eigenständigkeit vom Pfle-geberuf gegenüber früher.

Es ist eben dieser etablierte Status, der scheinbar paradoxerweise zu einer Abwer-tung bestimmter Teile der Berufsgruppe der Pflegenden führt. Die Konkurrenz unterschiedlicher Berufsgruppen um Anerkennung fördert so auch die Entsoli-darisierung von Beschäftigten des gleichen Berufes. Auch die zunehmende Kon-kurrenz um Patienten von Gesundheitseinrichtungen untereinander scheint die Konflikte im Team eher zu befördern. So sagt Frau Karcher:

Wenn nachher jemand von einer Fachangestellten Gesundheit betreut wird oder sie sollte ihr eine Beratung geben können oder wir merken schon, wenn sie nur »einen kurzen Mo-ment« sagt, also zum Beispiel es läutet, die Fachangestellte geht auf die Glocke – das ist ein Auftrag: Wenn es läutet, gehst du auf die Glocke – und die Person hat einen Wunsch, und die Fachangestellte Gesundheit kann den nicht erfüllen, weil es vielleicht eine Fach-frage ist, und sie geht raus, holt die Diplomierte, die ist aber vielleicht noch woanders zu-geteilt, die Person läutet in der Zwischenzeit noch mal, weil sie hat keine Geduld, weil sie ist jetzt im Hier und im Jetzt sich selber so wichtig, und das kommt nachher alles in der Patientenumfrage, dass dann beurteilt wird, sie ist nicht verstanden worden, sie hat zu lange auf Beratung warten müssen und und und...

Vor dem Hintergrund, dass Patientenumfragen immer wichtiger werden – gerade dort, wo man mit anderen Einrichtungen konkurriert –, zeigt sich auf mehreren Ebenen, dass die Verschärfung des Konkurrenzprinzips, sei es auf Ebene der In-stitutionen, sei es auf Ebene der Berufsstände, Konsequenzen hat, die zunächst sicher nicht intendiert waren, gleichsam aber logische Folge der Verschiebung im Interdependenzgeflecht sind. Wird dieses System zusätzlich von außen unter Druck gesetzt, wie an der Konkurrenz zu Privatspitälern und dem Kostendruck seitens der Krankenkassen in Bezug auf die Spitallandschaft beobachtbar, verschärft sich die Dynamik zwischen den einzelnen Akteuren, die jeweils (auf Kosten der anderen) versuchen, ihre Position zu verteidigen oder zu verbessern und dabei die ihnen zur Verfügung stehenden Ressourcen mobilisieren. Wenn die These richtig ist, dass ein starker Zusammenhang zwischen Arbeitszufriedenheit der Beschäftigten und der Qualität ihrer Dienstleistungen besteht, können die Folgen dieser zunehmenden Konkurrenz für die Patienten erahnt werden.

Der folgende Text kreist ebenfalls um das Thema Situation neuer Berufsgruppen im Krankenhaus, die Figuration – um ein im vorangegangenen Kapitel verwendetes Konzept aufzugreifen –, in der sich die beschriebene Entwicklung vollzieht, ist allerdings eine ganz andere. Während sich die diplomierte Pflege in der Schweiz hinsichtlich des Ausbildungsniveaus, der eingeräumten Kompetenzen, des Gehaltes und des Status innerhalb des Berufsgruppengefüges, vor allem auch gegenüber dem Ärztlichen Dienst, eine günstige Position geschaffen hat und dem Idealtypus einer Profession sehr nahekommt, haben sich analoge Strategien für die Krankenhauspflege in Deutschland bisher als überwiegend erfolglos erwiesen. Statt eines kollektiven Projektes verfolgen viele Pflegekräfte tendenziell eher individuelle Strategien des Umgangs mit bzw. der Flucht aus einem hinsichtlich Kompetenzen, Einkommen, Arbeitsbedingungen und Status wenig attraktiven Beruf. Früher Berufsaustritt, Teilzeit, Weiterbildungen und Studiengänge auf tertiärem Niveau sind typische Ausdrucksformen davon.

Mit der Einführung eines pauschalierten, leistungsbezogenen Vergütungssystems für Krankenhausleistungen auf der Basis der so genannten Diagnosis Related Groups (DRGs) wird nun seit ca. zehn Jahren eine Entwicklung forciert, die von zahlreichen kritischen Beobachtern als »Ökonomisierung« des Krankenhauswesens bezeichnet wird. Damit wurde die Figuration Krankenhaus einer ganz neuen Dynamik ausgesetzt, aufgrund derer vor allem neue administrative Eliten die ehemals unangefochtene Dominanz der Ärzteschaft streitig machen. Im Zuge dieser Veränderung bieten sich auch für aus- und aufstiegswillige Pflegekräfte Gelegenheiten, von diesen Entwicklungen zu profitieren. Das folgende Kapitel stellt die Perspektive einer ehemaligen Krankenpflegerin, die diese Opportunität wahrgenommen hat, der subjektiven Sichtweise einer Pflegefachkraft gegenüber, die weiterhin an ihrem erlernten Beruf festhalten will.

Should I stay or should I go

Strategien des Umgangs mit einem unmöglich gewordenen Beruf

Andreas Pfeuffer

Im Haus herrscht Ausnahmesituation. Das in öffentlicher Trägerschaft befindliche Klinikum ist mehrere Jahre in Folge in den roten Zahlen; ein privater Klinikkonzern klopft beim Träger des Hauses an, er würde das finanziell angeschlagene Haus gerne übernehmen; einem Leitenden Arzt wird fristlos gekündigt; der Personalrat tritt daraufhin geschlossen zurück; beinahe täglich berichtet die regionale Tageszeitung über derartige Ereignisse. In der Folge setzt eine Kündigungswelle unter den Angehörigen des Ärztlichen Dienstes ein. Beim zurückbleibenden Personal herrscht Ungewissheit, in vielen Fällen gar Angst um die Zukunft des Hauses und damit des eigenen Arbeitsplatzes. Für die Beschäftigten und die Bürger der Kommune stellt sich dies alles in der Tat als Ausnahmesituation dar. Doch zoomt man den Fokus weg von der Stadt, in der die beiden, dem nachfolgenden Fallvergleich zugrunde liegenden Interviews geführt wurden, und blickt aus einer Vogelperspektive auf die Situation der öffentlichen und vor allem kommunalen Krankenhäuser in Deutschland, dann fällt auf, dass es sich um eine nahezu normale Ausnahmesituation handelt. Andernorts mögen die Ereignisse einer anderen Dramaturgie folgen, auch mögen sich die Konfliktlinien unterscheiden, doch überall sind die Auswirkungen der Kostendämpfungspolitik und des Wettbewerbes im Krankenhaussektor spürbar. Das Rheinisch-Westfälische Institut für Wirtschaftsforschung (RWI) schätzt in dem von ihm herausgegebenen Krankenhaus-Report 2012, dass fast jedem sechsten der ca. 2050 deutschen Krankenhäuser die Schließung oder der Verkauf drohe (Spiegel online 06/2012).

Freilich ist die an deutschen Krankenhäusern gegenwärtig herrschende Misere nicht erst neueren Datums. Fragt man langjährige Beschäftigte, seit wann sich die Situation aus ihrer Sicht zum Negativen hin geändert habe, so sprechen sie von einem schleichenden, sich zeitweise beschleunigenden Prozess, der Anfang bzw. Mitte der 90er Jahre spürbar geworden sei und sich vor allem um die Mitte des vergangenen Jahrzehnts radikal verschärft habe. In der Tat koinzidiert diese Wahrnehmung mit den maßgeblichen Reformen der Krankenhausfinanzierung. Mit dem Gesundheitsstrukturgesetz wurde 1993 eine Deckelung der

Krankenhausbudgets durchgesetzt, die dem zuvor noch im Gang befindlichen Personalaufbau über alle Berufsgruppen hinweg – allerdings mit Ausnahme des Ärztlichen Dienstes – zunächst ein Ende setzte und neben der Pflege das Personal in den Reinigungsdiensten, in den Küchen und den medizinisch-technischen Dienst auch in den folgenden Jahren am härtesten traf. Während in der so genannten Pflegepersonal-Regelung aus dem Jahr 1992 noch zahlenmäßige Anforderungen an die Besetzung des Pflegedienstes gesetzlich formuliert wurden, existieren seit ihrer Aussetzung 1996 bzw. ihrer Aufhebung im Jahr 1997 keine derartigen Vorgaben mehr. Vor allem aber mit der unter rot-grüner Regierung beschlossenen Einführung der Erstattung der Behandlungskosten für die Krankenhäuser nach Fallpauschalen auf der Basis der so genannten DRGs (dazu grundlegend Simon 2007a und 2010; Weisbrod-Frey 2012), die sich in erster Linie an den durchschnittlichen Behandlungskosten pro Fall orientiert, macht das Überleben für Kliniken, denen es nicht gelingt, mit den nun noch knapper fließenden Mitteln zu wirtschaften, noch schwerer. Die nach wie vor in öffentlicher Trägerschaft geführten, nun aber meist in privatrechtliche Gesellschaftsformen überführten Häuser reagieren entsprechend »rational«: Sie organisieren sich neu, ahmen privatwirtschaftliche Strategien nach, verfolgen einen Kurs strenger Rationalisierung und Kostensenkung in Form von Auslagerungen, Stationszusammenlegungen und damit einhergehenden Personaleinsparungen und bauen ihre Medizin- und Finanzcontrollingabteilungen weiter aus, so dass sie zunehmend wie ihre privaten Konkurrenten funktionieren. Nicht zufällig steigen derzeit in Deutschland die Fallzahlen bei einträglichen Operationen, so dass der intendierte Kosteneinspareffekt unterlaufen wird. Inwieweit sie bei einem solchen Krisenmanagement noch den Charakter öffentlicher Daseinsvorsorge bewahren, bleibt ebenso eine offene Frage, wie die, was aus dem »gemeinwohlorientierte(n) berufliche(n) Selbstverständnis« geworden ist, »das in der ›goldenen‹ Zeit des Wohlfahrtsstaates die Beschäftigungsstrukturen im öffentlichen Sektor charakterisierte« (Klenk 2013: 231). Das sind freilich Fragen, die auf einer recht abstrakten Ebene ansetzen. Dagegen gehen die folgenden auf der Grundlage des Vergleiches zweier Interviews basierenden Überlegungen davon aus, dass der oft als Ökonomisierung bezeichneten erwerbswirtschaftlichen Ausrichtung von Organisationen des Gesundheitswesens durchaus die sozioprofessionellen Arbeitsorientierungen der die Gesundheitsversorgung interaktiv umsetzenden Akteure (Ärzte und Pflegepersonal) entgegenstehen können (vgl. Bode 2010a: 65), dies aber nicht zwangsläufig müssen. Zahlreiche Beschäftigte können aufgrund einer habituellen Passung die sich ihnen durch das neue Krankenhausregime in Form neuer beruflicher Profile bietenden Gelegenheiten ergreifen und so entsprechend zu treibenden Kräften dieser erwerbswirtschaftlichen Neuausrichtung werden.

Im Folgenden soll in Form einer Kontrastierung der beiden an dem erwähnten Krankenhaus beschäftigten Personen deren jeweiliges berufliches Selbstverständnis herausgearbeitet und auf seine biographischen Möglichkeitsbedingungen hin befragt werden. Darauf folgen Überlegungen hinsichtlich der »Passung« dieser Dispositionen in das sich gegenwärtig wandelnde Krankenhausregime.

EINE, DIE BLEIBT

Frau Kreuz kennt die vermeintlich guten alten Zeiten kaum mehr. Zum Zeitpunkt des Interviews ist sie 29 Jahre alt und ledig, lebt aber in einer Partnerschaft. Sie ist nach der Realschulzeit und dem Abschluss ihrer dreijährigen Ausbildung nun schon seit neun Jahren in dem Klinikum, in dem sie auch ihre Ausbildung absolviert hat, als Krankenschwester mit der Zusatzausbildung zur Praxisanleiterin tätig, wohnt auch im »Schwesternwohnheim« auf dem Gelände dieses Hauses. Konkret arbeitet sie auf einer chirurgischen Station, auf der mittlerweile fünf Fachrichtungen zusammenarbeiten. »Das heißt sehr viel Durchlauf, sehr viele OPs, viel Organisatorisches.« Eine Tätigkeit im sozialen oder pflegerischen Bereich war bei ihr offenbar schon früh angelegt:

Frau Kreuz: Also ich habe mittlere Reife gemacht und habe da schon im Hardenburger Krankenhaus Praktika gemacht. Also Kinderstation und normale Erwachsenenstation, habe im Altersheim gejobbt. Und für mich war meine Cousine immer mein großes Vorbild. Und die ist jetzt nach Norwegen ausgewandert als Krankenschwester. Und, ja, für mich war schon immer klar, dass ich Krankenschwester werden will. Und bin es immer noch gerne.

Frau Kreuz stammt aus einem Dorf des Landkreises, in dessen Kreishauptstadt das Klinikum liegt. Ihre Eltern betreiben einen landwirtschaftlichen Betrieb, der Vater selbst ist Landwirtschaftsmeister mit Hauptschulabschluss (lachend sagt sie bei der Notierung der sozialstatistischen Angaben im Anschluss an das Interview: »Jetzt hätte ich auch Bauer schreiben können, gell?«). Darüber hinaus ist ihre Mutter, die über einen Realschulabschluss verfügt, nachdem sie diese Tätigkeit während der Kinderphase unterbrochen hatte, nun wieder als Familienhelferin tätig. Ihre beiden Brüder, die offenbar jünger sind als sie, absolvieren derzeit beide ein technisches Studium. Die Großeltern beider Linien hatten ebenfalls Landwirtschaft bzw. einen Weinbaubetrieb, in denen die Ehefrauen als Hausfrauen und mithelfende Familienangehörige arbeiteten, allerdings arbeitete der Großvater mütterlicherseits auch als Bahnbeamter.

Neben dem durch die erwähnte Cousine verkörperten beruflichen Vorbild war ihrer eigenen Aussage nach der Einfluss der Mutter auf sie prägend.

— Und was war denn so das Motiv? Also, ich meine, Sie haben da schon immer im Altenpflegebereich ein bisschen was gemacht und aus welcher Haltung heraus kommt das bei Ihnen?
Frau Kreuz: Vielleicht ist das durch meine Erziehung früher schon, denke ich. Also, dass ich... sozialer Beruf auf jeden Fall. Kindergärtnerin war noch so. Aber das wäre jetzt dann

im Nachhinein doch nichts so für mich. Ähm, ich weiß nicht, meine Mutter, die hat mich vielleicht so ein bisschen geprägt.
– Was waren Ihre Eltern denn?
Frau Kreuz: Also, ich bin auf einem Bauernhof aufgewachsen. Mein Vater ist Landwirtschaftsmeister und meine Mutter ist Dorfhelferin. Also jetzt sagt man, glaube ich, Familienpflegerin dazu. Und die übt das jetzt auch wieder aus, seit wir alle aus dem Haus sind. Und so das Soziale ist, denke ich, von Mama.

Doch kehren wir nochmals zum Beginn des Gespräches zurück. Frau Kreuz scheint für das Interview, das eine Stunde vor ihrem Dienstantritt stattfindet, ganz bewusst eine Botschaft mitgebracht zu haben, etwas, was sie den beiden Interviewern auf jeden Fall mitteilen will. Auf die eingangs formulierte Bitte, ihre »Tätigkeit« und »einen typischen Alltag« zu beschreiben, beginnt sie, wie man durchaus in einer solchen Situation erwarten könnte, mit einem kurzen Überblick über ihre Zeit am Klinikum. Sie erwähnt allerdings die Station, auf der sie arbeitet, oder einzelne Tätigkeitsaspekte bzw. einen typischen Arbeitstag nicht weiter, sondern holt, einen kleinen zeitlichen Bogen schlagend, etwas weiter aus:

Frau Kreuz: Also ich bin jetzt seit zwölf Jahren hier am Haus. Mit drei Jahren Ausbildung. Und jetzt neun Jahre ausgelernt, genau.

Sogleich kommt sie jedoch nach einem kurzen Stocken auf eine affektive Ebene:

Und ähm, bin sehr verbunden mit dem Klinikum. Auch wenn es gerade im Moment nicht so schön läuft.
– Darf ich gleich einhaken? »Verbunden«, was heißt das?
Frau Kreuz: Mhm. Also, ich fühle mich halt wohl. Das ist, mhm, also, ich will jetzt auch demnächst nicht wechseln, so wie jetzt gerade alle einfach gehen.

Eine plausible Hypothese für die Deutung dieser Passage könnte zunächst lauten, dass sie in der Interviewsituation davon ausgeht, dass es dem Interviewer in der Situation des Interviews im Wesentlichen um die gegenwärtige Krise des Krankenhauses geht, die sie sogleich als »nicht schön« qualifiziert, gleichzeitig aber betonen will, dass sie trotz allem zu der Institution steht. Wer mit lebensgeschichtlichen Interviews etwas vertraut ist, den überrascht es jedoch kaum, dass sich die befragte Person gleich zu Beginn des Gespräches in besonders verdichteter Form präsentiert und hier schon eine Art »Motto« ihrer Lebensgeschichte, ein grundlegendes Dilemma oder Ähnliches zu erkennen gibt. Dennoch bleibt die Äußerung von Frau Kreuz irritierend und provokant angesichts der allgemein schlechten Arbeitsbedingungen und all dessen, was an Veränderungen in diesem Krankenhaus derzeit vorgeht.

»Verbundenheit« evoziert eine affektive Ebene, eine Beziehungsqualität, die man in erster Linie zu Personen oder Gruppen, etwa zum eigenen Team, unterhält, zu einer Organisation, zum »eigenen Haus« jedenfalls nur dann, wenn die Umstände einigermaßen stimmen. Das Auseinanderklaffen der idealerweise »stimmigen« Umstände zur Realität des Hauses spielt Frau Kreuz denn auch nach kurzem Zögern durch den Euphemismus »nicht so schön« herunter, was sogleich die überraschte Nachfrage des Interviewers zur Folge hat. Sie antwortet darauf mit der Präzisierung, dass sie sich »halt« wohlfühle, wobei das »halt« zugleich eine Bekräftigung und eine Evidenz ausdrücken will, eben dass es doch eine Selbstverständlichkeit ist, dass Verbundenheit Wohlfühlen bedeutet. Sie geht nicht weiter auf die Gründe für ihr Wohlfühlen und damit auch für ihre Verbundenheit ein, baut stattdessen einen Gegensatz zwischen sich als Einzelner und den Reaktionen anderer – sie spricht sogar übertreibend von »allen« – auf: Sowohl in der gegenwärtigen Situation wie auch in der nächsten Zukunft wird sie nicht wechseln, ganz im Gegensatz zu »allen«, die jetzt »einfach« gehen. Durch das Wörtchen »einfach« bekommt der Umstand, dass »alle gehen«, eine moralische Note: Man kommt und man geht wieder, wenn es einem nicht mehr gefällt, wenn es »nicht so gut läuft«; man überlegt nicht lange, man empfindet eben keinerlei »Verbundenheit«, die einen zu irgendetwas verpflichtet. Es schwingt der Vorwurf einer Art Leichtfertigkeit mit. In dieser Provokation liegt auch der Kern der Botschaft, die sie gleich zu Beginn mitteilen will.

Frau Kreuz ist offenbar keine rational kalkulierende Nutzenoptimiererin, was sich auch an anderen Stellen des Interviews zeigt. Sonst hätte sie ja wie ihre beiden Brüder, die ein Studium in den Bereichen Ingenieurwesen und Informatik absolvieren, einen anderen Berufsweg einschlagen können. Zugleich lässt sie eine Sicht der sozialen Welt erkennen, in der die »Jungs« technische Berufe erlernen und eine Karriere verfolgen, während den Entscheidungen von Frauen diesbezüglich ganz andere Relevanzen zugrunde liegen.

Frau Kreuz: Aber das sind halt Jungs. Die sind eher auf Karriere aus. Ich nicht so.
— Ja, würden Sie das so sagen? Also Karriere spielt nicht so die Rolle?
Frau Kreuz: Mhm, mhm. Mhm, mhm. [schüttelt den Kopf]
— Und haben Sie da...
Frau Kreuz: Darfst du aber auch nicht. Also, so in dem Beruf.

Frau Kreuz ist kein Einzelfall. Neben all den Pflegefachkräften, die im Lauf der vergangenen Jahre das Klinikum verlassen haben, gibt es offenbar eine gewisse Anzahl von Beschäftigten – und das sind, wie Frau Kreuz' Beispiel zeigt, nicht nur die älteren unter ihnen –, die eine so hohe Identifikation mit und Loyalität zu »dem Haus« entwickelt haben, dass sie ungeachtet der von ihnen beschriebenen belastenden Arbeitsbedingungen, der Anerkennungsdefizite und der herrschenden Unsicherheit über die Zukunft des Klinikums die Exit-Option sowohl aus dem Beruf wie auch aus dem sie beschäftigenden Haus bewusst nicht in Betracht ziehen, sich allerdings aber auch nicht im Sinne der Voice-Option gegen die Situation kollektiv empören (vgl. Hirschman 1972).

EINE, DIE GEHT

Frau Nowak hat uns im Gegensatz zu Frau Kreuz keine Botschaft ins Interview mitgebracht. Sie beantwortet, mit polnischem Akzent, die ersten Fragen nach ihrer Tätigkeit und ihrem Tagesablauf kurz und bündig. Dabei nennt sie nicht als Erstes ihren Beruf oder ihre Aufgabe, sondern erklärt sogleich für einen Laien halbwegs verständlich in recht einfachen Worten ihre Aufgabe. Ihr ist durchaus bewusst, dass das, was sie da tut, in der Öffentlichkeit nicht ohne weiteres bekannt ist, denkt man beim Krankenhauspersonal doch in erster Linie an Ärzte, Pflegende und vielleicht noch die Angehörigen des Funktionsdienstes:

Frau Nowak: Also meine Tätigkeit ist eben, die Diagnose und das, was die Ärzte eben geleistet haben, in Nummern zu kodieren. Und durch die Nummer wird diese Abrechnung gestellt und mit der Kasse wird das abgerechnet. Also, Operationsdiagnosen, Operationsprozeduren, das wird eben kodiert und mit Nummer weitergegeben.

Erst auf die Nachfrage des Interviewers fasst sie ihre Tätigkeit in einem Begriff zusammen. Sie arbeitet als Medizinische Kodierfachkraft. Wir befinden uns also in einer Abteilung der Verwaltung, die in den Prozess der Abrechnung der erbrachten Leistungen mit den Krankenkassen involviert ist. Dass Frau Nowak nicht sofort die Tätigkeitsbezeichnung nennt, hängt vielleicht auch damit zusammen, dass diese Tätigkeit eigentlich noch keinen anerkannten Ausbildungsberuf im engeren Sinne darstellt und nur in Form von mehrwöchigen Fortbildungen vermittelt wird. Angesichts der Kürze der Fortbildung und des eher zufälligen »Hineinrutschens« in diese Tätigkeit hätte die sofortige Nennung der umfassenden Bezeichnung in ihren Augen vielleicht auch anmaßend wirken können.

Die Kodierfachkräfte stellen eine zahlenmäßig noch nicht besonders bedeutende Beschäftigtengruppe in deutschen Krankenhäusern dar und sind in den entsprechenden Bundesstatistiken des Krankenhauspersonals nicht eigens ausgewiesen. Im Krankenhaus selbst wird, wie unsere Interviews zeigen, oft undifferenziert von »den Medizincontrollern« oder den »DRG-Controllern« gesprochen. Man schätzt, dass in deutschen Krankenhäusern gerade einmal ca. 8000 von ihnen tätig sind, allerdings bei steigender Tendenz. Da die Nachfrage seitens der Kliniken nach erfahrenen Kodierfachkräften steigend ist, hat sich seit einigen Jahren ein florierender Ausbildungsmarkt etabliert, auf dem Ausbildungen mit unterschiedlichen Abschlüssen gehandelt werden: Die Qualifikationen umfassen die Fort- und Weiterbildung zur »Medizinischen Kodierfachkraft« oder zum/zur »Medizinischen Kodierassistenten/-assistentin«, die Tätigkeit wird aber auch von so genannten »Medizinischen Dokumentationsassistenten/-assistentinnen« oder von Ärztinnen und Ärzten ausgeübt (vgl. Pfeuffer/Gemperle 2013). Die ersten Jahre nach Einführung der DRGs wurde die Tätigkeit allerdings allein von den Angehörigen des Ärztlichen Dienstes ausgeübt.

Wie Frau Nowak kurz erläutert, ist die Tätigkeit der zum Medizincontrolling gehörenden Kodierfachkräfte ein Glied innerhalb einer Kette von Tätigkeiten, die von der Diagnose, der Behandlung und Pflege über die Abrechnung der erbrachten Leistung hin zur Kostenerstattung durch die Kostenträger, die Krankenkassen, reicht. Damit nehmen sie zusammen mit den ebenfalls kodierenden Ärzten eine Scharnierrolle zwischen den Bereichen Medizin und Ökonomie ein. Doch wie sieht Frau Nowaks Arbeitsalltag konkret aus?

Frau Nowak: Also ich fange um halb acht an. Ich gehe zuerst zur Ärzteübergabe. Da höre ich, was die Ärzte in der Nacht operiert haben, Notfälle, Geburten. Dann bringe ich Patientenakten, die einen Tag vorher entlassen wurden, ins Büro. Muss ich sie durchschauen, durchlesen, Diagnosen ermitteln und dann am Computer mit Spezialprogramm kodieren.

Wenn man mit ihr an ihrem PC-Arbeitsplatz spricht, fällt auf, dass überall auf den Tischen im Büro, das sie sich mit zwei anderen Kolleginnen teilt, Unmengen von Akten gelagert sind. Man hätte in einem modernen Krankenhaus erwartet, dass diese überwiegend in digitalisierter Form erstellt würden. Von den Ärzten werden die Primärkodierungen (die verschiedenen Diagnosearten: Aufnahme-, Entlassungs-, Hauptdiagnose) in der Regel zwar bereits über ein SAP-System vorgenommen, allerdings müssen auch vom Pflegedienst Nebendiagnosen dokumentiert werden, was im Haus nach wie vor noch auf Papier geschieht. Eine der wesentlichen Aufgaben von Frau Nowak besteht aber darin, alle sonstigen DRG-relevanten Daten nach der Entlassung der Patienten anhand der Patientenakten zu erfassen und mittels einer Prüfsoftware, dem »DRG-Grouper«, auf Plausibilität und auf Korrektheit hinsichtlich der bundesweit einheitlichen und jährlich aktualisierten Kodierrichtlinien zu überprüfen, mögliche noch nicht kodierte und den Erlös steigernde Sachverhalte ausfindig zu machen und damit zur DRG-Optimierung – im Jargon der Kodierfachkräfte als »Veredeln« bezeichnet – beizutragen. Frau Nowak beherrscht dies alles aus dem Effeff. Sie zeigt dem Interviewer ganz praktisch am PC-Bildschirm, was man da alles so sehen kann und wie man einen solchen Fall kodiert:

Frau Nowak: Und dann gucken Sie: Das sind eben Patienten. Das sind eben Stationen. Das sind DRG. Und das sind eben die Patienten, das sind schon alles Langlieger.
– Und da leuchtet dann die rote Ampel auf?
Frau Nowak: Genau, genau. Und wenn Sie in die DRG-Maske gehen, da haben Sie da alle Diagnosen, was für Hauptdiagnose das ist. Und da sind eben Prozeduren, was alles gemacht worden ist. Und dazu noch kommen eben Beatmungsstunde, wenn eben die Leute auf der Intensivstation... Und dann wird das vorgegroupt und da DRG ermittelt. Aber wie gesagt, eben, die Diagnosen stehen da. Das ist alles eben, der Patient ist noch nicht entlassen. Das ist alles noch auf der Station eben dokumentiert. Und schlussendlich, anhand von der Akte eben, kodiere ich. Ist da eben Aufwand betrieben bei dieser Diagnose? Haben

die was gemacht? Oder muss ich doch die andere Diagnose als Hauptdiagnose eben stellen? Aber dazu sind Kodierrichtlinien, und danach muss man sich eben auch richten dann.

Im Rahmen dieser Tätigkeit ist Frau Nowak für die Gynäkologie und Geburtshilfe zuständig. Die übrigen Abteilungen bzw. Bereiche teilen sich vier weitere Kodierfachkräfte, die während des Interviews immer mal wieder das Büro betreten, Akten mitnehmen oder kurz eine Auskunft haben wollen. Die Abteilung wird von einer Ärztin geleitet, sie ist auch für die Nachfragen, die Routine- und Verdachtskontrollen der Abrechnungen seitens des Medizinischen Dienstes der Krankenkassen (MDK) zuständig.

Frau Nowak würde jederzeit wieder diese Richtung einschlagen, der tägliche Arbeitsrahmen von morgens um 7.30 Uhr bis nachmittags um 15.30 Uhr oder 16 Uhr, der sich nur zu den Monatsenden hin etwas ausdehnen kann, weil dann eben das »Leistungscontrolling die Zahlen braucht«, lässt bei ihr darüber keinen Zweifel aufkommen. Auch eine Entlastung durch mehr Personal – gängige Antwort in allen anderen Abteilungen des Krankenhauses – sehnt sie sich nicht herbei: »Also wir sind gut besetzt, gerade in unserer Abteilung«.

Als sich der Interviewer wundert, wie man so eine Tätigkeit ausüben kann, wenn man nicht über ein umfangreiches medizinisches Hintergrundwissen verfügt, erzählt Frau Nowak, wieder in der für sie charakteristischen Kürze, ihren Werdegang:

Frau Nowak: Also nach dem Gymnasium habe ich eben zwei Jahre medizinisches Studium abgeschlossen. Ich bin aber in Polen ausgebildet. Habe jahrelang eben als Krankenschwester gearbeitet, und dann 2007 sind wir eben nach Bedensen geschickt worden, da haben wir Zusatzausbildung gemacht als Kodierfachkraft. Und seit 2007 arbeite ich im Medizincontrolling.

– Ja. Und ist das üblich, dass man eine pflegerische oder medizinische Ausbildung vorher hat? Oder gibt es auch bei Ihnen Kolleginnen und Kollegen, die das nicht haben?

Frau Nowak: Also in der Ausbildung, wo wir das eben gemacht haben, in Bedensen, war in der Gruppe, 30 Leute waren das, war nur eine Person, die eben von der Verwaltung gekommen ist. Hat aber sehr schwer. Weil das sind eben medizinische Vorerkrankungen [sic! Sie meint wohl Vorerfahrungen; Anm. d Verf.] und Wissen und es ist vorteilhaft, dass man medizinische Ausbildung abgeschlossen hat. Aber ich glaube nicht die Bedingung, um da zu arbeiten.

Klar wird aber nun, warum sie in so positiven Tönen von ihrer Arbeit spricht. Das ist zum einen ein über lange Jahre hinweg erworbenes und ausgebautes Know-how, das sie in die neue Tätigkeit mit einbringen konnte. Wenn man sich vor allem aber vergegenwärtigt, wie die Arbeitsbedingungen in der Pflege in unseren Interviews geschildert werden, dann wird klar, in was für eine Insel der Seligen Frau Nowak mit ihrer Fortbildung Zugang gefunden hat. Die Motivation hierfür ist denn auch eindeutig:

– Frau Nowak: Also ich wollte weg von dem Beruf als Krankenschwester. Ich konnte nicht mehr Nachtdienste leisten. Das war immer schwierig, gerade wenn man älter wird. Und ich bin im Alter, wo die eben... Leute haben schon Familie, große Kinder, und treffen sich am Wochenende. Und ich musste am Wochenende immer arbeiten. Und ich hab schon länger eben was gesucht, wo ich eben abspringen konnte vom Schichtdienst.
– Haben Sie selber Familie auch?
Frau Nowak: Ja, ja.
– Ja. Und das war klar, das ist eine Belastung.
Frau Nowak: Ja, das war auch der Grund ja, ja, dass ich eben regelmäßige Zeiten habe.

Frau Nowak ist zum Zeitpunkt des Interviews 46 Jahre alt. In manchen Interviews werden Pflegekräfte, die Mitte vierzig oder älter sind, zur Verstörung des ähnlich alten Interviewers schon als zu den Älteren gehörig bezeichnet, die »nicht mehr so mithalten können«. Angesichts der oft belastenden Arbeitsbedingungen werden die unterschiedlichen Ausstiegsoptionen von Pflegepersonen nachvollziehbar: Teilzeitarbeit oder völliger Rückzug aus der Erwerbstätigkeit, vor allem dann, wenn kleinere oder schulpflichtige Kinder vorhanden sind; eine Aufnahme des Studiums der Pflegewissenschaft, Pflegepädagogik oder des Pflegemanagements, um sich einen Aufstieg in der Pflegehierarchie zu bahnen. Damit wird auch klar, dass Frau Nowak, nachdem sie von dem Angebot der Weiterbildung zur Kodierfachkraft gehört hat, sofort zuschlägt:

Frau Nowak: Das haben wir erfahren, dass eben so eine Abteilung ins Leben gerufen wird. Und die haben fünf Leute gesucht, die freiwillig sich melden und gerne so was machen wollten. Und ich hab mich beworben, wurde genommen und eben, vorteilhaft war, dass ich von der Gynäkologie komme und dass ich mich mit den Diagnosen und Operationen auskenne.

Nicht zufällig kommen schätzungsweise 80 Prozent der Kodierfachkräfte aus dem Pflegedienst. Es verwundert kaum, dass sie nicht allzu viel über ihre Zeit als Krankenpflegerin berichtet. Doch was sie insbesondere über die Arbeitsbedingungen in ihrer früheren Tätigkeit erzählt, deckt sich in vielerlei Hinsicht durchaus mit dem, was Frau Kreuz berichtet.

Die verschiedenen Reformgesetze zur Eindämmung der Kosten im deutschen Krankenhauswesen zielten in erster Linie auf eine Reduzierung der Bettenkapazität sowie eine Verkürzung der Liegezeiten ab. Angestrebt wird seither eine höhere Quote ambulant behandelter Patienten, die überhaupt nur dann stationär aufgenommen werden sollen, wenn sie eine umfassende und intensive medizinische Überwachung und Betreuung benötigen und neben der ärztlichen Behandlung Pflege erforderlich ist. Für die Pflege hat dies nun gerade keine Entlastung zur Folge. Es kommt ganz im Gegenteil aufgrund des erhöhten Aufwandes bei der Aufnahme und Entlassung der Patienten im Zusammenspiel mit dem forcierten Personalabbau zu einer immensen Arbeitsverdichtung. Aus demographischen Gründen nimmt der Aufwand durch eine intensivere Behandlungs- und Pflegebedürftigkeit älterer und multimorbider Patienten ebenfalls zu.

Diese patientennahen Tätigkeiten und damit auch die von den Pflegenden als befriedigend erlebte Kommunikation mit den Patienten werden jedoch anteilsmäßig verdrängt durch administrative Tätigkeiten, insbesondere in der Pflegedokumentation, die nicht zuletzt der juristischen Absicherung dient, über die die Pflegenden aber auch (vor allem in der hochaufwändigen Pflege) in die Prozesse der Erlössteigerung im Rahmen des DRG-Systems eingebunden sind.

Viele Pflegende haben das Gefühl, dass sie aus Zeitgründen wichtigen pflegerischen Aufgaben wie Prophylaxen, Anleitung und Beratung zu wenig Aufmerksamkeit schenken können, dass insgesamt also die Qualität der von ihnen verrichteten Dienstleistung abgenommen hat. Da sie in der Regel ein hohes berufliches Ethos verinnerlicht haben, das für sie trotz der tendenziell schwieriger werdenden Arbeitsbedingungen weiterhin handlungsleitend bleibt, kommt es häufig zu überhöhten individuellen Selbstansprüchen und Überforderungen. Hinzu kommen die traditionell belastenden Faktoren wie Dreischichtbetrieb, der Wechsel zwischen Früh- und Spätdienst, nicht selten zusätzliche Blöcke von Nachtdiensten sowie insgesamt wenig Autonomie bei der Gestaltung der eigenen Arbeitszeit, Überstunden und Mehrarbeit, Wochenenddienste.

Zahlreiche Studien konstatieren daher einen Rückgang der Arbeitszufriedenheit beim Pflegepersonal in Deutschland, vor allem aber auch ein deutlich erhöhtes Gesundheitsrisiko durch körperliche Belastungen (zum Beispiel Heben, Drehen und Lagern von Patienten), Infektionserreger und gefährliche Stoffe sowie durch Zeitdruck. Aber auch mitzuerleben, dass Menschen krank sind, leiden und sterben, verursacht psychomentale Belastungen.

Neben den in zahlreichen Studien konstatierten Kommunikationsproblemen innerhalb von Teams beschreiben die Pflegenden auch die Kommunikation zwischen Abteilungen und anderen Berufsgruppen als eher negativ. Sie erleben sich oft als am unteren Ende der Krankenhaushierarchie stehend und berichten über Gefühle wie Enttäuschung, Verärgerung, Unzufriedenheit und Benachteiligung (vgl. zu all den genannten Entwicklungen Bartholomeyczik 2007; Braun/Müller 2005; Glaser/Höge 2005; Marss 2007; Simon 2007b).

Allerdings erwähnen viele Pflegende in den von uns geführten Interviews, dass sich gerade das hierarchiegeprägte Verhältnis zu den Ärzten in den vergangenen Jahren gebessert habe, was auf eine veränderte Machtbalance innerhalb des Gefüges der Berufsgruppen des Krankenhauses hindeutet.

Frau Kreuz kommt auf zahlreiche dieser Belastungen zu sprechen, allerdings nimmt sie dazu eine ganz eigene Haltung ein.

»Was mir jetzt Spass macht,
ist für die manchmal Überforderung«

Frau Kreuz ist keine von denen, die jammern. Doch verbrämt sie ihre gegenwärtige Arbeitssituation auch nicht. In dem Klinikum werden aus Rationalisierungsgründen Stationen zusammengelegt, was von vielen Beschäftigten als außerordentliche Zumutung empfunden wird, da diese Fusionen Kürzungen des Stellenschlüssels nach sich ziehen und sich Pflegefachpersonen, die manchmal Jahrzehnte etwa auf einer Station der Inneren Medizin gearbeitet haben, nun innerhalb kürzester Zeit auf die Arbeit mit aus der Chirurgie kommenden Patienten umstellen müssen und umgekehrt.

Frau Kreuz: Also, drei Jahre Ausbildung bis 2002, dann war ich zwei Jahre auf der Allgemeinchirurgie, auf der reinen Allgemeinchirurgie. Und dann ging es mit dem Umbau los, Renovierungsarbeiten, und dann sind 15 Betten von denen eben hoch auf die F. Und dann sind wir mit zu fünf und ich bin da geblieben. Und da hat sich auch viel verändert. Die Mund-Kiefer kam dann vor drei Jahren dazu. Dann war die Unfallchirurgie mal kurz bei uns oben. Und jetzt eben Allgemeinchirurgie. Also ich muss die Station gar nicht wechseln. Irgendwie kommt eh immer irgendwas anderes dazu.
— Ah, ist das gut oder ist es positiv?
Frau Kreuz: Ja. Also ich finde es positiv.
— Ja?
Frau Kreuz: Abwechslungsreich.
— Also es schafft keine Turbulenzen und Belastung mehr?
Frau Kreuz: Das auf jeden Fall. Also, was bei mir auf Station halt auch so ein bisschen ein Problem ist, ziemlich viele ältere Arbeitskollegen, die früher auf der HNO-Augen gearbeitet haben, wo halt nach Herzinfarkt nicht mehr so ganz fit sind. Und die müssen das jetzt halt mit den fünf Fachrichtungen plötzlich dann doch meistern, wo halt früher eigentlich eine leichte Arbeit bekommen haben. Das ist so ein bisschen. Also, was mir jetzt Spaß macht, ist für die manchmal Überforderung.
— Mhm. Okay.
Frau Kreuz: Mhm. Aber auch verständlich.
— Aber das heißt, aber die fünf Stationen sind für Sie eher eine willkommene Erweiterung und Abwechslung so?
Frau Kreuz: Mhm, mhm [nickt zustimmend].
— Aber es ist ja schon auch arbeitsintensiver dann, oder? Wenn da so verschiedene Bereiche sind?
Frau Kreuz: Mhm. Also wir haben halt am Tag haben wir auf der ganzen Ebene, wir haben 41 Betten, geplant. Am Tag sind 15 OPs und dann halt auch wirklich richtig viele Zugänge und Abgänge. Klar, es wird operiert, und dann müssen sie natürlich mittlerweile auch schneller wieder dann nach Hause, und schon, schon viel Arbeit.

Aufgrund der altersgemischten Teams hat man als jüngere Pflegefachkraft wie Frau Kreuz ständig vor Augen, wie sich diese Veränderungsprozesse später auf einen selbst auswirken können. Was heute noch eine willkommene Herausforderung und Abwechslung, ein positiver Zugewinn an Aufgaben und Kompetenzen ist, kann sich morgen schon als Überlastungsfaktor entpuppen, der sich dann auch insgesamt auf das Klima innerhalb des Teams auswirkt. Doch die unterschiedliche Wahrnehmung entwickelt sich damit zu einem potenziell spaltenden Element für die Solidarität innerhalb des Teams. Während sich die »Älteren« gegenüber vielen als Zumutungen empfundenen Änderungen – vielleicht wirken hier kollektiv gemachte Erfahrungen mit Reorganisationsprozessen nach – sperren, erlebt die »Jüngere« dies gerade als Anreiz zum »Mitdenken«, gerade, wenn es sich auch um die ehemals den Ärzten vorbehaltenen und daher mit einem gewissen Prestige behafteten Tätigkeiten handelt.

– Und schafft das Spannungen innerhalb der Station? Also innerhalb Ihrer Kolleginnen und Kollegen? Oder zwischen den Stationen? Können Sie das ein bisschen beschreiben, was das für Auswirkungen alles hat? Vielleicht auch so im Zeitverlauf?
Frau Kreuz: Mhm. Also ich habe wirklich toughe ältere Kollegen. Und ich kann jetzt eine als Beispiel nehmen, die ist jetzt 48 und wirklich noch topfit und, aber die ist jetzt in der letzten Zeit...
– Ich bin 44!
Frau Kreuz: Nein, nein halt, die ist wirklich auch so, also, sie, sie ist wie eine 30-Jährige in allem. In ihrem Auftreten, alles. Und, in letzter Zeit ist sie halt wirklich so, dass sie auch öfters weint auf Station. Und da haben wir mehrere Kollegen.
– Ja was! Echt?
Frau Kreuz: Ja.
– Und was, was passiert da? Ist das einfach dann irgendwann eine Überlastung oder?
Frau Kreuz: Überforderung. Ja.
– Überforderung?
Frau Kreuz: Ja. Und, und so das Gefühl, früher hat man es perfekt gemacht, und die Stationen sauber hinterlassen, Patient war zufrieden, und das ist mittlerweile nicht mehr ganz so gewährleistet. Und mit dem können viele nicht umgehen, so die Abstriche. Dass man eben kein Bett mehr frisch bezieht, dass das jetzt halt hintendran steht und, aber viele können da damit nicht umgehen und gehen halt unzufrieden nach Hause.
– Mhm. Also, zum einen, es betrifft Sie selber also, aber harzt es dann auch zwischen ihnen, gibt es Schwierigkeiten? Was weiß ich, bei der Übergabe, wenn die anderen, die nachher kommen, sauer sind, dass sie eben bestimmte Sachen nicht mehr geschafft hat? Oder schafft es da Spannungen auch?
Frau Kreuz: Kommt schon mal vor. Also, wenn, wenn... Früher gab es das nicht. Also da hat man dann halt gesagt, »Gut, dann mache ich es nachher oder«, und mittlerweile ist es wirklich so, da ist man mit seiner Schicht so angespannt, dass man wirklich gar nichts mehr von vorne wissen will, so großartig, was jetzt der vergessen hat oder nicht gemacht hat. Und dann kann schon mal sein, dass, wenn man eh angestrengt ist, dass man dann halt ein

bisschen patzig wird. Schon. Und das ist halt auch mehr wie früher. (...) Also ganz wichtig finde ich für die Patienten, dass man immer nett und freundlich ist. Egal, wie es einem geht. Also dass man halt immer mit einem lächelnden Gesicht ins Zimmer kommt. Und auch, wenn es einem nicht gut geht. Dann mittlerweile vieles mitdenken auch ärztlicherseits. Weil die halt auch einfach nicht mehr so viel Zeit haben und überwiegend im OP stehen und nicht mehr auf Station sind. Also dass man halt jetzt zum Beispiel auf die Laborwerte guckt. Das hat man früher gar nicht machen müssen. Also da waren die Ärzte einfach mehr da und hatten selber genug Zeit zum irgendwie Medikamente kontrollieren, ob das jetzt vielleicht zu viel ist oder eben, ob die Laborwerte irgendwas aufzeigen, dass man halt die Ärzte dann halt auch drauf hinweist, »Hier, der bräuchte noch ein bisschen Kalium« oder so. Da muss man heutzutage schon mehr mitdenken wie früher.
— Obwohl eigentlich die Ärzte gerade mehr geworden sind und in der Pflege weniger. Ja? Aber ist das Verantwortungszuwachs, der da positiv erlebt wird, oder hätte man lieber weniger?
Frau Kreuz: Also, ich denke gerne mit. Aber manche machen es halt nicht. Und dann ist es halt für den Patienten schade.
— Okay. Also, es ist ein Unterschied, also der Persönlichkeit. Und schafft das auch Spannungen so innerhalb der Station, also der Kolleginnen und Kollegen?
Frau Kreuz: Mhm. Also was am Anfang bei uns jetzt zum Beispiel ein Thema war, Blut abnehmen. Das macht man ja eigentlich in Deutschland, macht das keine Krankenschwester, zwar jede Arzthelferin, aber keine Krankenschwester. Weil das ärztliche Tätigkeit ist und die Ärzte da dafür auch Geld bekommen, oder weiß nicht, da werden extra Stellen dafür berechnet. Und bei uns ist es so, wir nehmen seit drei Jahren bei uns, aber nur auf Station, Blut ab. Und dann war es natürlich am Anfang dann schon so, dass die, die das gemacht haben, von manchen Kollegen jetzt nicht so gut angesehen worden sind, weil wir ja eigentlich gar keine Zeit für so etwas haben. Aber mittlerweile hat es sich so eingebürgert, dass das wirklich jeder macht.

Die Passage zeigt auch, dass es nicht nur die von fast allen interviewten Pflegefachpersonen immer wieder beklagte, durch organisatorische Veränderungen, Verantwortungszunahme, Leistungsverdichtung, den Wegfall von arbeitsintensiven Zeiten am Tag oder übers Jahr gesteigerte Arbeitsbelastung insgesamt ist, die ihnen zu schaffen macht, sondern auch das eigene pflegerische Ethos, der Anspruch sich selbst gegenüber, ein hohes Maß an Qualität in der Pflege zu halten, weshalb gerade der Verzicht auf das tägliche Bettenbeziehen oder Füßewaschen der Patienten als ein symbolischer Ausdruck dieses Qualitätsverlusts erlebt und geäußert wird.

Frau Kreuz macht keine Ausnahme im Vergleich zu den anderen befragten Beschäftigten aus dem Ärztlichen Dienst wie aus der Pflege, wenn sie als zusätzlichen Belastungsfaktor die »seit vier bis fünf Jahren« gestiegenen Dokumentationsverpflichtungen anführt, vor allem bei der Tagschicht sei es so, »dass man Dokumentationen eigentlich immer relativ am Schluss macht. Man soll ja zeitnah dokumentieren. Aber es klappt tagsüber halt nicht.« Die Einführung der fallpauschalenbezogenen Abrechnung hat sich auch, vor allem bei hohem Pflegeaufwand, auf die Dokumentation ausgewirkt, und man erledigt diese zusätzliche Verpflichtung nun durchaus in dem Bewusstsein, dass man einen Beitrag zur Erlössicherung des Hauses erbringt.

Frau Kreuz: Durch das muss man jetzt natürlich auch anders dokumentieren und mehr dokumentieren, dass es natürlich auch ein bisschen mehr Geld gibt. Das heißt jetzt, wenn man zum Beispiel 'ne Thrombophlebitis hat, also so eine Venenentzündung nach einer Kanüle, wo drinnen gelegen ist, dann gibt es nur Geld, wenn wir jetzt schreiben »Thrombareduct-Salbenverband erhalten«.

Das ist lästig – Frau Kreuz kommentiert das lakonisch mit: »Naja blöd, aber, ja« und lacht –, aber seit sie im vorangegangenen Jahr eine DRG-Fortbildung absolviert hat, weiß sie, wozu das alles gut ist:

Frau Kreuz: Und das finde ich schon gut, wenn man das weiß. Das ist so wie bei der Einkommensteuererklärung ist es ja auch so. Wenn man es weiß, ist es gut. Ja. Weil es Geld gibt halt.

Ihr Vergleich mit der Einkommensteuererklärung trifft das Problem genau. Sie ist lästig, man will sich darum herumdrücken, wenn man aber versteht, worum es geht und dass man einen gewissen Einfluss darauf hat, was nachher herauskommt, dann »ist es gut«. Letztlich setzt sich aber damit auch ein Prozess fort, der den Sinn der Pflegetätigkeit verschiebt. Während früher die Tätigkeiten eindeutiger durch das Wohl des Patienten gerahmt waren, ändert sich dieser Rahmen heute: in einen rechtlichen, wenn es darum geht, sich durch Dokumentation juristisch abzusichern (»Aber jetzt heutzutage sind die Leute oder die Patienten, wenn halt irgendwas ist, muss man wirklich gut abgesichert sein. Und ich glaube, dass heutzutage mehr klagen.«), in einen ökonomischen, wenn man etwas tut, damit diese Tätigkeit »auch ein bisschen Geld gibt«. Frau Kreuz ist also durchaus loyal und wehrt sich nicht gegen diese neuartigen Zumutungen, kann ihnen sogar einen Sinn abgewinnen. Sie versteht diese »Notwendigkeiten«, so, wie sie auch Verständnis für die Pflegedienstleitung aufbringt, die inzwischen »anstatt 148 Stunden oder 156, (...) dann halt 170« Stunden samt Überstunden regulär in die Schichtpläne einplant: »Letztendlich, also sehe ich so, die können ja auch nichts dafür.«

Es bleibt dennoch undeutlich, warum Frau Kreuz sich, wie in ihrem Eingangsstatement betont, »wohl fühlt«, zu oft scheint ihr gleichzeitiges Unbehagen immer wieder durch. Dieses von ihr deklarierte Wohlfühlen wird auch nicht durch die materiellen Bedingungen ihrer Arbeit, anders ausgedrückt: ihr verhältnismäßig niedriges Entgelt beeinträchtigt.

— Was würden Sie zu Ihren Arbeitsbedingungen sagen? Also von der Arbeitszeit, dem Entgelt, was es dafür gibt? Sind Sie da auch zufrieden?

Frau Kreuz: Da habt ihr jetzt gerade die Richtige erwischt, gell? Ich bin zufrieden, aber ganz viele nicht.

— Aber Sie haben schon vorhin gesagt, so wegen der Arbeitsbedingungen gehen viele. Das heißt, da gibt es ja doch ein bisschen was zu erzählen vielleicht, was da so im Argen liegt?

Frau Kreuz: Also was ist, ich wohne im Wohnheim drüben. Und zahle nur 250 Euro für die Wohnung. Also ist eine Einzimmerwohnung. Und mir reicht das Geld natürlich dadurch gut. Aber wenn ich jetzt denke, ich habe Familie, habe ein Haus, habe vielleicht, weiß nicht, 1400 Miete, dann wird es natürlich hinten und vorne nicht reichen. Und letztendlich ist es auch für die Verantwortung, was man trägt, und den Schichtdienst und Sonntagsarbeit und Feiertagsarbeit, ist schon wenig. Aber wie gesagt, mir reicht es im Moment.

Offenbar erwartet sie schon diese Frage, und auch hier macht es ihr geradezu Spaß, die Interviewer etwas zu provozieren (»Da habt ihr jetzt gerade die Richtige erwischt, gell?«), indem sie sich als »zufrieden« bezeichnet. Zufrieden: Aus dieser Bewertung spricht sicherlich keine Begeisterung, doch hat diese positive Bewertung etwas mit den eigenen persönlichen Ansprüchen, der eigenen momentanen Situation zu tun, und diese sind so beschaffen, dass Frau Kreuz für sich momentan keinen Grund zum Klagen sieht. Auch hier baut sie wieder einen Gegensatz zu ihren Kolleginnen und Kollegen auf, zu den »vielen«, die nicht zufrieden sind, ähnlich wie gegenüber den eingangs Angesprochenen, »die jetzt gerade alle einfach gehen«.

Allerdings taucht in einem anderen Kontext durchaus eine gewisse Unzufriedenheit mit den materiellen Aspekten ihrer Berufstätigkeit auf, die sich, würde sie sie gegenüber ihrem Team äußern, möglicherweise ebenfalls als spaltend auswirken könnte. Im Zusammenhang mit einer Frage danach, ob sie sich vorstellen könnte, für einen privaten Klinikkonzern zu arbeiten, kommt sie auf das Thema der leistungsorientierten Entlohnung zu sprechen. Die Privatklinik erscheint dabei für sie als ein Ort, an dem ungeachtet einer vielleicht noch schlechteren Personalsituation in mancherlei Hinsicht bessere Arbeitsbedingungen herrschen können. Damit ist sie kein Einzelfall, denn zahlreiche Beschäftigte imaginieren sich in den Interviews das Privatklinikum als einen Ort, an dem viele der in öffentlichen Häusern herrschenden Missstände nicht existieren.

Frau Kreuz: War es Sendingen? Eine Arbeitskollegin von mir, die ist jetzt auch schon, weiß nicht, Mitte 50, und die hat erzählt, dass sie, entweder in Hergensheim oder Sendingen, und dass sie halt wahnsinnig viel noch mehr Pflegestellen gestrichen haben. Und das wäre so meine große Sorge, dass es dann noch weniger Personal gibt. Andererseits denke ich, wenn es privatisiert wird, dann wird vielleicht auch endlich mal das Leistungsentgelt kommen. Also dass man wirklich für die Tätigkeit, was man macht und ausübt und besonders hervorsticht, dass man da auch ein bisschen mehr Geld kriegt.

– Mhm. Das heißt also, momentan gute Bezahlung nur nach Gehaltsgruppen und dann Stufen?

Frau Kreuz: Genau.

– Aber ist doch eigentlich auch ganz nett, wenn man alle zwei Jahre mal eben mehr kriegt, oder, aber, das empfinden Sie nicht als ein gutes System?

Frau Kreuz: Doch. Schon.

– Schon.

Frau Kreuz: Also, ich denke, es hat seine Vor- und Nachteile.

– Können Sie da mal ein bisschen darauf eingehen? Also, Sie haben gesagt, das eine wäre leistungsbezogen. Also wirklich das, was man tut.

Frau Kreuz: Mhm. Ist natürlich für die gut, die halt auch viel Leistung bringen. Ich denke, für die, wo halt nicht so viel Leistung bringen, oder auch nicht mehr bringen können, für die ist dann natürlich schlecht. Und die sind auch gerade, die sind aufs Geld angewiesen. Und von daher sind wahrscheinlich auch so viele gegen die Privatisierung.

– Mhm. Und existieren da solche Bezahlungssysteme bei den Privaten? Wissen Sie da irgendwas drüber?

Frau Kreuz: Bei den Privaten weiß ich jetzt gar nicht. Rheinhausen zum Beispiel hat das, Leistungsentgelt... bezogene Entgelt. Und, klar, da habe ich jetzt auch nur mit solchen ge-sprochen, die halt wirklich auch hier Power geben und die dann natürlich auch zufrieden sind mit dem. Aber, wie gesagt, es gibt ja auch die, wo einfach nicht mehr so viel brin-gen. Und auch nicht mehr so viel bringen können, und für die ist es natürlich dann schon schlecht.

– Ja, aber ist das, ich meine wenn, jeder wird älter mit der Zeit. Wie sehen Sie denn das? Also das kommt ja auf jeden dann mal zu, wenn man so lang im Betrieb ist?

Frau Kreuz: Also ich hoffe, dass ich in dem Alter wie manche Kollegen von mir, nicht mehr 100 Prozent arbeiten muss. Ist so.

Hier zeigen sich bei Frau Kreuz zum ersten Mal Ansprüche bzw. eine Unzufrie-denheit damit, dass der Einsatz einer Pflegekraft, die doch 100 Prozent Leistung bringt oder eben »Power gibt«, nicht angemessen gewürdigt wird. Zugleich äu-ßert sie aber, wohl aus ihrer Erfahrung mit ihren älteren Teamkolleginnen her-aus, ihre Bedenken, dass diese Form der Anerkennung, die in ihren Augen zwar gerecht wäre, sich durchaus auch zerstörerisch auf den kollektiven Zusammen-halt auswirken könnte. Gerade hier wie in den folgenden Passagen wird aber deut-lich, dass Frau Kreuz durchaus nicht diejenige ist, die alles aufopferungsbereit hinnimmt und keine Bedürfnisse hat. Sie fordert also durchaus materielle, aber auch symbolische Anerkennung für ihren Einsatz, ihre Leistung und ihre Loyali-tät zum Haus.

– Und bei den anderen, die weggehen, ist das dann schon der finanzielle Aspekt haupt-sächlich auch? Oder, was ist es da noch?

Frau Kreuz: Ich denke, nicht nur das Finanzielle. Auch so die Arbeitsbedingungen. Wie das Krankenhaus mit uns umgeht. Ich bin jetzt zwölf Jahre hier und war noch keinen einzigen

Tag krank. Also ich hatte noch nie so eine AU-Bescheinigung in der Hand. Aber das wird mir ja nicht gedankt. So, so das, das Feedback fehlt. Und weiß nicht, ob es in anderen Häusern anders ist. Aber da gehört schon mehr dazu. Oder jetzt, wo sie das Ärztehaus gebaut haben, haben die Patienten auf der Seite, wo da die Zimmer hatten zur Baustelle, Tröstertee erhalten. Aber so, dass auch mal was fürs Personal kommt...! Aber es ist einfach, da kommt keine Motivation von oben. Und das fehlt. (...)

— Was wäre denn das noch so alles? Wenn Sie sich was wünschen könnten, was könnte insgesamt die Arbeit besser machen?

Frau Kreuz: Also eben, dass es auch mehr geschätzt wird. Von, egal von welcher Seite. Ob es jetzt ärztliche Seite, oder von der Pflegedirektion, oder vom Geschäftsführer. Egal. Einfach so, dass man wieder gern zum Arbeiten kommt und auch sieht, dass man gebraucht wird. Nicht nur, dass man wirklich den ganzen Tag durchrennt und für die Patienten da ist, und von denen Gott sei Dank Feedback kommt, und ein positives Feedback. Aber ich glaube, sonst würde man es nicht mehr machen.

Es ist die Befriedigung durch den Umgang mit den Patienten, die Frau Kreuz wie so viele andere Pflegekräfte bei der Stange hält, vor allem aber auch eine Loyalität dem »Haus« gegenüber, die vielleicht primär eher eine Loyalität gegenüber dem eigenen Team ist. Es ist auch die Erfahrung in diesem Team, die Frau Kreuz stets, wie gezeigt, eine in ihren Augen nicht ganz konsistente Positionierung einnehmen lässt, sie dadurch aber auch zu einer abwägenden Haltung führt, wenn es um Themen wie Leistungsfähigkeit, Leistungsgerechtigkeit, die Freude an Veränderungen und Ähnliches geht. Sie selbst reflektiert dies durchaus, führt es aber auf die Besonderheit und individuelle Zusammensetzung ihres Teams zurück und nicht auf ihre eigene Prägung:

— Also Sie bleiben und fühlen sich mit dem Haus hier verbunden. Was steckt denn da dahinter?

Frau Kreuz: Also ich denke, bei mir ist es jetzt so meine Station. Ich bin mit Abstand die Jüngste. Und habe irgendwie so ein bisschen Verantwortungsgefühl meiner Station gegenüber. Wenn ich jetzt dann auch noch gehe. Also weil bei mir auf Station gehen, wenn, dann nur in Rente, dann, dann haben sie gar niemanden mehr, wo so ein bisschen, ja, Schwung reinbringt oder sie motiviert. Und das ist schon allein deswegen könnte ich jetzt nicht gehen.

— Also Verpflichtungsgefühl auch ein bisschen?

Frau Kreuz: Mhm. Schon.

— Ja?

Frau Kreuz: Ja.

— Mhm, warum sind die anderen so anders? Also...

Frau Kreuz: Die, wo gehen?

— Ja.

Frau Kreuz: Die haben jetzt so eine Station, wie ich jetzt habe, haben die wahrscheinlich gar nie gehabt. Bei mir auf Station, da arbeiten alle schon 25 Jahre und noch länger auf der-

selben Station. Und so ein altes Team wie jetzt bei uns gibt es jetzt auch auf keiner anderen Station. Also da sind, auf einer anderen Station sind mindestens zehn Junge.
— Und sind die irgendwie anders drauf?
Frau Kreuz: Die haben halt...
— So, was gibt es da für Unterschiede bei denen heutzutage, die jetzt als Jüngere reinkommen? Könnte man da sagen, so andere Generation oder was weiß ich?
Frau Kreuz: Ich meine, ich, ich sehe mich jetzt auch noch nicht so alt an. Und eigentlich müsste ich auch so denken, dass ich eher auf mich gucke und an mich denke, und es wird auch früher oder später wahrscheinlich kommen. Aber die, wo jetzt gehen, die Jungen, die äh, es gehen auch Alte. Jetzt geht eine ins Aegidius [eine zum gleichen kommunalen Träger gehörige Spezialklinik] zum Beispiel. Das ist jetzt noch auch kein großer Sprung, aber so ein bisschen. Weil sie einfach die Schnauze voll hat von der Anästhesie. Und, und es verändern sich schon viele. Auch die Älteren verändern sich, oder wollen...

Frau Kreuz ist also hin- und hergerissen zwischen dem »Eigentlich«, einem »Auf-sich-selber-Gucken«, dem, was die anderen tun und was vielleicht angebracht wäre, um die eigene Situation erträglicher zu machen, und einem »Trotzdem«, einem Sich-treu-Bleiben, Sich-nicht-Verändern, welches impliziert, dass man Verantwortung übernimmt, bei der Stange bleibt und ausharrt, obwohl oder gerade weil die äußerlichen Bedingungen so schlecht sind. Auch hier baut Frau Kreuz wieder den Gegensatz zwischen sich und den anderen auf, den Jungen, die gehen, denen sich inzwischen sogar auch »Alte« anschließen, die sich verändern. Verändern wird sie selbst sich vielleicht in einer fernen Zukunft, wenn sie möglicherweise auch nicht mehr »die Leistung bringt«, wie sie dies als Junge noch tun kann. Nicht zufällig stilisiert sie denn auch den Typus von Personal, den das Krankenhaus in schwerer Zeit benötigt, nach ihrem eigenen Bild.

Frau Kreuz: Also ich denke so, sobald die so ein bisschen hier unzufrieden sind, gehen die. So das Verantwortungsgefühl fehlt dann oft. Was ja eigentlich auch nicht unbedingt schlecht ist, für die selber. Also fürs Krankenhaus ist es natürlich nicht gut.
— Mhm. Also was braucht es Ihrer Meinung nach schon eigentlich? Für so ein Haus?
Frau Kreuz: Ja, ja. Mhm [überlegt].
— Es braucht den Typ von Leuten, die sagen: »Müssen wir trotzdem machen.«
Frau Kreuz: Genau. Da müssen wir jetzt durch und, irgendwann wird es vielleicht mal wieder besser.

»...DAS WAR ENTWICKLUNG VOM MENSCH. DAMALS HABE ICH DAS GEBRAUCHT UND JETZT BRAUCHE ICH WAS ANDERES«

Frau Nowak hat in ihrer Berufslaufbahn einige Wechsel und Veränderungen erfahren. Wobei »erfahren« zu passiv erscheint angesichts dessen, dass sie aktiv auf Gelegenheiten, sich zu verändern, gewartet und diese, als sie sich ihr geboten haben, auch ergriffen hat. Ihre Laufbahn erscheint verglichen mit der von Frau Kreuz rational geplant, sie verkörpert eher einen individualisierten Typus. Moralische Verpflichtungen spielen bei ihren Entscheidungen weniger eine Rolle. Kriterien sind für sie, was sie jeweils persönlich »bereichert« hat, was sie »damals gebraucht hat« und was sie »jetzt braucht«, wo sie »Neues« lernen kann, bis sie an einem bestimmten Punkt ihrer Berufsbiographie schließlich wie viele andere Pflegepersonen an einen Punkt kommt, an dem sie die aufreibenden Arbeitsbedingungen nicht mehr so leicht wegstecken kann. In diesem Moment bietet sich, wie oben schon angesprochen, mit der Einführung der DRGs und der Schaffung entsprechender Kodierabteilungen innerhalb des Medizincontrollings in Gestalt der Ausbildung zur Kodierfachkraft wieder so eine Gelegenheit, bei der sie ihr bisheriges berufliches Wissen gewinnbringend einsetzen kann.

Frau Nowak: Ich war immer zufrieden.
— Ja?
Frau Nowak: Ich möchte die Jahre auch nicht missen. Auch nicht die Aufgaben, was ich gemacht habe, missen. Ich habe auch gerne als Krankenschwester gearbeitet. Auf der Unfall war bereichernd. Auf der Entbindung war sehr bereichernd für mich als Mensch. Und ich bin auch froh, dass ich da jetzt kodieren darf. Aber das war Entwicklung vom Mensch. Damals habe ich das gebraucht und jetzt brauche ich was anderes.
— Aber Sie haben das Gefühl, Sie konnten immer, eben wenn Sie sagen, »Ich habe das gebraucht«, sich auch entsprechend verändern? Das war möglich für Sie?
Frau Nowak: Ja genau, genau. Das war der Zeitpunkt, wo ich wusste, auf der Unfall kann ich nichts mehr Neues lernen, kein Notfall kann mich überraschen, ich habe schon alles gesehen. Und ich wollte dann weiter. Und da hatte ich die Möglichkeit eben, die Versetzung auf die Entbindungsstation. Dann Weiterbildung, und, und, und.
— Also es war für Sie ganz wichtig, immer nach einer Weile, wenn Sie das Gefühl hatten, das habe ich jetzt alles gesehen, einfach eine Veränderung machen?
Frau Nowak: Genau, genau. Und das auf der Entbindung habe ich auch alles gesehen. Aber da war schon eben so der Lebensknackpunkt, wo ich gedacht habe: »Wenn ich jetzt diesen Absprung von der Pflege nicht schaffe, dann mit 50 ist es bestimmt fast nicht möglich.«
— Ja. Also glauben Sie auch, dass es einfach schwierig ist, wirklich bis zum Renteneintritt in der Pflege zu bleiben?
Frau Nowak: Gut möglich es gibt solche. Aber die bewundere ich von ganzem Herzen, weil ich sehe, wie schwer das ist. Aber, wenn sie dann im Haus sind, Schwestern, die um die 60 sind, sehen, das ist viel. Die meisten springen früher schon ab. Weil das nicht möglich ist zu bewältigen.

Die Frage ist, ob sich der Weg, wie ihn Frau Nowak eingeschlagen hat, für Pflegefachkräfte prinzipiell anbietet. Angesichts der von vielen Pflegekräften in den Interviews berichteten Befriedigung durch den Umgang mit kranken Menschen, dem oft ein von Aufopferung und Helfenwollen geprägtes Ethos zugrunde liegt, erscheint die Tätigkeit in der Pflege eher wenig kompatibel mit einer Tätigkeit im

Rahmen des Medizincontrollings, die viel mit Akten- und Computerarbeit, mit Zahlen und Finanzen zu tun hat.

– Haben Sie das Gefühl, dass es im Bereich der Pflege, also bei Ihren früheren Kolleginnen, Kollegen, auch Leute gibt, die das gerne auch gemacht hätten?
Frau Nowak: Ja. Aber nicht viele. Weil, oft sagen die Leute, das ist nur eben Arbeit mit Zahlen. Aber ein, zwei habe ich schon gehört. »Ja, ja ich würde auch so was gerne machen.«
– Aber Ihnen macht diese Arbeit mit Zahlen Spaß?
Frau Nowak: Ja. Genau, genau.
– Ja. Das können Sie ganz so sagen? Oder wird es Ihnen auch manchmal zu viel?
Frau Nowak: Nein, nein. Also, wie gesagt, ich würde nie wieder als Krankenschwester arbeiten wollen.

Man muss also schon eine besondere Affinität zur Arbeit mit »Zahlen« haben. Woher diese bei Frau Nowak kommt, klärt sich im späteren Verlauf des Gespräches, und es zeigt sich, dass die Veränderungen und Wechsel beruflicher wie örtlicher Art durchaus eine Konstante in der Biographie von Frau Nowak bilden.

Frau Nowak: Ich habe Abitur gemacht mit 19. Und eigentlich wollte ich was anderes lernen.
– Was wäre das gewesen?
Frau Nowak: Physik, Mathematik. Ich war so zahlenmäßig eben orientiert. Und da ist meine Mutter sehr krank geworden, ist dann auch gestorben. Und ja, mit Abitur kann man in Polen nicht viel machen. Und dann habe ich gedacht: »Ja, warum nicht, eben, die zwei Jahre Studium?« Das ist eben zwei Jahre Studium gewesen damals. Und das habe ich dann gemacht und dann hab' ich probiert, als Krankenschwester in Polen zu arbeiten. Aber war das nicht so optimal, die Bedingungen, und bin dann eben abgesprungen. Ich habe schon in Polen im Finanzcontrolling gearbeitet.
– Ach so. Da waren sie schon recht früh drin?
Frau Nowak: Im Büro, genau, mit Zahlen und mit Rechnen beschäftigt.
– Wie kam das, dass Sie das schon so früh gemacht haben? Also das war in Ihrer Funktion als Krankenschwester, oder?
Frau Nowak: Nein, nein, nein. Ich habe mit Krankenschwester mit 22 eben aufgehört. Ich wollte was anderes lernen. Und da habe ich mich umgeguckt, wo ich eben arbeiten könnte. Und hab' ich angefangen im Büro. Und damit bin ich eben weitergegangen.
– Also Büro, das heißt, im Krankenhaus schon?
Frau Nowak: Nein.
– Das war außerhalb?
Frau Nowak: Genau, außerhalb. Woanders, ganz anders.
– Aber eben im Bereich Finanzcontrolling dann?
Frau Nowak: Genau, genau, genau. Mit Kauf, Verkauf zu tun. Und dann habe ich eben mich weitergebildet in dieser Richtung.
– Wie viele Jahre waren das ungefähr dann?
Frau Nowak: Fünf Jahre.

— Fünf Jahre. Und wie kam es dann, dass Sie dann wieder quasi in die Pflege gekommen sind?

Frau Nowak: Fünf Jahre. Und da war ich auch Leiterin von Finanzabteilung bei uns in der Firma. Und meine Schwester hat eben ihren zukünftigen Mann kennengelernt und der ist Deutscher. Und ich habe Zwillingsschwester, die hat geheiratet und die sind nach Deutschland eben ausgereist. Und meine Zwillingsschwester war hier in Sommerstadt. Und da habe ich gedacht, da gehe ich auch hin. Ich bin nach Deutschland gekommen und ich wollte gleich arbeiten. Und da ich eben gebrochen Deutsch spreche, konnte ich damals im Büro nicht arbeiten. Also so Briefe lesen war zu schwierig. Und um gleich arbeiten zu gehen, war eben als Krankenschwester möglich. Da habe ich drei Monate Anerkennungspraktikum gemacht.

Frau Nowak ist verglichen mit Frau Kreuz keine, die um jeden Preis an dem Ort oder in dem Tätigkeitsfeld bleiben will, an dem sie einmal ist. Gegen Ende des Interviews eröffnet sie denn auch dem überraschten Interviewer, dass dies ihr vorletzter Tag am hiesigen Klinikum sei, da sie die Stelle wechsle und ins nahe gelegene Ausland gehe, wo sich die fallbegleitende Kodierung erst im Aufbau befinde. Dort habe man zwar längere Wochenarbeitszeiten und geringere Urlaubsansprüche, dafür verdiene man aber weitaus mehr als in Deutschland.

SCHLUSS

Frau Kreuz und Frau Nowak sind als zwei Vertreterinnen ihres Berufes, der Krankenpflege, von den Wandlungen, die die Organisation Krankenhaus seit Jahrzehnten durchläuft, in ähnlicher Weise betroffen. Altersmäßig bzw. was die Position in ihrer Erwerbslaufbahn anbelangt, mögen sie sich durchaus unterscheiden, und das mag vielleicht einen Vergleich der beiden »Fälle« etwas erschweren. Doch ist ihrer beider Laufbahn und die in den Gesprächen zum Ausdruck kommende subjektive Deutung ihrer Situation eine Antwort auf das beiden objektiv gegeben Handlungsproblem, das darin besteht, wie man in einem Beruf überleben kann, den man in den meisten Fällen aus Neigung gewählt hat, der aber in vielerlei Hinsicht immer weniger lebbar wird.

Es geht nun nicht darum, zu überprüfen, ob sich Frau Kreuz in ihrer Arbeitssituation nun wirklich so wohlfühlt, wie sie eingangs behauptet, oder auch nicht. Es lassen sich gewiss Aussagen finden, die für das eine wie für das andere sprechen. Ihr ist bewusst, dass die Arbeitsverdichtung und die Zunahme der Belastungen sich nicht bis ins fortgeschrittene Alter wegstecken lassen; sie äußert ihre Enttäuschung angesichts der mangelnden Anerkennung ihrer Leistung sowohl auf materieller wie symbolischer Ebene. Andererseits ist sie noch jung, leistungsbereit und durchaus nicht unambitioniert; als positiv erlebt sie ihre Professionalität, den Umgang mit den Patienten und die Wertschätzung, die sie von ihnen entgegengebracht bekommt. Doch an dem Grundthema des Gespräches zeigt sich, dass sie durchaus daran zu arbeiten hat, dass »alle« sich verändern, das Haus verlassen, nicht das gleiche Verantwortungsgefühl aufbringen wie sie selbst. Was zeichnet sie im Gegensatz zu diesen anderen, zu Kolleginnen wie Frau Nowak, aus? Wie erklärt sich ihr Beharren, das, was sie Verantwortungsgefühl nennt? Einen Schlüssel zu diesen Fragen stellen gewiss ihre Sozialisationserfahrungen dar. Aufgewachsen auf einem Hof, in dem es fraglos ist, dass man von klein auf mitarbeitet und zum Ganzen des Familienbetriebes beiträgt, sich gegenseitig unterstützt; eine Mutter, die eine Geschlechterrolle vorlebt, in der sich Frauen um das Soziale kümmern, während »die Jungs« Karriere machen; dies alles legt die Basis für einen Habitus einer von Genügsamkeit und Verantwortungsgefühl dem direkten Umfeld gegenüber getragenen Leistungsbereitschaft, des geschlechtertypischen Verzichts auf Karriere, der bewirkt, dass die Option »Abwanderung« (vgl. Hirschman 1974) in einem Moment, in dem vieles für Veränderung, für ein Verlassen des Arbeitgebers spricht, außerhalb ihres Möglichkeitsfeldes liegt, selbst wenn sie dies bei anderen, sogar den »Alten« beobachten kann und durchaus nachvollziehbar findet.

Das Beispiel Frau Nowaks hingegen zeigt, dass das Krankenhaus in den Zeiten der Ökonomisierung von Gesundheitsdienstleistungen ein in Bewegung geratenes Feld darstellt, in dem auch Pflegekräfte durchaus zu den Gewinnern zählen können. Voraussetzung dafür ist freilich, dass sie sich mit diesem Feld »mitbewegen«. Mit dieser Ökonomisierung des Krankenhauses ergeben sich Chancen und Nischen für Mitarbeiter, die die durch die institutionelle Implementierung des neuen Finanzierungs- und Steuerungsregimes geschaffenen Funktionen auszufüllen verstehen. Diese neuen Funktionen bringen zwar materiell gesehen für die eher als subaltern einzustufenden Kodierfachkräfte keine exorbitanten Verbesserungen im Vergleich zu ihrer früheren Tätigkeit mit sich, auf der Ebene der Arbeitsbedingungen jedoch durchaus. Nicht zuletzt lässt sie diese neue Tätigkeit auch an dem Prestige teilhaben, das die Übernahme vormals ärztlicher Tätigkeiten sowie die Mitverantwortung für die einen immer größeren Teil der Organisationstätigkeit beanspruchenden Finanzen mit sich bringt.

Daran teilzuhaben setzt freilich ganz anders geartete Dispositionen voraus, als sie der überwiegende Teil der Pflegefachkräfte traditionell mitbringt. Frau Nowak kann dieses Spiel mitspielen, insofern sie den feldspezifischen Habitus der aufopfernden Fürsorge in weit geringerem Maße wie Frau Kreuz aufweist. Als Verkörperung eines eher individualisierten, rational denkenden Typus konnte sie in ihrer Berufslaufbahn immer wieder geschickt unterschiedliche Kompetenzen – ihre professionelle pflegerische Kompetenz, ihren Sinn für Zahlen und das Finanzielle – ins Spiel einbringen und so, angepasst an die jeweilige Situation und das Feld der ihr biographisch jeweils gegebenen Möglichkeiten, ihre Karriereambitionen verfolgen. Moralische Motive – Verantwortlichkeit gegenüber einem Team oder eine Abneigung gegen das Ökonomische im Gegensatz zum pflegerisch-medizinischen Ethos – spielen bei ihr dabei eine eher sekundäre

Rolle. Das zeigt sich beispielsweise, wenn sie auf der einen Seite zwar Bedauern äußert, dass mit dem neuen Finanzierungsregime der Fallpauschalen die Liege-zeiten der Patienten erheblich verkürzt wurden, sie auf der anderen Seite aber die Rolle der mahnenden Vertreterin der finanziellen Interessen des Klinikums ein-nimmt, wenn es um eine Liegezeitverlängerung von Patienten geht:

— Sie sind jetzt seit 2007 hier. Bei den DRGs hat sich ja einiges über die Jahre verändert und so weiter. Wie haben Sie das erlebt?
Frau Nowak: Sie werden abgewertet, die DRG. Das bedeutet, für dieselbe Leistung, was die Ärzte vor fünf Jahren geleistet haben, haben sie damals eben mehr bezahlt bekommen. Jetzt nicht mehr. Denn durch die Abwertung der DRG haben sich eben auch Verweildau-ern geändert. Die Leute werden eben früher nach Hause entlassen. Ja. So was beobachtet man. Es ist traurig. Das ist nicht so wie vor zehn Jahren, dass man eben nach der Ent-bindung, sechs, sieben Tage dageblieben ist. Normalerweise werden die Leute nach dem dritten Tag entlassen, oder gefragt, wann sie heimgehen wollen. Aber...
— Haben die da noch ein bisschen Mitspracherecht, wenn sie gefragt werden?
Frau Nowak: Ich werde eben gefragt, ob der Patient noch länger bleiben darf. Weil ich be-obachte auch die obere Grenzverweildauer. Und wenn da wirklich kein medizinischer Grund dazu ist, dann muss ich sagen, da bezahlt das Krankenhaus drauf. Das bringt keinen Ge-winn mehr.

Für diesen Typus, dem Frau Nowak nahesteht, bietet die neue Organisation Kran-kenhaus, in der durch die forcierte Ökonomisierung auch das gesamte soziale Ge-füge zugunsten der neuen betriebswirtschaftlich gebildeten Verwaltungseliten ins Rutschen gekommen und auch die quasi-ständischen Privilegien der Ärzte ins Erodieren geraten sind, durchaus Aufstiegschancen und prestigereichere Posi-tionen. Was allerdings den anderen, durch Frau Kreuz verkörperten Typus anbe-langt, setzt die gleiche, sich modern und rational gebende Organisation offenbar nach wie vor auf das Potenzial des bei vielen Pflegekräften vorhandenen selbst-los-aufopferungsbereiten Ethos des Dienens. Für das »System« ist eine Haltung wie die von Frau Kreuz durchaus funktional. Umgekehrt mangelt es dieser Orga-nisation allerdings an einer Kultur der Wertschätzung, die dieses Ethos in einem reziproken Tausch irgendwie materiell wie auch symbolisch vergelten könnte. In den Interviews wird häufig die Erosion der früher allgegenwärtigen patriarcha-lisch-hierarchischen Strukturen als eine der positiv konnotierten Auswirkungen des neuen Krankenhausregimes thematisiert und anhand der Banalisierung der Chefarzt-Position (Bär 2010) oder der Angleichung des Status von Assistenzärz-ten und qualifiziertem Pflegepersonal illustriert. In diesen früheren Strukturen war jedoch noch Raum für eine durchaus auch mit einem Quantum Herablass-ung versehene spezifische Form der Wertschätzung. Heute dagegen wirken alle an der Inszenierung egalitärer Verhältnisse mit und wissen, da jeder nach An-erkennung sucht, nicht mehr, woher diese zu beziehen ist. Hinzu kommt, dass die Nähe zum Patienten durch die Zunahme der Verwaltungsaufgaben in Mitleidenschaft gezogen wird und auch hier die Helferhaltung, die ja ohnehin von vielen Pflegefachpersonen als Helfersyndrom abgelehnt wird, weniger Quellen direkter Anerkennung bietet. Eine angemessene materielle Anerkennung dieser Tätigkeiten wird meist mit einem Hinweis auf die Knappheit der Mittel in weite Ferne gerückt. Es ist denn auch kein Zufall, dass unter diesen Bedingungen qualifizierte Pflegekräfte an deutschen Krankenhäusern händeringend gesucht werden und ihre Arbeitslosenquote bei im Vergleich zu anderen Branchen traumhaften 1 Prozent liegt (Bundesagentur für Arbeit 2011). Dass die Gewerkschaften sowie die Fachverbände der Pflegefachkräfte diese theoretisch vorhandene starke Marktmacht im Sinne der Hirschman'schen Voice-Option kaum auszunutzen verstehen (Hirschman 1974), steht auf einem anderen Blatt. Dies hat jedoch nicht zuletzt zum einen mit den im Vorangegangenen knapp umrissenen feldspezifischen Habitus der aufopfernden Fürsorge selbst zu tun, lässt sich aber auch dadurch erklären, dass sich in diesem für ökonomiefern gehaltenen Feld das ökonomische Denken als fraglos gegebene Wirklichkeitssicht durchgesetzt hat (Bauer/Bittlingmayer 2010).

Die vorausgehend am Beispiel eines deutschen Krankenhauses beschriebene Dynamik der Ökonomisierung des öffentlichen Dienstes spiegelt sich auch im nachfolgend präsentierten Fall der Schweizerischen Post auf prägnante Art. Und auch hier erzählen die zu Wort kommenden Mitarbeiter den in den letzten Jahren am eigenen Leibe erfahrenen Prozess einer schrittweisen Unterwerfung der zuvor »marktfreien« Sphäre öffentlicher Dienstleistungen unter das Primat von Marktkonkurrenz und Management auf sehr unterschiedliche Weise. In ihren beruflichen Flugbahnen spiegeln sich individuelle Anpassungsprozesse an die Arbeitswelt. Diese Anpassung erfolgt typischerweise durch Biographiebastelei, Flexibilisierung und einem dem Prinzip »lebenslanges Lernen« gehorchendes Arrangieren mit ständig neuen Anforderungen und Rollenzuweisungen. Es wird deutlich, wie unterschiedlich Individuen mit dieser andauernden Forderung, ihre Employability unter Beweis stellen zu müssen, umzugehen wissen.

»Ich bin immer noch Pöstler«

Metamorphosen des »Gelben Riesen«

aus divergierenden Blickwinkeln

Franz Schultheis

Im nachfolgenden Doppelporträt kreuzen sich die biographischen Flugbahnen zweier Personen – die eine aufsteigend, die andere fallend – in einer spezifischen soziohistorischen Konstellation ihrer Arbeitswelt. Beide stehen seit Jahrzehnten im Dienste des »Gelben Riesen«, der Schweizer Post. Sie, eine Frau im Alter von 47 Jahren, verheiratet und kinderlos, hat in den letzten Jahren eine Karriere als Leiterin eines Poststellengebietes durchlaufen; er, der 55-Jährige, verheiratet und Vater zweier erwachsener Kinder, spiegelbildlich verkehrt einen ebensolchen beruflichen, ökonomischen und sozialen Abstieg innerhalb der gleichen Berufssphäre der gleichen geographischen Region. Zwei individuelle Schicksale also, die miteinander in Beziehung zu setzen in jeder Beziehung »nahe« liegt und dahin gehend von spezifischem soziologischen Interesse scheint, als sich in den biographischen Selbstthematisierungen beider »Pöstler« die Frage nach den subjektiven Erfahrungen und Umgangsweisen mit beruflicher Auf- und Abstiegsmobilität anschaulich machen lässt. Hierbei ist zugleich zu unterstreichen, dass es sich ja nicht um irreduktibel singuläre Fälle handelt, sondern ihr Schicksal durchaus für eine nicht unbeachtliche Population von Schweizer Postangestellten stehen kann. Mussten sie doch insbesondere ab der Jahrtausendwende Erfahrung mit einer »permanenten Reform«, um nicht zu sagen »Revolution« ihrer Arbeitswelt machen, die viele vor ihnen die Karrieretreppe hinaufhievte oder hinabstieß und wenige nur unberührt und unbeschadet ließ. Erschien bis vor einem Vierteljahrhundert die Arbeitswelt »Post« wie ein langer ruhiger Fluss, so verwandelte sich dieser innerhalb kurzer Zeit in einen Tsunami radikaler Umwälzungen und Umbrüche, der die beruflichen Selbstverhältnisse und -verständnisse ebenso wie die Alltagspraxis und die öffentliche Wahrnehmung dieser Berufswelt grundlegend umkrempelte. Man könnte hier also durchaus von einem »Generationen-Schicksal« radikalen institutionellen Umbruchs sprechen, welcher alle zuvor habitualisierten berufsspezifischen Haltungen und Erwartungen, ja den »Gesamthabitus« (Max Weber) der Betroffenen in massiver Weise in Gegenlage zu den sich in enormer Schnelligkeit durchsetzenden Neuerungen der objektiven Gegebenheiten treten ließ.

Dies betrifft aber nicht alle Akteure in gleicher Weise, sondern wird je nach gegebenen Dispositionen und Ressourcen, je nach soziobiographischen Merkmalen wie Geschlecht und Familiensituation, von den betroffenen Individuen sehr unterschiedlich bewältigt bzw. verarbeitet, aktiv oder passiv-reaktiv in neue Lebenspläne integriert und sehr unterschiedlich beurteilt bzw. legitimiert. Im vorliegenden Fall haben wir es mit zwei Pöstlern zu tun, die in ausgeprägt unterschiedlicher Weise auf die sie direkt tangierenden Transformationen reagieren. Will man das oft benutzte Bonmot von der Doppelbödigkeit des Begriffs »Krise« in der chinesischen Sprache bemühen, so ließe sich feststellen, dass die 47-jährige Pöstlerin diesen massiven Wandel effektiv als Chance interpretiert und wohl auch faktisch mit einem persönlichen Change-Management nutzen konnte, ihr ein wenig älterer Kollege hingegen ganz und gar die Schattenseiten zu sehen und erfahren schien. Dabei sind doch beide Pöstler unter ganz ähnlichen kontextuellen Bedingungen, wenn wohl auch divergierender Haltungen, unter die Fittiche des »Gelben Riesen« gelangt, wie folgende Passagen der Interviews illustrieren...

»...QUER DURCH DIE SCHWEIZ«

Zunächst zu Herrn Bächler und seinem Weg in eine Karriere als Pöstler.

— Seit wann sind Sie denn schon dabei, bei der Post?
Herr Bächler: Ja, schon lang. Ich habe Mittelschule gemacht und dann so Lehr- und Wanderjahre, und mittlerweile sind das gut 35 Jahre... Bei mir ist einfach irgendwo in der Sekundarschulzeit hat man sich dann so ein wenig entschieden, in welche Richtung dass es geht.
— Was war da interessant an der Post?
Herr Bächler: Ja, eigentlich schon die Abwechslung. Man kann in die Logistik gehen, also sprich eben Versand, Umladen, dann auch die Schalter damals schon, die Abwechslung, wo man hat, eben damals vor allem logistische Produkte, also nebst Briefen und Paketen die Einzahlungen natürlich, Auszahlungen, einfach das da so. Und nachher habe ich gedacht, du kannst so einen eigenen Laden – also eigenen in Anführungszeichen – eine Filiale mal übernehmen. Ja, das ist eigentlich gut gegangen mit internen Weiterbildungen, damals eben noch vor allem – da bin ich auch noch Bahnpost gefahren und sortiert – noch on the road... Dann Welschland-Aufenthalt, das ist so eben das Klassische gewesen. Französisch grad auch gelernt, in einem guten Jahr, und das ist gut gewesen. Und dann habe ich eine Weile lang auch in X. geschafft und habe dort in der Ausbildung noch geschafft. Und bin zwischendurch eben auch in der ganzen großen Gesellschaft von der Post bin ich auch in der Postfinance mal gewesen. Habe dort reingesehen, habe fünf Jahre dort geschafft.

Die Weichen für Herrn Bächlers Weg in eine Berufslaufbahn bei der Post waren schon in jungen Jahren gestellt. Der Wunsch zur Post zu gehen war nicht zuletzt durch die Vielfalt der dort angebotenen Berufsbilder, Aktivitäten und Karrierewege motiviert. Tatsächlich nutzte sie Herr Bächler u.a. in Form eines – für die Kaderlaufbahn obligaten – einjährigen Aufenthalts in der französischsprachigen Westschweiz, einer Weiterbildung zum Führungsfachmann wie auch mehr oder minder langen Anbindungen an unterschiedliche Branchen der Schweizer Post wie etwa dem Vorläufer von Postfinance. Man kann also von einer durchaus gelungenen und vielfältigen Karriere beim öffentlichen Dienst sprechen.

Hören wir nun die Erzählung seiner Kollegin, Frau Schneider, zu ihrem Weg in die Arme des »Gelben Riesen«.

– Seit wann sind Sie denn auf der Position?
Frau Schneider: Also ich habe eine klassische Ausbildung gemacht für den Schalter. Das hieß damals Betriebsassistentin Post. Das ist ja Schaltermitarbeiterin, die im Frontoffice arbeitet. Und dann habe ich im '87 die Handelsschule gemacht, weil ich irgendwo einfach einmal etwas anderes machen wollte. Und ich wollte dann gerne einmal in einem privaten Betrieb arbeiten gehen, aber ich hatte immer so gute Jobs bei der Post, also ich konnte eben, nach Y. arbeiten gehen können, ich konnte Ablösungen tätigen, es war immerzu spannend. Ich habe auch dann sofort das Gebiet gewechselt. Also wenn man *will*, hat man eben bei der Post *sehr* gute Möglichkeiten. Jetzt bin ich hier seit 2008. Also, vielleicht zurück... ich bin 30 Jahre bei der Post. Ich habe eine Schalterausbildung gemacht und bin aber dann quer durch die Schweiz durch, zweieinhalb Jahre nach Genf, ein Jahr im Tessin, ich habe in Zürich gearbeitet, ich habe sehr viel in Poststellen gearbeitet, wo man selbstständig werden kann, wo man Poststellen ablösen kann und ich wollte einfach schon immer einmal eine Poststelle leiten. Ich habe das dann in Y. machen können, zweieinhalb Jahre lang, also von '97 bis knapp vor 2000 und bin dann im Jahr 2000 hier nach X. gekommen, in diesen Laden... einfach als Stellvertretung der Leitung. Im Backoffice-Schalter, Aufsicht der Mitarbeiter.

Wie zu hören ist, waren beide Pöstler von der Vielfalt des Berufsfeldes Post angezogen, und beide scheinen auch durch ein hohes Maß an interner Mobilität, sowohl geographischer mit über die Sprachgrenzen hinausgehenden Wanderjahren wie auch branchenübergreifender, von diesem breiten Fächer an offerierten Möglichkeiten profitiert zu haben, was – wie aus unseren Interviews hervorgeht – typisch zu sein scheint für Kadermitarbeiter dieser Generation bei der Schweizer Post. Wie gestaltet sich nun aber ihr konkreter Arbeitstag im Dienste der Schweizer Post?

»DAS IST *DAS*, WAS MEIN JOB IST, DAS VERKAUFEN«

Herr Bächler: Am Morgen, die Post also mal eröffnen, Computersystem starten und dann haben wir hier die Postfächer, wo wir hier noch bedienen, die bedienen. Das ist eigentlich bis zur Öffnungszeit um acht müssen sie die Zeitungen haben und die A-Post drin. Einfach das Dienstleistungsangebot einhalten und der Service. Nachher wird bedient...und dann die ganze Buchhalterei und einfach alles, was so anfällt: Bestellungen machen, Kontrolle, Bestellen, Wareneingänge, Geld zählen, Geld bestellen und einfach alles. Wir sind zu zweit maximal. Einfach insgesamt sind es knapp zwei volle Stellen besetzt, ja.

Und nun zu Frau Schneiders Schilderung ihrer Arbeitswelt:

Also ich leite ein Poststellengebiet und das sind... das ist... in der Schweiz gibt es 3600 Zugangsstellen, also die Post, die Kunden am Schalter bedient, oder in einer Agentur, und diese Poststellen hat man auf 183 Gebiete verteilt. Und ein Gebiet so wie meins umfasst acht Poststellen plus eine Agentur... also ich leite mit dem Leiter Betrieb das Poststellengebiet. Das heißt, ich bin verantwortlich für den Verkauf, für die Wirtschaftlichkeit und für die Mitarbeiter. Ich stelle Mitarbeiter ein und betreue und beurteile im Verkauf. Das Team führen, die Leute wirklich ernst nehmen zu können und mit ihnen sein. Weil nachher arbeiten *sie* für mich. Und das ist *das*, was jetzt möglich ist, und das wäre *früher* bei der Post nicht möglich gewesen. Auch der Kundenkontakt, sie haben hier drin... meine Mitarbeiter... etwa 1600, bis Monatsende sind es 2200 Kunden tagtäglich. Also das sind im Monat knapp 45.000 Kunden, das sind... also sind... im *ganzen Gebiet* haben wir jetzt letztes Jahr über eine Million Kunden bedient... So viele Kontakte, das ist *das*, was die Herausforderung ist. Man muss aus diesen Kontakten *eben* noch etwas herausholen können. Das ist *das*, was mein Job ist, das Verkaufen.

Trotz ähnlicher Eintrittsbedingungen in den Postdienst, was Schul- und Ausbildung angeht, haben sich die berufsbiographischen Flugbahnen beider Befragten offensichtlich stark unterschieden. Herr Bächler leitet eine dörfliche Mini-Poststelle, Frau Schneider leitet ein ganzes Poststellengebiet und dessen zahlreiche Angestellte. Wie erklärt sich eine solche Diskrepanz der beiden Laufbahnen? Wie Frau Schneider im Laufe des Gespräches berichtet, gab es einige Jahre zuvor eine einschneidende Reform des gesamten Postbetriebes[1], in deren Sog sie auch in ihre jetzige Position gelangte.

Frau Schneider: Und dann machte im 2007 die Post eine General... äh Überholung. Also man machte eine komplette Reorganisation. Und dann haben wir diese neuen Poststellengebiete gegründet. Ja. Das war eigentlich das, was dann sehr viel bewegt hat, auch bei den Mitarbeitern. Damals sind diese Gebiete entstanden, damals ist unser Leitungsteam entstanden, Leitung Poststellengebiete gibt es seit 2007. Und alle, die auf diesen Jobs

---

1 | Vgl. hierzu auch Mau/Pfeuffer/Tschernitz/Wagner 2014 sowie Mau 2014.

waren wie ich jetzt die Leitung... die durften sich bewerben für diese neuen Gebiete, also für die Leitung Poststellengebiete oder Leiter Betrieb, oder halt irgendwo für eine Poststelle. Und man musste natürlich dann aber auch Bewerbungsprozesse durchmachen und ich habe mich dann beworben für das Poststellengebiet X. und habe dort ein kleineres Gebiet führen dürfen und bin dann aber nach einem halben Jahr bin ich angefragt worden, ob ich dieses Gebiet hier übernehmen würde. Das hat natürlich sehr viele Veränderungen mit sich gebracht. Also vorher war man vielleicht eine Poststellenleitung und hatte sein Team. Also wir hatten damals immer so zwischen 38 und 45 Mitarbeiter, als wir damals geführt haben. Jetzt aber mit dem Poststellengebiet habe ich gerade verdoppelt auf 80.

»...DIE LEITUNGSSTRUKTUREN AUSGEWECHSELT«

Die Erzählung von Herrn Bächler betreffs der gemeinsam erlebten radikalen Veränderung ihrer Arbeitswelt klingt dann anders. Er hatte zunächst die Leitung einer Poststelle mit ca. 15 Mitarbeitenden inne und im Zuge der verordneten Rotation die Leitung einer Poststelle mit knapp 100 Mitarbeitenden übertragen bekommen, woran er letztendlich scheiterte, auch weil ein anderes Denken hinsichtlich des Profils der Mitarbeitenden im Betrieb Einzug gehalten hat:

Herr Bächler: ...wie überall in der ganzen Schweiz hat man sämtliche größere Poststellen hat man die Leitungsstrukturen ausgewechselt. Das ist so... man hätte einfach mit dem Chaos mehr zurechtkommen müssen. Also das heißt, (.) die Theorie umsetzen, wo man gelernt hat, eben also Projektmanagement oder wo man einfach sagt, ja, das ist eine Schuhnummer zu groß, oder ich brauche mehr Zeit. Das ist aber *sehr* wenigen gelungen. Man hat dort auch *sehr, sehr* hohe Fluktuationen gehabt in diesen Bereichen..., also da habe ich eine Poststelle gehabt mit vor Ort mit etwa 15 Mitarbeiterinnen und Mitarbeitern, und habe dann aber noch Außenstellen gehabt, wo mir unterstellt gewesen sind. Das ist eigentlich auch recht eine Verantwortung gewesen, sehr guter Kontakt zu den Kunden auch... Das ist sehr gut gelaufen. Und dann mit dem neuen Projekt haben wir alle wechseln müssen, rotieren. Dann habe ich den Betrieb in X. übernommen mit etwa knapp 100 Leute, oder, das ist... ja... ist dort eigentlich... das ist einfach zu viel gewesen, gesundheitlich nicht mehr gut gegangen und alles, oder, und dann... und dann ist man dann halt äh ja, auf Deutsch gesagt ein wenig von 100 Prozent Befriedigung bis gegen die Null gegangen, oder... Ja, dann bist du halt einfach vielleicht mal ein halbes Jahr out, die Gesundheit hat nicht mehr so mitgemacht, und nachher, ja, wird halt dann da einfach, man kann den Druck nicht beliebig erhöhen oder, dann, ja ja, es ist... es ist eine Erfahrung gewesen... Also das ist dann bei mir vor allem altersbedingt. Da ist dir dann versprochen worden, ja, wir werden dann... also in der *Stadt* X. haben sie immer zu wenig Leute gehabt... ja, da werden dann schon Stellen frei, sind auch frei geworden, und nachher... ja ja.
— Haben sie dann die Jüngeren gekriegt?
Herr Bächler: Ja ja. Genau.
— Zählt da gar nicht so die Erfahrung, die man mitbringt?

Herr Bächler: Ja, vielleicht... vor zehn, 20 Jahren ist das noch 80, 90 Prozent gewesen, die Erfahrung, und heute ist es vielleicht noch (.) 30 bis 50 Prozent. Also...
– Was ist denn heute wichtiger? Das Alter nur, oder was muss man sonst mitbringen, dass man...
Herr Bächler: Ja ja, in unserem Bereich vor allem: Man sollte jung, dynamisch und billig sein. Ja, auch hier, ist dann auch der Lohn, ist nicht einfach so, es hat schon ein Band, oder, aber das ist so groß, oder. Man hat schon gemerkt, dass da natürlich (.) ja, da wird gedrückt, oder. Das ist so. Ja. Ja, mit dem Wechsel von der letzten... also nach den letzten vier Jahren hat es jetzt (.) rechte Einbußen gegeben, Lohneinbußen. Ja. Ja. Das ist so. Ja ja, es ist eine extreme Abwertung gewesen, ja. Ja ja. Also vor allem moralisch, aber auch lohnmäßig. Also... ein Viertel Lohn äh wenn du ein Viertel weniger Gehalt hast als vorher, dann...

Und später nochmals zur Frage der Anerkennung am Arbeitsplatz:

...was ich da erlebt habe die letzten vier Jahre, kann ich eben die Mitarbeiter auch anfangen, teilweise zu verstehen, dass die manchmal wie innerlich gekündigt zum Schaffen sind, obwohl ich manchmal gesagt habe dann, du leidest, du entscheidest, ob du hierbleiben möchtest oder etwas anderes suchen. *Die* Wertschätzung, die hat ein wenig... die hat an Bedeutung verloren. Das wünschte ich mir eigentlich, dass das glaubwürdig gelebt wird.

Man könnte angesichts zweier so stark auseinanderdriftender berufsbiographischer Flugbahnen vermuten, dass es eben in Zeiten historischer Umbrüche und raschen sozialen Wandels immer auch Modernisierungsgewinner und -verlierer gibt, Menschen, die dank spezifischer Ressourcen und Qualifikationen, dank ihres Einsatzes und ihrer Ambitionen aus der Situation das »Beste« zu machen verstehen, während andere wiederum mangels solcher Ressourcen eben schlicht nicht in der Lage dazu sind. Bei einem solchen Selektionsprozess nach dem sozialdarwinistischen Prinzip des »survival of the fittest« schiene dann der Habitus, das Ensemble an mentalen, ethischen und verhältnismäßigen Dispositionen, der Konkurrenten um Lebenschancen eine je unterschiedliche Employability bzw. Marktfähigkeit zu bieten, das heißt Chancen, die spezifischen neuen Anforderungen des Arbeitgebers an das künftige Humankapital zu erfüllen. Frau Schneider erweist sich hier als deutlich markfähiger als ihr Kollege, der dem psychischen Druck dieser Umbruchsituation mit seinem hohen Anspruch an gute Mitarbeiterführung und gleichzeitig steigender wirtschaftlicher Gewinnausrichtung nicht gewachsen scheint, aus dem Rennen geworfen und auf dem Nebengleis des kleinstmöglichen Ablegers des »Gelben Riesen« geparkt wird. Aber geht es bei einem solchen Selektionsprozess bei der Besetzung von Stellen, bei dem auch noch so langjährige Mitarbeitende sich wie Newcomer bewerben müssen, denn nur um individuell mitgebrachte Dispositionen und Qualifikationen? Kommen nicht auch kategoriale Weichenstellungen zur Geltung, bei denen zum Beispiel soziodemographische Faktoren wie Alter und Geschlecht zum Selektionsprinzip werden können? Herr Bächler betont eindeutig den Aspekt des Alters als Schließungs- und Ausschließungsprinzip in diesem Selektionsprozess und betrachtet sich demnach gewissermaßen als Opfer einer neuen Unternehmenskultur, bei der Jugendlichkeit mit einer Vielzahl an gewünschten Dispositionen identifiziert wird. Bei Frau Schneider hingegen kommt klar zum Ausdruck, dass sie ihre erfolgreiche Anpassung an die neue Arbeitswelt ihrer Mobilität, Flexibilität, Lernbereitschaft und hohen Motivation verdankt. Nun, Herr Bächler war ja, wie seine Erzählungen bezeugen, dem wachsenden Druck seiner Arbeitswelt schon einmal so ausgesetzt, dass es zu gesundheitlichen Problemen kam, während seine Kollegin ganz im Gegenteil diesen Wandel problemlos mit zu vollziehen scheint.

Aber blicken wir etwas genauer auf die institutionellen Umbrüche und ihre Transformationslogik, um der Frage nachzugehen, ob nicht die beobachteten Metamorphosen des »Gelben Riesen« eine spezifische Konjunktur schaffen, die bestimmten Kategorien von Personen und ihrem spezifischen Habitus mehr oder minder große Durchsetzungschancen und Erfolgsaussichten eröffnet. Das hört sich bei Frau Schneider folgendermaßen an:

»ALLES FRAUEN AN DEN LEITUNGEN«

— Wenn man zu den Mitarbeitern zurückspringen darf, wie ist denn das Verhältnis von Männern und Frauen bei Ihnen?
Frau Schneider: Mmh... fünf Männer auf 44 Frauen.
— Woran liegt das denn Ihrer Meinung nach?
Frau Schneider: Äh, Verkauf ist von den Frauen mehr und Teilzeit ist eher auf Frauen ausgerichtet. Also eben, Mitarbeiterinnen, die früher bei der Post gearbeitet haben, haben die Möglichkeit, hier wiedereinzusteigen. Wiedereinsteigen und bei der Post den Verkauf zu lernen, so wie er heute ist, und dann sind sie wieder voll dabei. Ein Mann sucht eher einen Job, wo er... ja, eine Poststellenleitung. Also ich habe jetzt wieder junge Detailhändler, die jetzt kommen und die gerne Poststellenleitungen haben möchten. Ich habe jetzt neu zwei Poststellenleiter, die die Ausbildung zum Poststellenleiter machen. Sind aber äh... hier gibt es eine Frau, hier gibt es eine Frau, hier gibt es eine Frau und hier oben gibt es auch eine Frau und in Y. habe ich auch eine Frau. Alles Frauen an den Leitungen – in den Leitungen. Also die Männer sind eher rar. In der Zustellung ist es auf jeden Fall umgekehrt, bei PostMail. Ja, dort gab es immer nur Briefträger.
— Aber war das früher auch anders, ich meine, gerade in den Außenstellen? Ist denn meine Vorstellung falsch, das war dann der Beamte, der das war?
Frau Schneider: Jetzt sind es zwei Männer und der Rest sind Frauen. Ja, das ist immer... äh es sind halt wieder Frauen, die eingestiegen sind, oder die... die ja, die einfach (.) den Job am Schalter... und das ist natürlich schon so, der Poststellenleiter, eben, er ist heute Verkäufer am Schalter. Es ist... er kümmert sich um Warenbewirtschaftung, er muss schauen, dass seine Produkte draußen im Schalter, dass die da sind, dass die richtig sind, dass sie à jour sind, das ist eben Detailhandel. Und das ist *das*, dieser Platz, der jetzt halt einge-

nommen wird, draußen bei der Poststelle, wo auch der Kunde mittlerweile sich dann schon noch daran gewöhnt, dass wir eben Verkäufer sind. Und das hat vielleicht einen Grund, dass Männer im Moment, dann ja, weniger das machen wollen.

Herr Bächler kommt ebenfalls darauf zu sprechen, dass es seit den Reformen des Postwesens zu einer Verkehrung der Geschlechterverhältnisse im Personalbestand der Post gekommen ist und Frauen seitdem »im Trend« liegen:

Herr Bächler: Ja, ist auch eine Frau. Ja, das wird jetzt in unserem Bereich wird das *sehr* gefördert, wahrscheinlich auch vom Verkauf her. Wir haben jetzt auch eine andere Ausbildung. Ich habe noch eher auf der KV-Ebene gelernt gehabt, oder, und die sind eigentlich die meisten sind jetzt weg auf dieser Schiene, und jetzt geht es Richtung Detailhandel. Drum sind natürlich eher die Frauen jetzt im Trend, wo Poststellen leiten.

»...80 Prozent, 90 Prozent Verkauf«

Herr Bächler: Eben weil man ja natürlich damals bis... bis äh eigentlich lange... bis ins '95 oder bis anfangs 90er Jahre haben wir nur Monopolausbildungen gekannt. Also bei uns hat man dann anfangs der 90er Jahre schon angefangen umsatteln auf KV, die KV-Schiene gemacht. Da hat man dann aber nachher festgestellt im Jahr 2000 irgendwas, dass da mehr Verkaufslehre müsste, dann hat man alles umgemodelt, Mitte 2000er Jahre, ab 2005, da hat man dann vom KV Abschied genommen für unseren Bereich und hat die Detailhandelslehre favorisiert. Einerseits wegen dem Kostendruck, andererseits auch weil es gewechselt hat von der Administrationspoststelle zu der Verkaufspoststelle. Früher als Poststellenleiter habe ich nur Administration gehabt, Personalführung und Administration. Und Kundenkontakt einfach nur KMU, oder. Also »nur«. Da hat man Zeit gehabt für die. Und heute ist es einfach der Allrounder, wo primär Verkauf... 80 Prozent, 90 Prozent Verkauf und nur ganz am Rande, in den Randzeiten wird noch Administration gemacht. Ja.

Wie aus den Erzählungen unserer beiden Protagonisten einhellig hervorgeht, hat sich mit der radikalen Reform der Post auch ein grundlegender Wandel der Rekrutierung ihrer Mitarbeiter eingestellt. War der Poststellenleiter zuvor traditionellerweise männlich, ja wurde diese allseits bekannte öffentliche Figur oft stereotyp mit den Attributen des verbeamteten männlichen Platzhalters assoziiert, so sind die Männer mittlerweile, und dies innerhalb weniger Jahre, zu einer deutlichen Minderheit in dieser Berufssphäre geschrumpft und Frauen mehr und mehr an ihre Stellen getreten, ohne jedoch schlicht und einfach deren früheren Status zu übernehmen, welcher im Zuge dieser Entwicklung ebenso radikalen Umdefinitionen unterzogen wurde. Durch die eindeutige Orientierung des neuen Poststellenwesens am Modell des Detailhandels kam es zu einschneidenden Veränderungen des Anforderungsprofils an das Personal: Frauen erschienen wie selbstverständlich als die geeigneteren Anwärter, die Funktionen und Kompetenzen des Detailhandels wurden aufgewertet, die klassischen kaufmännischen und verwaltungstechnischen Qualifikationen (KV-Lehre) und Kompetenzen bei dieser neuen Weichenstellung marginalisiert. Hierdurch kam es also zu einer quasi natürlich erscheinenden sozialen Selektion bei der Personalpolitik qua Wahlverwandtschaft weiblich konnotierter Dispositionen mit den jetzt erwarteten beruflichen Kompetenzen. Es kommt zu einer nachhaltigen Feminisierung einer bis dahin männlichen Domäne und beruflichen Rolle, zu einer radikalen Umkonnotierung der gesellschaftlichen Repräsentationen eines Status und ihres institutionellen Rahmens. Die Poststelle entwickelt sich auch von ihrem äußeren Erscheinungsbild her mehr und mehr zum Kiosk bzw. Supermarkt, die Poststellenleiter zu Filial-Detailhändlern. An die Stelle früherer hoheitlicher Funktionen bei der Verwaltung öffentlicher Güter mit mehr oder minder dezidiert »nichtkommerziellen« Attributen tritt nun eine breite Palette an kommerziellen Tätigkeiten rund um ein immer weiter dem privatwirtschaftlichen Sektor ähnlichen warenförmigen Angebot, welches aktiv beworben werden muss. Damit wandelt sich notwendigerweise auch das berufliche Selbstverhältnis und -verständnis der Arbeitnehmer, und die Sozialfigur des Beamten, zuvor noch eine Schlüsselrolle in dieser Berufswelt, tritt endgültig von der Bühne ab.

»WAR HALT DER ›CAPO²‹ IN DER POSTSTELLE«

Solange die Poststellenleitung eine männliche Domäne war, waren die mit dieser Funktion verbundenen Autonomiegrade und Handlungsspielräume noch recht groß. Auch war die Poststelle selbst entlang der Geschlechterlinie stark hierarchisiert, mit einem männlichen »capo« an der Spitze. Die hoheitliche Funktion, das öffentliche Mandat, die Kontrolle über eine geographisch und funktional klar umrissene Verwaltungstätigkeit, über Innen- wie Außendienste, all dies stattete den Staatsdiener mit einem beachtlichen Maß an Amtswürde bzw. symbolischem Kapital aus, während unter den Bedingungen des neuen Regimes und der »Entbeamtung« dieser Funktion, einhergehend mit ihrer Feminisierung, die Fremdbestimmung durch hierarchische Vorgaben von Zielen deutlich zunimmt, ein Prozess, der die zunehmende Ökonomisierung und Kommerzialisierung dieses zuvor »öffentlichen Dienstes« begleitet. Frau Schneider sieht diesen Wandel durchaus positiv, als eine Überwindung obsolet gewordener ständischer Hierarchien:

Frau Schneider: Aber auch ein Poststellenleiter kann im Prinzip in seiner Funktion sehr, sehr selbstständig sein. Ich erlege ihm Ziele auf und er muss diese Ziele erreichen. Wie er das macht, wie... mit welchem Einsatz, mit welchen Ideen,//Das ist seine Aufgabe//da

---

2 | »capo« (ital. für Kopf) wird im Schweizer Sprachgebrauch als Bezeichnung für »Anführer/Chef« benutzt.

sind wir... ja. Logisch haben wir immer noch unsere Richtlinien und müssen uns mit unseren Produkten auch identifizieren und müssen diese Produkte genauso verkaufen, aber wie er am Schalter umgeht, wie er das verkauft und so Zeug, wie er... ja. Das steht und fällt immer noch mit dem Poststellenleiter selber und darum kann auch das, das ist immer noch eine Herausforderung, eine Poststelle selber führen zu können. *Selber* Poststellenleiter sein zu können. Das ist jetzt bei den Jungen, ist das immer noch ein Ziel und ich finde das auch gut. Nur der alte Poststellenleiter hat natürlich auch halt mehr Leute geführt, der hat Zusteller geführt, der hat Postfächer gefüllt, der hat sehr, sehr viele administrative Sachen gemacht und war halt der »capo« in der Poststelle. Und seine Frauen haben in der Regel den Schalter gemacht. Und heute ist *dieser* »capo« eben *selber* am Schalter, ist beim Geschehen dabei, verkauft auch.

Wie zu hören ist, wird hier eine sehr ambivalente Definition von Selbstständigkeit zur Anwendung gebracht: »Ich erlege ihm die Ziele auf und er muss diese Ziele erreichen.«

Die den Poststellenleitern vorgegebenen Ziele, im modernen New-Public-Management-Jargon »benchs« genannt, können dabei auch als Kontroll- und Druckmittel der Effizienzprüfung in Form von Vergleichen der Outputs unterschiedlicher Poststellen eingesetzt werden, wie Herr Bächler zu berichten weiß:

»WIE STEHE ICH IM VERGLEICH ZU ALLEN ANDEREN«

— Wird verglichen?
Herr Bächler: Ja, es gibt... es gibt... ich bin auch mal dort dabei gewesen, wo wir mal ein Projekt gehabt haben, wo der Benchmark, also quasi der Vergleich mit ähnlich großen Poststellen, aufgegleist worden ist von einem Controller, wo ich gut gekannt habe. Der hat das schweizweit als Projekt gemacht. Und dann hat man abrufen können, der und der Poststellentyp, wie stehe ich im Vergleich zu allen anderen in der *ganzen* Schweiz. Das hat man wieder fallen lassen. Das ist eine zu große Transparenz gewesen, scheinbar. Das hat zu viel Druck gegeben, scheinbar. Und (.) ja, ist noch interessant gewesen. Und jetzt macht man es einfach innerhalb vom kleinen Marktgebiet, oder?
— Aber das ist doch ein Druck, oder?
Herr Bächler: Ja ja, der, der ist da, ja. Also – wie soll ich dem sagen? – die erste Frage kann sein, ja eben, welche Ziele erreichen, Verkaufsziele, und Verkaufs- und Kostenziele, oder... und manchmal sagt man, okay, wir versuchen das Beste zu machen, wir sagen »ja« zu dem, dann ist das schon mal 50 Prozent schon drin, oder. Aber wenn wir... wenn wir jedes Jahr, also das habe ich natürlich auch genug erlebt rundum, wenn man sagt »ha, wie...« und am Jammern ist, dann erreicht man auch nichts, oder. Oder vielleicht noch 80 Prozent.

Wie in den Gesprächen mit beiden Protagonisten immer wieder zu hören ist, handelt es sich beim Regimewechsel gewissermaßen auch um einen Generationenwechsel. Die im Ancien Régime sozialisierten, weit überwiegend männlichen

Staatsdiener scheinen vom Wandel geradezu überrollt zu werden, stehen mit einem Ensemble an zuvor angemessenen Dispositionen plötzlich hilflos veraltet da, während die »Jungen« dynamisch-flexibel, unbehindert durch ein solches Ensemble an unzeitgemäßen Erwartungen und Werthaltungen, auf die neuen Gegebenheiten reagieren können. Frau Schneider, die ja selbst über die Besetzung der Postdienststellen zu entscheiden hat, sagt dazu:

»SIE HABEN ALTE WERTE GESCHÄTZT...«

Frau Schneider: Richtig, das war der Poststellenleiter. Ich habe *jetzt* in diesem Jahr fünf Poststellenleitungen ausgewechselt. Und das waren *alles* Poststellenleiter, und zwar 41, 42 Dienstjahre. Also das waren alte, eingesessene Poststellenleiter. *Wunderbare* Männer, haben einen irrsinnigen Job gemacht, haben *alle* Veränderungen mitgemacht, haben *mich* als junge Chefin akzeptiert, haben mit mir mitgemacht. Und das habe ich ihnen hoch angerechnet. Sie haben alte Werte geschätzt, man ging anders mit ihnen um, wie ich jetzt zum Beispiel mit diesen Jungen umgehen kann.

Auch wieder eine ambivalente Feststellung, die eine bittere Pille in den Zuckerguss einer Hommage an die guten alten, aber eben nicht mehr zeitgemäßen Werte, packt. Die überkommenen Werte der älteren Generation werden gewissermaßen zur Bremse ihrer Anpassungsfähigkeit, ihr Habitus eröffnet nur ein eingeschränktes Feld des Denkbaren und Machbaren, wird konservativ und verhindert, dass man »mit Leib und Seele« dem neuen Geist des Unternehmens zu dienen imstande wäre. An die Stelle einer Hochschätzung langjähriger Zugehörigkeit, der Anciennität, im öffentlichen Dienst zuvor in der Regel mit steigenden Bezügen honoriert, tritt nun Jugendlichkeit als Sammelbegriff für eine Vielzahl neuer Tugenden, die zur aktuellen Arbeitswelt und ihrer permanenten Transformation besser zu passen scheinen.

Frau Schneider: Das war der größte Einschnitt bei den – würde ich jetzt sagen – bei den alten Poststellenleitern. Dass sie quasi als... ja, von der Verant- sie haben sich dann immer in der Verantwortung von oben hinuntergenommen gefühlt, ja. Und wenn ich eben heute junge Poststellenleiter ausbilde, gibt es gar nichts anderes für sie. Sie wachsen im Detailhandel auf, sie sind Verkäufer mit Leib und Seele und das Größte ist, nachher eine Poststelle zu führen und gute Umsätze zu machen. Und früher bediente man eben die Kunden gut. Man hatte eine gute Kundenzufriedenheit, man hatte eine gute Zustellqualität. Man hatte andere Werte. Und das sind diese Veränderungen...

Auch Herr Bächler wusste ja schon betreffend einer erfolglosen Bewerbung zu berichten: »...man sollte jung, dynamisch und billig sein.«

In einer Zeit, in der die Postdienststelle zum Supermarkt mutiert und u.a. High-tech-Elektronik zu einem wichtigen Angebot an die Kunden wird, finden sich natürlich auch noch andere altersbedingte Weichenstellungen bei der Eignung für diese Art Detailhandel geradezu naturwüchsig ein, wie Frau Schneider zu berichten weiß:

Frau Schneider: Wir haben immer etwa sechs Detailhändler, KV-Auszubildende, Junior-Business-Praktikanten, die hier reinkommen, die lernen kommen, also sehr viel Junge, und *die* beleben natürlich das Geschäft extrem. Das ist das, was ich am größten finde, dass man die hineinnehmen kann, dass man mit denen wieder ganz neue Welten erleben kann. Also die bringen manchmal so gute Inputs und die beleben mein Geschäft. Die bringen natürlich den älteren den PC bei, oder irgendwelche... ja. Also wir verkaufen ja am Schalter Handys. Also Sie gehen in die Post und wollen ein Päckchen aufgeben und dann können Ihnen die Mitarbeiterinnen zum Beispiel eine Beratung im Handybereich machen und könnten Ihnen ein Handy verkaufen. Das muss aber zuerst gelernt werden. Und das ist Knochenarbeit.

Wir haben es also mit einem sehr vielschichtigen radikalen Wandel dieser Arbeitswelt zu tun, der gleichermaßen die Organisationsform, die Funktion, die Rekrutierung der Mitarbeitenden, deren Status wie, last but not least, deren alltägliche Praxis und beruflichen Habitus betrifft. Für Frau Schneider scheint sich das von ihr sehr kritisch gesehene Ancien Régime in der Figur des Beamten geradezu zu inkarnieren und sie tritt vehement in Distanz zu der mit ihm verbundenen Unternehmenskultur und -philosophie, eine Haltung, die Herrn Bächler nicht zu teilen scheint.

»ALSO ALS ICH ZUR POST BIN, WAR ICH *BEAMTIN*«

Frau Schneider: ...also... ich habe x-mal einen Change erlebt, mit einmal ist der Kunde König und dann ist er wieder nicht König. Also als ich zur Post bin, war ich *Beamtin*. Und ich hatte meine Vorschriften und wir haben dem Kunden gesagt: »Du darfst das nicht machen. In den Vorschriften steht, dass es so und so läuft«...Wir müssen heute froh sein um die Kunden, wir können heute nicht mehr quasi diese Beamtenstellung haben. Gibt es heute noch vereinzelt. Also bei mir gibt es keine einzigen Beamten mehr. Würde ich mit gutem Gewissen sagen. Was mich persönlich immer genervt hat, ist, wenn... Ich habe mich immer... darum habe ich mich auch anders weiterbilden wollen, weil die Post irgendwo... also ich hatte immer das Gefühl, ich bin in einem Monopolbereich und ich kann ja gar nichts anderes machen, ich *muss* ja hierbleiben. Und vielleicht diese Ausrichtung, ich muss hierbleiben, hat mich dazu bewegt, offen zu sein und noch eine Ausbildung zu machen. Also ich stehe jetzt vor einem Abschluss vom Detailhandelsökonom und ich habe jetzt zwei Jahre lang noch eine Weiterbildung gemacht, um diese Ausbildung noch machen zu können, also diese Weiterbildung.

Wie zu hören ist, verschreibt sich Frau Schneider in Opposition zu dem unbeweglich erscheinenden Auslaufmodell des Beamten ganz und gar der Philosophie des »lifelong learning« und arbeitet rege an der ständigen Verbesserung ihrer Employability. Ihre hohe Arbeitsmotivation kommt darüber hinaus in einer deutlichen Befürwortung der Notwendigkeiten atypischer Arbeitszeiten wie Sonntagsarbeit zum Ausdruck, Umstände, die mit den klassischen Dienstzeiten des verbeamteten Poststellenleiters kaum vereinbar scheinen. Und weiter:

– Aber hat das nicht auch Vorteile für Sie gehabt, die Sie dann vermisst haben? Quasi nicht mehr Beamte zu sein?

Frau Schneider: Nein! Also ich finde das eben sowieso, wir sind ein Bereich, wie ein anderer auch. Also der Kunde, der zu uns kommt, der hat... das ist nicht mehr selbstverständlich und ich glaube, das müssen wir sehen. Es ist nicht selbstverständlich, dass der Kunde heute zu der Post kommt. Der hat heute... wir haben Konkurrenz und das belebt das Geschäft und dadurch haben wir uns auch ändern müssen, also... Das hat mir eben auch gefallen bei diesen Weiterbildungen, wir haben von der Post sehr gute Weiterbildungen, absolut. Also Verkaufsleiter, Führungsfachmann, also Sie können hier allerlei gute Ausbildungen haben. Also sie sind relativ postspezifisch und wenn ich jetzt, diese Weiterbildung jetzt, die ich mache, der Detailhandelsökonom, da lerne ich Leute aus dem Detailhandel kennen und alles, was mich da dran wahnsinnig reizt, dass wir eben... Ich sehe dann dort, dass wir *gar nicht* so viel anders sind wie die, in vielen Sachen. Solche Großkonzerne, Migros, Coop, Post funktionieren genau gleich. Genau gleich. Also es geht um den Verkauf, es geht um Umsatz, es geht um Mitarbeiter...

Also wir bilden natürlich jetzt Detailhändler aus. Wir haben jetzt Detailhandelsfachfrauen und -männer, die wir ausbilden. Und das hat mich, noch vor der Wende von der großen Reorganisation, habe ich den Detailhandelsspezialist gemacht mit dem eidgenössischen Fachausweis. Nur darum, weil ich die Detailhändler hier, diese Auszubildenden immer betreut habe, und ich immer fand: Ich verstehe doch nicht, das ist zu weit weg von der Post. Also wir verkaufen bei der Post hier die klassischen Postdienstleistungen und Detailhändler bilden wir aus. Und das passt aber ganz, ganz gut zusammen, weil ich am Schalter auch eine Dienstleistung verkaufe. Also heute am Schalter, wenn ein Kunde eine Einzahlung machen kommt, bediene ich ihn nicht, ich verkaufe ihm etwas. Also ich schaue, ob er noch ein Produkt im Finanzbereich braucht, ob er sonst irgendetwas will, ich spreche ihn *aktiv* auf unsere Produkte an. Und das ist das, was man aber *ganz* gezielt mit den Mitarbeitern, man muss sie wirklich auch führen und muss sie in Weiterbildungen schicken, damit sie *Freude* haben am Verkauf und eben mit dem Verkauf *umgehen* können.

Freude am Verkaufen scheint bei Frau Schneider ein Leitmotiv zu sein und wie sie sagt, will sie diese Einstellung ihren Lehrlingen auch in Leib und Seele einschreiben. Sie hat für diese offensive Verkaufsstrategie auch den passenden Handlungsspielraum, während Herr Bächler in seiner Mini-Poststelle hier bescheidener agieren muss.

»MIT MEINEM LÄDELI HIER DAZU BEITRAGEN, DASS WIR NOCH EXISTIEREN KÖNNEN«

Auch Herr Bächler versucht mit der Zeit zu gehen und mit den ihm gegebenen beschränkten Möglichkeiten seiner Zwerg-Poststelle der neuen kommerziellen Philosophie der stetigen Arbeit an neuen Marktchancen und ständigen Optimierung des Umsatzes Rechnung zu tragen, wie er etwa in folgender Passage schildert:

— Aber ist, also ich meine, für Poststellen gibt es ja relativ beschränkte Möglichkeiten, auch dann die Leute anzulocken, weil meistens...
Herr Bächler: Ja, vielleicht geht es dort mal irgendwo etwas, wo man, oder, wo man sagt, jetzt hat man eine andere Idee, ja, eben, wir haben schon Möglichkeiten, ja ja. Zum Beispiel haben wir ein sehr gutes Angebot, wo jetzt ortsunabhängig ist – ich kann es Ihnen mal zeigen, dass Sie mein Kunde werden können. Also die da, das wissen die Leute zu wenig – wir haben auch einen von den größten Web-Shops in der Schweiz, Postshop. Und da drin finden Sie alle Produkte, wo man bei uns kaufen kann. Das ist nicht alles am Schalter. Das hat für uns einen Umsatz und wird Ihnen aber heimgeliefert, oder. Unkompliziert. Eben, das sind Sachen, wo *viel* besser geworden sind als früher, unkompliziert, oder. Sie können im Prinzip mit dieser Broschüre kommen, oder der Kunde sagt, ich hätte gern das und das, wir können es suchen, wir finden es, wir können die Daten vom Computer ausdrucken, wie jeder Händler auch, sagen, *ich* kann es einfach nicht beraten. Mir hat ein Kunde mal gesagt, nein, ich will den und den Laptop, der passt mir – zahlen, bestellen, und dann hat er es am anderen Tag daheim... Da müssen wir Türöffner sein, das ist die Chance, um neue Kunden zu generieren. Oder wir haben zum Beispiel neue Kunden, wo wir früher nicht gehabt haben, die wo bei ricardo oder ebay Zeug verkaufen, die kommen wieder an den Schalter. Die Kunden, wo man sonst nicht mehr gesehen hätte. Und dort kann man, ist die hohe Kunst zu sagen, Sie, wir hätten dann auch noch das und das. Dann gibt es wieder neue Chancen. Und dass ich auch in der heutigen Zeit noch die Strategien und Absichten auf eine Art unterschreiben kann und sagen, ja, ich will einen Mehrwert generieren und mit meinem Lädeli hier dazu beitragen, dass wir noch existieren können und noch einen Gewinn – also in einem üblichen Rahmen von einer öffentlich-rechtlichen Anstalt erwirtschaften können. Dann gute Dienstleistungen verkaufen, mit einem Ablauf, wo wir dahinterstehen können. Und da muss ich einfach sagen, doch, das... das passt. Und ich kann hinter dem stehen, was wir vertreiben...

Und später: »Momentan haben wir mit (.) ja, würde ich sagen, mit dem Minimum an Personal holen wir das Optimale raus.«

Herrn Bächlers Vokabular verweist in solchen Passagen immer noch auf eine starke Verbundenheit mit den Bedingungen des guten alten »Gelben Riesen« und seiner Unternehmenskultur: »üblichen Rahmen einer öffentlich-rechtlichen Anstalt« heißt es da, Begriffe, die gar nicht mehr ins Repertoire der Zeit zu passen scheinen. »Dahinterstehen können« verweist auf berufsethische Anforderungen, die in Zeiten einer »Versupermarktung« der Poststellen geradezu rührend altmodisch daherkommen. Aber nicht nur bei ihm wird immer wieder deutlich, dass eine, wenn auch verblasste und unterhöhlte, Leitdifferenz zum privatwirtschaftlich-kommerziellen Sektor in den Mindmaps der Akteure fortexistiert. Bei Frau Schneider äußert sie sich im Anliegen, »typischer zur Post« gehörende Produkte zu favorisieren und damit gewisse Alleinstellungsmerkmale dieser Institution zu bewahren.

»NICHT DEN TOUCH VOM KIOSK«

Frau Schneider: ... also wenn man die Ausrichtung hat auf neue Produkte, fände ich es gut, wenn wir uns noch mehr auf Produkte festlegen könnten, die ein bisschen typischer zur Post sind. Also wir haben ja jetzt, zum Beispiel können wir Straßenverkehrsamt-Geschäfte machen. Das ist ein wunderbares Geschäft, das passt tipptopp zu uns. Kann man gut erledigen so am Schalter, ist eine *gute* Sache. Dann ist der Strafregisterauszug dazugekommen. Das ist auch tipptopp. *Ich* würde es zum Beispiel begrüßen, wenn man noch mehr mit Gemeinden zusammenarbeiten könnte. Wir sind eine Amtsstelle, wir sind vertrauenswürdig. Ja, Antrag für Identitätskarte, oder was auch immer. Einfach für solche Sachen – zum Beispiel das, solche Geschäfte hineinnehmen zu können. Das fände ich jetzt für mich noch interessant. Und dann von all meinen 8000 Artikeln, die ich jetzt draußen habe, vielleicht den einen oder anderen herausstreichen. Das halt irgendwo noch ein bisschen... ein bisschen mehr festlegt, dass man nicht den Touch vom Kiosk bekommt.

Eine Poststelle sollte, anders gesagt, weiterhin als öffentliche Institution durch die Orientierung an traditionell öffentlichen Funktionen und hoheitlichen Aufgaben – »wir sind eine Amtsstelle«! – erkennbar bleiben und mit anderen öffentlichen Institutionen kooperieren, dafür aber die bunte Palette an Konsumprodukten aller Art reduzieren. Sogar Frau Schneider, diese nicht nur mit dem Zeitgeist gehende, sondern ihm vorauseilende Vertreterin einer fortschrittlichen Unternehmensphilosophie, zeigt hier, dass der »Gelbe Riese« für sie mehr ist als jedes andere Unternehmen des Detailhandels und dass er diese Sonderstellung bewahren sollte. Aus diesem Blickwinkel verteidigt sie dann auch das permanente Defizit des Postdienstes entgegen den gängigen Stereotypen einer im Verhältnis zu Privatunternehmen ineffizienten öffentlichen Anstalt als von ihrem öffentlichen Mandat her notwendiges Übel.

Frau Schneider: Wir haben natürlich einen Auftrag vom Bund. Ganz klar. Wir haben eine *gesetzliche* Vorlage, dass *wir* zum Beispiel diese Briefe zustellen *müssen.* Wir haben einen ganz klaren Auftrag. Und was eben das Problem ist bei diesen Privaten, sie picken natürlich nur die Rosinen, also die gehen Zürich-Bern-Basel. Und wir gehen ins Valpolicella-Tal, wir gehen nach Savognin hinauf, wir gehen... nein, wir gehen natürlich in alle Ecken. Und das ist einfach... wir können... und wenn Sie schauen, diese Bereiche, PostMail ist in den grünen Zahlen. Alle sind in den grünen Zahlen. Poststellen und Verkauf ist in den roten Zahlen.

Die hier zum Ausdruck kommende Corporate Identity drückt sich dann bei Frau Schneider in einem ausgeprägten Berufsstolz und einer starken Identifikation mit ihrem Arbeitgeber aus, eine Haltung, die bei ihrem Kollegen aus begreiflichen Gründen nur mit einem b-Moll versehen und ein wenig resignativ zum Ausdruck kommt.

»ICH BIN IMMER NOCH PÖSTLER«

Im Interview mit Frau Schneider zieht sich ihre ausgesprochen positive, um nicht zu sagen begeisterte Einstellung zum Unternehmen Post wie ein Leitmotiv durch das gesamte Interview. Kaum ein Wort der Skepsis oder Kritik, permanent gezeigte Bereitschaft, dem Unternehmen Post in seiner Weiterentwicklung treu zur Seite zu stehen.

Frau Schneider: Ich bin immer noch Pöstler, sonst würde ich nicht 30 Jahre dort bleiben. Viele sagen auch, man könnte betriebsblind werden, aber ich glaube es nicht. Es ist viel... es ist ja so interessant und es ist so lebendig. Es lebt so, das Geschäft. Es ist unglaublich. Auch halt diese Neuausrichtungen, ich meine, die Post macht *so viel*. Die Post ist so innovativ, also in vielen Bereichen.

Der von ihrem Kollegen kritisch angemerkte rasante Unternehmenswandel, von dem er sich zeitweise schlicht überfahren sah, wird bei Frau Schneider nicht nur als notwendige Strategie im harten Konkurrenzkampf mit den privaten Anbietern ähnlicher Produkte gesehen, sondern geradezu als Lebenselixier, Jungbrunnen und Tugend:

Frau Schneider: Wobei ich glaube eben, genau das macht es eben... oder hält uns jung. Dass wir irgendwie uns immer neu ausrichten. Also wir dürfen auch nicht stillstehen. Die Konkurrenz bewegt sich noch viel mehr.

Bei ihrem Kollegen kommt ebenfalls eine fortexistierende positive Identifikation mit dem Arbeitgeber Post zum Ausdruck, wenn auch aufgrund einiger leidvoller Erfahrungen verhaltener, um nicht zu sagen melancholisch. Auch er gesteht resignativ ein, dass man mit den ständigen Veränderungen leben muss:

Herr Bächler: Ich lebe jetzt und schaffe jetzt. Was in einem oder zwei Jahren ist, ist eigentlich (.) Nein, ich schaffe an sich gerne, aber die Erfahrung hat es gezeigt von den letzten eben vier, fünf Jahren, dass es schneller wechselt als man... Also in den letzten vier, fünf Jahren hat es schneller geändert als in den vielleicht 20 Jahren davor. Also wir haben viele Veränderungen mitgemacht, das ist einfach, was ich als Fazit am Schluss dazu sagen könnte, wir haben... wir leben aber ständig mit Veränderungen.

Und weiter zu seiner heutigen Einstellung zum Arbeitgeber und seinen Alternativen im Bereich privater Konkurrenten:

– Würden Sie die Post als guten Arbeitgeber bezeichnen können?
Herr Bächler: Ja ja. Ja. Trotz allem. Sturm und Wetter, das gehört dazu. Ja!

Und auf die Frage, ob er sich denn einen Wechsel zu einem privaten Anbieter von Postdienstleistungen vorstellen könne, antwortet Herr Bächler:

Aber zu einem Mitbewerber jetzt zu gehen und zu sagen, dort Logistik oder Verkauf machen zu gehen – ha-a. Ja, da bin ich jetzt zu lange wahrscheinlich eben schon beim »Gelben Riesen«.

Wir werden hier also mit zwei Zeugnissen aus der gleichen Arbeitswelt des öffentlichen Dienstes der Schweiz bzw. dem, was von ihm noch übrig ist, konfrontiert. Beide berichten in wechselseitig ergänzender Weise von tiefgreifenden Veränderungen des Unternehmens, wobei wir es in einem Falle mit einem überaus erfolgreichen berufsbiographischen Arrangement mit diesem Wandel zu tun haben und hier durchaus die Rede von einem Modernisierungsgewinn sein kann, während man im zweiten Falle auf eine deutlich absteigende berufliche Flugbahn trifft. Während es im ersten Falle erfolgreich gelang, die neuen Zeichen der Zeit durch ein hohes Maß an Flexibilität und Mobilität, intensive Fortbildungen und ein hohes Maß an Identifikation mit der neuen Unternehmenskultur positiv in die eigene berufliche Karriere zu integrieren, stieß man im zweiten Falle angesichts hoher physischer und psychischer Belastungen durch die neuen Anforderungen an seine Grenzen und wurde nach einer tiefgehenden Krise auf ein Nebengleis des Unternehmens relegiert, wo allerdings die vom Reformeifer des Managements ausgelösten Umbrüche kaum weniger tiefe Spuren hinterlassen sollten.

Nun konnte man sehen, dass es sich bei diesen beiden konträren biographischen Flugbahnen nicht einfach nur um je individuelle Schicksale handelt, die mehr oder weniger erfolgreich dank mehr oder minder privilegierten persönlichen Gaben und Vorgaben verliefen. Vielmehr spiegeln sich in diesen Schicksalen spezifische soziale Selektionsprozesse wider, ein durch den Unternehmenswandel in Gang gesetzter Kampf um Statuspositionen und Bleiberechte, ja, »Lebenschancen« (Weber). Hierbei springt zunächst in die Augen, dass die Poststellen der Schweiz durch ihre Neuorientierung am Profil des Detailhandels nicht nur ein völlig neues Gesicht erlangten, sondern Gleiches auch auf ihre Mitarbeiter zutrifft, die mittlerweile weit mehrheitlich weiblichen Geschlechtes sind. Die Poststellen als Habitat beruflicher Akteure wandeln ihr Gesicht, der Habitus ihrer Akteure bleibt davon nicht unbeeinträchtigt, und aus den Aussagen beider Befragten klingt es dann ganz lapidar so, dass im Zeitalter einer Post, die als Supermarkt daherkommt, Männer sich wohl deplatziert fühlen und Frauen an ihrer Stelle das Ruder übernehmen. Doch dies ist nicht die einzige soziodemographische Variable, die hinter den individuellen Schicksalen strukturierend zur Geltung kommt. Auch das Alter spielt beim Übergang vom alten zum neuen Regime der Schweizer Post eine ähnliche Rolle: Als dynamisches Detailhandel-Unternehmen mit besonderer Präsenz auf dem Markt elektronischer Güter und Kommunikationstechnologien sind junge Mitarbeiter aufgrund ihrer generationsspezifischen Vertrautheit mit diesen Innovationen im Vorteil, die Männer der alten Schule hingegen gehandicapt. Anciennität als geschätztes symbolisches Kapital, das war in der Post von gestern noch Quelle von Anerkennung und Status. Die neue Post ist nach vorne in eine offene, mehr und mehr von Konkurrenz mit privaten Anbietern ähnlicher Dienstleistungen und Gütern geprägte Zukunft gerichtet und wird zu einem Unternehmen (fast) wie jedes andere, selbst wenn auch seitens der mit Leib und Seele den Unternehmenswandel mittragenden Protagonistin betont wird, die Poststelle müsse eben doch noch ihre Eigenart bewahren und dürfe nicht einfach zu einem Kiosk werden. Frau Schneiders Kollege spricht da schon resignierter und ein wenig selbstironisch von seinem »Lädeli«. So oder so: Die Schweizer Post ist nicht mehr, was sie noch vor wenigen Jahren zu sein schien, nämlich ein vom kommerziellen Treiben marktwirtschaftlicher Unternehmen klar unterscheidbarer Service Public, so der auch in der Deutschschweiz signifikanterweise benutzte französischsprachige Ausdruck für den öffentlichen Dienst. Die Privatisierung dieser altehrwürdigen Institution schreitet auch gegenwärtig mit großen Schritten voran, ebenso die ökonomische Rationalisierung des Unternehmens, von der Schließung »unrentabler« Poststellen bis hin zur Einführung von Prinzipien des Leistungslohns. Heute ist diese Institution ähnlich modernisierter denkmalgeschützter Gebäude durch und durch ausgehöhlt und entkernt. Teile der Fassade wurden bewahrt, doch was dahinter den Alltag der Mitarbeiter bestimmt, steht auf einem ganz anderen Blatt. Je nach eigener Betroffenheit und Situation nimmt sich die Metamorphose des »Gelben Riesen« dann wie eine spektakuläre Erfolgsstory oder wie der Niedergang einer 100-jährigen, aber unzeitgemäß gewordenen Institution aus.

In der eben vorgestellten Kontrastierung sehen wir, dass neue Unternehmensausrichtungen und die damit einhergehenden Umstrukturierungen und Reorganisationen für die einen Mitarbeitenden neue Chancen bieten, sich beruflich zu verändern, zu verwirklichen bzw. innerhalb des Betriebes aufzusteigen. Für andere Mitarbeitende können diese Veränderungen aber auch zu Stolperfallen werden und Brüche in ihrem Erwerbsleben verursachen. Die zu Beginn ihrer Berufslaufbahn passenden und/oder über lange Dienstjahre erworbenen Dispositionen erscheinen als nicht mehr zeitgemäß und nützlich, was sie, zumindest vordergründig, zu Verlierern des Modernisierungsprozesses machen kann.

Im folgenden Beitrag lassen wir Beschäftigte zu Wort kommen, die objektiv betrachtet die gleiche hierarchische Position einnehmen, nämlich als flexibel einsetzbare

Springer im Pflegeteam eines Schweizer Spitals. Die im Zuge des Modernisierungs-und Rationalisierungsprozesses im Zeichen der Ökonomisierung vom Arbeitgeber Spital angebotene hohe Flexibilität hinsichtlich ihrer Einsätze als Springer wissen sie aus unterschiedlichen soziobiographisch bedingten Gründen zu nutzen und zu schätzen. Aber auch hier werden wir sehen, dass diese scheinbar sehr individuelle Wahl und der je spezielle Umgang mit dieser Form von Arbeitsverhältnis auch auf struktureller Ebene, in Abhängigkeit insbesondere von Geschlecht und entsprechenden tradierten Rollenmustern, Verankerung und Ausdruck findet.

»Also es ist einfach die hohe Flexibilität vom Springerteam, wo mir gefällt«

Flexibilisierte Arbeitsverhältnisse aus Sicht der Arbeitnehmer

Kristina Mau

FLEXIBILISIERTE ARBEITSVERHÄLTNISSE – EINE EINFÜHRUNG

In der seit Mitte der 80er Jahre des vorigen Jahrhunderts zunehmenden Diskussion um die Flexibilisierung von Arbeitsverhältnissen[1] ging es im Wesentlichen um drei Interessenslagen: Von Seiten der Arbeitgeber bestand der Wunsch nach einem produktionsabhängigen Einsatz von Arbeitskräften mit dem Ziel der Produktivitätssteigerung und finanzieller Einsparungen; aus Sicht der Arbeitnehmervertreter stand die Vereinbarkeit unterschiedlicher individueller Bedürfnisse und Anforderungen (zum Beispiel Reproduktionsarbeit) und damit eine Erhöhung des Wohlbefindens der Arbeitnehmer im Vordergrund; gesamtgesellschaftlich versprach man sich von einer Arbeitszeitflexibilisierung und der damit erhofften einhergehenden Freisetzung von Arbeitsvolumina eine Entlastung des Arbeitsmarktes durch den Einsatz zusätzlicher Beschäftigter (Dietrich 2006). Auf der Ebene der Arbeitnehmer-Arbeitgeber-Beziehung lässt sich ganz allgemein Folgendes festhalten: Flexibilisierungsbestrebungen von Seiten der Arbeitgeber können jedoch nur dann erfolgreich verlaufen, wenn es Arbeitnehmer gibt, die diese Art von Beschäftigungsangeboten annehmen wollen oder müssen. Die Bedürfnisse der Unternehmen nach flexibilisierten Arbeits*zeit*modellen unterscheiden sich dabei in Abhängigkeit vom Auftrag des Unternehmens: Je umfassender

---

1 | »Flexibilisierung von Arbeitsverhältnissen« steht als Sammelbegriff für eine Reihe verschiedener Strategien weg vom »Normalarbeitsverhältnis« und umfasst zeitliche, räumliche, biographische, funktionelle sowie lohnbezogene Dimensionen (Liebig 2003). Hier soll es um Formen zeitlicher Flexibilisierung gehen. Dem folgenden Beitrag liegen neben den Interviews aus dem DACH-Projekt zwei Interviews aus dem Doktorandenseminar der Universität St. Gallen zugrunde, die von Matthias Ammann und Thomas Mazzurana durchgeführt wurden.

die zeitlichen Erfordernisse des Betriebes sind, desto größer dürfte der Wunsch nach zeitlicher Flexibilisierung gegeben sein. Bei einer 24-Stunden-Rundum-Versorgung eines Spitals mit unterschiedlicher Belegungsdichte und davon abhängendem Arbeitsaufkommen ist davon auszugehen, dass ein hochflexibler Einsatz von Arbeitskräften wünschenswert ist, der sich jedoch aufgrund der spezifischen arbeitsrechtlichen Vereinbarungen und einem gegebenen Fachkräftemangel in Pflegeberufen in der Schweiz nicht ohne weiteres umsetzen lässt, sondern in Einklang zu bringen ist mit den Bedürfnissen und Wünschen der Mitarbeitenden.

Es ist also davon auszugehen, dass es bei der Durchsetzung von flexiblen Arbeitsverhältnissen um einen Machtkampf zwischen den beteiligten Interessengruppen geht, die dabei je nach konjunktureller Lage bessere oder schlechtere Karten für die Durchsetzung ihrer Interessen haben.[2] Auf Seiten der Beschäftigten gestaltet sich die Motivation für die Übernahme eines hochflexiblen Arbeitsverhältnisses äußerst unterschiedlich und reicht vom Wunsch nach einer Optimierung der Lebensgestaltung unter Nutzung aller Vorteile, die die flexibilisierte Anstellungsform mit sich bringen mag, bis hin zum Einlassen auf solcherart Arbeitsverhältnisse aus einer gewissen Notwendigkeit heraus, verschiedenen Anforderungen, zum Beispiel einer Doppelbelastung durch Berufstätigkeit und familiäre Verpflichtungen, gerecht zu werden.

Im Folgenden möchte ich mich mit dem Status der Springer im Pflegeteam eines Schweizer Spitals als Beispiel für hoch individualisierte und zeitflexibilisierte Arbeitsverhältnisse auseinandersetzen und die Bedingungen und Folgen dieser Art Arbeitsverhältnisse aus der Sicht der Beschäftigten darlegen. Das Team der Springer bildet den Versuch von Seiten der Spitalführung ab, auf einen zeitlich schwankenden unterschiedlich hohen Bedarf an Arbeitskräften flexibel reagieren zu können. Wie und warum es dazu kommt, dass sich Arbeitnehmer finden, die dieses Angebot annehmen, soll Thema des Beitrags sein.

ZUR GRUNDIDEE DES SPRINGERTEAMS

Zur Grundidee des Springerteams möchte ich zunächst Frau Wegener, eine Diplomierte Pflegefachfrau und stellvertretende Stationsleiterin, zu Wort kommen lassen:

— Müssen Sie das anpassen an die Bettenbelegung, Ihren Dienstplan? Können Sie das überhaupt?
Frau Wegener: Kann ich nicht.

---

2 | Besonders deutlich wird dies im Vergleich zum ebenfalls von uns untersuchten Bereich der Post, wo sich die Machtverhältnisse konträr gestalten und die Betriebsführung die Einführung von flexibilisierten Teilzeitarbeitsmodellen auch entgegen den Interessen der Arbeitnehmer durchsetzen kann.

– Geht gar nicht, oder?

Frau Wegener: Weil wir haben ja... über 50 Prozent haben wir Notfälle, oder. Und eben, mit unterschiedlichsten Zuständen. Da gibt es von praktisch total selbstständig bis zu »kann nicht mal einen Finger bewegen«. Und alles zwischendrin. Und eben, drum sage ich, da können 22 Betten voll sein und (.) es ist eigentlich völlig easy und es können irgendwie 18 Betten voll sein und alle laufen Amok.

– Das heißt, es sind immer gleich viel Leute in den Schichten eingeteilt?

Frau Wegener: Mehr oder weniger. Also der Frühdienst ist noch am variabelsten.

– Das heißt, Sie können auch noch jemanden nachrekrutieren quasi wenn Sie sehen, es ist jetzt... es sind jetzt ein paar schwierige Fälle da...

Frau Wegener: Das kann man eben nicht.

– Das geht nicht?

Frau Wegener: Das... das ist eben das Problem. Also da müsste man eigentlich von den Mitarbeitern erwarten, dass sie jederzeit verfügbar sind. Oder.

– *Müsste* man erwarten, oder *erwartet* man?

Frau Wegener: Nein. Wenn man das wollen würde, oder.

– Wenn man das wollte, mmh.

Frau Wegener: Also das Spital will ja immer wirtschaftlich sein, oder. Und das würde eigentlich bedingen, dass man genau das machen könnte. Man könnte Mitarbeiter genau *dann* einsetzen, wenn viel zu tun ist!

– Mmh, flexibel einfach.

Frau Wegener: Und heimschicken, wenn nichts zu tun ist! Oder. Aber das ist ja eine wahnsinnige Zumutung, finde *ich* jetzt für jemand, wo schafft. Also man kann ja nicht immer irgendwie in Habachtstellung sein. Also und auch nicht immer zur Verfügung stehen, oder. Und das ist ja wahrscheinlich das Schwierige auch finanziell, oder. Es geht eigentlich nie auf.

– Ist das so tatsächlich angedacht oder...

Frau Wegener: Das weiß ich nicht.

– ... also das wurde so jedenfalls nicht kommuniziert?

Frau Wegener: Nein nein, nein nein. Also ich habe jetzt das noch nie offiziell gehört. Aber ich denke, von der wirtschaftlichen Seite wäre das schon das Optimum. Also man hat ja den Springerpool geschaffen, ursprünglich auch mal mit der Idee, dass man dann eben kurzfristig Leute rekrutieren kann, wenn es eng wird. Das Problem ist, die kommen nicht nach, oder. Also nur schon wenn sie die ganzen Mutterschaftsurlaube und weiß doch auch nicht, unbesetzte Stellen und weiß nicht was, abdecken müssen, dann sind eigentlich schon alle völlig ausgebucht.

Das Springerteam der Diplomierten Pflegefachkräfte an dem von uns beforschten Spital besteht seit nunmehr ca. 15 Jahren und wurde gegründet, um Zwischenspitzen abzufedern, wenn viele Pflegefachpersonen aufgrund von Krankheit, Sommerferien, Schülerwechsel etc. fehlen. Damals wurden von Bettenstationen Stellenprozente ausgelagert, um einen Springerpool von anfangs fünf Mitarbeitenden zu gründen. Die Idee des Springerpools ist, die Springer dann auf verschiedenen Abteilungen und Stationen des Spitals äußerst kurzfristig – das heißt von einem Tag auf den anderen – einsetzen zu können, was sie aufgrund ihrer vielfältigen Einsatzmöglichkeiten und Qualifikationen für das Spital zu wertvollen Mitarbeitenden macht. Im Laufe der Zeit wurde das Team regulär aufgestockt. Zum Zeitpunkt der Befragung arbeiten ca. 60 Beschäftigte als Springer; diese leisten zwar ein grundsätzlich vertraglich vereinbartes Pensum (bis höchstens 90 Prozent), werden aber doch nach Stunden abgerechnet, was dem Spital eine gewisse Freiheit und Flexibilität im Einsatz dieser Pflegenden in Abhängigkeit von der Nachfrage erlaubt. Über interne Verrechnungsmöglichkeiten lassen sich mittlerweile mehr Springer anstellen, als ursprünglich durch ausgelagerte Prozente vorgesehen waren: Wenn längerfristig Stellen auf einzelnen Stationen nicht besetzt werden können, kann das Springerteam mit diesen Prozenten aufstocken und die (zusätzlich eingestellten) Springer an diese Stationen ausleihen. Gedacht ist, dass sich Pflegende von außerhalb für das Springerteam bewerben; doch geschieht es mitunter, dass Pflegende auf Stationen kündigen, um sich beim Springerteam zu bewerben; diese ersetzen dann quasi sich selbst unter flexibleren Anstellungsbedingungen. Aufgrund der Knappheit an Pflegepersonal in der Schweiz wird diese Art Nullsummenspiel mitgespielt, weil dadurch wenigstens die Pflegende dem Spital erhalten bleibt. Das erklärt uns Frau Moreno, die Leiterin des Springerteams im Gespräch:

— Und die Mitarbeitenden von Ihnen, kommen die aus dem Haus, oder sind die meistens von extern? Kommen die von einer festen Station und gehen ins Springerteam?
Frau Moreno: Ja, schon auch. Beides, es ist beides. Wir hätten nur am liebsten, wenn sie von extern kommen, weil wenn sie intern wechseln, dann verlagert sich einfach das Problem. Also ich habe das schon auch immer wieder... Aber wenn eine intern wechselt, dann geht es natürlich genau fünf Minuten und dann kriege ich einen Anruf von der Station, wo mir jemand sagt, »du, jetzt habe ich wieder eine, wo gekündigt hat quasi, ich brauche Ersatz«. Aber das wäre dann genau die. Also es bringt wie eigentlich nichts, oder. Und trotzdem, wenn heutzutage..., es ist ja wirklich schwierig mit Fachpersonen zu finden, dann denke ich, gut, dann nehme ich sie lieber ins Springerteam, sonst ist sie ganz weg, oder, sonst ist es dann fürs Haus, sind sie dann ja weg, zum Teil, oder.

Wegen des eklatanten Mangels an Pflegekräften arbeitet die Teamleitung des Springerteams auch mit Temporärbüros[3] zusammen. Diese Kräfte werden dann überwiegend bei längerfristigen Ausfällen (bis zu drei Monaten) in der Regel auf *einer* Station eingesetzt und zum Teil dann auch dort übernommen.

Entgegen unserer anfänglichen Erwartung, dass die Arbeit im Springerteam extrem belastend und dadurch unbeliebt ist, zeigt sich, dass das Springerteam keinerlei Probleme bei der Rekrutierung neuer Mitarbeitenden hat, wie uns Frau Moreno versichert:

---

3 | Schweizer Bezeichnung für Zeitarbeitsfirma.

— Und ist es denn ein Problem, da, also Leute zu rekrutieren oder zu finden? Weil Sie auch gesagt haben, Sie stellen... Sie schaffen eben mit dem Stellen...
Frau Moreno: Ja. Also für uns jetzt fix fürs Springerteam eben nicht. Ich muss auch nie Stelleninserate machen, das ist so, weil das ist eben natürlich, es ist schon so noch – wie soll ich sagen – (.) begehrt in dem Sinn. Wir müssen... wir haben natürlich einfach dann irgendwie den Auftrag, so mit den Stationen – das hat sich auch ergeben über die Jahre, wenn die Stationen unbesetzte Stellen haben, und sie finden niemand, dass wir eigentlich über die Stellenvermittlung Leute suchen, temporär. Dass das nicht jedes Haus selber machen muss und auch mit der Abrechnung, das hat sich irgendwie so ergeben mit den Jahren, dass wir das machen. Aber das sind dann nicht wirklich die Springer. Es sind wie zwei Sachen, oder. Ja. Und so tun wir mit der Stellenvermittlung eigentlich suchen. Aber ich selber, fix von den Springern, also die, wo unbefristet eine Fix-Anstellung haben, habe ich immer mehr als genug, ja.

Wir waren davon ausgegangen, dass der kurzfristige Einsatz – und damit einhergehend die geringe Planbarkeit – auf verschiedenen Abteilungen und Stationen, in unterschiedlichen Teams mit einer Vielzahl von Mitarbeitenden und Schülern, die schichtbedingt in immer anderen Zusammensetzungen arbeiten, sowie der vermuteten Unmöglichkeit, bei Kurzeinsätzen von einem Tag eine tragfähige Patientenbeziehung aufzubauen, geschweige denn in eine Teamkultur hineinzuwachsen, sehr unattraktiv für die Arbeitnehmer sein müsste. Die Springer mit Kurzeinsätzen wissen am Vortag nicht, was sie auf der ihnen zugeteilten Station erwartet: weder hinsichtlich der Personen, die mit ihnen zusammenarbeiten, noch hinsichtlich des Patientengutes. Sie erfahren zu Dienstantritt über die Patientenakten (Kardex), was zu erwarten sein könnte, und müssen sich mit unterschiedlichen räumlichen Gegebenheiten und individuellen Gepflogenheiten der Kolleginnen sowie der Teams zurechtfinden. Kollegialität muss immer wieder aufs Neue hergestellt werden, Teamanlässe und Besprechungen finden ohne die Springer statt. Diese verzichten also auf einen Großteil an Mitsprache und Mitgestaltung. Frau Nussbaumer, eine Springerin, schildert das folgendermaßen:

Frau Nussbaumer: Es gibt halt viele andere, wo fix auf den Stationen schaffen, wo sagen, sie möchten das nicht, weil sie brauchen das Team. Weil das ist dann schon, ich komm zum Schaffen, bin der Springer und gehör' dann halt nicht ins Team und halt viel Sachen auch, die teamintern passieren, oder halt manchmal auch, in vielen Teams die Gruppendynamik oder die haben etwas mehr mit denen oder, das hast du dann halt alles nicht. Und manchmal bei gewissen Sachen oder bei privaten Gesprächen oder so. Ich bin dann halt wirklich nur der Springer und ich gehör nicht zum Team.
— Ein bisschen außen vor.
Frau Nussbaumer: Ja.
— Und wie empfindest du das dann? Ist das für dich okay oder?

Frau Nussbaumer: Also am Anfang ist es komisch gewesen, dass man nicht mehr so... Man merkt schon, man gehört nicht in die Gruppe. (.) Also jetzt nach zweieinhalb Jahren mach ich das jetzt schon, stört es mich gar nicht mehr, im Gegenteil, ich find's lässig.

Persönliche Beziehungen zu Kolleginnen sind aufgrund geringerer zeitlicher Überschneidungen der Dienste schwerer aufzubauen und aufrechtzuerhalten. Sowohl die Leiterin des Springerteams als auch die von uns befragten Springer teilten jedoch unsere kritische Vorannahme nicht. Im Gegenteil. Die Gründe für die Mitarbeit im Springerteam sind dabei vielfältig und der persönlichen Lebens- und Arbeitsbiographie geschuldet, wie ich weiter unten ausführen möchte.

DIE ANSTELLUNGSBEDINGUNGEN DER SPRINGER

Die generellen Anstellungsbedingungen der Springer unterscheiden sich von regulär angestellten Pflegenden auch hinsichtlich des nicht fix kalkulierbaren Lohns am Monatsende aufgrund der Bezahlung nach Stunden. Diese flexibilisierten Arbeitsverhältnisse lassen vom Prinzip her maximale Freiheit für die Arbeitnehmer, Dienste anzunehmen oder abzulehnen und so die Arbeitszeiten optimal mit anderen Verpflichtungen und/oder Lebensgestaltungswünschen zu vereinbaren. Gleichzeitig tragen die Arbeitnehmer dann aber auch ein gewisses unternehmerisches Risiko, da sie am Monatsende nicht mit einem festen und garantierten Gehalt rechnen können, sondern dieses Schwankungen unterworfen ist. Je nach »Auftragslage« kann das Einkommen also geringer oder höher sein. Auch müssen sich die angebotenen Dienste mit den Wünschen und/oder Zwängen der Arbeitnehmer vereinbaren lassen. In Zeiten hoher Nachfrage nach Pflegekräften scheint die Situation für Springer – im Vergleich zu den Bedingungen fest angestellter Pflegekräfte – paradiesisch zu sein: Jeder Springer hat ein vereinbartes Pensum und bekommt – aufgrund der Vielzahl an unbesetzten Stellen und (auch dadurch bedingten) hohen Fehlzeiten der regulären Kräfte – mittlerweile schon einen halbfertigen Dienstplan (was der Idee, Springer spontan bei kurzfristigen Ausfällen einsetzen zu können, widerspricht), der sich nach ihren Wünschen und Vorgaben richtet, weil sie es sind, die bestimmen, wann sie arbeiten wollen oder können; die noch freien Prozente werden dann »spontan« vergeben: Die Springer bieten entweder ihre noch freien Zeiten an oder werden von der Leitung konkret für weitere Termine angefragt, wie uns Frau Stadler, eine weitere Mitarbeiterin des Springerteams schildert:

Frau Stadler: Man hat zum Teil andere Prioritäten und man ist viel freier von der Zeitplanung her, also vom Dienstplan her, von den Freiwünschen, nicht so viele Wochenenden schaffen, wenn man nicht will. Einfach weil das Kantonsspital eigentlich auf uns angewiesen ist und wir deshalb relativ frei sagen können, ich komm dann oder dann komm ich nicht.
– Und wie viel vorher erfährst du das? Gibt's da für einen Monat...

Frau Stadler: Also ich hab jetzt zum Beispiel grad den Mai-Plan bekommen, meistens immer Ende, also jetzt Ende März kommt der Mai-Plan, Ende April kommt der Juni-Plan. Ich kann relativ lang sagen, also meine Freiwünsche eingeben, was man auf einer Abteilung, auf der man fix schafft, nicht kann, dann muss man das sehr früh vorher machen. Und dann bin ich etwa 60 Prozent schon fix eingeplant, manchmal auch 80 Prozent, manchmal auch nur 40 Prozent, das kommt ganz auf den Monat drauf an, das kann variieren. Und der Rest von meinen Prozent, wo ich schaffen will, das kommt eigentlich kurzfristig, also die Aufträge da. Da seh' ich manchmal, ah, ich habe nächste Woche drei Tage frei und ich würde eigentlich noch gerne schaffen, dann kann ich das Büro anläuten und sagen, »du, ich würde am Dienstag und Mittwoch noch gerne schaffen. Braucht es irgendwo irgendjemanden?« Oder, es gibt ja immer irgendwelche Tage, wo Mitarbeiter ausfallen, krank sind, und dann kann meine Chefin vom Büro sagen, »ah ja, jetzt im Haus 2 im ersten Stock kannst noch Spätschicht machen und Mittwoch vielleicht noch Frühschicht, im Haus 1 im ersten Stock«. Oder ich muss gar nicht selber anläuten, sondern sie läutet mich an und sagt, »hey, du hast noch vier Tage frei, magst nicht noch arbeiten kommen?« Ich kann auch anfragen.
— Das heißt also, dass du auf deine Stunden schon kommst?
Frau Stadler: Ja ja. Also, ich könnt immer, ich könnt 120 Prozent schaffen, wenn ich wollte.

Sie werden demnach zum Unternehmer ihrer Arbeitskraft. So scheinen die Springer im Augenblick des Fachkräftemangels in einer sehr komfortablen Position zu sein und müssen sich keine Sorgen machen, dass sie nicht auf ihre Prozente kommen – dies kann sich in Zeiten von ausgeglicheneren Stellenbesetzungen jedoch rasch ändern, was die Machtverhältnisse dann umkehren und die Situation für die Springer prekär werden lassen kann. Die Anstellung auf Stundenlohnbasis impliziert auch, dass der eigene Ausfall durch Krankheit gewisse Unwägbarkeiten mit sich bringt. Die Regelung sieht vor, dass die ersten drei Krankheitstage (je Krankheitsfall) zu Lasten der Beschäftigten gehen, danach stehen auch den Springern reguläre Ausfallleistungen zu. Für Ferien, Feiertage, Kurzabsenzen (wie zum Beispiel die ersten drei Krankheitstage) sowie das 13. Monatsgehalt findet in den Monatsabrechnungen eine prozentuale Abfindung statt. Dies birgt grundsätzlich eine gewisse Unsicherheit und Unplanbarkeit, was das monatliche Einkommen angeht, und scheint für manche Beschäftigte durchaus auch eine Belastung zu sein, wie uns Frau Moreno erklärt.

— Das heißt, es ist auch attraktiv, im Springerteam zu arbeiten?
Frau Moreno: Bis zu einem gewissen Punkt sicher, ja. Also es hat so beides, oder, es ist, denk ich, man ist sehr flexibel, man kann frei einteilen. Wo man ein bisschen schauen muss halt auch mit dem Geld, mit dem Stundenlohn. Da muss man halt ein bisschen schauen: Komme ich auf die Tage? Also, da sind wir schon darauf bemüht, aber es ist nicht einfach fix, Ende Monat kommt immer der gleiche Lohn. Es gibt Leute, die halten das nicht so gut aus, die hören dann auch wieder auf, oder.

Was Weiterbildungen angeht, stehen die Springer aufgrund der geforderten Vielseitigkeit jedoch fast besser da als die fest angestellten Fachkräfte, die für Weiterbildungen oft eben auch nicht freigestellt werden (können), da die Personaldecke dafür zu dünn ist.

HERAUSFORDERUNGEN UND BELASTUNGEN

In der alltäglichen Arbeit ist es für die Springer jedoch häufig nicht einfach, sich durchzusetzen bzw. ist dies abhängig vom persönlichen Standing und von der Erfahrung als Pflegende und in der Rolle als Springer. Die Einschätzungen über Mitgestaltungsmöglichkeiten und arbeitnehmerische Schlagkraft unterscheiden sich hier bei den von uns befragten Springern. Darauf möchte ich später zurückkommen. Einig sind sie sich über das, was gebraucht wird, um als Springer zu bestehen: eine hohe fachliche Kompetenz, eine sehr flexible Grundhaltung, Anpassungsfähigkeit und ein »dickes Fell«. Darüber hinaus muss man als Springer damit klarkommen, dass man nicht mehr fester Teil eines Teams ist, sondern eher Gast, ohne Mitsprache- und Mitbestimmungsrecht in Teamangelegenheiten, und damit, dass man manchmal eben auch als Sündenbock fungiert. Das schildert uns Frau Moreno:

— Sie sind ja selbst für die Personaleinstellung auch zuständig in Ihrem Team?
Frau Moreno: Mmh.
— Auf was achten Sie denn da? Gibt es da so bestimmte Kriterien, wo Sie sagen, das ist einfach besonders wichtig?
Frau Moreno: Also sicherlich fachliche Kompetenzen. Also ich denke, wenn, wenn – ich hole auch immer Referenzen ein, auch wenn sie intern wechseln, und wenn jemand fachlich, wenn es heißt, ja, schwierig, oder, die und die Sachen ist jemand schwach, zum Beispiel. Also rein so die technischen Dinge, wir haben ja auch unsere Vorgaben; dann finde ich es schon mal ganz schwierig. Weil man nicht Zeit hat zum noch lang irgendetwas üben, oder. Das ist schon mal das eine. Und das andere ist eben, denke ich, ist eben so ein bisschen wie wie (.) ja wie flexibel ist jemand. Also das ist halt im Gespräch – ich rede eben auch noch relativ lang mit den Leuten, erkläre es ihnen ein bisschen, schildere das Ganze auch nicht wirklich so rosarot, eher ein bisschen düster, oder. Weil was heißt »Springer«: Man ist im Team, man kennt sich natürlich dann auch, aber man ist dennoch nicht richtig dabei. Wir haben dann..., man hört es dann schon auch manchmal noch: Die Springer schreiben nie die Dokumentation gut, oder. Man ist dann einfach noch so ein bisschen der Sündenbock, es bietet sich ein bisschen an, oder, weil man ja dann doch nicht ganz dazugehört. Also, und dann so Sachen, wo man sagt, ja... oder es gibt Konstellationen, wo sie dann kaum »Grüezi« sagen am Morgen und »Adieu« am Abend, oder. Das muss man dann vielleicht auch mal aushalten als... als Springer. Je nach Team, oder wenn sie im Stress sind, oder eben immer unterbesetzt oder fragen Sie mich was, dann habe ich auch schon Rückmeldung gekriegt, dass man eben kaum begrüßt wird oder wenn man sagt, ich brauche Hilfe,

dann: keine Zeit, keine Zeit. Es interessiert sich niemand, oder. Und dass man das auch nicht so – wie soll ich sagen – persönlich nehmen darf. Das ist nicht ich als »Maria«, sondern ich als Springerin, oder, und so Zeug. Also da merkt man dann schon, wie jemand reagiert, ob das... ob das jemand wäre oder nicht.

Während die Vorteile für die Institution Spital mit der Beschäftigung von Springern auf der Hand liegen – Spitzen abfedern, ohne teure Personalvorhaltekosten –, gibt es auch für die Teams durchaus Vorteile, wenn Springer auf die Station kommen, wie die von uns befragten Springer berichten. Das Springerteam scheint hier als Prellbock zu fungieren, indem es ungeliebte Dienste und Tätigkeiten übernimmt.

So entstand mit der sukzessiven Einführung der Bezugspflege seit 2008 die Überlegung, Springer nur noch im Spätdienst einzuteilen, weil davon ausgegangen wurde, dass es zur Umsetzung der Bezugspflege notwendig ist, dass die Bezugspflegenden den Tagdienst abdecken, was aber zu erheblichem Widerstand bei den Springern geführt hat und so nicht umgesetzt werden konnte.

— Das haben Sie dann als Springer mitgekriegt [die Einführung der Bezugspflege]?
Herr Scherrer: Ja ja. Und das hat dann für uns Springer bedeutet, dass alle gefunden haben, die Springer bestellen wir nur noch für den Spätdienst, weil mit Bezugspflege, die müssen ja am Morgen schaffen. Dann habe ich gesagt: »Geht es noch? Ich schaffe nicht einfach nur Spätdienst!« Und es ist einfach so: Es hat *sehr* viel Unstimmigkeiten gegeben, das Projekt, in den Teams. (Mitarbeiter Springerteam)

Außerdem wird von den Springern beobachtet, dass sie häufig Patienten zugeteilt bekommen, die als anstrengend oder schwierig gelten, und dies explizit entgegen dem Prinzip der Bezugspflege. Während es aus Sicht der regulär Angestellten verständlich erscheint, sich selbst hin und wieder zu entlasten, kommt es bei den Springern dann eben zu einer massiven Häufung belastender Situationen. So schildert uns der eben zitierte Springer Folgendes:

— Gibt es denn Momente, wo man sich auch ein bisschen irgendwie schlecht oder ungerecht behandelt fühlt?
Herr Scherrer: Ja eben, jetzt das mit diesen Spätdiensten [aufgrund der Bezugspflege].
— Das, ja.
Herr Scherrer: Da habe ich gefunden, das ist frech oder äh (.) vielfach ist es auch so, dass wenn man als Springer kommt, dann bekommt man die anstrengenden, die mühsamen Patienten, weil die sind meistens länger dort, über Wochen zum Teil, und dann ist das Team an denen dran und die haben die Schnauze irgendwann voll und dann kommt ein Springer und die sagen »also komm, sofort, dem Springer dort die geben«. Und an und für sich ist das manchmal auch eine Chance für den Patienten *und* fürs Team, wenn einfach mal so ein Break kommt, wo sie sich zurückstellen können und nicht mit dem Patienten sich immer auseinandersetzen müssen. Und wenn jemand von außen kommt, auch danach Sachen

aufbrechen kann oder ändern, dass es nachher wieder ein bisschen anders läuft. Und das ist manchmal halt einfach: dann haben *wir* die aufwändigen und dort, wo man am Morgen kommt und man muss sich zuerst einlesen und denkt »Jesses Gott. Ja. Was habt ihr da wieder gemacht?« oder »Was soll das?«

Und eine Springerin, Frau Burger, empört sich, nicht nur im Hinblick auf die hohe Belastung für die Springer, sondern auch im Hinblick auf die Patientenbeziehung und deren Ansprüche an eine konstantere Begleitung gerade in Krisensituationen:

Frau Burger: Gerücht Bezugspflege. Also Bezugspflege haben wir hier. Sie haben jetzt grad jemand erwischt, wo sehr negativ eingestellt ist gegen die Bezugspflege, weil ich finde, das Ganze hält nicht stand. Es sind verschiedene Gründe, und zwar ähm, die Patienten werden eingeteilt, wenn sie kommen: Bezugspflegende Sowieso, oder, und dann sollte das ja mehr oder weniger die ganze Zeit bleiben, Schichtwechsel ist klar, Krankheitsausfall. Dann habe ich über all diese Jahr immer wieder gesehen, dass Patienten, wo vielleicht ein wenig schwieriger sind, werden dann einfach trotz Bezugspflege abgegeben, mit Pseudobegründungen...
– An wen denn?
Frau Burger: An die Springer. Vielfach an die Springer.
– Tatsächlich?
Frau Burger: Ja. Vielfach an die Springer.
– Die müssen einfach nehmen, was übrig bleibt.
Frau Burger: Oder so, wie es grad passt. Oder so, wie es grad wirklich aufgeht, gut im Team drin. Es sind immer, wenn ich dann frage, ja, Bezugspflegende, (.) hmm, was soll das? Oder. Ja, das geht nicht anders, die muss an eine Sitzung, oder irgend so etwas, oder irgend Begründungen. Ich habe grad vor drei oder vier Tagen wirklich intervenieren müssen (.) Ich bin auf die Abteilung gekommen, zu einer Patientin, am Morgen um sieben, wo Todesangst hat, weil sie wahrscheinlich in der nächsten Zeit verbluten wird an einem Tumor. Das ist schon so dokumentiert gewesen, dass sie wirklich Todesangst hat seit Tagen, wirklich massivst. Und genau um zehn nach sieben ist es dann wirklich losgegangen, dass die Patientin so Angst gehabt hat, Atemnot, so, und ich bin anderthalb Stunden da drin gestanden, ich habe drei andere Patienten gehabt, noch zwei Schüler und ich bin dann nachlesen gegangen und am Tag vorher ist noch mal eine gewesen vom Springerteam und dann habe ich gefunden um zwei bei der Teamsitzung, ich werde das zur Sprache bringen beim Chef, bei der Stationsleitung. Ich habe gefunden, das sei nicht gut und vor allem, das Palliativteam, wo wir noch haben, grad für Situationen am Lebensende eigentlich, die haben dann mit dieser Patientin auch noch geredet gehabt und die Patientin hat das zur Aussprache gebracht, dass das eben nicht gut ist, dass sie immer wieder jemand anderen hat, und die hat das schriftlich dokumentiert zum Glück. Und ich bin nur so froh, und habe gesagt, »schaut, sie haben es sogar aufgeschrieben, die Patientin *wünscht* das nicht«. Und man ist dann einfach so ein wenig drüber hinweggegangen, ja, es sei niemand da von der Bezugspflege und so irgendwie. Dann habe ich gesagt, das kann es nicht sein, dann muss jemand von eurem *Grund*team *muss* die Patientin betreuen. Oder.

ZU DEN GRÜNDEN, ALS SPRINGER ZU ARBEITEN

Trotz der hier geschilderten offensichtlichen und besonderen Herausforderungen bei der Arbeit als Springer muss diese Beschäftigungsform jedoch auch einen besonderen Reiz haben, was uns von allen Befragten einhellig benannt wird: Sie alle betonen, dass ihnen die abwechslungsreiche Arbeit Spaß macht, die sie als positive Herausforderung ansehen. Sie haben einen hohen Anspruch an die Qualität ihrer Arbeit und an die Arbeitsinhalte, die ihnen durch den Einsatz in verschiedenen Fachrichtungen und unterschiedlichen Abteilungen und Stationen besonders attraktiv erscheinen.[4] Darüber hinaus betonen sie die für sie positiv empfundene flexible Zeiteinteilung, das Umgehen von Nachtschichten, die Möglichkeit, Hobbys zu pflegen, da Freiwünsche sehr viel umfangreicher gewährt werden können, und die Entbindung von lästigen Zusatzarbeiten, die in Teams anfallen. Maßgeblich ist ferner, als Springer sich nicht den oftmals als unfähig angesehenen Vorgesetzten und den als personalfeindlich empfundenen Rahmenbedingungen im Team unterordnen zu müssen. Wir finden Äußerungen, dass die Arbeit in der Pflege mit ihren immensen Belastungen innerhalb der regulären Teams einzig durch den Umstand ermöglicht werde, im Springerteam arbeiten zu können. So erzählt uns Frau Stadler:

— Aber die Tendenz ist eine Belastung für Sie, aber nicht so, dass Sie sagen würden, ich muss den Beruf wechseln?
Frau Stadler: (.) Ich bin in der glücklichen Lage, dass ich im Springerteam bin und dadurch eine gute Vorgesetzte habe, wo ich noch relativ viel machen kann. Aber sonst doch, das wäre für mich wirklich eine Frage, ob ich das wirklich noch weitermachen will. Wenn ich einfach merke, dass ich je länger je weniger Einfluss habe, das zu gestalten, was ich auch mache, so dass ich nicht nur die Verantwortung habe, sondern auch wirklich die entsprechenden Kompetenzen dazu. Und das ist ein riesiges Thema. Das ist ein Grund, weshalb ich mir immer überlege, das ist der Grund, weshalb ich mir wirklich überlege, will ich diesen Beruf bis immer machen oder wo, oder gibt es noch etwas anderes. Und das ist eine Frage, die sich viele Pflegende stellen. Tätigkeiten so per se sind sehr interessant, man kann viel lernen, also ich finde es einen schönen Beruf, aber die Rahmenbedingungen, die sind so ein bisschen, (.) manchmal wirklich zum Davonlaufen.

---

4 | Frau Burger: Ich liebe, so zu schaffen. Also es ist... es ist *sehr* streng, weil jeden Tag neue Leute sind, jeden Tag zusätzlich neue Schüler. Aber ich liebe das, so zu schaffen. Einfach wirklich, tschuu.
— Was ist da anders, als wenn man immer auf einer Abteilung ist, auf einer Station?
Frau Burger: Es ist viel interessanter. Es ist viel interessanter. Einfach auch der Wechsel von... es ist schneller. Es ist schneller, rasanter, informativer, das Wissen ist irgendwo schon ziemlich breit, und das reizt mich einfach. Nicht stur irgendeine Abteilung. Das ist nicht mein Leben. Nein.

Und an anderer Stelle:

— Macht sich da auch Frustration breit?//Ja, ja.//Was überwiegt dann, die Freude am Beruf und der Spaß? Gehen Sie morgens gerne dorthin?
Frau Stadler: Also morgen habe ich gerade ein schwieriges Team. Aber ansonsten überwiegt die Freude schon. Und ich arbeite auch 70 Prozent, sonst wenn sie so 100-Prozentige vor sich haben. Also die sind dann wirklich sehr müde, sehr ausgelaugt, sehr viele Burnouts. 100 Prozent könnte ich mir das gar nicht vorstellen. 70 Prozent als Springerin und immer wieder einmal in schwierige Situationen und diese auch wieder zu verlassen, das macht es erträglich und eben auch interessant.
— Ja, vielleicht noch zum Abschluss, sind Sie zu Beginn Ihrer beruflichen Laufbahn zufriedener gewesen wie jetzt?
Frau Stadler: Nein. Kaum hatte ich meinen Beruf fertig gehabt, habe ich gefunden, es ist ein Scheißberuf, ich möchte ihn gerne wechseln. Ich bin dann aber trotzdem dringeblieben und habe mir dann halt immer wieder etwas anderes gesucht. Und ich habe am Anfang 100 Prozent gearbeitet und jetzt arbeite ich 70. Und so mit diesen 70 Prozent plus Springerteam, das sehr abwechslungsreich ist und mir genügend Herausforderungen bietet, finde ich doch, das ist viel besser. Ich habe auch den Eindruck, dass junge Mitarbeiterinnen weniger zufrieden sind wie ältere. Warum auch immer.
— Da haben Sie keine Erklärung dafür?
Frau Stadler: Vielleicht hat es wirklich damit zu tun, dass die Jungen sehr häufig 100 Prozent arbeiten, und das finde ich, ist ein Killer für diesen Beruf. Vielleicht hat es auch mit Lebenserfahrung zu tun. Das ist auch möglich. Dass man einfach ein wenig ruhiger, zufriedener wird, gewisse Sachen regen mich überhaupt nicht mehr auf.

Es zeigt sich, dass im Zuge dieser Hochflexibilisierung wieder Herrschaft über die eigene Zeit gewonnen wird. Wie bereits oben ausgeführt, ist dies jedoch dem Umstand geschuldet, dass ein Fachkräftemangel in der Pflege herrscht.

Und doch unterscheiden sich die von uns Befragten in der Hinsicht, dass der Eintritt in das Springerteam für den einen eine Wahl zur Optimierung der Lebensgestaltung darstellt, für die andere aber eine Notwendigkeit, um das Leben neben der Arbeit leben zu können.

Im Folgenden möchte ich mich nun mit den konkreten Beweggründen für den Eintritt ins Springerteam und der Bewertung dieser Arbeitsform befassen: zunächst mit den Worten von Frau Moreno, aus denen hervorgeht, dass es sich sowohl um betriebsinterne Gründe – man will mit den Zusatzfunktionen innerhalb eines Teams und den teaminternen Befindlichkeiten nichts mehr zu tun haben – handeln kann als auch um persönliche Gründe der Lebensplanung und -gestaltung.

Frau Moreno: Aber viele sagen natürlich »Du, es ist super. Weißt du, ich komme gut aus mit den Leuten, aber ich muss mich um den ganzen Stationskram, sag ich mal, nicht mehr kümmern.« Ob sie ein Theater haben, ob sie Streit haben, ob sie in irgendeinem Projekt

Zusatzfunktionen, Zusatzaufgaben, es ist mittlerweile so viel, was man sonst rundherum machen muss. Ich mache meine Arbeit und gehe, »Auf Wiedersehen«, oder, ich muss mich wie um nicht mehr kümmern.

— Diese Zusatzaufgaben fallen dann...

Frau Moreno: Ja, genau. Und das ist für viele auch befreiend, anscheinend, ja, dass sie sagen, ich habe so ein schönes Hobby und sonst viel rundherum, wo ich noch mache, oder wir haben noch zwei, drei, wo jetzt noch den Bachelor machen, wo sagen, oder wo sonst studieren an der Uni... (...) Manchmal kommen auch die Leute zu uns, fragen bei uns an, wenn, ja auch mit unbezahltem Urlaub, das ist ja auch immer so das Thema. Also wo Mitarbeiter sagen, uff, es ist einfach sehr streng und mal weg, oder wie sie sagen, eben, können sie sich vorstellen, mal woanders zu schaffen oder mal in einem anderen Betrieb oder in einem anderen Beruf; manchmal muss man ja wie Zeit haben zum sich das auch mal überlegen, oder. Und viele sagen, ich möchte mal zwei Monate weg oder reisen gehen und dann kann ich mal ein bisschen... und das ist fast – mit der Personalsituation heutzutage, fast nicht mehr möglich. Man muss es lang vorausplanen, und wenn es dann noch so weit ist – das ist auch schon vorgekommen – dass man dann sagt, »wir haben viel zu wenig, wir finden zu wenig Leute für die Station, zum den Betrieb gut aufrechtzuerhalten, du kannst jetzt den nicht beziehen zum Beispiel, oder nur die Hälfte«. Und das stinkt natürlich den Leuten, oder. Die sagen..., oder ich muss künden, damit ich das machen kann. Das ist auch viel, oder. Und die, manchmal melden sie sich auch bei uns und ich muss sagen, gut, bei uns kann man das schon machen, ob ich jetzt 58 Springer habe oder 60, spielt wie keine Rolle, oder, wenn wir die überall verteilen. Und dann können wir natürlich eher... wir haben auch schon Leute, die gehen drei, vier Monate reisen und dann kommen sie wieder ein paar Monate und dann gehen sie wieder, wo mir dann schreiben, vielleicht, (was) weiß ich wo, per Mail, »dann und dann bin ich wieder in der Schweiz, hast du mir für fünf Wochen Arbeit oder für drei Monate und so«. Und das ist natürlich noch gut dann, oder.

INDIVIDUELLE BEWEGGRÜNDE – DIE FRAGE DER VEREINBARKEIT AUS ZWEIERLEI SICHT

Daran anschließend möchte ich zwei von uns befragte Springer zu Wort kommen lassen hinsichtlich ihrer Beweggründe für ihre Mitarbeit im Springerteam:

Frau Burger ist alleinerziehende Mutter, Ende 40, mit zwei jugendlichen Kindern. Sie arbeitet seit mehr als zehn Jahren im Springerteam, nach einer kinderbedingten Unterbrechung von ca. zehn Jahren. Davor war sie regulär als Diplomierte Pflegefachkraft angestellt. Ihr jetziger Beschäftigungsumfang beträgt 90 Prozent; sie wird in fünf Fachgebieten auf elf Abteilungen eingesetzt. Der Pflegeberuf war nicht ihr Wunschberuf, sie wollte eigentlich in den handwerklichen Bereich, was sie – wie sie sagt – aufgrund mangelnden Talentes nicht verwirklichen konnte. Entscheidend war dann ihr Interesse am Medizinischen, Biologischen, am Menschen aus anatomischer Sicht, was ihr den Weg bereitet hat. »Helfen wollen« als Hintergrund lehnt sie ganz klar ab, wobei sie dennoch anmerkt, dass in ihrer männlichen Verwandtschaft einige Feuerwehrmänner und Samariter zu finden sind und sie das wohl geprägt habe.

Herr Scherrer ist ein verheirateter Familienvater, Anfang 40, mit ebenfalls zwei jugendlichen Kindern. Er arbeitet seit knapp zehn Jahren im Springerteam und ist nebenher freiberuflich im Gesundheitsbereich tätig; sein Beschäftigungsumfang als Springer betrug zeitweise 50 Prozent, momentan liegt er bei 70 Prozent. Er arbeitet auf zehn Abteilungen der Inneren Medizin. Auch er kam nicht auf direktem Weg zur Pflege, sondern eher durch Zufall, weil er die Schule auf dem Weg zur Matura[5] abgebrochen hat und dann »ein Jöbli im Spital« in der Nachbarschaft gesucht hat. Klar war ihm zu Beginn nur, dass er etwas mit Menschen machen wollte, auch wenn weitere Berufswünsche wie Zeichner, Förster und Eisenbahnbau im Raum standen. Beide Befragte entstammen Handwerkerfamilien und wohnen im Umland des Spitals.

Befragt zu den Gründen, die Frau Burger bewogen haben, im Springerteam mitzuarbeiten, erzählt sie uns Folgendes:

— Was war denn für Sie der Grund, ins Springerteam zu gehen, als Sie wieder zurückkamen?
Frau Burger: Äh, der Grund ist sicher einmal, weil ich wieder habe schaffen wollen, eigentlich auch schaffen müssen, schlussendlich, weil ich eigentlich gerne schaffe, aber mit den Kindern habe ich einfach mehr Sommerferien gebraucht. Oder, weil ich alleinerziehend geworden bin, also dann hast du gar keine Chance, zum Schulkinder irgendwo zu betreuen, drum habe ich dann mehr Sommerferien gemacht, dafür sonst mehr gearbeitet, und das geht im Springerteam natürlich sensationell gut.
— Wird da auf die Bedürfnisse Rücksicht genommen?
Frau Burger: Auf mich hat man sehr Rücksicht genommen. Muss ich sagen. Auch mit den Einstellungsgesprächen, schon dass ich nicht viele Abenddienste machen muss. Jetzt mache ich natürlich wie alle anderen auch. Aber grad zu dieser Zeit, wo meine Tochter sieben gewesen ist, habe ich das nicht können, und da muss ich sagen, hat man sehr darauf geschaut. Das ist sensationell gewesen, ja, auch jetzt noch.
— Lag das dann an der direkten Vorgesetzten oder an der Stimmung hier am Spital?
Frau Burger: Direkte Vorgesetzte. Ja. Ganz klar, eindeutig.
— Ist das so die Haltung am Spital, dass man Mütter wieder in den Beruf zurückholen will? Wird da viel gemacht für die Frauen?
Frau Burger: Zeitenweise ja. Zeitenweise wieder eher weniger. Man hat zuerst gesagt, als ich schwanger geworden bin, ich könnte bleiben, könnte zurückkommen für 20 Prozent, dann hat es eine Weile Zeiten gegeben, Personalstopp, wo man das wieder rausgeschmissen hat, dann hat es plötzlich geheißen, nein, das geht doch nicht. Jetzt glaube ich, ist das wieder mehr im Kommen. Man hat wieder mehr Teilzeitangestellte. Es ist wieder besser, habe ich das Gefühl. Es ist mal ein paar Jahre gewesen, wo es nicht so einfach gewesen ist.
— Wo man genug Leute sonst gefunden hat.

---

5 | Schweizer Bezeichnung für Abitur.

Frau Burger: Ja, dann eben, dann ist man... hat man ins Springerteam schauen müssen, dass man dort untergekommen ist, aber nicht fix auf der Abteilung mit 30, 40 Prozent.

Auch in Gesprächen mit weiteren Pflegekräften erfahren wir, dass es zeitweise sehr schwierig war, am von uns beforschten Spital Teilzeit bzw. mit niedrigen Teilzeitprozenten zu arbeiten; erst mit der Verschärfung des Pflegefachkräftemangels öffnete sich das Spital notgedrungen auch für Niedrigprozentige. Mit anderen Worten: Pflegekräfte, die aus welchen Gründen auch immer nicht hochprozentig arbeiten konnten, die aber arbeiten wollten oder mussten, blieb eigentlich nur das Springerteam (wie von Frau Burger erwähnt) oder das Ausweichen auf die Nachtdienste, wie von einer weiteren Befragten, einer langjährigen Pflegefachfrau, geschildert.[6] Die Annahme, dass insbesondere der öffentliche Dienst Frauen den Eintritt in die Arbeitswelt ermöglicht oder erleichtert, klingt hier deplatziert, gilt dies in der Schweiz doch in erster Linie für Frauen, die (noch) kinderlos sind und damit von ihrer Einsatzbereitschaft und Möglichkeit den Männern in nichts nachstehen, während erwerbstätige Mütter aufgrund der in der Schweiz nach wie vor unterentwickelten »Fremdbetreuung« von Kindern von vornherein ausgeschlossen scheinen.[7] Das gilt zum Zeitpunkt des Eintritts von Frau Burger ins Springerteam gewiss noch mehr als heute, doch finden sich in unseren Interviews auch Schilderungen, dass Jobsharing auf Stationsleitungsoder Ausbildnerebene nach wie vor erkämpft werden müsse. Zwar wird uns in Gesprächen auf Leitungsebene versichert, dass Teilzeitarbeit unterstützt und gar gewünscht wird. Auf den unteren Beschäftigungsebenen hat sich dies bislang jedoch nur teilweise durchgesetzt und es muss mit Widerstand der jeweiligen

---

6 | – Das andere, wie hat das Spital da mitgespielt? War das einfach? Also ich denke, es waren wahrscheinlich Zeiten, wo man Schwierigkeiten hatte, wenn man Teilzeit arbeiten wollte, oder?
Frau Wegener: Es ist ganz schwierig gewesen. Also ich habe auch mal mit einer Kollegin probiert, dass wir zusammen eine 100-Prozent-Stelle übernehmen würden, und uns dann quasi einfach die Tage aufteilen würden. Das haben sie abgelehnt. Keine Chance gehabt. Also wir haben mindestens 80 Prozent schaffen müssen zu dieser Zeit.
– Mindestens 80 Prozent?
Frau Wegener: Ja ja. Drunter hat man... das ist gar kein Thema gewesen.
– Aber das ist ja schwierig mit Kindern?
Frau Wegener: Aber da ich eben sehr gern Nachtwache mache, habe ich eben den Deal machen können mit der Dauernachtwache. Das machen die meisten nicht so gern. Deswegen habe ich die 50 Prozent schaffen können.
– Aber nur deswegen?
Frau Wegener: Ich denke es. Sonst wäre es nicht möglich gewesen, am Tag. Da sind sie wirklich sehr restriktiv gewesen, das ist... da hast du praktisch keine Chance gehabt. Jetzt ist es selbstverständlich, mittlerweile.
7 | Vgl. zur Analyse der Frauenerwerbstätigkeit in der Schweiz auch Lauener 2011.

Vorgesetzten/Stationsleitungen gerechnet werden, da durch eine hohe Anzahl von Teilzeitkräften mit niedrigen Prozenten ein höherer organisatorischer Aufwand bei der Dienstplanerstellung erforderlich ist. Zum anderen werden über die Beschäftigung von hochprozentigen Kräften die Kontinuität und damit auch die Qualität in der Pflege gewährleistet.

Ganz anders klingt die Begründung für den Eintritt in das Springerteam aus der Perspektive von Herrn Scherrer:

— Ja, vielleicht einfach als Einstieg: Wenn Sie uns so Ihren Tagesablauf erzählen können. Wie sieht so ein normaler Tag bei Ihnen aus? Wenn es den gibt? Beziehungsweise wie gestaltet sich so Ihr Arbeitsalltag, Ihr Arbeitsleben?

Herr Scherrer: Das gibt es so nicht. Es gibt nicht *den* Tag. Jeder Tag ist anders. Also ich habe bis vor kurzem etwa 50 Prozent im Spital geschafft, habe jetzt auf 70 Prozent erhöht. Ich schaffe neben zu noch in meiner eigenen Praxis und bin dort halt, wenn ich nicht hier schaffe, bin ich in der Praxis; dann bin ich noch Schulrat von der Gemeinde und habe dort noch meine Jöbli, wo ich noch zwischenrein bringe, und die Familie noch. Durch dass wir, die Frau und ich, die Arbeit geteilt haben, schon immer, bin ich zum Teil immer noch Hausmann gewesen. Ja. Die Kinder sind jetzt im Pubertätsalter. Sie kommen am Mittag nicht mehr heim zum Essen und drum ist es jetzt auch nicht mehr nötig, dass man... dass jemand daheim Mittagessen kocht, und drum habe ich jetzt auch das Pensum hier erhöht. Sonst bin ich immer am Montag und Dienstag daheim gewesen und bin Hausmann gewesen und habe dann die Praxis gehabt oder Schulrat und jetzt erweitert sich das ein wenig, das Erwerbsleben.

— Und im Springerteam sind Sie seit wann?

Herr Scherrer: Seit dem '03, genau. Und diplomiert bin ich seit 1990.

— Und dann haben Sie davor hier am Spital gearbeitet, oder wie sah das aus?

Herr Scherrer: Ich habe hier am Spital ein Praktikum gemacht. Dann habe ich die Ausbildung andernorts gemacht und bin nachher hierhin gekommen ins Spital, habe hier geschafft und dann habe ich... bin ich fünf Jahre weg gewesen von hier, habe eine Weiterbildung gemacht und habe noch ein Jahr auf der Spitex geschafft und bin dann wieder zurückgekommen ins Springerteam.

— Direkt ins Springerteam? Also gar nicht im Spital selber. Und gibt es da einen Grund, warum Sie da ins Springerteam wollten? Haben Sie das vorher schon gekannt? Haben Sie davon gewusst?

Herr Scherrer: Ja ja. Ja ja. Das hat es da im '98, wo ich gegangen bin, hat man das so langsam aufgebaut und es ist einfach eine große Flexibilität da. Ich muss keine Nachtwache machen oder höchstens, wenn ich angefragt werde. Oder in speziellen Situationen. Und ich habe jetzt zum Beispiel sagen können, eben, Montag, Dienstag komme ich nie. Das wäre auf einer... wenn ich mich fest anstellen lasse auf einer anderen Abteilung höchst schwierig, oder schwieri*ger*, um es einzufordern. Dann bin ich im Stundenlohn hier angestellt. Ich kann kommen und gehen, wann ich will, oder wenn ich sage, ich habe neben zu viel, dann kann ich hier mal sagen, ich komme weniger, oder ich kann mich anbieten und sagen, ich habe Kapazitäten, wenn ihr einen Dienst habt, dann mache ich das gern. Also es ist einfach die hohe Flexibilität vom Springerteam, wo mir gefällt.

WAHL ODER NOTWENDIGKEIT UND DIE FOLGEN

Obwohl also beide Befragten die Vereinbarkeit zwischen Berufstätigkeit und Familienarbeit anführen, muss bei Frau Burger klar festgehalten werden, dass sie zum Zeitpunkt des Eintritts in das Springerteam dies als einzige Möglichkeit gesehen hat, als alleinerziehende Mutter sowohl für das nötige Einkommen als auch für die Betreuung der Kinder Sorge tragen zu können, wohingegen es bei Herrn Scherrer um eine Optimierung der im Lebensentwurf vorgesehenen Teilbereiche – im Abgleich mit dem Lebensentwurf der Partnerin – geht.

Dies hat fast zwangsläufig eine andere Bewertung des schwankenden Verdienstes zur Folge. Zunächst aus der Sicht von Frau Burger:

– Wie viel Prozent arbeiten Sie denn?
Frau Burger: 90.
– 90?
Frau Burger: Ja. Ja. Manchmal ein bisschen mehr, manchmal ein bisschen weniger. Meistens mehr. Ja, es ist genug. Es ist am obersten Limit. Sobald die Zahnarztrechnung gezahlt ist, werde ich wieder runtergehen. Von meiner Tochter. Nein, es ist nicht gesund. Es ist... es ist fast nicht machbar mit 90 Prozent. Vor allem eben die Spät-/Frühschichten. Die jetzt mit dem zunehmenden Alter, das ist massiv. Aber die Jungen sind eben auch am Jammern. Da denke ich, ja, da muss ich nichts sagen. Das ist das *Größte*, denke ich. Weil du schläfst... bis um drei schläfst du nicht, oder. Und am Morgen kommst du und musst voll funktionieren nach dreieinhalb Stunden Schlaf. Ich finde auch, das sollte verboten werden. Oder auch sieben Tage schaffen an einem Stück. Ich finde, das geht auch nicht.

Zwar hat Frau Burger prinzipiell die Wahl, Dienste anzunehmen oder abzulehnen, um solche für sie unguten Situationen zu vermeiden – mit der Notwendigkeit, aus finanziellen Gründen jedoch ein 90-Prozent-Pensum zu leisten, ist diese Wahlmöglichkeit dann doch sehr eingeschränkt. Etwas anders klingt das bei Herrn Scherrer:

– Und das funktioniert dann auch so, dass man dann wirklich auch mehr arbeiten kann, wenn man grad selber mehr Bedarf hat, oder ist das dann schwierig?
Herr Scherrer: Meistens könnte man mich klonen und ich könnte doppelt schaffen gehen.
– Ah, okay.
Herr Scherrer: Also es hat auch schon Monate gegeben, wo ich dann weniger geschafft habe, obwohl ich gerne mehr hätte, aber das ist ja egal, das ergibt sich dann im nächsten Monat dann sicher wieder.

– Und mit der Unsicherheit... oder ist es überhaupt eine Unsicherheit, wenn man im Stundenlohn schafft?

Herr Scherrer: Für *mich* jetzt nicht. Mich plagt das nicht so. Es hat andere Kolleginnen und Kollegen im Springerteam, wo ich weiß, die sind *erpicht*, dass sie wirklich mindestens den Prozentsatz, wo sie vereinbart haben, schaffen können; lieber ein bisschen mehr. Und ich sehe das nicht so eng. Das kommt eh immer. Und in der Regel schaffe ich *mehr* als eigentlich abgemacht.

– Sodass der Monat... einfach, dass Sie wissen, was Sie am Monatsende auch auf dem Konto haben, dass Sie planen können.

Herr Scherrer: Ja ja. Also, das ist mir jetzt auch nicht das Wichtigste. Für mich ist die Zufriedenheit für mich sehr wichtig und dass ich so die Balance habe von allen meinen Aufgaben, wo ich habe.

– Mmh, dass Sie da selber entscheiden können ein Stück weit darüber...?

Herr Scherrer: Ja. Ja.

– Spielt da jetzt bei Ihnen auch ein bisschen die Privatsituation rein, dass Sie jetzt nicht so darauf schauen müssen, dass ein bestimmter Betrag pro Monat reinkommt? Also dass zum Beispiel Ihre Frau noch erwerbstätig ist, oder hängt das wirklich nur mit Ihren Ansprüchen zusammen? Also wie Sie ja gesagt haben, andere haben da eher ein bisschen Probleme und sind dann erpicht darauf, einen gewissen Lohn dann auch zu realisieren am Ende vom Monat.

Herr Scherrer: Ich denke, ich habe genug Geld zum Leben. Ich brauche nicht mehr. Ich kann mir das leisten, was ich will, und ich brauche nicht mehr, also von dort her...

– Sind dann die Ansprüche von den anderen einfach höher, oder?

Herr Scherrer: Das weiß ich auch nicht... also sie machen sich einfach einen Stress daraus, dass sie möglichst halt die Dienste bekommen. Und ich nehme es halt, wie es kommt. Am Schluss haben eigentlich eh alle genug, denke ich.

– Weil die Situation hier einfach auch so ist, dass Personal immer gesucht wird, oder, ist hier von daher eine gute Situation für Springer?

Herr Scherrer: Genau, ja. Ja ja.

– Aber... also Ihr Erwerb ist nicht der einzige in der Familie. Sehe ich das richtig?

Herr Scherrer: Wie?

– Ihr Erwerb, oder einfach Ihr Lohn, ist der einzige Einnahmefaktor quasi in der Familie, oder ist Ihre Frau auch noch erwerbstätig?

Herr Scherrer: Sie ist auch erwerbstätig. Ja ja. Also eben, wir haben uns die Arbeit schon immer geteilt, dass wir immer etwa beide gleich viel geschafft oder auch verdient haben, und vom Verdienst her ist es auch etwa gleich gewesen.

Seine Äußerungen zum Lohn sind von einer gewissen Gelassenheit geprägt, die sicherlich auch darauf zurückzuführen ist, dass er nicht allein für den Lebensunterhalt zuständig ist und gewisse Schwankungen durch den Verdienst der Partnerin, die ebenfalls mit einem Pensum von 70 Prozent arbeitet, mitgetragen werden.

Während Frau Burger also plant, ihre Prozente längerfristig zu reduzieren, um der massiven Arbeitsbelastung durch ungünstige Schichten zu entkommen, und darum bemüht ist, ihren einmal die Woche stattfindenden Sprachkurs besuchen zu können, denkt Herr Scherrer über eine ganz andere berufliche Veränderung nach. Hier geht es nach wie vor um eine Optimierung der verschiedenen Teilbereiche des Lebens:

— Sie haben jetzt grad auch gesagt, Sie hatten sich überlegt, da die Leitungsfunktion zu übernehmen. Ist das so *das*, was Sie für die Zukunft anstreben oder sich vorstellen können zumindest?
Herr Scherrer: Das habe ich mir *nie* überlegt, eigentlich durch das, dass ich einfach eingebettet gewesen bin eben als Hausmann, mit den anderen Aufgaben und so; das hat für mich total gestimmt. Es ist für mich absolut befriedigend gewesen. Und grade jetzt, weil die Kinder jetzt flügge werden langsam und für mich neue Ressourcen ergeben hat, habe ich schon gemerkt, jetzt kannst du wieder ein bisschen etwas mehr oder anders machen. Und dann ist die Kündigung gekommen dort auf dieser Abteilung und das ist wie plötzlich vor mir gewesen und ist mir einfach schnell der Gedanke gekommen. Nicht, dass ich das geplant hätte oder so, sondern das ist... und dann nachher wie an mich herangetragen worden durch andere Mitarbeiterinnen, wo gefunden haben, »hey, wenn du gehst, dann komme ich mit«.
— Mmh, und das hat sich jetzt aber ein bisschen festgesetzt, so dass das in den Überlegungen für die Zukunft mitschwingt, oder...?
Herr Scherrer: Ich habe dann im Stellenangebot schon mal nachgeschaut, wo wäre was da. Ich habe auch gewusst, dass zwei Stationsleitungen schwanger sind und irgendwann das Baby kriegen, und habe jetzt dort so ein wenig die Fühler ausgestreckt, »was haben sie dort für eine Lösung getroffen«, und die machen jetzt eine Interimsführung oder so ein Jobsharing oder Teilzeitstelle. Ja, aber es ist nicht dringend oder so, sondern ist einfach so für den Hinterkopf einfach mal so ein wenig.
— Mmh, es könnte irgendwann mal aktuell werden.
Herr Scherrer: Ja. Und dann muss ich mir auch überlegen: Passt das noch auf das, was ich nebenher mache? Wie kann ich mir das Leben sonst rundum als noch organisieren?

VOM BEHARRUNGSVERMÖGEN GESCHLECHTSSPEZIFISCHER ROLLENZUSCHREIBUNGEN UND DARAUS RESULTIERENDER PRAKTIKEN

Beide Befragten haben einen hohen Anspruch an die Qualität ihrer Arbeit und betonen die Freude daran, wie bereits weiter oben ausgeführt wurde. Der Umgang mit den Patienten steht im Vordergrund ihres Interesses. Beide betonen, dass sie keine Probleme haben, sich in neue Teams einzufügen und dort ihrer Arbeit nachzugehen. Frau Burger positioniert sich klar mit ihren Äußerungen, dass sie das ganze Drum und Dran eines Teams nicht braucht und sie das alles eher nervt. Man könnte durchaus der Ansicht sein, dass sie sich durch ihre Tätigkeit im Springerteam genau diesen ihr leidigen Verpflichtungen entzieht und eine gewisse Unverbindlichkeit bevorzugt. Interessanterweise solidarisiert sie sich jedoch in ihren Äußerungen enorm mit den Problemen der Festangestellten und leidet in ihren Schilderungen der Schikanen, denen diese durch zum Teil kompromisslose Stationsleitungen ausgesetzt sind, mit. Das Interview ist durchzogen von Klagen über die Bedingungen, unter denen das Pflegepersonal im Allgemeinen leidet, obwohl sie selbst durch ihre Anstellung im Springerteam davon nicht direkt betroffen ist. Durch ihren Einsatz auf zahlreichen Stationen erlebt sie die Unterschiede im Arbeitsklima, das maßgeblich vom Wohlwollen der Stationsleitungen mit geprägt wird.

– Und wie ist das überhaupt möglich, Freizeit zu gestalten mit der Schichtarbeit? Also da wird es doch sicher Vorbehalte geben auch von den jungen Leuten, dass sie sagen, ah, das passt mir aber gar nicht.
Frau Burger: Also es ist... es ist fast nicht möglich. Es ist das *schwierigste* Thema im ganzen Pflegeberuf, denke ich. (.) Weil 100 Prozent schaffen, das, denke ich, kann man nur ein paar Jahre. Nachher *muss* man reduzieren, sicher auf 80 Prozent runter, weil es ist schon von den Schichtwechseln her nicht möglich.
– Ist das *so* ungünstig,//ja, das ist...//quasi vom Konzept her, dass man nicht 100 Prozent arbeiten kann in dem Beruf? Das ist ja auch verrückt, oder?
Frau Burger: Ja, das ist verrückt. Aber es ist so. Weil du hast Schichtwechsel – ich habe gestern Abend bis um halb zwölf geschafft; wenn ich jetzt heute Frühdienst gehabt hätte, hätte ich um zehn vor sieben auf der Abteilung stehen müssen. Und dann kommst du heim, schläfst nicht bis um drei, und das gibt es x-mal, oder. Oder auch die Schichtwechsel von Nacht, wieder eineinhalb Tage frei, wo andere – ich mache keine Nachtwache, aber früher – die Schichtwechsel mit eineinhalb Tagen frei zum wieder in den Rhythmus zu kommen nach sechs, sieben Nächten – das geht einfach nicht! Und dann bist du... so viele Abenddienste, du kannst weder einen Verein besuchen, du kannst... du kannst nichts, und dann kommen noch alle Krankheitsfälle, wo du dann noch Schichtwechsel machen musst, oder, vom Team aus. Ich denke, das ist der *allerschwierigste* Punkt in der ganzen Pflege. Ich bin immer wieder am Diskutieren, weil ich bei der Leiterin des Springerteams habe ich es jetzt so machen können, dass ich *immer* am Donnerstagabend keinen Abenddienst machen muss, weil ich ins Spanisch gehe. Und das funktioniert bei *ihr*. Es würde aber auf *keiner* Abteilung funktionieren. Und das ist noch mal ein Pluspunkt eben drum für die Springer. Und ich glaube, das ist einfach das Wichtigste von den Abteilungen, dass sie das irgendwie behalten können sollten, dass wenigstens im Sozialbereich von den Pflegenden sie einen Abend haben, wo sie sagen, kann ich wirklich gehen für das nächste Halbjahr, oder wie auch immer.
– Und das ist eine Sache von der Organisation?
Frau Burger: Ich finde, ja.
– Also denken Sie, es wäre möglich, wenn man es wollte?

Frau Burger: Wenn man es wollte. Ich glaube, mit Absprache mit dem ganzen Team: Wer nimmt welchen Abend für wie lang? Ich glaube, es wäre... es wäre glaub machbar. Aber es fehlt der Wille. Der Wille fehlt ganz klar.[8]

Einzig die Tätigkeit im Springerteam scheint ihr als Möglichkeit gegeben, mit den hohen Belastungen ihres Arbeitsalltages umzugehen und die für sie untragbaren Zustände zu umschiffen. Sie bedauert eine gewisse Machtlosigkeit im Durchsetzen von Verbesserungen, will sich aber auch nicht selbst betriebspolitisch organisieren. Obwohl sie einerseits in ihrer Rolle als Alleinernährerin der Familie klassische Rollenzuschreibungen durchbricht, lebt sie diese, indem sie Frauen per se und qua Geschlecht weniger politische Ambitionen zuspricht, was als Ausdruck symbolischer Gewalt verstanden werden kann, bei der eine stigmatisierende Fremdzuschreibung von den Stigmatisierten »auf sich« genommen zur Selbststigmatisierung wird.[9] Gleichzeitig beschreibt sie äußerst nüchtern den Alltag, den sie als Alleinerziehende meistern muss, inklusive der Herausforderung, zwischen »Wichtigem« und »Unwichtigem« unterscheiden zu müssen, weil der Tag nur 24 Stunden hat. Dabei gibt sie ganz selbstverständlich und unhinterfragt geschlechtstypische Realitäten wieder, die sie so und nicht anders erlebt – nämlich dass davon in der Regel Frauen betroffen sind, die aufgrund häuslicher Verpflichtungen und Belastungen die Politik den Männern überlassen. Aus Sicht von Frau Burger lässt sich hier also von einer Doppelung des Ausschlusses

---

8 | Dies schildert u.a. auch eine Diplomierte Pflegefachfrau, die interimsweise die Stationsleitung übernimmt:

Frau Wegener: Gut, ich schaue natürlich, dass alle... also... also für mich ist es einfach... der Dienstplan ist etwas *sehr* Wichtiges, weil wenn die Leute zufrieden sind mit dem Plan, gute Pläne haben, so, dass es ihnen entgegenkommt, dass sie auch Freiwünsche bekommen, auch wenn es jetzt halt mal mehr sind wie jetzt die drei, wo man bei uns fix eingeben darf, dann nachher läuft es einfach. Dann kommen sie einem auch entgegen, oder, wenn man sagt, uh, jetzt ist jemand krank, kannst du nicht mal einspringen, oder so. Und das... das finde ich einfach, das verhebt auf die Länge hundertmal besser wie dass ich sage, ja, du musst jetzt kommen und ich brauche jetzt...

– Okay. Also liegt das sehr viel auch am Geschick von der Stationsleitung//ja//weil... also wir haben jetzt auch schon Leute gesprochen, die uns gesagt haben, es wird überhaupt nicht auf die Wünsche eingegangen, und es wird dann einfach irgendwas durchgesetzt, und wo dann ganz grosser Frust da ist, wo dann aber argumentiert wird, es geht nicht anders. Ich kann die Leute nicht anders planen, das muss so.

Frau Wegener: Also, *ich*, meine Erfahrung ist, es geht eigentlich alles. Also es geht eigentlich alles.

– Mmh. Also es liegt schon so am Wollen auch.

Frau Wegener: Ja, und ein Stück weit auch am Können. Also ich habe jetzt gemerkt, es ist glaub wirklich ein wenig... man muss ein bisschen ein Händchen haben dafür.

9 | Zu Bourdieus Konzept der »Symbolischen Gewalt« siehe insbesondere Bourdieu 2005.

aus der Sphäre der Macht sprechen: einerseits qua Anerkennung der scheinbaren Tatsache, dass Frauen und Politik nicht wirklich zusammengehen; andererseits aufgrund des Faktes, dass sie als Alleinerziehende über weitaus geringere zeitliche Ressourcen verfügt, um sich um Nicht-Existenzielles kümmern zu können. Dass der Alleinerziehenden-Status statistisch gesehen Frauen weitaus häufiger trifft als Männer – fast 90 Prozent der Alleinerziehenden in der Schweiz im Jahr 2000 sind weiblich (Bundesamt für Statistik 2005a) –, verschärft den (Selbst-) Ausschluss als Geschlechtsschicksal der Frauen.

Frau Burger: Ja. Das ist halt... das Problem ist, Frauen engagieren sich selten politisch. Und das ist einfach ein Schwachpunkt. Und ich muss mich selber an der Nase fassen. Ich habe *auch* nicht wirklich Interesse zum da gehen... es geht einfach nichts, oder.
– Es hat ja dort eben '03, '04 da recht viel Mobilisierungen gegeben und das ist ja dann fast ein bisschen – also ich meine, das haben wir in anderen Interviews gehört – dass es da fast so ein Highlight gewesen ist oder auch gewisse Stärke hat man zeigen können und so und dann auch Sachen erreichen können. Ist das noch so ein bisschen ein Thema oder ist das nicht mehr so im kollektiven Gedächtnis?
Frau Burger: Ich glaube, es ist... es ist ein Thema, wie gesagt, ist Frauen. Frauen tun sich nicht gern outen, nicht gern (.) auch durch die Familie halt. Weil du hast so viel im Hintergrund, wo du einfach, ich glaube, als Mann – darf ich sagen – hast du vielleicht eher dort noch irgend mal ein Ziel zum politisch irgendwo ein wenig... ja, oder Möglichkeiten auch. Also ich... ich mit meinen zwei Girls im Hintergrund, ich hätte jetzt nicht gewusst mit Schaffen, wann ich jetzt noch politisch tätig sein wollte. Oder.
– Sie sind da so ein bisschen der Rufer in der Wüste, und es hört niemand.
Frau Burger: Ja. Ich habe manchmal das Gefühl, ich rufe ab und zu, und es geht nichts. Und mmh, ja... aber eben politisch betätigen möchte ich mich doch nicht. Mein Kollege ist im Großen Rat und ich bin ab und zu mit ihm am Diskutieren und er sagt immer: »Komm doch auch.« Ich sage »nein, das... ich habe keinen Elan für das«. Echt nicht.
– Ist das auch ein bisschen Resignation, die da rausklingt?
Frau Burger: Ja. Das stimmt auch. Das ist zum Teil Resignation und politisch habe ich einfach immer das Gefühl in der Schweiz, du bist viel am Schwätzen, viel am Schwätzen, und es passiert nichts. Ich weiß nicht, wie das in Deutschland ist, wahrscheinlich ähnlich...
– Genauso.
Frau Burger: Und ich denke, ich tue meine Kräfte lieber woanders einsetzen, wie im Moment so. Also das ist Resignation, das stimmt zum Teil.
– Und so ein Stück weit auch Ihre – ich möchte jetzt fast sagen – Ihre »Insel« hier im Springerteam, wo es anders läuft.
Frau Burger: Ja. Das ist es genau. Und eben, wie gesagt, ich schaffe *wahnsinnig* gern.

Auch Herr Scherrer beklagt nicht, keinem festen Team mehr anzugehören. Er betont seine Fähigkeit, sich überall einzupassen, sofern er dies mit seinem Innersten vereinbaren kann. Gleichwohl wird ein Großteil des Gespräches von Äußerungen über die Teamkultur beherrscht, die sich in seinen beruflichen Anfängen als familiär dargestellt hat und für deren Niedergang er verschiedene Ursachen benennt. Es mutet fast paradox an, dass er – der nicht mehr vollwertiges Teil eines Teams ist – den Teamgedanken derart hochhält und verteidigt.

– Haben Sie da in den Jahren, wo Sie hier sind, irgendwelche Veränderungen erlebt im Arbeitsalltag?

Herr Scherrer: *Sehr* natürlich, ja, wie sich das Berufsfeld geändert hat.

– Das Berufsfeld?

Herr Scherrer: Ja, das hat sich sehr geändert.

– Wie würden Sie das beschreiben?

Herr Scherrer: Ähm, da, Anfang... Ende 90er Jahre ist es halt noch so gewesen, dort hat es noch eine einfache Ausbildung gegeben. Dort haben sie... dort sind wir (.) haben als Team zusammengeschafft und sind fast wie eine Familie gewesen. Also die Zeit von '90 bis '98 sind wir eigentlich wie eine Familie gewesen auf der Station. Und es haben... ja, wir haben uns alle miteinander irgendwie auch gern gehabt, wir haben miteinander etwas entwickelt, eine Teamkultur, einen gewissen Ethos auch entwickelt, wie wir miteinander schaffen, wie wir an die Arbeit herangehen.

– Das heißt, das war ein sehr beständiges Team dann auch?

Herr Scherrer: Genau, ja, ja. Es hat sich dort schon auch. in dieser Zeit hat sich äh. sind zwei Stationen zusammengekommen. Aber es sind so wie das Kernteam, das hat so viel ausgemacht, dass es wie eine Familie geblieben ist.

– Okay. Was war denn das für eine Station?

Herr Scherrer: Es ist eine (.) medizinische Station: Pneumologie und allgemeine Innere Medizin. Ja. (.) Ja, wir haben wirklich als Team geschafft; wir haben auch eigentlich jeden Tag einen Rapport gehabt, wo jeder von seinen Patienten erzählt hat. Jeder hat vom anderen dann gewusst, wie, wo, was. Das ist vor allem am Anfang gewesen. Später hat das dann glaub auch geändert. Aber vor allem am Anfang. Und da hat man einander sehr gut kennengelernt, indem dass halt jeden Tag jeder von sich erzählt hat, was gelaufen ist am Tag mit den Patienten. Und wir haben uns eigentlich dann auch die Pflege so wie angeglichen, oder jeder hat den anderen auch beeinflusst in der Pflege und es hat sich dann halt auch so... auch in eine Pflege*kunst* entwickelt, *im* Team.

– Das lag an den Persönlichkeiten, die da aber auch im Team waren, oder war das vorgegeben von der Leitung, dass man das gewünscht hat, oder war das Eigeninitiative?

Herr Scherrer: Das ist eigentlich auf jeder Abteilung so gemacht worden, damals, ja. Das hat man auch... habe ich auch in der Ausbildung so kennengelernt und das hat halt... ist dann teamabhängig gewesen. In jedem Team hat das anders funktioniert, aber bei uns ist es etwas sehr Intimes gewesen, wie wir miteinander so die Pflegesituationen besprochen haben. Und auch miteinander einen Weg gefunden haben. Und es hat sich auch sehr viel entwickelt: Sachen, wo nicht dokumentiert worden sind, wo nicht in dem Sinn ein Forschungsprojekt gewesen sind und so, sondern wir haben das einfach als *Gruppe*... haben wir uns so entwickelt. Und das ist *sehr* befriedigend, *sehr* schön gewesen. Ja.

– Und das hat sich dann verändert?

Herr Scherrer: Ja. Dann bin ich weg und die anderen sind dann ziemlich alle auch irgendwo anders hin vom Team, und wo ich jetzt zurückgekommen bin, dort sind die Ausbildungen halt... haben sich geändert. Die sind neu geworden. Man hat die FaGes eingeführt, also Fachangestellte Gesundheit, das hat man einfach so ein wenig als Schnellschuss eingeführt, habe ich... sage ich heute mal, und man hat irgendwie wie zu wenig überlegt, was für Funktionen haben denn *die* Personen. Die haben ja weniger Kompetenzen als eine ausgebildete Pflegefachfrau und das hat natürlich den *ganzen* Ablauf auf den Stationen über den Haufen geworfen.
– Dadurch, ja?
Herr Scherrer: Ja ja. Also nicht nur dadurch, aber äh, das ist mit ein Grund, dass sehr viel geändert hat.
– Also so ein bisschen die Balance in so einem Team dann auch verändert?
Herr Scherrer: Völlig natürlich, ja. Das sind erstens *junge* Leute, *wenig* Lebenserfahrung (.) ähm, Leute, wo auch eine gewisse Erziehung zum Teil noch brauchen. Also es sind 16-, 17-jährige Jugendliche. Die sind noch nicht gefestigt in der Person. Die sind dann halt sehr unterschiedlich. Ich denke, sie müssen manchmal auch noch ein wenig die Hörner abstoßen oder so. Auch halt vom ganzen Reifeprozess sind sie irgendwo halt noch mittendrin, so zwischen Kind- und Erwachsenenalter drin.
– Ist da das Team ein bisschen überfordert mit, solche Aufgaben noch mit zu übernehmen, in so einem Pflegealltag, der ja wahrscheinlich auch sehr anstrengend ist? Dass man da noch so eine Erziehungsfunktion mit übernehmen muss?
Herr Scherrer: Das... früher haben wir ja als *Team* die Lernenden geführt. Also sie sind irgendwo, die Lernenden sind bei uns ins Team gekommen, und jeder ist verantwortlich gewesen für die Ausbildung von diesen Lernenden. Und nachher ist es so gewesen, dass es Ausbildnerinnen gegeben hat. Die sind dann explizit halt da gewesen für die Lernenden, die haben die auch betreut, oder. Das ist jetzt so, die betreuen die Lernenden, und das Team selber hat wie... ist so in der zweiten Reihe und lernt die an. Und von dorther liegt die Hauptaufgabe bei den Ausbildnerinnen, um mit denen halt grad auch so erzieherische Fragen oder ja, zu klären. Oder auch Kontakt dann halt mit Eltern, das ist früher ja nicht gewesen, da sind es eine Art erwachsene Leute gewesen. Heute sind sie, ja, noch nicht erwachsene Leute, wo die Eltern auch noch mit einbezogen werden müssen.

Aber nicht nur die Schaffung des neuen Berufsprofils »Fachangestellte Gesundheit« und deren Einzug in die Arbeitswelt Spital hat seiner Meinung nach die Teamkultur schwerwiegend verändert, sondern auch der Zustrom ausländischer Fachkräfte destabilisiert in seinen Augen die Teambalance und gefährdet damit die Teamkultur:

– Wie sind denn so insgesamt die Teams, auf den verschiedenen Bereichen, wo Sie sind? Gibt es da viele ausländische Kräfte, oder ist das eher zu vernachlässigen?
Herr Scherrer: Auf der Medizin ist es noch so, dass relativ viel Schweizer schaffen. Auf der Chirurgie, andere Bereiche, da hat es *sehr* viel Deutsche, wo schaffen. Man hat jetzt auf einer... einer Abteilung, wo ich manchmal bin, eben jetzt mehr so Deutsche oder von ande-

ren Staaten Leute probiert reinzunehmen, Österreicherinnen. Und das ist einfach schwierig gewesen; dort hat sich sofort ein sehr einen... eine Unruhe gebildet. Ja. Und es mag es wie irgendwie schlucken, einen gewissen Teil ausländische Arbeitskräfte, und irgendwann ist einfach nicht mehr gut, und dann wird auch die Kultur eine andere im Team, die Schwerpunkte ändern sich, ja.

– Also so die Dominanz müssen die Schweizer haben, und dann mag es verleiden, dass Ausländische dazukommen//genau//und sich quasi wie einfügen?

Herr Scherrer: Ja, und sonst wechselt es halt. Dann kippt es irgendwann und es... man muss wie einen Kompromiss finden, oder Wertvorstellungen ändern sich dann irgendwie oder es kann auch Spannungen halt dann geben.

Gleichzeitig und paradoxerweise betont er den positiven Einfluss, den männliche Pflegekräfte auf die Teamkultur insgesamt haben. Während also (zu viele) ausländische Fachkräfte das Gleichgewicht im Team eher stören, sind es die Männer, von denen es durchaus mehr auf einer Station haben dürfte, weil sie – nach seiner Auffassung – das Team *weicher* machen. Es scheint also, dass die Attribute, die er selbst mitbringt (männlich und autochthon), für ihn von Vorteil für das Team sind. Interessanterweise hören wir diese Einschätzung auch von zahlreichen weiblichen Pflegekräften. Es scheint also eine stille Übereinkunft darüber zu geben, welchen positiven Einfluss Männer an sich auf ein überwiegend weibliches Team haben und wie ein reines Frauenteam funktioniert, unabhängig von den tatsächlichen charakterlichen Eigenschaften der Geschlechtsrollenträger, was den erneuten Hinweis auf ein Verhältnis symbolischer Machtausübung zwischen den Geschlechtern provoziert:

– Und wie war das dann zu Ihrer Zeit, als Sie die Ausbildung gemacht haben? Waren Sie da einer unter... *nur* unter Frauen, oder gab es auch noch männliche Kollegen?

Herr Scherrer: Wir haben zu dritt angefangen, drei Männer im Kurs; einer hat dann aufgehört und zu zweit haben wir dann fertig gemacht. Und ich habe es erlebt, dass ich meistens halt allein gewesen bin als Mann auf der Station. Ja.

– Und wie ist das? Ist da der Wunsch da, dass es mehr männliche Kollegen gäbe, oder ist das unerheblich?

Herr Scherrer: (.) Es wäre schön, ja, oftmals noch einen Mann mehr im Team zu haben. Das würde die Teamkultur auch verändern. Ja, es würde sie wahrscheinlich ein wenig (.) ja, weicher, ein wenig anders machen, die Teamkultur.

– Weicher?

Herr Scherrer: Ja.

– Wenn Männer reinkommen?

Herr Scherrer: Ja, denke ich. Weil es ist jetzt oftmals so, dass es so ein wenig ein Zickentum ist, Gezicke ist untereinander von diesen Frauen, und wenn ein Mann oder zwei, drei Männer sind, dann ist das irgendwie ruhiger, dann läuft das ruhiger vonstatten, der Umgang untereinander.

– Also ein bisschen Rivalität oder so, oder was ist... was spielt da eine Rolle?

Herr Scherrer: Ja, es ist einfach manchmal so eine Giftlerei untereinander, bei diesen Frauen. Und sobald ein … mehr als ein Mann ist, dann wird das weicher, ruhiger.
– Das ist Ihre Erfahrung?
Herr Scherrer: Ja.
– Das heißt, Sie sind auch gerne gesehen dann und fühlen sich nicht als Außenseiter, wenn Sie in ein rein weibliches Team kommen?
Herr Scherrer: Überhaupt nicht. Überhaupt nicht.
– Also es ist eine Akzeptanz dann auch da?
Herr Scherrer: Ja, meine Erfahrung ist jetzt, dass ich eigentlich sehr geschätzt werde auf diesen Abteilungen, auf denen ich vorbeikomme.

Herr Scherrer arbeitet im weiblich dominierten Berufsfeld Pflege und hat selbst die klassisch weibliche Berufsbiographie (Bundesamt für Statistik 2005b und 2005c)[10] zwischen Berufsarbeit und Familienarbeit angenommen, um sich mit seiner Partnerin die Zuständigkeit für Kinderbetreuung, Hausarbeit und Berufsarbeit zu teilen. Dennoch oder gerade deshalb grenzt er sich bewusst und ganz explizit von den Frauen ab, die sich in der gleichen Situation befinden, indem er sie trotz ihrer Berufstätigkeit als »Hausfrauen« bezeichnet und damit von ihrem beruflichen Selbstverständnis her abwertet, was wiederum als Ausdruck symbolischer Gewalt zu bezeichnen ist: Berufstätige Frauen mit Kindern sind und bleiben Hausfrauen – Männer, die wegen ihrer Kinder nur Teilzeit erwerbstätig sind, sind in seinen Augen hingegen vollwertig Erwerbstätige.

– Wodurch ist das bedingt, die Fluktuation?
Herr Scherrer: (.)
– Jetzt Ihrer Ansicht nach. Wie sehen Sie das?
Herr Scherrer: (.) Das ist so vielfältig, die Fluktuation. Das ist so vielfältig. Also es ist halt ein Frauenberuf. Die kommen irgendwann und heiraten, haben irgendwann ein Kind. Und dann ist die Frage: Was machen sie, bleiben sie Hausfrau, kommen sie nachher wieder zurück in den Job? Dann sicher nur noch Teilzeit. Man muss das wieder auffüllen. Man muss schauen, dass die Balance stimmt von Hochprozentangestellten zu Teilzeitler. Man kann nicht einfach nur eine Hausfrauenabteilung haben, weil das… das ist auch schlecht zu organisieren.

Erklärbar ist dies möglicherweise aufgrund seines (männlichen) Selbstverständnisses und aufgrund seiner Ambitionen, sich wieder stärker beruflich einzubringen und gar eine Stationsleitung anzustreben, jetzt wo seine eigenen Kinder unabhängiger werden und er in der Rolle als Betreuer entlastet scheint. Er möchte wieder aktiv am Gestaltungsprozess einer Station teilnehmen und sieht sich in

---

10 | Das egalitär-familienbezogene Modell (Mann und Frau in Teilzeit erwerbstätig) lag 2001 bei 3,4% für die Gesamtschweiz, wobei Teilzeitarbeit nach wie vor Frauenarbeit ist: der Frauenanteil an den Teilzeit Erwerbstätigen lag 2001 bei 76%.

der (zukünftigen) Rolle als Stationsleiter. Auch hat er den Eindruck, dass das Springerteam über eine interne Macht verfügt, um Prozesse in Gang zu setzen und ungute Entwicklungen abzuwenden, wie der erwähnte ausschließliche Einsatz der Springer im Spätdienst:

— Was hätten Sie denn gemacht, wenn sich das jetzt so durchgesetzt hätte mit der Bezugspflege und dann die Springer hätten all die Spätdienste übernehmen müssen?
Herr Scherrer: Ja, ich habe einen sehr guten Draht zu der Vorgesetzten. Ich habe ihr jetzt gerade vorher auch wieder gesagt:»Du hey, jetzt schaffe ich zwölf Tage im Spital. Oder nein, in den nächsten zwölf Tagen schaffe ich acht Tage Spätdienst. Das ist mir zu viel. Schau bitte jetzt, wenn du den Dezemberplan machst, dass ich weniger Spätdienste habe.« Und sie macht es garantiert. Also da kann ich mit ihr gut im Gespräch bleiben.
— Aber einfach jetzt mal hypothetisch: Wenn das jetzt einfach so verhängt worden wäre, quasi, dass Springer nur noch den Spätdienst machen – wäre das für Sie dann überhaupt noch in Frage gekommen oder hätten Sie dann gesagt, gut, dann...
Herr Scherrer: Also da hätten wir als Springerteam ganz klar gesagt, der Hierarchie nach oben:»So geht es nicht! Das könnt ihr vergessen!«
— Also gibt es einen Zusammenhalt auch in dem Springerteam?//ja ja//Dass die Interessen vertreten werden?//ja ja//.
Herr Scherrer: Nein! Das wäre nicht möglich gewesen! Nein!
— Das heißt, man hat so quasi die kritische Macht, um dann auch//ja auf jeden Fall//ein Veto einzulegen.
Herr Scherrer: Also wenn das Springerteam nicht mehr da wäre, da würde der Betrieb ja halb zusammenklappen. Das sind 30 oder 40 Pflegende. Mit unterschiedlichem Beschäftigungsgrad, aber wenn die alle wegfallen, da kollabieren die Abteilungen. Das geht nicht mehr.
— Kriegen Sie auch das zurück, dass gesehen wird, dass sie so wichtig sind?
Herr Scherrer: Ja. Ich denke schon. Das wird jetzt nicht so kommuniziert, aber die Pflegedienstleitung weiß sehr wohl, was das Springerteam leistet.

WORK-LIFE-BALANCE ODER WORK-FAMILY-BALANCE – EINE FRAGE DES GESCHLECHTES?

Herr Scherrer sieht sich in der machtvollen Rolle des Gestalters (*worldmaking*[11]), der durch sein Geschlecht weibliches »Zickentum« aufbrechen und die Teamkultur weicher machen kann; Frau Burger hingegen sieht sich eher in der Rolle

---

11 | »Die sozialen Felder des *worldmaking* oder der Macht, wie Bourdieu in anderen Zusammenhängen schreibt (...), sind jene Territorien des Sozialen, in denen es um die Arbeit der *institutio* geht, des Eingreifens in die sozialen und kulturellen Ordnungen durch Setzen von Recht, Machtverhältnissen, von Maßstäben, von Denk- und Wahrnehmungskategorien.« (Krais 2011: 43)

der resignierten Erleiderin unguter Strukturen. Obwohl also beide vordergründig nicht den traditionell geprägten Rollenvorstellungen[12] entsprechen (sie als Alleinernährerin mit 90 Stellenprozenten, er in einem Frauenberuf in Teilzeit von 50-70 Prozent), halten sie an stark geschlechtsgeprägten Verhaltens- und Beurteilungsmustern fest. Bei Frau Burger ist dies der Rückzug ins Private, Nicht-Politische oder die Wunschvorstellung, in einer kleineren, familiäreren Privatklinik zu arbeiten, wo man nicht »irgendeine Nummer 750« ist; bei Herrn Scherrer ist es der Versuch, mitzugestalten und wieder eine Leitungsposition einzunehmen. Die Rolle des Springers ist hier die Zwischenstation zur Optimierung des momentanen Lebensentwurfes. Es wird deutlich, dass es trotz dem beiden Interviewten gemeinsamen Bestreben, Beruf und Privatleben nicht als voneinander getrennte Sphären, sondern als zwei wichtige Teilbereiche des Lebens zu leben, sehr wohl Unterschiede in der Motivation, flexibilisierte Arbeitsverhältnisse einzugehen, gibt, als auch hinsichtlich dem Erleben dieses Arbeitsverhältnisses, wobei an die Geschlechtsrollen geknüpfte typische Muster zu finden sind. Trotz der faktischen Rollendurchbrechungen – nämlich in der Berufsausübung – bleiben gegenderte Einstellungen und Bewertungen sowie Vorstellungen hinsichtlich potenzieller Einflussnahme und Ambitionen politischer und beruflicher Natur erhalten.

Während also der Bereich der Pflege aufgrund der Schichtarbeit bereits eine hohe Bereitschaft zur zeitlichen Flexibilität voraussetzt mit dem Nebeneffekt, dass ein soziales Leben neben der Arbeit – in Abhängigkeit von direkten Vorgesetzen – oft nur schwer zu organisieren ist, erhöht die Mitarbeit im Springerteam einerseits die Anforderung an die fachliche Flexibilität der Mitarbeitenden, andererseits erlaubt sie eine den eigenen Bedürfnissen angemessenere Zeiteinteilung bei gleichzeitiger Notwendigkeit, seine Arbeitskraft so zu verkaufen, dass am Monatsende genug zum Leben übrig bleibt. Dabei können, wie wir gesehen haben, die Gründe für den Einstieg ins Springerteam unterschiedlicher Natur sein: von der Optimierung des eigenen Lebensentwurfes getragen, oder aber von der Notwendigkeit, aufgrund von planbarer Flexibilität berufliche und reproduktive Verpflichtungen vereinbaren zu können. Auf der Ebene des Erlebens zeigt sich, dass das Ausgeschlossensein aus einem Kernteam ambivalent wahrgenommen wird: Einerseits wird dies als Entlastung erlebt, unliebsame Zusatzfunktionen und Teamanlässe vermeiden zu können bzw. sich aus unguten Abhängigkeiten von als unfähig etikettierten Stationsleitungen zu lösen, was auch als Akt der Entsolidarisierung und als Ausleben von Eigennutz gesehen werden kann. Zum anderen zeigt sich, dass die Rahmenbedingungen am Spital einen guten Teil dazu beitragen, dass das Springerteam als Chance für eine bessere Vereinbarkeit mit anderen Lebensbedürfnissen gesehen werden kann. Langfristig trägt die Übernahme flexibili-

---

12 | Gemäß Bundesamt für Statistik 2005d herrscht schweizweit nach wie vor ein stark verankertes bürgerliches Familienmodell mit einem Vollzeit erwerbstätigen Vater und einer nicht oder nur Teilzeit erwerbstätigen Mutter vor.

sierter Arbeitsverhältnisse zu einer Entsolidarisierung unter den Beschäftigten bei, wenn dadurch unterschiedliche Rechte und Pflichten und unterschiedliche Vor- und Nachteile in Abhängigkeit der Anstellungsform generiert werden und deren Wertigkeit für den Arbeitgeber damit zusammenhängt. Gleichzeitig wird deutlich, dass die Springer nicht losgelöst vom Team existieren, sondern gleichwohl Anteil nehmen, in unserem Beispiel entweder mitleidend oder im Wunsch des Mitgestaltenwollens. Hier zeigt sich eine fortbestehende geschlechtstypische Verteilung der Rollen, obwohl die für die Schweiz nach wie vor besonders markante traditionelle Rollenaufteilung zwischen dem Mann als Ernährer und der Frau als Zuverdienerin bei unseren Probanden durchbrochen wird.

Deutlich wird an den präsentierten Zeugnissen aus der Arbeitswelt Krankenhaus, dass aktuelle Transformationen der Arbeitsverhältnisse und -bedingungen oft durch sehr vereinfachende Bewertungen, stark abweichend von den konkreten subjektiven Erfahrungen und Beurteilungen der Betroffenen, (fehl-)interpretiert werden können. Die sich wandelnden Lebensumstände, die sehr heterogenen privaten Lebensformen und die daraus erwachsenden Bedürfnisse und Anforderungen an die so genannte Work-Life-Balance tragen dazu bei, dass spontanerweise sehr kritisch bis negativ beurteilte Arbeitsverhältnisse, identifiziert mit Fremdbestimmtheit, Isolation, Stress oder Prekarisierung, im konkreten subjektiven Erleben und Gestalten dieser Arbeitszusammenhänge durchaus positiv wahrgenommen und – in den Grenzen der jeweiligen Lebenssituation – frei gewählt sein können. Es ist aber auch festzuhalten, dass bei weitgehend identischen Arbeitsverhältnissen Individuen aufgrund ihres Geschlechtes und damit verbundenen weiterhin »typischen« unterschiedlichen Lebenschancen und Ressourcen die sich ihnen bietenden »Freiheiten« der Lebensgestaltung mit sehr unterschiedlichen Grenzen zu nutzen vermögen und das, was sich dem einen als Tugend darzustellen scheint, für die andere auch zum guten Teil aus Not entsteht.

Der vorausgehende Dialog zwischen zwei Pflegenden im Springerteam eines großen Schweizer Spitals hat gezeigt, wie unterschiedlich eine spezifische berufliche Tätigkeit wahrgenommen wird, als belastend oder entlastend, je nach Disposition der Betroffenen, ihren Bedürfnissen und Erwartungen an die Work-Life-Balance, ihren je unterschiedlichen biographischen Arrangements und Rollenverständnissen.

Im nachfolgend präsentierten Dialog zwischen Mitarbeitern zweier Sozialämter in vergleichbaren Positionen gehen wir der Frage nach habitusspezifischen Variationen der Wahrnehmung und Beurteilung von beruflichen Rollen und Handlungsfeldern in einer noch stärker zugespitzten Form nach.

Wir wollen herausstellen, wie sehr eine Berufsrolle auszufüllen mit den zu ihr hinführenden biographischen Entscheidungen und Weichenstellungen, aber auch mit den jeweiligen Erwartungen an die angestrebten beruflichen Statuspositionen und Rollen variieren kann.

Ein weites Feld

Berufsbiographische Flugbahnen

in und durch den öffentlichen Dienst im Vergleich

Franz Schultheis

Ein weites Feld, dieser »öffentliche Dienst« bzw. das, was unter diesem Begriff an unterschiedlichsten Funktionen, Tätigkeitsfeldern, Berufsprofilen und Ausbildungswegen und -niveaus üblicherweise subsumiert wird. Ob Standesamt oder Sozialamt, Finanzamt oder Transportwesen, Wasserversorgung oder Polizei – immer handelt es sich um Sektoren eines bunt schillernden und hochkomplexen Konglomerates an unterschiedlichen Formen der Bereitstellung von Dienstleistungen und Gütern jenseits des kapitalistischen Machtgeschehens. Wie aber gerät man in eine der hier angesiedelten Stellungen und Berufe hinein? Welche demographische bzw. (aus-)bildungsmäßige Flugbahn lässt ein Individuum in diesem Feld landen? Gibt es spezifische herkunftsmäßige, geschlechtsspezifische, charakterliche oder politisch-weltanschauliche Prädispositionen, die ein Individuum hierfür »prädestinieren«, und falls ja, welches sind die Merkmale eines Habitus, der vom so genannten »öffentlichen Dienst« angezogen zu werden scheint? Anders gefragt: Lassen sich Wahlverwandtschaften von spezifischen mentalen, moralischen oder verhaltensmäßigen Einstellungen und Orientierungen hier und der besonderen Qualität im Feld der Produktion und Zirkulation öffentlicher Güter dort postulieren bzw. gar plausibel nachvollziehen? Worin könnte die eigentümliche Motivationslage bestehen, die sich zum Träger für eine Karriere im öffentlichen Dienst bzw. umgekehrt für eine Karriere jenseits des privatwirtschaftlichen Sektors in besonderer Weise geeignet erscheinen lassen? Handelt es sich primär um die spezifischen arbeitsrechtlichen Rahmenbedingungen des öffentlichen Dienstes wie Tarifverträge, Arbeitsplatzsicherheit etc. oder geht es in der Hauptsache um die hier vorfindlichen besonderen Güter und Aufgaben, wie zum Beispiel deren Gemeinwohlorientierung? Ist es der angebotene Status eines öffentlichen Bediensteten als solcher oder sind es ganz unabhängig davon Stellenwert und Inhalte der wahrzunehmenden Aufgaben und Rollen? Dass sich eine solche Frage angesichts der hochgradigen Differenzierung der in diesem

Feld vereinten Berufsprofile und Tätigkeitsfelder schnell als vereinfachend erweisen kann, liegt wohl auf der Hand. Und dennoch zeigen sich gerade dann, wenn man diesen Unterschieden gezielt an konkreten empirischen Fällen nachgeht, kleinste gemeinsame Nenner einer Leitdifferenz zwischen noch so unterschiedlich erscheinenden Teilbereichen des so genannten öffentlichen Dienstes in Abgrenzung vom privatwirtschaftlichen Sektor.

Im vorliegenden Falle geschieht dies in Form einer vergleichenden Betrachtung der biographischen Werdegänge, beruflichen Tätigkeiten und Selbstverhältnisse zweier Individuen, die jeweils weitgehend identische Funktionen im öffentlichen Dienst ausüben, nämlich im Bereich der Sozialhilfe und der Betreuung von Klienten. Beide sind in den Sozialämtern mittlerer Provinzstädte tätig, nur etwa 30 km Luftlinie voneinander getrennt. Beide stellen sich als alte Hasen in ihrem Beruf dar, die seit gut 20 Jahren beim gleichen Arbeitgeber tätig sind. Und beide sind auf mehr oder minder verschlungenen Pfaden mit kleinen Umwegen und Abzweigungen in ihre heutige Position gelangt. Beide legen eine hohe Berufszufriedenheit an den Tag, zeigen sich motiviert und engagiert und würden, wie sie sagen, ihren jüngeren Verwandtschaften bei ihrer Berufswahl durchaus anraten, ihrem Beispiel zu folgen. Ein wesentlicher Unterschied besteht allerdings schon auf der Ebene ihrer öffentlichen Arbeitgeber. Sie haben nämlich nicht den gleichen Dienstherrn, leben und arbeiten in zwei verschiedenen Staaten mit ihren jeweiligen öffentlichen Diensten, so dass ein wesentlicher Unterschied in ihren alltäglichen beruflichen Lebenswelten und Existenzbedingungen wohl schlicht aus der Besonderheit der jeweiligen institutionellen Strukturen und Funktionszusammenhänge resultiert. Öffentliche Dienste sind ja eine historisch gesehen noch relativ junge »Erfindung«, einhergehend mit der schrittweisen Herausbildung des modernen Staates, und müssen als das Produkt eines langwierigen historischen Lernprozesses verstanden werden, dessen Dynamik durch eine starke Tendenz zur Rekurrenz bzw. Pfadverhaftetheit gekennzeichnet ist. Auch wenn der moderne Staat in Deutschland oder der Schweiz viel Übereinstimmung hinsichtlich der Formen bürokratischer Rationalität aufweist, dürfen dennoch die beachtlichen interkulturellen Divergenzen in der konkreten Realisierung und Organisation dieser Formen nicht unterschätzt werden.

Dies zeigt sich ganz besonders in der Art und Weise, wie ein öffentlicher Dienst seine »Anwärter« rekrutiert, selektiert und ausbildet und dabei die berufsständischen (Berufsbeamtentum) und beruflichen Rollen im engen Sinne gewichtet. Im Fall des Mitarbeiters im deutschen Sozialamt führte die berufsbiographische Flugbahn nach einer vorausgehenden Tätigkeit im Bereich Krankenversicherungen über den Königsweg einer »Fachhochschule für öffentliche Verwaltung«, wo künftige Mitarbeiter fast aller öffentlichen Dienste (ab einem spezifischen Rang) ausgebildet werden. Sein explizites Ziel war es, »irgend so was machen, so Richtung Beamter«. Das heißt, der Beamtenstatus bzw. -stand als solcher, nicht eine spezifische berufliche Rolle und Tätigkeit, schwebte ihm vor

und war wohl als solcher attraktiv genug, um in diese so offene Laufbahn einzutreten. Beim Schweizer Kollegen hingegen begegnet uns das genaue Gegenstück
zu einem solchen Modus der offenen Beamtenlaufbahn mit späterer Weichenstellung in dieses oder jenes Tätigkeitsfeld, und zwar in Form einer berufsbiographischen Bastelei. Diese beruht zwar noch immer auf Opportunitäten und
pragmatischen Arrangements, hat jedoch einen roten Faden, der sich durch das
ganze Berufsleben recht geradlinig durchhält: »das Soziale«. Schon der Einstieg
über die Wahl eines sozialwissenschaftlichen Studiums an der Uni, wenn auch
bald abgebrochen, verweist auf dieses Motiv, das ihn über die folgenden biographischen Etappen, den Beruf des Grundschullehrers, das Arbeiten mit Asylbe-
werbern und Obdachlosen, bis in die aktuelle Position führt. Nie ging er gegenüber diesem Leitmotiv »fremd«, dachte nie an einen Wechsel in andere, vielleicht
ruhigere Gefilde des Berufslebens.

Die vergleichende Betrachtung der biographischen Flugbahnen hin zu zwei sehr
ähnlichen Positionen in den öffentlichen Diensten zweier Nachbarländer illustriert die besondere Prägekraft institutioneller Arrangements im Bereich der
Rekrutierung und Ausbildung von »öffentlichen Bediensteten«. Lassen wir nun
beide anhand der geführten Interviews selbst zu Wort kommen. Herrn Kaups
Weg in seine jetzige Position beim Sozialamt einer süddeutschen Stadt verlief
über eine Zwischenstation, nämlich eine dreijährige Ausbildung bei einer großen deutschen Krankenversicherung, die ihm, wie er uns ausführlich schilderte,
sehr gut gefiel, denn er hatte nette Kollegen, war an verschiedenen Standorten
in Deutschland unterwegs und hatte auch einen tollen Chef. Als dieser in Rente
ging und sein Nachfolger neue und strengere Spielregeln einführte, die ihm nicht
behagten, und dann noch hinzukam, dass er in eine Filiale versetzt werden sollte
und hätte pendeln müssen, entschied er sich pragmatisch für einen Wechsel und
bewarb sich für die Ausbildung bei der Stadt. Und was speziell bewog ihn dazu?
Herr Kaup bringt es auf den folgenden knappen Nenner:

»...ICH WOLLTE IRGEND SO WAS MACHEN, SO RICHTUNG BEAMTER, BEZAHLTES STUDIUM...«

Herr Kaup: Beim Finanzamt hatte ich eine Bewerbung raus, eigentlich viel zu spät. Sofort
eine Zusage gekriegt und dann bei der Stadt auch, aber bei der Stadt waren vier Jahre
Ausbildung, Finanzamt drei. War ich nahe dran, zum Finanzamt zu gehen. Habe dann aber
gedacht: »Nein. Das ist eine Bundesbehörde, da könnte es theoretisch bei der Ausbildung,
könnten die sagen, ›okay, wir haben jetzt nichts in X., ab nach Flensburg oder so‹.« Und das
war mir zu heiß. Weil die damalige Freundin nämlich unbedingt in X. bleiben wollte. Und es
war natürlich klar, bei der Stadt X. war die Gewähr, dass man da dableiben kann. War keine
feste Zusage, dass man hinterher einen Job hat. Aber im Prinzip war es klar.
— Und wie hieß der Studiengang noch mal, Verwaltungs...?

Herr Kaup: '95 war ich fertig. Da war das noch ein Fachhochschul-Studium. Also die Ausbildung war so: zwei Jahre Praxis, alle Ämter, und dann zwei Jahre direkt mit *Trimestern*, waren das damals, also sechs *Trimester*. Und während der Praxis waren noch zwei Trimester. Da waren es dann auch acht. Ja, und dann hat man ein Diplom gemacht. Genau. Und heutzutage machen die aber auch Bachelor und später Master und so. Also richtig. Und es heißt nicht mehr Fachhochschule, sondern Verwaltungshochschule. Ist jetzt ein richtiges Verwaltungs-Studium. Also dieses FH-Studium war ja gut und recht. Aber die Sozialversicherungs-Fachangestellten-Prüfung oder Lehre, oder Ausbildung, wie man es nennen will, die war mindestens genauso anspruchsvoll.

Herrn Kaups Schilderung seiner Berufsbiographie spiegelt auf unverbrämte Weise einen ausgeprägten Pragmatismus wider: Es war das verlockende Angebot, über ein bezahltes Studium in eine attraktive berufliche Stellung an seinem Wohnort zu gelangen, den er aus verschiedenen Gründen nicht wechseln wollte. Die von »seiner« Stadt angebotene Ausbildung schloss von ihrem Profil her durchaus an die zuvor absolvierte solide Lehre im Bereich Sozialversicherung an, konnte teilweise darauf aufbauen und beeinflusste mehr oder minder direkt dann auch die spätere Orientierung im weiten Feld der vom öffentlichen Dienst bei der Stadt gebotenen Möglichkeiten. Da Herr Kaup über den vom öffentlichen Dienst institutionalisierten »Königsweg« wie durch ein breites Tor in einen hoch differenzierten Arbeitsmarkt mit einer breiten Palette an beruflichen Optionen eintritt, scheint er zunächst für alle denkbaren Möglichkeiten offen zu sein, ging es ihm doch primär um den Status »Richtung Beamter« und nicht etwa um ein spezifisches Tätigkeits- oder Aufgabenprofil. Was hier anziehend zu wirken scheint, ist die gebotene Planbarkeit und Gewissheit, die Berechenbarkeit einer beruflichen Karriere im Schoße von »Vater Staat«. Die Anstellung bei der Stadt bietet Herrn Kaup vor allem die Gewähr, nicht in die Fremde, an einen Un-Ort im hohen Norden Deutschlands, verschlagen zu werden. Herr Kaup scheint seine (Berufs-)Biographie ganz pragmatisch an der Vorstellung einer ausgewogenen Work-Life-Balance auszurichten: Er weiß, wohin er gehört, setzt Prioritäten und entwickelt pragmatische Strategien, um diese zu realisieren. Hierbei legt er einen ausgesprochen praktischen Sinn für die Wahl des Naheliegenden und Berechenbaren an den Tag. Für persönliche berufliche Wunschvorstellungen mit intrinsischer Motivation und emotionalem Engagement finden sich keine Hinweise. Das »bezahlte Studium«, das ihn in »Richtung Beamter« bei der heimatlichen Stadtverwaltung führen sollte, wirkt dabei wie eine besondere Trumpfkarte für einen seine Optionen kühl abwägenden Rechner.

Dennoch strukturiert sich dann das vom öffentlichen Dienst gebotene breite Feld des Möglichen beim Eintritt schnell anhand spezifischer Selektionsprinzipien. Einerseits zeigt es sich, dass die verschiedenen Sektoren des öffentlichen Dienstes der Stadt X. nicht als gleichermaßen attraktiv erschienen und es bei Anwärtern auf künftige Stellen klare Präferenzen für diese oder jene Funktionen gibt. Wie zu hören sein wird, hätte sich Herr Kaup letztlich fast überall eher gesehen bzw. gewünscht, platziert zu werden, als im Sozialamt (»eigentlich will ich da nicht hin...«), aber genau da wird er wiederum aufgrund praktischer Gegebenheiten »landen« und sich damit pragmatisch arrangieren.

»ALSO GUT, MACHE ICH«

— Und wie sind Sie dann genau hier gelandet?

Herr Kaup: Speziell im Sozialamt?

— Genau.

Herr Kaup: Eben. Also: Ja, weil ich eben diese Lehre *hatte*, und schon ein bisschen älter war, als ich dann quasi hier in der Ausbildung war, konnte ich natürlich schon mit den Leuten *umgehen*. Weil der Job ist natürlich *ähnlich*. Also bei der Krankenkasse war das damals so, heute ist es nicht mehr ganz so, aber damals war das so, da hatte jeder halt seinen Buchstabenbereich, so wie hier auch, oder damals ist es das Sozialamt auch. Da hat jeder seine Buchstaben, was weiß ich, A, B, C, gehabt. Und so war es bei der Krankenkasse auch. Und dann kommen halt die Leute an den *Schalter*, so hieß das damals. Man hat Telefon, man hat Post. Also es war ziemlich ähnlich. So, und Sie müssen sich vorstellen, ein *normaler* Azubi kommt halt hierher, ist etwas verschüchtert, etwas verängstigt, und na ja, kann das noch *nicht* so. Und ich war halt schon ein bisschen *älter* und habe Erfahrung gehabt. Und dann war klar: also, *ab* zum Sozialamt. Also ich habe von meiner Ausbildung, ich tippe mal 70 Prozent hier, auf dem Sozialamt verbracht. Und das ist natürlich eigentlich nicht Sinn der Sache. Sinn der Sache wäre, alle Ämter kennen zu lernen. Aber ich habe vielleicht, na ja, die *Hälfte* kennengelernt von dem, was *normal* wäre. Und die haben mich immer angefordert, weil damals war wahnsinnig Fluktuation, weil es damals ein wirklich schwieriger Job war. Klar, da kamen die ganzen Leute. Da gab es halt auch viele, die wollten *nicht* arbeiten, die musste man dann zwingen. Also mit Druck immer. Dann kam der Gegendruck von denen, weil man ja dann das Geld eingestellt hat, oder sonst was. Also es war immer schwierig, wirklich schwierig. Es war wirklich zum Teil heftig. Genau. Und da waren die natürlich froh, wenn sie einen etwas erfahreneren *Azubi* hatten als die anderen. Und dann eben war wahnsinnig Fluktuation. Also, die Leute kamen, zum Beispiel vom Studium in Kehl, waren aber *nicht* unbedingt von der Stadt X., sondern von der Stadt Y. oder so, waren drei Monate hier, dann war in Y. was frei geworden, waren die wieder weg. Und so lief das immer. Genau. Deswegen hatten die immer Bedarf an Leuten. Also, haben sie mich wieder angefordert, okay. Wurde ich gefragt vom Personalamt, »bist du einverstanden?« »Na also gut, machen wir wieder.« War ja auch nett. Hat ja Spaß gemacht. Genau. Deswegen habe ich da unheimlich viel Zeit verbracht. Habe aber eigentlich immer gesagt, »*eigentlich* will ich da nicht *hin* nach der Ausbildung«. So, und dann war Ausbildungs*ende*. Dann haben wir so ein Gespräch gehabt mit dem Personalchef damals. Wir waren vier Auszubildende, die fertig waren. Drei Stellen waren frei. Einmal hier, Sozialamt, einmal Stiftungsverwaltung, so Vermögens- und Liegenschaften, was weiß ich was, und einmal bei der Stadt, auch das Gleiche, so Liegenschaftswesen. Und das war nicht so mein Ding, das Liegenschaftswesen. Ergo blieb für mich eigentlich nur noch Sozialamt übrig. Habe ich gesagt, »also gut, mache ich«. Auch wenn ich immer gesagt habe, »mache ich doch nicht«. Aber, das war also doch noch das, was am besten war. Habe ich gesagt, »okay, mache ich«, mit dem Hintergedanken, habe ich glaube ich auch geäußert sogar, »für zwei Jahre und dann mmh, mmh.« Dann habe ich das wirklich aber auch zwei, drei Mal probiert, wegzugehen dann. Da gab es auch mal so eine Phase, wo es mir nicht mehr ganz so gefallen hatte. Da habe ich mich aber beim Standesamt beworben. Genau, das war immer so mein Lieblingsamt.

Herr Kaup sieht sich nach Absolvieren der »bezahlten« Ausbildung für den öffentlichen Dienst bei seiner Stadt mit einem »Markt« konfrontiert, der nur begrenzte Wahlmöglichkeiten bietet. Die Konkurrenz um die attraktivsten Arbeitsbereiche ist groß und als ihm nur die Wahl zwischen zwei »Übeln« – Liegenschaftsamt (»war nicht so mein Ding«) und Sozialamt (»eigentlich will ich da nicht hin«) – blieb, wählte er das ihm kleiner erscheinende der beiden. Das laue »okay, mache ich« spiegelt gut die relativ geringe intrinsische Motivation, die schwache Identifikation mit dem künftigen Tätigkeitsfeld, das er mit dem Zeithorizont von so etwa zwei Jahren glaubt hinter sich bringen zu können und dann doch an ihm kleben bleiben wird. Er bewirbt sich zwar mehrfach auf frei werdende Stellen, etwa in dem umschwärmten Standesamt, aber jedes Mal stehen Hindernisse im Weg.

Herr Kaup: Da war aber nichts frei. Es ist von vielen das *Lieblingsamt*. Also, da wollen *viele* hin. Warum auch immer. Keine Ahnung. Ja. Genau. Und wie war das dann? Richtig. Da ist der Standesamts-*Leiter* damals gegangen. Der war ewig lang *da*, und dann ist der gegangen. Und dann haben sich da irgendwie zwei Damen drauf beworben, zwei, und die haben sich die Stelle geteilt (...) Das war das *eine* Mal, wo ich *nichts* bekommen habe, und das andere Mal war beim Ordnungsamt irgendeine Stelle. Was weiß ich. Haben sie halt auch jemand anderen genommen. Bei der Stadt war es *damals* so gewesen: Bei gleicher Eignung wurden Frauen *bevorzugt*. Gleiche Eignung haben wir alle logischerweise, weil wir alle das gleiche Studium haben. Ergo: schwierig. Ist heute aber nicht mehr ganz so. Heute steht zum Teil sogar schon drin, ›auch Männer werden bevorzugt‹. Aber bei der Stadt X. ist es halt so, *so* einfach ist das gar nicht, einen anderen Job zu finden, der gleich gut bezahlt ist, oder besser noch bezahlt ist. Vermutlich müsste er ja besser bezahlt sein, dass es dann Sinn macht. Wenn es einem eben vom Betriebsklima her gefällt, zu wechseln, muss man ja einen Grund haben, nicht? Dann ist es dann meistens die Bezahlung. Und so wahnsinnig viele Jobs gibt es jetzt nicht, die besser bezahlt sind. Und dann auch noch vielleicht Spaß machen sollten. Und deswegen bleiben halt die meisten. Das ist bei anderen Ämtern noch ein bisschen anders. Warum, weiß ich nicht.

Herr Kaup wollte ja ursprünglich schlicht »irgend so was« machen, so Richtung Beamter«, trifft nach seiner Ausbildung (bezahltes Studium!) auf einen Arbeitsmarkt mit begrenzten Möglichkeiten, deutlichen hierarchischen Abstufungen betreffs der Attraktivität der jeweiligen Optionen und einer ausgeprägten Konkurrenz um diese Positionen zwischen den Anwärtern. Seine Erzählung klingt ganz so, als nehme er den öffentlichen Dienst zunächst einmal als ein Reservoir von statusmäßig zwar weitgehend äquivalenten, von ihrer Attraktivität und Wertschätzung her jedoch sehr differenzierten »Lebenschancen« (Weber) wahr. Und ausgerechnet beim aus verschiedenen Gründen wenig geschätzten Sozialamt wird er ausharren müssen. Aber woran liegt eigentlich diese geringe Attraktivität?

»...IRGENDWIE SIND DIE LEUTE EIN BISSCHEN ANDERS«

— Und was war denn so der Grund, warum Sie gesagt haben, Sozialamt eigentlich eher nicht?

Herr Kaup: *Ja*. Die Leute vom Sozialamt haben, ich will nicht sagen einen schlechten Ruf, aber irgendwie so einen, ja, die sind halt *anders*, irgendwie.

— Also die *Leute* oder das gesellschaftliche Bild davon...?

Herr Kaup: Das gesellschaftliche Bild eigentlich. Vielleicht ist es aber auch so. Mag ja sein. Ist halt einfach ein bisschen anders. Sagen wir mal, wenn man im Rathaus arbeitet oder so, oder am Hauptamt, da kommt man eher so, na ja, nicht grade im Anzug, aber so, aber halt so ein bisschen besser angezogen. Und wenn wir das hier machen täten, oder ich das damals gemacht *hätte*, und dann draußen im Wartesaal hocken 20 mit der Bierflasche rum, das kommt gar nicht gut. Also zieht man sich ja schon mal ein bisschen so anders an. Und irgendwie sind die Leute ein bisschen anders. Eben, früher am Sozialamt, das war natürlich Wahnsinn. Da sind die gekommen und haben sofort Geld gebraucht, weil sie ja nichts hatten. Heutzutage ist es ja so, entweder kriegen sie eine Rente, die haben ja vorher entweder gearbeitet oder haben vom Jobcenter das Geld bekommen. Die müssen nicht sofort heute und jetzt und gleich das Geld haben, sondern ja, auf den Ersten, vielleicht auf den nächsten Ersten. Also da hat man, klar, ein bisschen Zeit. *Aber*, ja, auch da gibt es natürlich das Publikum, das vom Jobcenter kommt. Die schreiben eine Zahl in ihre Bescheide. Mit 65 endet das. Ist auch logisch. Die Leute lesen es aber nicht. Gucken plötzlich nach dem 65. Geburtstag. »Wieso kriege ich denn kein Geld mehr?« Rennen zum Jobcenter. »Ich habe kein Geld bekommen.« Super. Dann sagen die, »ja, steht ja da. Hier«. Und dann stehen die eben trotzdem da und brauchen halt doch relativ schnell. Und dann hat man natürlich Druck. Das ist etwas schwieriger. Aber sonst, also sagen wir, der normale Fall ist nicht so schwierig. Da gibt es natürlich immer ein paar Leute. Wie gesagt, das war früher auch schwieriger, so mit Widersprüchen und so. Aber es gibt natürlich immer ein paar, die mögen den Staat nicht oder was auch immer. Und dann fangen die halt an, Widersprüche zu erheben, völlig sinnloserweise. Und wenn man halt irgendwo, irgendwie will und möchte, findet man natürlich immer irgendwas, gegen das man streiten *kann*. Und solche Leute gibt es natürlich auch. Das sind so, ja, fünf bis zehn Prozent vielleicht. Also so drei, vier hat wahrscheinlich jeder in seinem Sachgebiet, die halt einfach *Mühe* machen, weil sie unzufrieden sind oder was auch immer. Dann haben wir natürlich auch noch vielleicht noch wieder so drei, vier Alkoholiker oder so was. Kann *auch* schwierig sein. Weil die verlieren dann ihren Geldbeutel, oder so halt. Und kommen da wieder, versuchen Geld zu ziehen. Oder, natürlich, psychisch Kranke haben wir auch. Da gibt es dann wieder andere Problematiken, Messies oder, gibt es alles Mögliche. Aber so halt, der normale Fall ist nicht so dramatisch. Aber die Probleme haben wir halt.

Wie zu hören war, korrespondiert die angesprochene Geringschätzung der Tätigkeit im Sozialamt mit dem gesellschaftlichen Profil und Status von dessen Klientel. Als eine Art Sammelstelle für soziale Problemfälle und Randständige ist dieses Amt auf der Prestigeskala öffentlicher Dienste analog zur sozialen Stigmatisierung der Betreuten tief angesiedelt, so als wäre deren Legitimitätsdefizit ansteckend. Dennoch weiß Herr Kaup sich aber mit dieser sich von einer ursprünglich als kurzfristig angesehenen und sich nach und nach zum Dauerzustand auswachsenden Situation zu arrangieren und ihr auch Gutes abzugewinnen.

»DAS SIND SO DIE POSITIVEN DINGE«

– Okay. Und was macht Spaß an der Arbeit? Oder was läuft gut?

Herr Kaup: Ja, was Spaß macht, ist eben das Publikum, meistens. Also nicht jeder, aber viele. 70, 80 Prozent, schätze ich, sind es von den Rentnern, die hierherkommen, Rente beantragen. Das ist ja eigentlich *noch* was Positives, wenn man noch was rauskriegt. Ja, die sind dann schon meistens froh. Eben, viele haben da ein bisschen Bedenken ja, und haben Angst. Also ich kann, glaube ich, ganz gut mit den Leuten umgehen. Und dann sind die meistens glücklich und erleichtert. Und ja, manchmal bringen sie ja sogar noch irgendwie, eine Woche später eine Flasche Wein vorbei oder so, weil sie einfach *zufrieden* waren. Und das macht natürlich dann schon Spaß. Genau. Das sind so die positiven Dinge. Natürlich auch in der Grundsicherung gibt es auch viele, ja wie gesagt, die sieht man nicht jeden Monat oder so, aber einmal im Jahr werden die alle wieder überprüft quasi, müssen Neuantrag stellen, und dann kommen auch viele persönlich her und bringen es *persönlich*. Finde ich auch gut, dass man die wenigstens einmal im Jahr sieht. Finde ich eigentlich gut.

Man sieht also: Herr Kaup ist nicht unzufrieden mit seiner Arbeit, auch wenn er sich lieber an einer anderen Dienststelle sähe. Auch beim Sozialamt, wo er ja explizit eigentlich nie hinwollte, kann er seiner Tätigkeit im öffentlichen Dienst seiner Stadt Positives abgewinnen. Dies jedoch eher reaktiv und situationsspezifisch, stark von kontextuellen Konjunkturen abhängig und weniger aufgrund einer spezifischen, mit einem ursprünglichen Berufswunsch einhergehenden persönlichen Motivation, ohne sichtbares bzw. spürbares Herzblut. Er hat dieses Spiel nicht aus freien Stücken gewählt, findet sich aber mit ihm ab und spielt pflichtbewusst und professionell mit, so wie er es wohl auch bei jeder anderen Dienststelle getan hätte. Dieser kühle Pragmatismus zeigt sich abschließend bei der Frage:

– Und würden Sie den Beruf so weiterempfehlen, wenn jetzt ein Neffe, ein Bekannter oder irgendjemand fragen würde: »Wie ist denn das so im Amt? Ich überlege auch, in die Richtung zu gehen.«

Herr Kaup: *Ja*. Würde ich sogar weiterempfehlen. Aus folgendem Grund: Weil ja, dieses bezahlte Studium, das macht unheimlich was her. Das muss man echt sagen. Also das ist für Leute, die ein bisschen Sicherheit brauchen und nicht einfach so an der Uni ins Blaue studieren wollen. Wobei das ja auch nicht mehr so ist wie früher, muss man auch sagen. Das hat ja schwer nachgelassen. Aber da ist es eine gute Sache. Also da hat man im Prinzip hinterher fast die Gewähr, dass man einen Job hat... Wenn man bei der Stadt X. lernt, hat man eine gute Chance, da nachher auch einen Job zu kriegen. Und wenn man das möchte, ist das natürlich sinnvoll. Also ich fand, ein gutes Studium. Ja, und davon hat man auch noch ganz gut, was haben wir damals gekriegt? 1500 DM. So was. Also das war ganz gut. Im Gegensatz zu anderen Studenten, nicht? Ist das eine tolle Sache. Man muss nicht nebenher arbeiten. Theoretisch kann man jeden x-beliebigen Job in der gesamten Verwaltung, also vom Standesamt bis zum was weiß ich was, bis zum Bürgermeister. Man kann *alles* machen. Problem ist, wenn man zum Beispiel jetzt so wie ich am Sozial- und Jugendamt anfängt, da kommt man dann relativ schwierig wieder weg. Das ist wirklich so.

Kommen wir nun zu Herrn Ruf, dem Schweizer Kollegen von Herrn Kaup, der uns in etwa im gleichen Zeitraum zu einem ausführlichen Gespräch an seinem Arbeitsort empfing. Herr Ruf ist dort als Sozialberater beim Sozialamt in einer ganz ähnlichen Funktion tätig, wenn natürlich doch einige länderspezifische institutionelle Unterschiede in Rechnung gestellt werden müssen. Die Differenz, die für uns von ganz spezifischem soziologischen Interesse ist und daher bei unserer vergleichenden Betrachtung im Fokus steht, ist die Bedeutung der unterschiedlichen Rekrutierungsmuster für das Personal beider Sozialbehörden und deren Zusammenhang mit je spezifischen Zugängen zu und Flugbahnen durch diese öffentlichen Dienste.

Unsere erste Frage an Herrn Ruf betrifft seinen beruflichen Werdegang:

»OKAY, HELFE ICH MIT, JA«

— Seit wann sind Sie denn in Ihrem Beruf, wenn ich fragen darf?
Herr Ruf: Ja, ich bin... schon fast Faktotum in diesem Beruf, aber ich ähm... also ich war ursprünglich Lehrer, Primarlehrer und Oberstufe, dann bin ich eigentlich – habe im Flüchtlingswesen gearbeitet und vor x Jahren, 24 Jahren, habe ich hier in der Stadt angefangen, Notschlafstellen aufzubauen. Dort hat es eigentlich angefangen, mein Einstieg ins Sozialamt, und nachher habe ich noch mit einer Wohngruppe gearbeitet, dann viele Jahre auch noch, wo wir zu den Leuten heimgegangen sind, und da hatten wir natürlich weniger Klienten, man konnte auch mehr aus der Beziehung heraus mit den Leuten arbeiten natürlich. Weil man ins private Feld hineingekommen ist, oder? Es war ein anderes Arbeiten. Ich meine, ich bin in einem Büro auch anders, ich gebe mich einfach ein bisschen zurückhaltender, als in einem – also weil der... Privatraum klappt, ist dort ganz anderes möglich.
— Und warum sind Sie dann ins Sozialamt gewechselt?
Herr Ruf: Ach das ist schon alles – das war schon das Sozialamt.
— Aha, das war schon?

Herr Ruf: Ja, also von der Notschlafstelle her, das war schon das Sozialamt. Ja, und das... uff... also etwa vor sechs Jahren ist das begleitete Wohnen eingestellt worden, wegen... weil man interne Ressourcen nutzen musste, und wir hatten natürlich weniger Klienten. Mhm. Und war zeitaufwändiger.

— Und dann wurden Sie quasi umgeschoben in ein anderes Ressort?

Herr Ruf: Ja, ja, aber das war schon gut, also mir hat es wehgetan, beim anderen aufzu-hören, aber es war schon gut. Also ich habe nicht... ich fühle mich hier jetzt nicht in irgend-etwas hineingezwängt, was für mich nicht stimmt.

— Ja, ja, ja. Ja, aber es ist einfach eine andere Art von arbeiten jetzt. Mhm. Und wie sind Sie überhaupt in... also Sie haben gesagt, Sie haben diese Notschlafstelle aufgebaut. Wie sind Sie da vom Lehrer da reingekommen? Also das ist ja doch noch etwas anderes!

Herr Ruf: Ja, meine letzte Lehrerstelle war die Sonder B, Oberstufe, und das war... also wusste man nicht mehr, ob man Lehrer ist oder Sozialarbeiter, was man mehr ist. Und in der Lehrlingsnachbetreuung auch und so, also... und dann eben habe dann in Flüchtlings-heimen gearbeitet, in zweien, und dann war ich ein bisschen weg und so und als ich zurück-gekommen bin, wurde ich angefragt und dann habe ich gesagt: »Okay, helfe ich mit, ja.«

»...DAS WÄRE NOCH ETWAS FÜR MICH«

— Mhm. Also eher über Beziehung und über Kontakte da hineingekommen dann?

Herr Ruf: Ja, Leute, die ich kannte, die im Sozialbereich arbeiten und die das Gefühl hatten, das wäre noch etwas für mich. Ja. Das habe ich nie bereut.

— Und ausbildungsmäßig, mussten Sie dann da noch irgendwelche Kurse machen, irgend-etwas besuchen oder war es einfach Ihre Erfahrung?

Herr Ruf: Also ich habe nie Sozialarbeiter gelernt, ich habe einfach die pädagogische Aus-bildung und Kurse habe ich natürlich schon verschiedenes Zeug gemacht. Also... aber so halt... also Sozialrecht und so Zeug, Kurse natürlich, größere, Mediation, Gesprächsfüh-rung... so Verschiedenes.

— Und hätten Sie sich auch vorstellen können, in dem Lehrerberuf zu bleiben trotzdem?

Herr Ruf: Nein, mich zieht es nicht zurück. Nein, nein. Also ich damals auch eigentlich auf-gehört, weil ich das Gefühl hatte, ich habe einfach die Schulbänke von hinten und von vorne gesehen und habe etwas zu wenig vom Leben gesehen und ich will eigentlich noch anderes sehen. Sehr einfach gesagt.

— Aber von der Arbeit her, sagen Sie ja gerade, unterscheidet sich es ja dann gar nicht mehr so groß, so...

Herr Ruf: Ja, je nachdem nicht! Ja. Eben Sonder B, ich meine, das waren ja auch äh... Schü-ler halt mit äh... Behinderungen, so vor allem intellektuellen oder auch sozialen noch und da... ja.

— Das heißt, von den Erfahrungen konnten Sie dann auch profitieren, oder können Sie vielleicht jetzt sogar noch profitieren, was Sie da miterlebt haben?

Herr Ruf: Einen Teil schon und ich denke, mich haben Menschen immer interessiert, und ich habe eigentlich nicht so einen Raster, jetzt wenn jemand ein bisschen aus dem Muster herausfällt, das stört mich ja nicht, solange er es auf die Rolle bringt.

Wie wir erfahren haben, ist Herr Ruf vor 24 Jahren zum örtlichen Sozialamt gelangt, nachdem er zuvor als Primarlehrer tätig war, eine Tätigkeit, die für ihn bereits unter den Begriff des »Sozialen« fiel, nicht zuletzt, weil seine Schüler der Sonderstufe ähnliche Charakteristika aufwiesen – u.a. kulturelle und soziale Handicaps – wie die Menschen, die er heute als Sozialberater zu betreuen hat. Herr Ruf ist also von Beginn an im weiteren Sinne sozialbetreuerisch tätig, und das »Soziale« scheint auch schon seinen Bildungsweg maßgeblich mitbestimmt zu haben, hatte er sich doch für eine kurze Zeit an einer Hochschule in einem einschlägigen Fach eingeschrieben, bevor er sich für die Ausbildung zum Primarlehrer entschied. Wenn sich also der Bezug zum sozialen Engagement geradlinig und kontinuierlich durch seinen bisherigen Lebensweg und Werdegang zieht, so sind diese doch auch von mehrfachen Umorientierungen, Stellenwechseln und Veränderungen des Tätigkeitsbereiches gekennzeichnet.

Aus seinem Munde klingt diese komplexe Geschichte ganz nach Biographie-Bastelei, bei der Herr Ruf immer wieder auf sich bietende Angebote und Möglichkeiten reagiert und Richtungswechsel vornimmt. Diese sind nie radikal, sondern werden wie nahe liegend und folgerichtig – von der Arbeit mit problematischen Schülern und Lehrlingen, über die Arbeit mit Flüchtlingen und die Schaffung von Notschlafstellen bis hin zum begleiteten Wohnen und jetzt zur Tätigkeit als Sozialberater. Seit 24 Jahren tut er all das im Auftrag der gleichen öffentlichen Institution, welche ihn nach verschiedenen Zwischenstationen angefragt hat, ob er seine jetzige Stelle antreten wolle. Seine lapidar wirkende Reaktion »okay, helfe ich mit, ja« und »das wäre noch etwas für mich...« erscheint eher als reaktive denn als proaktive Form des Umgangs mit der eigenen Berufsbiographie. Das, was an ihn herangetragen wird an Optionen und auf ihn zukommt an Opportunitäten, ergreift er, und alles wirkt so, als sei dieser Werdegang für ihn ganz stimmig und folgerichtig. Auch da, wo ein Richtungswechsel durch konjunkturelle Umstände nötig wird, zeigt er sich nicht unzufrieden mit seinem Los. Herr Ruf bringt ja mit seinem Diplom als Primarlehrer und der nachfolgenden beruflichen Praxis einen guten Grundstock mit in die beschriebenen sozialarbeiterischen Rollen und Funktionen, allerdings keinen spezifischen formellen Qualifikationsnachweis im Sinne eines Abschlusses einer Fachhochschule für Sozialarbeit. Stattdessen macht er »verschiedenes Zeug«, etwa Kurse in Sozialrecht, Mediation etc., also wieder im Stile der Biographie-Bastelei, was sich aber nicht einschränkend auf seinen beruflichen Werdegang im öffentlichen Dienst auszuwirken scheint. Während sein deutscher Kollege, wie zuvor rekonstruiert, eine Ausbildungsstätte des öffentlichen Dienstes besucht, um »so Richtung Beamter« zu gehen, um dann als eine Art »Generalist« für öffentliche Dienste aller Art gegen seinen Willen beim Sozialamt zu landen, führt Herr Rufs Weg in eine vergleichbare Position beim Sozialamt über ein kontinuierliches Engagement für soziale Fragen unterschiedlichster Natur und ohne spezifischen Qualifikationsnachweis, obwohl es in seinem Land bzw. Kanton eine spezielle Fachhochschule gibt, die für eine solche berufliche Tätigkeit ausbildet. Herr Ruf scheint mit Leib und Seele für seinen Beruf als Sozialberater prädestiniert und findet sich dort wieder, wo er hinzugehören scheint. Er, der alle berufsspezifischen Dispositionen, insbesondere die »Berufung« zu sozialem Engagement, mitzubringen scheint, trifft auf eine Behörde, die passende Kandidaten zu erkennen und anzuerkennen vermag – Habitus und Institution passen! Hinter die zu erfüllende Mission als Anlaufstelle für soziale Probleme tritt der Aspekt der formalisierten Verwaltungsschule und -laufbahn klar in den Hintergrund. Für Herrn Ruf kommt eine Wahl zwischen Optionen des öffentlichen Dienstes für Standesamt, Liegenschaftsamt oder Finanzamt gar nicht in Betracht. Er wollte ja auch nie »so Richtung Beamter«. Hören wir nun, wie Herr Ruf seinen beruflichen Alltag schildert.

»MIT KLEINEN ERFOLGSERLEBNISSEN ETWAS HERAUSSAUGEN«

— Und in welchem Ressort arbeiten Sie denn jetzt auf dem Sozialamt?
Herr Ruf: Ja, das sind halt auch Leute... also ein *bisschen* mehr als im anderen, es überschneidet sich eben schon auch. Die haben soziale Handicaps, Suchtzusammenhänge, psychische Probleme, also zum Teil massive, Integration noch nicht bewältigt, so Zeug. Ja.
— Das heißt auch Klienten, die längerfristig bei Ihnen sind dann?
Herr Ruf: Die meisten schon und manchmal gibt es noch Wunder.
— Ah ja, okay. Haben Sie da manchmal das Gefühl gehabt, dass Sie ein bisschen die Seite gewechselt haben, weil Sie vorher quasi direkt in der Unterstützung gearbeitet, von den Leuten, und heute wahrscheinlich auch mit kontrollieren müssen? Auch die Leute einschränken müssen und sagen, bestimmte Leistungen kann ich Ihnen nicht zukommen lassen? Ich meine, das ist noch eine Herausforderung, oder?
Herr Ruf: Mit dem habe ich eigentlich nicht so Probleme, weil... ich meine, das musste ich vorher auch sagen. Manche Sachen liegen nicht drin. Und am Anfang hatten wir dort noch nicht auch Kohle direkt, und ich war damals eigentlich erleichtert, als wir Kohle hatten. Dann konnte man gleich direkt den Konflikt austragen und das Ausspielen ist weggeblieben, also der Versuch vom Ausspielen. Und ich denke, (...) ja ich muss ja nicht gleich in jedem... in jeder Abweichung, wenn etwas nicht erfüllt wird, irgendeinen Missbrauch sehen und gleich eine Sanktion aussprechen, aber halt auch wirklich fordern: Das muss jetzt kommen und so. Und wenn es nötig ist, gibt es auch eine Sanktion. Da habe ich eigentlich keine Probleme, also im Allgemeinen. Es gibt immer Situationen, die ein bisschen anders sind. Also es hat ja eigentlich... also was ja ganz gut ist, wie schnell wir den Leuten auch ermöglichen, diese Sprachkurse zu machen. Und auch sofort Krippenplätze mit der Stadt organisieren und damit auch der Freiraum da ist, so etwas zu machen natürlich. Und... ich denke, es wird eigentlich viel unterstützt und unternommen, aber es ist natürlich... es gibt dann halt schon langfristige Fälle, wo es eigentlich dann nur noch im Gleichschritt dahin-

tropft, und manchmal denkt man schon: »Gopferdeckel[1], was? In acht Jahren wird der dann frühpensioniert und...« Das ist dann schon verdammt trist, ja. Und wenn man nicht noch irgendeine Chance sieht, oder?

– Weil es nichts gibt auf dem Markt, oder...?

Herr Ruf: Weil es nichts gibt auf dem Markt, weil die Psyche zum Beispiel nicht kompatibel ist mit einem Arbeitsprojekt, auch mit dem Markt halt nicht. Es gibt einfach solche Fälle. Oder halt solche unfassbaren Krankheitsbilder, wo dann die IV auch immer restriktiver geworden ist, und das ist dann einfach manchmal schon ein bisschen ein Ausharren im Zustand und zwischendrin ein Bonbon geben. Also nicht sehr befriedigend, aber ich würde jetzt behaupten, es gibt... also ich habe vielleicht – ich kann auch an kleinen Erfolgserlebnissen Freude haben. Sonst könnte ich diesen Job nicht so lange machen. Und das habe ich mindestens – also ich meine, es war natürlich schon bei Sonder B so, da musste man mit kleinen Erfolgserlebnissen etwas heraussaugen müssen und als man in der Notschlafstelle gearbeitet hat, sowieso, also... und es ist irgendwie auch gut so, ja. Ich denke, sie nehmen mich im Allgemeinen als Partner wahr, also ich denke, sie spüren eben auch meine – einfach mein Anerkennen vom Gegenüber als Mensch und dadurch wird schon vieles einfacher. Aber wenn man *nur* gerade als Kontrolleur auftritt, dann kann man natürlich – also, würde ich auch zumachen umgekehrt und wäre auch nicht so bereit, herauszukommen und mitzumachen, oder? Klar. Und es ist einfach meine Menschenhaltung, die halt eher so ist.

»...EINFACH MEINE MENSCHENHALTUNG...«

– Aber es gibt sozusagen diese öffentlichen Debatten, die quasi Druck auf Sozialhilfeempfänger ausarbeiten, oder? Und das spürt man wahrscheinlich schon auch bei der Arbeit, oder ist das... können Sie das so ein bisschen ausblenden, oder die Arbeit machen, so wie Sie es für richtig halten, müssen Sie sich dann nicht so einschränken halt?

Herr Ruf: Ja dadurch hat natürlich eben die Kontrolltätigkeit zugenommen und ich finde es natürlich auch fatal – also ich meine, es gibt Missbrauchsfälle, habe ich auch schon erlebt. Das ist nichts Schönes. Es gibt Missbrauchsfälle bei den Banken, das gibt es bei den Versicherungen, das gibt es ja überall, oder? Und ich nehme das ein bisschen locker, der Disput, der politische, ist natürlich anders, das weiß ich auch und es ist halt für mich jetzt vor allem lästig, dass ich mehr Kontrollarbeiten machen muss. Aber ich versuche, mich dadurch nicht in diese Ecke drängen zu lassen, und ich meine, dort ist für mich auch noch... es ist auch eine zugespitzte Diskussion, wobei es einfach politisch... um politische Zusammenhänge geht, die so nicht stimmen. Und zum Beispiel auch immer diese Arbeitslosenzahlen und am Schluss schon noch kommt: »Zurzeit beim Arbeitslosenamt gemeldet.« Ich meine, alle, die beim Sozialamt sind, die sind zum Beispiel nicht in diesen Zahlen enthalten, und das ist einfach fatal. Das ist eine Vorspiegelung von falschen Tatsachen. Das macht – und, also die, die so das Gefühl haben, sagen: »Ja, die sitzen einfach auf der faulen Haut.« Also da kann ich cool reagieren, weil ich möchte einmal einen von diesen Großmäulern sehen,

---

1 | »Gopferdeckel« ist ein (mildes) schweizerdeutsches Fluchwort.

wenn er ein Jahr lang so leben müsste. Ich meine, drei Monate, auch ein halbes Jahr, das geht noch. Aber irgendwann kommt das Zeug, das man auch sonst wieder braucht, und dann wird es schwierig und mit so einem – mit dem Wohnungsansatz, den wir einer Einzelperson geben, um eine Wohnung zu haben – also 800 Franken – und dann ist man noch so viel zu Hause, das möchte ich... also, außer ich hätte gerade Glück, aber dann hat nicht einmal die Wohnung, die einem eigentlich eine gute Atmosphäre bietet, und hat dann auch keine Kohle, um hinauszugehen und am sozialen Leben teilzunehmen, also das stelle ich mir gar nicht lustig vor.

Herr Ruf gibt hier ein differenziertes und kritisch reflektiertes Bild seines beruflichen Alltags wieder. Er kehrt die unschönen und mangelhaften Aspekte nicht unter den Tisch und redet den Umgang mit einer oft schwierigen Klientel nicht schön. Hier geht es oft genug nur noch um die Verwaltung von hoffnungslosen, da nicht mehr in den Arbeitsmarkt und die Normalbiographie funktionierender Erwerbstätigkeit integrierbaren Personengruppen, und Herr Ruf verneint auch nicht, dass er oft genug Kontrollfunktionen übernehmen und Sanktionen aussprechen muss, spricht dann aber gleich wieder in der Hauptsache von den kleinen Erfolgserlebnissen des Berufsalltages, die ihm die ganze Sache doch erträglich machen. Insgesamt scheint seine Berufszufriedenheit recht hoch und gefestigt zu sein. Dennoch können wir aus seinen Äußerungen herauslesen, dass es auch in seinem Amt, ähnlich wie bei seinem deutschen Pendant, eine hohe Personalfluktuation gibt. Allerdings handelt es sich nicht um die gleichen Dynamiken und Motivationen.

»UND IRGENDWANN REICHT ES DANN VIELLEICHT AUCH MAL«

– Sie haben vorher gesagt, Sie können sich auch an kleinen Erfolgen freuen, und das klang auch so, dass es wichtig ist, damit Sie Ihre Arbeit nach wie vor machen können, machen wollen. Wie ist denn das mit Ihren Kollegen, Kolleginnen, ist da eine hohe Fluktuation, oder das hört sich doch sehr belastend auch an?
Herr Ruf: Ja, es ist jetzt schon so, dass die Jungen, die halt kommen, gehen dann nach ein paar Jahren meistens wieder, weil es ist natürlich eine sehr gute Grundausbildung, wo man eigentlich die ganzen sozialrechtlichen Zusammenhänge hat. Und irgendwann reicht es dann vielleicht auch mal. Ich bin 58... äh... also da habe ich es eigentlich gleich, wie meine Klienten. Es ist schwierig, zu wechseln. Aber das sage ich jetzt nicht nur aus Frust heraus, aber es ist auch ein Fakt. Ich meine... gut, ich käme aus einem Arbeitsprozess heraus, es wäre anders, um etwas zu finden, als wenn jemand schon ausgestiegen ist und alles, aber... also für mich stimmt es jetzt einfach noch, ja.
– Haben Sie denn das Gefühl, man wird dafür angemessen bezahlt, für die Belastung, die man da trägt, diese Verantwortung, die man da trägt für andere Leute, oder...?
Herr Ruf: Das ist für mich okay. Nein, auch die Wertschätzung von der Leitung, die ist für mich okay.

Herr Ruf bestätigt also, dass die »Jungen«, die im Sozialamt ein paar Jahre verbracht haben, sich des Öfteren wegbewerben und zu anderen Arbeitgebern gehen. Auch er selbst hat durchaus mit solchen Gedanken gespielt, bei seinem fortgeschrittenen Alter aber eingesehen, dass es nicht leicht sein würde, eine ähnlich gut bezahlte und sichere Stelle woanders zu finden. Und da er nochmals betont, wie zufrieden er mit den Arbeitsbedingungen ist, verspürt er auch gar keinen Druck zu wechseln. Aber auch bei den »Jungen«, die weggehen, geht es wohl nicht nur um eine mit dem deutschen Pendant vergleichbare Motivlage. Wie Herr Ruf hervorhebt, haben sie in der Regel nach diesen Jahren im Sozialamt eine gute Grundausbildung, zum Beispiel in sozialrechtlichen Belangen, was nicht so klingt, als zöge es sie hin zum Standesamt, zu der Wasserversorgung oder in das Liegenschaftsamt.

»MOMENTE, DIE EINEM EINFACH GUTTUN...«

— Also ich könnte mir einfach vorstellen, bei der Belastung ist es noch relativ schwierig, Leute zu finden, die diese Arbeit machen wollen.
Herr Ruf: Es ist auch... es ist auch eine sehr spannende Arbeit. Also, gut damit sie spannend ist, muss man auch an Verschiedenem Interesse haben, also eben auch an gewissen fremden Kulturen, was heißt Integration und so. Wo kann etwas klemmen? Also irgendwie so etwas aufknacken und zu schauen: Wo gibt es einen Weg, dass man... und dann kann es spannend sein und ich meine, ein Junkie, der mir erzählt, nein, er sei nicht drauf, und ich weiß schon seit zwei Jahren, er ist drauf, und irgendwann ist es dann halt so weit, dass er trotzdem sagt: »Doch, jetzt muss ich ins MSH [medizinisch-soziale Hilfsstellen] gehen oder so.« Gut, dort habe ich einen langen Hintergrund, mit Notschlafstelle und so. Oder auch wenn man sieht... es gibt manchmal ganz lustiges Zeug. Leute, die sich wie verrückt dagegen wehren, in ein Beschäftigungsprogramm zu gehen, und bei einem Teil bleibt es so und bei einem anderen macht es: Zack! Und er sagt, das täte ihm verdammt gut! Und das sind solche Momente, wo es... die einem halt einfach guttun.

Dadurch, dass die Funktion des Sozialberaters im Schweizer Sozialamt nicht von »Generalisten« für ein breites Einsatzfeld in allen denkbaren Rollen und Funktionen des öffentlichen Dienstes ausgeübt wird, sondern von Berufsleuten, die eine spezifische Ausbildung für soziale Tätigkeiten absolviert haben, sei es eine Fachhochschule oder wie im Falle von Herrn Ruf eine über berufliche Praxis in sozialen Berufsfeldern sukzessive gewonnene Kompetenz, erscheint die Arbeit im Sozialamt auch nicht wie eine Art Strafversetzung in den unattraktivsten Sektor städtischer Verwaltung, aus dem man sich so schnell wie möglich wegzubewerben sucht. Es ist also in der Regel zu erwarten, dass ein Anwärter auf eine Position im Sozialbereich des öffentlichen Dienstes sich aufgrund eines Berufswunsches verbunden mit spezifischen Interessen und Motivationen an einer solchen Tätigkeit bewirbt und weniger in der Absicht, sich so schnell wie möglich auf ganz anders gelagerte Bereiche des öffentlichen Dienstes wegzubewerben. Hier ist also eine gewisse Affinität mit sozialen Berufen, irgendeiner Form sozialen Engagements bei der berufsbiographischen Entscheidung und Weichenstellung erwartbar. Beim deutschen Pendant hingegen wird die in der Attraktivitätsskala für Anwärter im öffentlichen Dienst tief rangierende Anstellung im Sozialamt oft als »schlechtes Los« angesehen, das man so schnell wie möglich »loswerden« will.

Der vorausgehend zitierte Mitarbeiter eines deutschen Sozialamtes optimiert für sich die ihm zur Verfügung stehenden beruflichen Möglichkeiten und wählt seinen Job ganz klar aus einer »Arbeitnehmerperspektive«: Es geht ihm um Lohn, Wohnortnähe, Arbeitsplatzsicherheit etc. und nicht um die Inhalte der Arbeit (»Produzentenperspektive«). Im Kontrast zu seinem schweizerischen Kollegen, der beruflich in verschiedenen Positionen der Sozialen Arbeit tätig war und über diesen Weg in das Sozialamt gekommen ist, zeigt sich die Differenz dieser Einstellungen vor allem an der komplett unterschiedlichen Haltung gegenüber schwierigen Klienten: der Versuch zu verstehen auf der einen, völliges Desinteresse und Genervtsein auf der anderen Seite. Die beiden Fälle verdeutlichen, dass unterschiedliche Rekrutierungswege unterschiedliches Personal anziehen.

Gleichzeitig – und dies zeigt der nachfolgende Beitrag besonders deutlich – gibt es auch innerhalb einer Institution mit dem für sie typischen Rekrutierungsweg völlig unterschiedliche Typen von Mitarbeitenden. Auch hier sind es politische Entscheidungen in Bezug auf die Frage, wer zu welchen Positionen Zugang erhalten soll, die die soziale Wirklichkeit im öffentlichen Dienst vorstrukturieren. Zwei Ausbildner in der Pflege – einer allochthon, einer autochthon – verbindet, wie die Analyse zeigt, zwar (mehr als) eine Gemeinsamkeit: das im öffentlichen Dienst anzutreffende Spezifikum einer nicht rein kommerziellen Funktionslogik, die bestimmte Karrierewege ermöglicht. Während der öffentliche Dienst im vorangegangen Text idealtypisch als »jenseits des kapitalistischen Machtgeschehens« charakterisiert wird, zeigen die nachfolgenden Fälle deutlich, dass bestimmte Formen gesellschaftlicher Macht- und Herrschaftsausübung auch im öffentlichen Dienst wirksam sind.

»Und ich möchte auch die Leute motivieren, einen Gesundheitsberuf zu erlernen«

Zur Bedeutung von »Herkunft«:
zwei Ausbildner in der Pflege im Vergleich

Constantin Wagner

Das in der Überschrift wiedergegebene Zitat stammt von Bhamilan Thevaram, einem Pfleger und Ausbildner von Mitte 30 in einem Schweizer Alters- und Blindenheim, und setzt sich wie folgt fort: »(...) auch mit der Hoffnung, dass Tamilen davon profitieren können. Und auch im Schulwesen gibt es wenige Tamilen, wo als Lehrer oder Lehrerinnen arbeiten, das ist auch ein Nachteil für Tamilen.« In diesem Zitat drückt sich der Wunsch nach Förderung der eigenen »ethnischen« Gruppe und deren Nachwuchs aus. Herr Thevaram wendet sich stark der eigenen Community zu und kümmert sich in ehrenamtlicher Arbeit um viele Personen. Er versucht in verschiedenen Zusammenhängen, andere Tamilen zu motivieren, einen Gesundheitsberuf zu ergreifen. Dies ist vor allem mit der Hoffnung verknüpft, dass Tamilen dann auch als Benutzerinnen und Benutzer besser von Gesundheitsleistungen und anderen öffentlichen Dienstleistungen profitieren können. Neben den praktischen Aspekten, etwa in Bezug auf die sprachliche Vermittlung, scheint hier auch das Moment der Repräsentation der eigenen Gruppe eine besondere Rolle zu spielen. Solange Tamilinnen und Tamilen nahezu ausschließlich in der Reinigung arbeiten, kann sich die Reputation – das soziale und symbolische Kapital – dieser als Gruppe wahrgenommenen Personen nicht erhöhen; darunter leidet dann auch Herr Thevaram. Würden mehr allochthone Personen seinen Beruf auf den entsprechenden Positionen ausüben, wäre die von ihm wahrgenommene eigene »Anomalität« vermutlich auch geringer. Der von Herrn Thevaram geäußerte Wunsch, dass mehr Tamilen und allgemein mehr »Ausländer« in den entsprechenden Berufen und Positionen arbeiten, ist auch eine Reaktion auf eigene biographische Erfahrungen, Problemlagen und erlittene Diskriminierungen.

Die Hoffnung, zu einer menschlicheren (Arbeits-)Welt beizutragen, beschränkt sich aber nicht auf einen erhofften Profit für die eigene Community, sondern ist viel breiter gefasst. So sagt Herr Thevaram:»Ich will etwas für die Menschen machen.« Der Pfleger ist auch bereit, ihm gegenüber skeptisch bis ablehnend eingestellten Patientinnen und Patienten sowie deren Angehörigen Auskünfte über seine Herkunft und Biographie zu geben:

Herr Thevaram: Ja und dann muss ich auch sagen, wer ich bin, was ich mache, und dann staunen sie auch und dann haben sie auch einen großen Respekt mir gegenüber. Ja, das muss ich geben, sonst haben sie das Gefühl: Ja, er nimmt den Arbeitsplatz weg.
– Also Sie müssen viel erklären?
Herr Thevaram: Ja, ich möchte, dass ich – mein Platz, meine Funktion akzeptiert ist. Ich kenne die Patienten, ich kenne ihre Akte, ihre Personalien, ihre Diagnose, ihre Schwächen und Stärken kenne ich alle, oder, und wenn Sie mich nicht kennen, bin ich doch immer noch fremd, um ein Vertrauen aufzubauen, dass ich erzählen kann, wer ich bin, was ich mache und was ich alles gemacht habe. Und das hat dazu geführt, dass sie mir gegenüber großen Respekt haben. Und Blinde sowieso. Als ich den Job gewechselt habe und da haben meine Freunde gesagt: Jetzt hast du einen Vorteil. Jetzt sieht man nicht, welche Hautfarbe du hast.
– Macht das einen Unterschied? Haben Sie das Gefühl, dass das…
Herr Thevaram: Nein, ich fühl mich dort im Blindenheim – das Vertrauen ist schneller aufgebaut als bei Sehenden. Sehende sind skeptisch, misstrauisch, Blinde haben mir gegenüber schneller ein Vertrauen aufgebaut. Ich war erstaunt, ja.

Herr Thevaram reagiert sehr verständnisvoll auf die Skepsis, die ihm entgegengebracht wird. Die Bewohner seien schließlich auch auf seine Unterstützung angewiesen, ebenso wie die Angehörigen:

Herr Thevaram: Sie haben ihre Großmutter oder Mutter bei mir und wollen sicher sein, dass sie in guten Händen sind. Ich habe auch eine Pflicht gegenüber meinem Arbeitgeber, gute Arbeit zu leisten – dann kann ich auch meinen Lohn und Weiterbildungen und so weiter anbringen.

In der sehr bezeichnenden letzten Sequenz des Interviews mit Herrn Thevaram bemerkt dieser, dass es ihm schwergefallen ist, Zeit für den Interviewtermin zu finden, doch»trotz allem, was ich so mache, finde ich es auch wichtig, euch zu unterstützen, auch Problemursachen, ich hoffe, dass ihr mit den Informationen etwas macht und dass das auch zu unseren Gunsten kommt, zu unseren Gunsten: Menschen, nicht nur für Tamilen, nicht nur für Ausländer, sondern für Menschen.« Die zum Teil sehr leidvollen Erfahrungen, die Herr Thevaram machen musste, haben dazu geführt, dass er sich nicht nur gegenüber den Patienten, sondern auch gegenüber den Lernenden, die er betreut, verantwortlich fühlt und ihnen gewisse Erfahrungen ersparen will:

Herr Thevaram: Ich bin jetzt Stationsleiter und Ausbildner, also auf meiner Station bin ich zuständig für die Lehrlinge, die FaGe[1], FaBe[2] machen. Dann – ich bin großzügig mit denen, ich nehme mir mehr Zeit, habe mehr Geduld, wenn die neue Generation ein Beruf erlernt und bleibt und auch erfolgreich abschließt – kann sein, dass Junge nicht motiviert sind oder irgendwelche Probleme haben, was zu dem Alter gehört, und dass wir nicht auch noch sie fertigmachen im Berufsleben, sondern sie auch motivieren. Also Mut geben zuerst einmal, den Beruf zu erlernen. Und bei mir haben sie immer gut durchgekommen und wenn gesagt wird, jetzt wechselst du, jetzt kommst du ins dritte Jahr, ja dann fragen sie: Im dritten Jahr, darf ich wieder bei Bhamilan bleiben und da abschließen? Ja, weil Fehler dürfen sie machen als Lernende und die Verantwortung liegt an den Betreuenden.

Der Stolz, ein beliebter Ausbildner zu sein, aber auch das Engagement für die Patientinnen und Patienten, vor allem aber für die Nachwuchsförderung, verbindet Herrn Thevaram mit Andreas Welti. Herr Welti ist ein 41- jähriger gelernter Pflegefachmann, der seit 1994 am Spital und seit 2003 als Ausbildner tätig ist. Herr Welti hat nun »eigentlich die Verantwortung für die Auszubildenden und Lernenden (...) und die Verantwortung für die Patientenseite. Dort leite ich sie an, also habe viele Anleitungsfunktionen, Beobachtungsfunktionen, Beratung, Coaching, Modelling (...).« Herr Welti ist autochthon, geboren und aufgewachsen in der Region, in der er heute wohnt und arbeitet. Die Ausbildung zur Pflegefachkraft hat er auf dem zweiten Bildungsweg absolviert (und bezeichnet sich selbst als »Spätberufener«), in seinem Erstberuf hat er nur zwei Jahre gearbeitet. Herr Welti übt seinen jetzigen Beruf ebenso wie Herr Thevaram zu 100 Prozent Arbeitszeit aus. Eine weitere Parallele zwischen den beiden Männern ist, dass die Pflege nicht ihr »Wunschberuf« war. Im Hinblick auf die Lebensläufe dieser beiden Personen fällt allerdings vor allem die Unterschiedlichkeit auf. Herr Welti beschreibt seine Motivation, in den Beruf einzusteigen, in folgender Sequenz:

Herr Welti: Ich habe vorher... ha, das ist auch öffentlicher Dienst, ich bin mal bei der SBB gewesen als Disponent, oder, ursprünglich. Das ist mein Erstberuf gewesen. Das ist eine Lehre gewesen mit Eidgenössischem Fähigkeitszeugnis, und habe dann zwei Jahre auf dem Beruf geschafft, und habe dann eigentlich den Wunsch gehabt, Richtung Sozialarbeit etwas zu machen. Das ist ein wenig mein Alter gewesen da, 22, hohe Ideale, oder, und so das Gefühl gehabt, jetzt: Die Welt braucht mich. Aber die Welt hat mich nicht gebraucht. Und dann habe ich so Verschiedenes gemacht, ich habe beim Asylbewerberzentrum geschafft zwei Jahre, ich habe in einem Kinderheim geschafft ein Jahr, ich habe verschiedene Sachen gemacht.
— Aha, aber nur dann als Job, ohne Ausbildung?
Herr Welti: Richtig. Ja. Also Asyl... das Asylwesen ist da noch recht in den Kinderschuhen gesteckt. Dort hat es noch gar nicht Ausbildungen dazu gegeben, und dann habe ich ein-

---

1 | Fachangestellte Gesundheit (FaGe).

2 | Fachangestellte Betreuung (FaBe).

fach immer so kursweise gemacht, entweder von der Caritas aus oder, oder... halt von verschiedenen Instituten, wo das angeboten haben und... aber ich bin zu jung gewesen. So die Mindestanforderung für das Alter wäre 26 gewesen damals. Das hat der Kanton vorgegeben. Und ich bin 22 gewesen und habe eine Sonderbewilligung gehabt.

— Um da zu schaffen?

Herr Welti: Ja. Zum dort schaffen quasi. Ja, das ist sehr speziell gewesen. Es ist einfach die Not gewesen; also sie haben Leute gebraucht, definitiv.

— Das sind die 90er Jahre gewesen?

Herr Welti: Ja, genau. Ja, genau. Das ist dort... Ich bin weg vom Beruf im '91, das ist '92, '93 gewesen. (...) Das ist der Bosnienkonflikt und Kosovo so ein bisschen, es hat viel Leute von dort gehabt. Also vor allem die Hauptethnien sind von dort gewesen. Und dann auch Somalia ist dort grad auch sehr akut gewesen. Ja, und *dann* bin ich erst dann eigentlich, dann habe ich dann so ein wenig dem sozialpädagogischen, Sozialarbeiterbereich ein bisschen den Rücken gekehrt; ich habe mich nie eigentlich so durchgerungen, zum wirklich die Ausbildung dann anzufangen. Und *dann* bin ich erst auf die Pflege gekommen. Über meine Schwestern, die sind beide Pflegefachfrauen, die sind Zwillinge und die haben dann... und so bin ich dann darauf gekommen, dass Männer... Männer überhaupt in der Pflege auch ein – wie sagt man? – eine Daseinsberechtigung haben.

Herr Welti gibt sich im weiteren Gesprächsverlauf nicht nur äußerst zufrieden mit seiner Arbeitssituation – er hinterlässt auch den Eindruck eines »Angekommenen« – seitdem er in der Pflege arbeitet, hat er über mehrere Stationen eine sukzessive Verbesserung seiner beruflichen Position und Wertigkeit erfahren, auch hinsichtlich der Kompatibilität seiner Arbeit mit dem Privatleben (Wegfall von Spät- und Nachtschichten; Einstufung in eine höhere Gehaltsklasse). Zudem scheint der Familienvater finanziell relativ gut aufgestellt. Die Aussagen des Befragten sind von einer großen Zufriedenheit mit seiner Arbeits- und Lebenssituation durchzogen. Er schätzt seinen Arbeitsalltag als zwar grundsätzlich intensiv und die Bedingungen nicht optimal, jedoch als gut zu bewältigen ein. Mit den steigenden Anforderungen, von denen er berichtet, scheint er sich arrangiert zu haben, auch wenn er teilweise Kritik an bestimmten Veränderungen vorbringt.

Einen biographischen Aufstieg hat auch Herr Thevaram gemacht: In den 1990ern hätte er noch ein Klient von Herrn Welti sein können. Herr Thevaram wirkt denn auch zu Beginn des Gespräches, anders als Herr Welti, sehr bescheiden und zurückhaltend. Zunächst ist seine Unsicherheit im Gespräch spürbar; danach redet der Befragte viel und – auch über sehr emotionale Momente – offen. Heute hat Herr Thevaram eine gewisse Position erreicht; er muss sich nicht mehr alles gefallen lassen, auch wenn er immer noch ein sehr anstrengendes Leben hat und stets viel arbeiten und kämpfen muss. Herr Thevaram ist zum Zeitpunkt des Interviews 35 Jahre alt; er ist 17 Jahre zuvor als Asylbewerber aus Sri Lanka in die Schweiz gekommen und durfte zunächst nur im Reinigungswesen und der Gastronomie arbeiten. Auch heute ist er noch nicht »am Ziel«: Er überlegt, noch

zu studieren, und befindet sich auch zum Zeitpunkt des Interviews in einer Wei-
terbildungsmaßnahme. Herr Thevaram setzt sich für viele andere Menschen ein:

> Herr Thevaram: Auch wollte ich, die Dankbarkeit war groß und ich wollte auch zurückgeben.
> Und ich wollte nicht, dass das ein Tamile erlebt, oder überhaupt ein Mensch erlebt, was
> ich erlebt habe. (.) Da habe ich von Anfang an auch Deutsch gelernt, versucht, mit meinen
> sehr schlechten Deutschkenntnissen sprachlich zu helfen, zu begleiten. Ich konnte enorm
> viel Erfahrungen sammeln, mit meinen schlechten Deutschkenntnissen als Dolmetscher,
> als Begleiter. Viele Tamilen lebten hier einzeln, hatten keine Angehörigen und so. Und ich
> war immer wieder Bezugsperson für diejenigen, die ich begleitet hatte, und auch als ich im
> Spital arbeitete und auch intern wohnte, hatte ich auch keine Familie damals und wohnte
> intern, immer wieder, wenn ein Tamile dort lebte, stationär, habe ich ihn besucht, nach der
> Arbeit ein paar Worte getauscht, auch Kleider gewaschen. Sie hatten keine Angehörigen
> und auch (.) ja. Ich habe auch einen Mann gehabt, der niemanden hier hatte, war im Spital
> auf der Intensivstation und dann hat er das nicht überlebt, er war schwer krank. Ja, da hatte
> ich auch die Rolle als Angehöriger, ihn zu beerdigen. Ja. (.) Das ist... keiner ist allein, das
> ist das Motto.

Gefragt nach der Bedeutung, im Spital zu arbeiten, ist es für Herrn Welti klar, dass
es sich um ein »großes Haus« handelt. Es gibt keinen besonderen Stolz auf die
Zugehörigkeit zu diesem Unternehmen; seine Zufriedenheit leitet sich vielmehr
aus der eigenen Position ab. Mit der Ausbildner-Rolle ist eine Wertschätzung verbunden, die sich auch in einer höheren Lohnklasse ausdrückt. Für Herrn Thevaram hingegen hat der Gesundheitsbereich an sich eine spezielle Bedeutung, und
die Motivation, in diesem zu arbeiten, ist ganz klar definiert: Das Spital war der
Ort, an dem er (als Patient) in der Schweiz das erste Mal Anerkennung erfährt
und in Kontakt zu autochthonen Schweizerinnen und Schweizern kommt. Durch
eine ernsthafte Krankheit hat er erstmals »legitime« Ansprüche gegenüber dem
schweizerischen Sozialsystem:

> Herr Thevaram: Ja, ich... Eben, (...) als Patient fühlte ich mich akzeptiert, weil die Ärzte auf
> mich zukamen im Zimmer, auf Visite, und sie mich dann gepflegt und behandelt haben. (...)
> Später im Beruf habe ich auch angefangen – Patiententransporte ist der erste Kontakt mit
> den Patienten gewesen, zweitens als Praktikant Tee zu verteilen im Zimmer, aufzuräumen,
> Spaziergänge zu machen – fühlte ich mich auch akzeptiert, immer mehr.

Während Herr Welti im Rahmen seiner Ausbildung Pflegedienst und Pflegeheim
kennengelernt hat, nun aber im Spital arbeitet, wurde Herr Thevaram im Spital
beruflich kaum gefördert und wechselte aus diesem Grund ins Pflegeheim. Doch
die unterschiedlichen Herkünfte sind nicht nur für die jetzige berufliche Position oder die Motivation, sich in der Ausbildung und für die Patientinnen und
Patienten zu engagieren, sondern vor allem auch in den biographischen Pfaden
hochgradig präsent.

ZWEI UNTERSCHIEDLICHE BIOGRAPHIEN

Herr Weltis Vater war Stickerei-Zeichner, die Mutter hatte nach einer Berufsleh-re im kaufmännischen Bereich gearbeitet. Nach seinem bereits beschriebenen beruflichen Engagement im Bereich der Sozialen Arbeit und der im Anschluss erfolgten Pflegeausbildung absolvierte Herr Welti eine Fortbildung zum Ausbild-ner. Er ist verheiratet und hat zwei Kinder (im Alter von drei und sechs Jahren), seine Partnerin ist im Bildungsbereich beschäftigt und zu 20 Prozent berufstätig. Im Job verfügt er über ein hohes Maß an Autonomie und kann auch Einfluss auf seine Arbeitszeit nehmen. Herr Welti kann sich durch seinen beruflichen Aufstieg die Arbeit angenehmer machen. Es scheint ihm wichtig zu sein, dass er keine Spät- und Nachtdienste mehr absolvieren muss: »Und jetzt, als Familie, jetzt habe ich Kinder, oder, jetzt ist auch wieder anders, oder. Jetzt will ich das wie nicht mehr unregelmäßig zu arbeiten. Also für mich ist das keine Option, direkt in die Pflege.«

Das hört sich bei Herrn Thevaram ganz anders an, auch wenn seine Familie ihm ebenfalls sehr wichtig ist:

Ich will mal ein Jahr nicht lernen müssen. Arbeiten, Geld verdienen, Familie verwöhnen, Zeit für die Kinder haben, ja. Nebenbei habe ich noch versucht, auf freiwilliger Basis ein Gesundheitsnetzwerk aufzubauen unter Tamilen, diejenigen, die im Gesundheitsbereich arbeiten. (.) Ja, da möchte ich etwas erarbeiten, für die Tamilen. Es gibt auch, jetzt neu, studierte Tamilen, Ärzte, auch ein Kollege, der von Anfang an im Vorstand ist, hat Pflege-wissenschaft studiert.

Der Wunsch, neben dem Beruf und der Fortbildung mehr Zeit für die Familie zu haben, steht immer in direkter Konkurrenz zu seinem politischen und gesell-schaftlichen Engagement. Herr Thevaram hat immer wieder Erfahrungen kon-kreter Beschränkungen seiner (beruflichen) Wahlfreiheit gemacht:

Ich durfte keine Schule besuchen, nur (.) Teller waschen oder Plätze putzen. (.) Dann war ich knapp volljährig und musste mein Brot selber verdienen. Und dann war ich schon im Spital, im Reinigungsdienst. Da habe ich immer wieder versucht, eine Ausbildung zu machen. Die Schulen gaben mir keine Möglichkeit, mit meinem N-Ausweis[3] – eben ich darf nur arbeiten im Reinigungswesen. Musste ich immer wieder warten, warten. Dann habe ich tagsüber geputzt und am Abend Deutschkurse besucht, wo mir nicht viel gebracht hat, weil ich im Alltag nie anwenden konnte.

---

3 | Den N-Ausweis erhalten in der Schweiz Personen, die ein Asylgesuch gestellt haben und im Asylverfahren stehen. Während dieses Verfahrens haben sie zwar ein Anwesen-heitsrecht in der Schweiz, ihnen wird aber nur unter bestimmten Umständen eine unselbst-ständige Erwerbstätigkeit erlaubt.

Herr Thevaram kommt im Laufe des Gespräches auf diese Zeit zurück, die eine enorme Erfahrung von Unfreiheit für ihn darstellt; er kommt überhaupt nicht in die Situation, sich der Illusion hingeben zu können, sein (beruflicher) Weg sei frei gewählt. Dies kommt besonders deutlich zum Ausdruck, wenn er sagt: »Die Behörden entschieden, wo wir leben und in welchem Bereich wir arbeiten.« Herr Thevaram bekommt zu spüren, dass er in der gesellschaftlichen Hierarchie ganz unten steht und in der Regel nicht als autonomes Subjekt behandelt wird. Ausgerechnet als Patient im Spital hat er das erste Mal das Gefühl, als solches behandelt zu werden (siehe oben). Vor dem Hintergrund einer in der Regel asymmetrischen Gesprächssituation zwischen Ärzten und Patienten kann dies Aufschluss darüber geben, welcher Art und Weise die vorangegangen Interaktionen mit der »Mehrheitsgesellschaft« waren:

Herr Thevaram: Ja, die ersten zwei Monate war ich in einem Durchgangszentrum. Und dann musste ich mir einen Job suchen. Da war ich schwer krank im Durchgangszentrum, war auch im Spital, ähm – das Spital war der einzige Ort, wo mich akzeptiert hat. Das Gefühl habe ich bekommen, sonst war überall die Ausländerfeindlichkeit groß. Wir vor allem mit dunkler Hautfarbe waren auffällig, hier sind wir nicht willkommen. Aber im Spital fühlte ich mich akzeptiert, drum wollte ich auch gleich im Spital einen Job finden, was mir auch gelungen ist.
— Also der erste Kontakt zum Spital war als Patient?
Herr Thevaram: [Nickt] Dann habe ich insgesamt fünf Jahre im Reinigungsdienst gearbeitet, in verschiedenen Bereichen. Unterirdischen Kanal reinigen, Nachtreinigung, Pathologie, wo die Obduktion stattfindet – auch in der Nacht reinigen, da war ich zu jung, hatte Angst und so. Ich habe immer wieder versucht, eine andere Stelle zu bekommen. Je nachdem, wenn man Glück hat, sitzt eine richtige Person am Posten, oder wenn ein falscher sitzt, kann man es vergessen. Da habe ich Pech gehabt am Anfang, der sagte: »Du musst Deutsch lernen.« Da habe ich gesagt: »Ja, ich habe Deutsch gelernt. Sehen Sie meine...« Ja, dann hat er Dialekt geredet und ich: »Bitte, was haben Sie gesagt?« Und er: »Siehscht, da kummscht nit drus, was i säg.« Danach habe ich, obwohl die Aufnahme als Pflegeassistent bestanden, konnte die Schulleiterin mich nicht aufnehmen damals mit meinem Ausweis. Dann hat es einen Wechsel gegeben in der Schulleitung, dann ja, nahm er mich auf mit Ausnahme. Dann durfte ich die Schule machen zum Pflegeassistent. Und dann habe ich das zweijährig gemacht. Das war eine Grundlage, weiter aufzubauen. Dann habe ich ja, geheiratet, bekam ich die Tochter. Damals habe ich gut abgeschlossen, mit guten Noten, hätte ich gleich weitermachen können zum Pflegefachmann, aber die Schule nahm mich nicht auf, weil ich keine B- oder C-Bewilligung[4] hatte. Da habe ich schon immerhin ein »F« gehabt – »F« ist vorläufige Aufnahme. Sie nahmen mich nicht auf, dann habe ich geheiratet und bekam ein

---

4 | Einen B-Ausweis erhalten in der Schweiz Ausländerinnen und Ausländer, die sich für einen bestimmten Zweck längerfristig mit oder ohne Erwerbstätigkeit in der Schweiz aufhalten. Den C-Ausweis gibt es für »Niedergelassene«, denen nach einem Aufenthalt von fünf oder zehn Jahren in der Schweiz diese Bewilligung erteilt worden ist. Das Aufenthaltsrecht ist unbeschränkt und darf nicht an Bedingungen geknüpft werden.

Kind und konnte nicht mehr als Schüler, mit einem Schülerlohn leben. Dann habe ich die Ausbildung zum Pflegefachmann mit DN I, mit Diplomniveau 1, abgeschlossen.

Aus dieser und vielen anderen Passagen des Interviews wird auch deutlich, dass Herr Thevaram – zumindest in seiner Wahrnehmung – der Willkür einzelner Personen ausgesetzt ist, die über seine Zukunft (mit-)entscheiden können. Seine (Berufs-)Biographie erscheint ihm selbst eher als »Durchwursteln« denn als Möglichkeit, verschiedene Dinge auszuprobieren (wie bei Herrn Welti); er muss jeweils die Chancen nutzen, die er sich erkämpft hat. Das heißt nicht, dass Herr Thevaram kein Ziel hätte, wohl aber, dass er Beschränkungen bei der Verfolgung desselben ganz konkret erfährt. Bei ihm lässt sich ein Pragmatismus erkennen, der die realen Möglichkeiten antizipiert. Gleichzeitig macht er immer wieder die Erfahrung, dass auch dieses pragmatisch gesetzte Ziel sich nur über Kämpfe und Entbehrungen – die andere nicht erleiden müssen – erreichen lässt. Bei aller scheinbaren Zufälligkeit ist ein klares Muster in seinem beruflichen Werdegang erkennbar: Er hat nach einem Schlüsselerlebnis im Spital beschlossen, an diesem Ort Fuß zu fassen, und verfolgt diese Strategie seither konsequent.

Zunächst entschieden die Behörden darüber, wo Herr Thevaram arbeiten durfte. Schließlich kam er in die Betagtenpflege, obwohl er sich eigentlich nie vorstellen konnte, in diesem Bereich zu arbeiten.

Herr Thevaram: Obwohl Gerontologie, Betagtenpflege, sagte mir damals nicht viel. (.) Ich habe mir nie vorstellen können, in dem Bereich zu arbeiten. Aber, das ist Gewöhnungssache. Daran gewöhnt man sich, ich habe mich auch wohl gefühlt.
– Aber warum kam der Wechsel vom Kantonsspital zu dem Pflegeheim?
Herr Thevaram: Weil im Kantonsspital – der Kanton war nicht bereit, mich (.), die Ausbildung zu unterstützen, den zweiten Bildungsweg.

Während Herr Welti uns mit einem gewissen Stolz erzählt, dass man die Ausbildung – bis zum Zugang zur Fachhochschule – sowohl berufsgestützt als auch schulgestützt absolvieren kann, ist für Herrn Thevaram der schulische Weg schon allein aufgrund der Finanzierung nicht möglich. Das öffentliche Spital wollte ihn nicht bei einer berufsbegleitenden Ausbildung unterstützen und so fand er einen Job in einem Blinden- und Alters-Pflegeheim, wo man seine Weiterbildungswünsche unterstützte, allerdings auch nur bis zu einem gewissen Grad – zum Zeitpunkt des Gespräches durchläuft Herr Thevaram parallel zur Erwerbsarbeit eine privat finanzierte Fortbildung. In der symbolischen Hierarchie der Gesundheitsorganisationen sind die Spitäler oberhalb der Pflegeheime angesiedelt, polemisch gesagt: Während im Spital Humankapital wieder fit gemacht werden kann, werden im Heim nur noch Ausgaben getätigt, insofern als dass Heimbewohner vermutlich nicht mehr in die im ökonomischen Sinne produktive Sphäre zurückkehren werden. Es ist vor diesem Hintergrund vermutlich kein Zufall, dass Herr Thevaram als Angehöriger einer mit wenig symbolischem Kapital ausgestatteten

Gruppe in einer weniger angesehenen Institution des Gesundheitssystems seinen Platz gefunden hat.

Herr Thevaram beschreibt seine momentane Position als Konsequenz von Anstrengungen gegen einen unterprivilegierten Status. Er muss stets dafür kämpfen, dass »sein Platz akzeptiert« ist. An anderer Stelle des Interviews kommt er auch auf Probleme mit Kollegen zu sprechen, die Schwierigkeiten haben, ihn als Vorgesetzten zu akzeptieren. Rassistische Abwertungsversuche bleiben für ihn somit trotz sozialen Aufstieges nicht aus, setzen ihm aber weniger zu als zuvor, als ihm noch eine basale Anerkennung verwehrt war:

Herr Thevaram: Nein, auf der anderen Seite ist es auch ein Kampf, wie viele Afrikaner sagen: Als Schwarze müssen sie ständig kämpfen, zu bestätigen, dass sie doch auch etwas können. Ist ja auch vielleicht, auch bei mir vielleicht, auch als ich den Putzlappen in der Hand hatte, habe ich gedacht: Ich muss denen sagen, dass ich auch mehr kann als putzen. Da schon, aber heute nicht mehr, heute kämpfe ich nicht mehr, um mich zu bestätigen, ich kann besser wie du oder ich kann auch so wie du. Das habe ich nicht mehr nötig, nein, ich kann auch morgen wieder putzen gehen, kein Problem. Aber die Bestätigung hatte ich nötig damals.

Während Herr Welti sich anerkannt fühlt und gerade dies auch an seinem Job schätzt, kreist das Interview mit Herrn Thevaram rund um das Thema mangelnde Wertschätzung. Auch in Bezug auf die Zukunftsplanung haben Bhamilan Thevaram und Andreas Welti unterschiedliche Perspektiven. Herr Welti erzählt:

Herr Welti: Und im Moment ist für mich schon die Frage: Was ist meine Perspektive, oder, so ein wenig. Der nächste Schritt wäre (.) eine Berufspädagogen-Ausbildung an der Fachhochschule. Wenn ich wirklich in die Unterrichtstätigkeit einsteigen will, oder. Also dort sind einem dann so (.) ja, kommt man dann schon an Grenzen als Ausbilder, oder so, perspektivenmäßig.
— Also es geht dann nicht weiter im Spital?
Herr Welti: Im Spital, eben höchstens ins Team Aus-, Fort- und Weiterbildung, oder. Als Ausbildungsbeauftragter. Und das bin ich schon mehrmals angefragt worden, ob ich das will. Wäre eigentlich auch logisch von meinem Dienstalter her. Aber äh... die schaffen einfach... die krampfen sich einfach auch kaputt. Die haben einfach dort... die haben auch zu tun, die haben wirklich zu tun.
— Also noch weniger geregelt, als was Sie gerade haben?
Herr Welti: Ja. Also die sind in ihrem Büro natürlich hauptsächlich und coachen natürlich. Aber eben, die machen viel Überzeit, ich weiß das, oder. Ich schaffe sehr eng mit ihnen zusammen, oder.
— Das heißt, das ist ein bisschen Selbstschutz bei Ihnen, dass Sie da noch nicht nachgegeben haben?
Herr Welti: Absolut. Absolut. Ja. Ich habe der Familie Priorität gegeben. Ganz klar. Ich habe gefunden, ich will mehr für die Familie da sein. Ich schaffe ja 100 Prozent, oder, und ist so

schon, alles unter einen Hut zu bringen, schwierig zum Teil. Aber das wäre... da hätte ich gefunden, nein. Das ist dann Selbstschutz, absolut, ja. Und drum bin ich so ein wenig wie (.) ja, ich habe *sehr* Freude an der Ausbildner-Funktion, ich mache es *sehr* gern.

MANN-SEIN IN DER PFLEGE

Während seine Geschlechtszugehörigkeit für Herrn Thevaram in Bezug auf seine Arbeit ein absolut untergeordneter Aspekt zu sein scheint, ist dies ein Punkt, auf den Herr Welti wiederholt zu sprechen kommt. Herr Thevaram befindet sich eben noch in einer anderen und für ihn sehr viel gründlicheren »Legitimationskrise«: Die Ethnizität überschattet in seinem Bewusstsein andere Differenzkategorien. So kommt es zu einer im Vergleich auffälligen Abwesenheit dieses Themas. Während die Geschlechtszugehörigkeit in Herr Thevarams Beschreibung seines Alltags also keine Rolle spielt, weil sie von einer anderen Kategorie – Ethnizität bzw. Nationalität – überlagert wird, ist sie in der sozialen Realität durchaus wirkmächtig: Herr Thevaram wäre als Frau doppelt marginalisiert. Er berichtet selbst von Tamilinnen, die trotz Studium entweder in der Reinigung oder dem häuslichen Umfeld arbeiten. Sowohl in Bezug auf Herrn Thevaram als auch in Bezug auf Herrn Welti gilt die Frage: Wäre ein solcher Aufstieg auch für Frauen möglich gewesen?

Für Herrn Welti ist »Mann zu sein in der Pflege« offenbar während seines gesamten Berufslebens im Krankenhaus ein Thema und damit auch subjektiv bedeutsam. Für die Fremdheit seines Umfeldes gegenüber Männern hat er keine generelle Erklärung. Männer springen seiner Meinung nach auf die FaGe-Ausbildung nicht an, weil auch Wäschebewirtschaftung, das Zubereiten von Mahlzeiten oder die Reinigung und ähnliche Aufgaben zum Tätigkeitsbereich zählen.[5] Die Akademisierung der Pflege scheint seiner Ansicht nach in dieser Hinsicht keine Veränderung nach sich zu ziehen. Herr Welti berichtet interessanterweise auch davon, dass es mit Männern besonders häufig Ausbildungsprobleme gebe, gerade auch auf der Stufe der FaGe (»Es gibt auffallend viele Ausbildungsprobleme mit Männern. Dass die einfach wie irgendwie den Rank nicht finden.«). Er fühlt sich selbst aber als eine kleine »Lobby« für diese Mitarbeiter.

Herr Welti: Ja ja, ich bin immer wieder konfrontiert gewesen in den Jahren so mit ein wenig... einfach so ein wenig..., halt »Männer in der Pflege«. Da bin ich natürlich immer wieder konfrontiert gewesen, oder. Das ist immer noch ein Thema, wo sehr speziell ist, oder.
— Jetzt von Seiten der Patienten oder von Seiten der Kollegen?
Herr Welti: Also von Seiten der Kollegen nicht mehr so, also von Seiten von Patienten habe ich es immer noch so ein bisschen gemerkt, *mehr* so ein wenig: die Attraktivität für Män-

---

5 | Herr Thevaram arbeitete selbst in der Reinigung und erlebt die Grenze zu Tätigkeiten in der Hauswirtschaft möglicherweise weniger deutlich.

ner, den Beruf zu vermitteln. Das ist für Männer immer noch nicht so ein attraktiver Beruf, also wir haben... der Männeranteil ist immer noch sehr gering. In Prozentzahlen weiß ich es nicht, aber ich bin der Einzige gewesen in meinem Kurs zum Beispiel, als Mann, in der Ausbildung.

Obwohl Männer nach wie vor wesentlich seltener in pflegenden Berufen zu finden sind, scheint es zumindest von Seiten der Teams hier keine Aversionen gegenüber diesen zu geben: Im Gegenteil, viele weibliche Mitarbeitende berichten in unseren Interviews, wie glücklich sie über männliche Kollegen wären oder sind. Die Anwesenheit von Männern wird also häufig wertgeschätzt, vermutlich auch, weil sie einen positiven Effekt für die Patienten haben kann.[6]

GEMEINSAMKEITEN

Trotz der offenkundigen Unterschiede verbindet die beiden Pfleger und Ausbildner mehr als die Tatsache, dass sie in einem ähnlichen beruflichen Umfeld arbeiten. Nicht nur, dass für beide die Pflege eine »zweite Wahl« war: Beiden ist ein Umfeld wichtig, welches es zulässt, dass sie für ihre Auszubildenden da sein und diese unterstützen können. Beide beziehen ihre Arbeitszufriedenheit und ihren Berufsstolz über diese Aufgabe. Dabei verfolgen sie durchaus ähnliche Werte; die Weitergabe von Wissen und Kompetenzen ist beiden äußerst wichtig. Wenn Herr Welti sagt, dass die Schülerinnen und Schüler eine ausgeprägte Wahrnehmungsfähigkeit haben müssen und gut mit den Patienten kommunizieren sollen, ist das ein Satz, den auch Herr Thevaram hätte sagen können. Gleiches gilt für folgendes Zitat:

Herr Welti: Also was ich halt immer wieder eine Herausforderung finde und wo ich schön finde und wo mir Freude macht, wenn es klappt, ist halt, wenn ich auch eher schwierige Lernende oder mit schwierigen Schülersituationen, wenn die sich erfolgreich entwickeln oder also gut entwickeln, so ein wenig. (.) Ich bin dort relativ - wie soll ich sagen - ich bin halt ein sehr ressourcenorientierter Mensch, oder, und schaue eigentlich, schaffe sehr ressourcenorientiert. Und habe wahrscheinlich die Gabe, dass ich sehr viel halt Ressourcen sehe in den Leuten auch, oder, und die ein wenig herausfordern kann und ein wenig fördern kann, oder. Und für mich natürlich eine große Genugtuung ist, ja, wenn solche Lernenden, wo ja vielleicht von den Ressourcen her nicht die optimalsten Voraussetzungen haben, wenn

---

6 | Bei allochthonen Mitarbeitenden hingegen ist die Tatsache, dass sie in einigen beruflichen Positionen unterrepräsentiert sind, offensichtlich kein hinreichender Grund dafür, dass sie besonders begehrte Arbeitskräfte wären. Dies mag an dem unterschiedlichen gesellschaftlichen Status liegen, den die jeweiligen »Bezugsgruppen« von Patienten, denen die Anwesenheit von Männern bzw. Allochthonen vermutlich besonders zugutekommt, innehaben.

die eine erfolgreiche Ausbildung machen können. Und dort sehe ich dann schon ein wenig meinen Beitrag drin, oder, und das macht mich natürlich stolz, oder. Oder wenn ich dem Team vermitteln kann, he, versucht es auch mal ein bisschen anders anzuschauen, oder, also dort eben wieder, wenn ich dort Erfolg habe in dem Sinn von, ja, dass halt der Stress nicht auf die Schüler abgewälzt wird und dann nicht nur problemorientiert geschafft wird, oder. Und gewisse Frustrationen halt sich dann dort abladen, oder, und dann nur *das* sieht, was nicht gut gewesen ist, wo es halt nicht klappt, oder.

Während Herr Thevaram ständig zwischen verschiedenen Gruppen vermittelt, definiert auch Herr Welti seine Arbeit im Wesentlichen über seine Rolle als Bindeglied (zwischen den Auszubildenden und den (qualifizierten) Beschäftigten der Station) und hebt dabei Fähigkeiten wie Verhandlungsgeschick, Empathie und Improvisationsvermögen hervor:

— Ich hätte jetzt noch eine Frage zu Ihrer Betreuungsaufgabe. Wie müssen Sie die machen, dass sie gut gemacht ist, also dass das von außen wahrgenommen wird, das ist jetzt… das hat er jetzt gut gemacht sozusagen. Was müssen Sie da schauen?
Herr Welti: (.) Mmh. (.) Also ein Ausbildner wird natürlich an der Leistung von den Schülern gemessen. *Das* kommt stark rüber so in der Allgemeinheit vom Team zum Beispiel. Was ist, was natürlich auch wieder immer gut ankommt, ist, wenn sie merken, ich gebe so ein wenig Sachen weiter, wo ich selber gelernt habe, also ans Team auch. Also dass ich auch das Team schule immer wieder so im Bereich eben, wie müssen *sie* quasi die Lernenden, Auszubildenden begleiten, oder. Also sie eigentlich eher in den pädagogischen Aufgaben ein wenig anleiten, oder. Oder auch mal dort einen Input geben, so ein wenig. *Das* kommt gut an. Und dann denke ich, ist einfach der *enge*, sehr enge Kontakt zu den Teammitgliedern, wo ja viel Betreuungsaufgaben wahrnehmen von diesen Lernenden, wo wir ja sonst nicht abdecken können, der wird sehr geschätzt und der macht es glaub aus, dass ja, die Arbeit vom Ausbildner sehr geschätzt wird eigentlich. Dass man mich wahrnimmt und spürt und auch als guten Ausbildner bezeichnet, oder.
— Das heißt, Sie sind so ein bisschen auch in einer Mittlerrolle zwischen…
Herr Welti: Ja absolut. Ich bin natürlich auch total in einem Interessenskonflikt, oder, in dem Sinn, oder. Also manchmal hat durch die tägliche Belastungssituation für eine normal Ausgebildete hat natürlich (.) Betreuungsaufgaben wie *zweite* Priorität, oder, von einer Lernenden, Auszubildenden, und für mich hat sie *erste*, von meiner Rolle, und von daher bin ich natürlich auch… braucht es großes Verhandlungsgeschick, oder. Und viel Empathie für die Leute, wo sind sie und abzuholen und zu schauen, he, was ist dein Problem, was ist dein Dilemma und wie können wir jetzt im Moment die Situation anschauen.
— Ist da Zeit dafür da, so was anzugehen, anzusprechen?
Herr Welti: Das wird irgendwie ein wenig eben hochgerechnet mit diesen eineinhalb Tagen indirekte Betreuungsaufgaben, also das sind… nein, das muss auch ich wieder priorisieren, wie viel investiere ich? Und ich habe mittlerweile gemerkt als Ausbildner, he, wenn ich ins Team investiere, dann wirft es das wieder zurück auf meine… also *ich* habe es natürlich dann einfacher, also weil ich investiere relativ viel ins Team, weil ich weiß, das sind meine

verlängerten Arme, wenn die gute Aufgaben machen können, von mir auch gut geschult sind, dann schaffen sie für *mich*, oder. Und so investiere ich viel, ich persönlich gebe dem viel Priorität. Und so ein wenig Recht geben tut es mir, indem, dass man… dass ich eigentlich ausschließlich Rückmeldungen von den Lernenden, Auszubildenden bekommen am Schluss vom Praktikum bei der Auswertung, dass sie ein *sehr* gutes Lernklima vorgefunden haben bei uns, das ist die Grundlage für ihren Erfolg in dem Sinn, dass sie *sehr* gern bei uns sind und auch wirklich gut haben entwickeln können. Und wir haben einen Großteil von unseren rekrutierten Leuten auf der Station, das sind alles ehemalige Lernende, oder.
– Ah, und das spricht für sich.
Herr Welti: Das spricht für sich, ja. Und das spricht auch für die Kontinuität vom Team. Also wir haben *nie* Rekrutierungsprobleme von diplomiertem Personal.

KRITIK AN ÖKONOMISCHEN ASPEKTEN IM GESUNDHEITSWESEN: DAS BERUFSETHOS

Bei beiden interviewten Personen findet sich keine explizite politische Perspektive, aus der sie aktuelle Prozesse im Gesundheitssystem bewerten würden. Folgende Gesprächssequenz gibt aber recht deutlich Auskunft über Herr Thevarams Einstellung zu ökonomischen Effizienzkriterien:

– Ist Ihnen das wichtig, da alle gleich zu behandeln – also alle Patienten gleich zu behandeln. Geht das überhaupt?
Herr Thevaram: Ja, also wir haben keine Privat- so oder Allgemeinversicherte. Wir haben Leute so, wo mehr pflegebedürftig sind, dementsprechend mehr Pflegeleistung zahlen, aber hinter den Kulissen schauen wir nicht alles, wer welche Leistung bezahlt. Mir ist… Bewohner ist wichtig und ich kümmere mich nicht um Finanzen. (.) Ich hoffe, dass ich gute Argumente bringen kann, dass meine Angestellten oder meine Bewohner zufrieden sind, dass sie sich wohl fühlen.
– Das ist Ihnen wichtiger, als dass die Finanzen immer aufgehen?
Herr Thevaram: Ja, ja.

Analog dazu berichtet Herr Welti mit Skepsis von dem ärztlichen Bemühen, gewinnträchtige Behandlungen, welche die Patientenzahl sehr stark anwachsen lassen (da die Patienten meist unterdurchschnittlich lange im Spital bleiben), zu steigern:

Herr Welti: Und ich behaupte auch, dass man heute mehr Leute einfach grundsätzlich koronar angiographiert, weil einfach das Angebot grundsätzlich mal da ist. Das ist jetzt natürlich eine gewagte Aussage, aber ich denke, man macht heute mehr Herzkatheter grundsätzlich, wo man vielleicht früher noch zweimal drüber nachgedacht hätte, macht man ihn oder macht man ihn nicht. (.) Das hat sich auch entwickelt wahrscheinlich jetzt mit dem neuen Chef, der Fachbereichsleiter ist, *er* denkt da glaub schon noch ein bisschen wirtschaftlicher als jetzt der Vorgänger, so in dem Sinn, so. Der Vorgänger ist schon noch eher einer gewesen, wo dann halt auch mal gesagt hat: »So, und zuerst muss sich an der Lebenshaltung etwas ändern vom Patienten, vorher machen wir keinen Katheter«, oder. (.) Ist natürlich sehr alt, also schon noch... ja-a, schon noch ein wenig alteingesessen gewesen. Aber ist schon... ist natürlich ein Riesen-Spannungsfeld, oder. Also was macht man (.) ja, das ist natürlich schon eine Gratwanderung, oder.

Die »äußeren Bedingungen« wie die Verfasstheit der Organisation, für die man arbeitet, scheinen aber weder das Thema Herrn Weltis noch das Herrn Thevarams zu sein: Beiden geht es ausschließlich um praktische Aspekte. So scheinen die Privatkliniken für Herrn Welti nicht nach anderen Prinzipien zu funktionieren als öffentliche Krankenhäuser. Er nimmt so auch die Privatkliniken vor allem als Ergänzung zum eigenen Spital wahr, die seine Abteilung bei einer verstärkten Nachfrage entlasten. Eine unterschiedliche Logik von privaten und öffentlichen Spitälern ist schlichtweg nicht sein Thema. An der Position von Herrn Welti fällt auf, dass er sich dezidiert nicht zu bestimmten zentralen Entwicklungen (zum Beispiel die Fallpauschalen) äußern will. Darin scheint eine gewisse politische Ohnmacht zum Ausdruck zu kommen.

Herr Welti: Ehrlich gesagt habe ich mir noch gar nicht so verrückt viele Gedanken darüber [Einführung der Fallpauschalen] gemacht. Einfach so mehr aus der bewussten Haltung heraus, dass ich das eigentlich ein wenig wie auf mich zukommen lassen will. Was habe ich mir schon... ja, ist so schwierig, es ist für mich auch noch so ein wenig. ich kann es mir noch nicht so recht vorstellen. Es ist äh (.) was ich mir vorstellen kann oder vor was ich ein wenig Schiss habe, ist halt schon, dass so ein wenig der Druck zunimmt, oder. Halt auch (.) ja, wir müssen natürlich (.) also es hat ein wenig eine Gefahr und eine Chance in sich. Also das Ausweisen von der Pflege wird noch intensiver. Also dass man noch viel mehr eben in den Pflegediagnosen schaffen muss, also dass der Pflegeprozess vorangetrieben werden muss. Das heißt, dass wir als Pflegende viel mehr ausweisen müssen, was sind die Problemstellungen und was haben wir gemacht, oder. Also schriftlich auch. (.) Also so ein wenig... das ist schon ein wenig eine Haltung von den Pflegenden, das ist leider... also ja, das ist wirklich so. Und ja, das stimmt schon, vielleicht ist man dort zu wenig aktiv. Wobei, der SBK[7] ist dran, aber wir direkt haben da... wir bekommen mit, was der SBK so macht, oder. Das Gleiche auch jetzt mit dieser Lohngleichheitsklage, oder, was da gelaufen ist, oder. Und ich sehe einfach noch nicht so durch beim DRG, drum habe ich gesagt, ich nehme es einfach... also ich lasse es ein wenig auf mich zukommen, oder.

Auch wenn Herr Welti gelassen davon ausgeht, dass das neue System »schon aufzugehen« scheint, mag es sein, dass sich von ihm kritisierte Tendenzen durch eben jenes verstärken werden. Auch für Herrn Thevaram sind die aktuellen gesundheitspolitischen Veränderungen kein großes Thema. Aus beiden Gesprä-

---

7 | Schweizer Berufsverband der Pflegefachfrauen und Pflegefachmänner (SBK).

chen wird aber deutlich, dass eine Funktionslogik, die explizit nicht nach dem Primat der Kostenoptimierung funktioniert, die Möglichkeitsbedingung für ihr professionelles Handeln und das Umsetzen der ihnen wichtigen Werte ist. Beide legen Wert darauf, Personen »mitzunehmen«, die zunächst nicht die einfachsten Beschäftigten sind, und vielen unterschiedlichen Menschen eine Chance zu bieten. Gleichzeitig steht das Wohl der Patientinnen und Patienten für sie im Vordergrund.

Der öffentliche Dienst und seine spezifische Funktionslogik können als Hintergrund verstanden werden, vor dem sich sowohl Herr Weltis als auch Herr Thevarams Karriere realisieren ließen. Bei Herrn Welti findet sich ein »soziales Motiv«, welches in seiner derzeitigen Position mit dem persönlichen Interesse konvergiert. Eine Vereinbarkeit von persönlichen Bedürfnissen und Interessen, Dispositionen und Fähigkeiten mit dem, was im öffentlichen Dienst gefordert ist, scheint hier offensichtlich gegeben. Bei Herrn Thevaram ist die besondere Stellung des Bereiches, in dem er arbeitet, subjektiv noch sehr viel präsenter; wohl auch, weil er ihm noch mehr »verdankt«. Die Identifikation mit dem Wohlfahrtsstaat ist ergo in seinem Diskurs sehr viel ausgeprägter. Herr Thevaram hat in der Pflege eine ideale Position, um sich Legitimität und sogar Dankbarkeit zu erarbeiten; im Pflegeheim findet er hierfür ein »ideales Publikum«. Herr Thevarams Aussagen können vor diesem Hintergrund auch als Legitimierungsdiskurs gelesen werden; sein (berufliches) Handeln kann als Strategie der Anerkennung verstanden werden. Er bekommt Dankbarkeit von den auf Hilfe Angewiesenen, während er zuvor selbst Klient des Wohlfahrtsstaates war und selbst (aus einer illegitimen Position) Ansprüche stellen musste. Seine »Uneigennützigkeit« hat also einen Hintergrund in seiner sozialen Position; sein selbstloser Einsatz erscheint bisweilen als (Über-)Kompensation der ihm zugeschriebenen Illegitimität. Egoismen darf und kann sich Herr Thevaram – anders als Herr Welti – nicht leisten. Er muss für eine anerkannte soziale Position besondere Leistungen erbringen. Neben seiner Erwerbsarbeit und dem politischen Engagement engagiert sich Herr Thevaram ehrenamtlich in einem Sportverein.

In gewisser Weise hat Herr Thevaram aus der Not eine Tugend gemacht: Er bringt eine hohe emotionale Kompetenz als Kapital mit. Sein spezifisches Kapital (»Empathie«) bzw. seine Dispositionen wären in einem anderen Arbeitsumfeld vermutlich nichts oder zumindest deutlich weniger wert – im öffentlichen Dienst aber gibt es den Möglichkeitsraum, diese Tugenden einzusetzen.[8] Neben der im Interview an mehreren Stellen zu spürenden Dankbarkeit gegenüber dem Wohlfahrtsstaat bzw. seinen Institutionen äußert Herr Thevaram aber auch eine dezidierte Kritik:

---

8 | »Atypische Karrieren« können hier generell gehäuft beobachtet werden; auch Herr Welti ist hierfür ein Beispiel.

– Noch mal ganz kurz auf die Ausbildung zurückzukommen. Wir haben jetzt in einigen Interviews schon gehört, wenn wir gefragt haben, wie die Möglichkeiten sind für Nicht-Schweizer, in die Ausbildung reinzukommen, es wäre ein Sprachproblem, man muss die Sprache beherrschen. Wie beurteilen Sie das, wie gut muss man die Sprache können, um die Ausbildung zu machen? Ist das gerechtfertigt, zu sagen, wer nicht perfekt Deutsch oder Schweizerdeutsch spricht, kann die Ausbildung nicht machen?
Herr Thevaram: Wichtige Voraussetzung ist die Sprache, das ist klar. Das ist das A und O, aber das kann nicht... Wieso gibt die Schule denen, die schlecht Deutsch können, auch nicht die Möglichkeit, aufzunehmen und aufzubauen, verstärken. Und das hab ich auch gesagt, damals, als ich als Reinigungsmann, wollte ich eine Praktikumsstelle bekommen, bekam ich nicht. Und er redete einen komischen Dialekt mit mir und sagte:»Sehscht, du verstahst mi nüt. Kommscht nüt drus.« Und ich:»Was haben Sie gesagt? Wie bitte? Können Sie mir das schriftlich geben, und ich versuche, das zu beantworten.« Bisschen arrogant. Das sind die falschen Leute – sperren hunderte von Lehrlingen aus. Und da sollte es eine Änderung geben, bei der Aufnahme. Und äh, sie verlangen von mir, sie stellen mich an als Bademeister, wenn ich sehr gut schwimmen kann, aber hier in der Schweiz erlauben sie mir nirgendwo ins Schwimmbad zu gehen. (.) Verstehen Sie, was ich meine? Sie erlauben mir nicht, also ich habe die Möglichkeit nicht, ins Schwimmbad zu gehen, ins Wasser zu kommen. Aber Bedingung ist: Schwimmen, gute Schwimmer stellen wir an. Was soll ich die Sprache lernen, wenn ich ständig mit Putzwagen...

Der Vorstellung, die Schlechterbehandlung von Allochthonen lasse sich mit geringeren Kompetenzen erklären, widerspricht Herr Thevaram in dieser Interviewsequenz. Vielmehr scheinen sich die (relativ) geringe Qualifikation und der unterprivilegierte soziale Status gegenseitig zu rechtfertigen. Die Schließungsmechanismen, mit denen Herr Thevaram biographisch konfrontiert war und die er zunächst als persönliche Ungerechtigkeiten interpretiert, verfügen tatsächlich über eine strukturelle Dimension. Erst eine rassistisch strukturierte Gesellschaft macht ein solches (individuelles) Verhalten möglich; das dargestellte subjektive Handeln korrespondiert mit einer gesellschaftlichen Machtstruktur. Anders ausgedrückt: Die persönliche Abwertung würde nicht greifen, wenn nicht ein gesellschaftliches System der Privilegierung hinter dieser stehen würde, das Menschen mit unterschiedlichem Status unterschiedliche Lebenschancen zubilligt. Diese gesellschaftliche Dimension ist in der Schwimmbad-Metapher, die Herr Thevaram bemüht, auch enthalten.

KONTEXT: DIE BEDEUTUNG VON »HERKUNFT« IN ANDEREN FÄLLEN

Die Kolleginnen und Kollegen von Herrn Thevaram in den vorangegangen beruflichen Stationen (Reinigung und Hilfstätigkeiten in der Hauswirtschaft) waren gemäß seiner Aussage »keine Schweizer«. Er hielt sogar zunächst Türkisch und Albanisch für Deutsch, weil die hellhäutigeren Personen diese Sprachen benutzten und er keinerlei Kontakte zu Autochthonen hatte.[9] Auch eine von uns befragte Führungskraft aus der Hauswirtschaft, die selbst Zugewanderte ist, erzählt uns, ihre frühere Vorgesetzte sei die einzige Person gewesen, mit der sie Deutsch sprechen konnte. Vor dem Hintergrund einer weitgehend segregierten (Arbeits-) Gesellschaft beschreibt Herr Thevaram seinen Weg als »große Geduldsprobe für mich, in den Beruf zu kommen«. Viele seiner Landsleute hatten diese Hartnäckigkeit nicht; sogar Studierte seien oft gescheitert, weil sie irgendwann frustriert gewesen wären und aufgeben hätten.

Ein breiterer Blick auf unser empirisches Material macht deutlich, dass es eine deutlich erkennbare »ethnische Schichtung« und, damit korrespondierend, segregierte (Arbeits-)Welten gibt. Dies machen zum Beispiel die Interviews im Bereich der Reinigung deutlich: Hier arbeiten fast ausschließlich Frauen mit Migrationshintergrund. Die Ansprechpartnerin des Spitals für interkulturelle Fragen macht zum Verhältnis von Autochthonen und Allochthonen folgende Aussagen:

Frau Amman: Also vom Chefarzt bis zur Küche ist das Gesundheitswesen sehr, sehr abhängig von ausländischem Personal.

– Also es ist so, dass es bei den Pflegenden nach Station unterschiedliche Zusammensetzungen von Migranten, Migrantinnen und Schweizern gibt? Also je nach unterschiedlichem Bereich gibt es andere Verhältnisse von Migrantinnen und Schweizern im Pflegepersonal?

Frau Amman: Ja, in den Bereichen, wo es anstrengender ist, würde ich sagen, sind mehr Ausländer: also Hausdienst, Küche, das ist alles, pff, ich würde sagen... ich kann keine Schätzung machen, aber sehr viele Ausländer!

– Mir wurde schon gesagt, man könnte mit Migranten nicht arbeiten, weil sie, für die Dokumentation und so weiter, sprachlich nicht fähig wären...

Frau Amman: Ich finde es, ich finde es unglaublich, diese Haltung! »Die Deutschen, äh, nein, nein, nein!« Das finde ich... [ironisch:] »Und dann noch die Leute, wenn sie aus dem Ostblock kommen – mein Gott! Also was sind das für primitive Leute.« Nein, das ist nicht okay für mich! Ich glaube, man muss jede einzelne Person mit ihren Stärken und Schwächen dort abholen, wo sie ist, als Fachperson. Und wenn man sie so will auf der Neurologie oder auf der Geburtshilfe oder in der AIDS-Sprechstunde, das sind ganz andere Anforderungen. Dann muss man sagen: »So, arbeite mal bei uns. Das müssen Sie machen, wenn Sie es nicht können, dann müssen Sie gehen!« Aber so pauschal? Nein, das finde ich unerträglich! (.) Und wenn jemand aus den USA kommt, dann werden sie hochgepriesen – unter Pflegern haben wir die nicht. Und wenn jemand aus dem Kosovo kommt... Wobei die sind sehr anpassungsfähig. Aber Deutschland hat ein... Das haben Sie wahrscheinlich auch

---

9 | Bis zu seinem Aufenthalt im Spital hatte Herr Thevaram keinen Kontakt zu Einheimischen. Diese soziale Segregation ist bei Asylbewerbern sicher noch viel ausgeprägter als bei anderen Migrationsgruppen: »Ja, ich hatte überhaupt keinen Zugang zur Bevölkerung, zur Schweizer Bevölkerung, zu Einheimischen, Einwohnern. Das war der erste Kontakt. Sonst läuft man aneinander vorbei, aber man kommt nie in Kontakt. Da kamen Pflegefachleute auf mich zu, ja...«

gehört: Die Deutschen sind hier als große Ausländergruppe in die Kritik gekommen, aber das ist schlecht... Das ist nicht... Das ist ein Problem der Schweizer und nicht das Problem der Deutschen.

Auch die für interkulturelle Fragen zuständige Mitarbeiterin lässt also das pauschale Argument einer Minderqualifizierung von Allochthonen nicht als Erklärung für die anzutreffende ethnische Schichtung gelten. Gleichsam wird auch aus ihrer Erzählung deutlich, dass »Herkunft« auch im Spital eine relevante Differenzkategorie ist, die das Arbeitsleben und die beruflichen Chancen und Bedingungen der Mitarbeitenden prägt. Wie die Kontrastierung der Interviews mit Herrn Welti und Herrn Thevaram exemplarisch verdeutlichen kann, finden sich zwischen allochthonen und autochthonen Mitarbeitenden viele Gemeinsamkeiten – aber auch Unterschiede, die aus ihrem unterschiedlichen gesellschaftlichen Status und den damit verbundenen Möglichkeiten resultieren.

Nichtsdestotrotz zeigen die beiden Interviews, dass die idealtypische Funktionslogik des öffentlichen Dienstes als Hintergrund beider Karrieren verstanden werden kann: Hier lassen sich bestimmte Dispositionen wie emotionale Kompetenzen einsetzen – sie sind etwas »wert«. Je stärker sich die Tendenz zur Ökonomisierung im Spital ausprägen wird, mit desto weniger Wahrscheinlichkeit würde das Argument, dass ein geteilter Erfahrungshorizont und somit Verständnismöglichkeiten von Pflegenden und Patienten von Interesse sind, zählen. Für eine qualitativ gute Pflege im Interesse der gesamten Bevölkerung wird »interkulturelle Kompetenz« dementgegen immer bedeutsamer. Zum jetzigen Zeitpunkt scheint es aber offen, welcher Wert in Zukunft mehr zählen wird: der monetäre oder der menschliche. In jedem Fall gilt, dass Mitarbeitende und Patienten von dieser Entscheidung gleichsam betroffen sein werden.

Dem Gemeinwohl verpflichtet – so lassen sich die beiden eben vorgestellten Pfleger und Ausbilder auf einen Nenner bringen. In ihrer täglichen Arbeit begegnet ihnen – mehr oder weniger offensichtlich – die zunehmende Herausforderung, Kosten zu minimieren; sei es über die Einführung von Fallpauschalen, über die Intensivierung der Arbeit durch hohe Fallzahlen oder sehr subtil über die Äußerungen von Heimbewohnern, niemandem zur Last fallen zu wollen. Diese Herausforderung steht nicht selten im Widerspruch zum Berufsethos der Pflegenden.

Dieser Widerspruch zwischen »Kosten sparen« und »Geld ausgeben« ist Thema der folgenden Kontrastierung, die vom Doppelmandat der Sozialarbeiter eines Schweizer Sozialamtes handelt. Diese befinden sich qua Amt im Spannungsfeld zwischen »Fordern und Fördern« und dennoch ist ihr Handeln nicht losgelöst von gesellschaftspolitischen Vorgaben, wissenschaftlichen Erkenntnissen und persönlichen Weltsichten.

Zwischen »Fordern« und »Fördern«

Das Doppelmandat in der Sozialhilfe

Kristina Mau/Constantin Wagner

DAS DOPPELMANDAT

Wenn die von uns interviewten Sozialarbeiter von ihrem Doppelmandat sprechen, dann meinen sie damit ihre Verpflichtung gegenüber ihren Klienten einerseits sowie gegenüber ihrem Arbeitgeber – dem Sozialamt bzw. in letzter Instanz dem Fiskus – andererseits. Von Berufs wegen ist es ihre Aufgabe, zum Wohl der Personen zu handeln, die hilfesuchend zu ihnen kommen. Gleichzeitig sind sie als öffentliche Angestellte dazu verpflichtet, (vor allem finanziell) im Sinne der sie beschäftigenden Institution und damit auch der Steuerzahlenden zu entscheiden. Mit dieser Problematik bzw. dem sich hier auftuenden Spannungsfeld muss ein Umgang gefunden werden. Selbstverständlich gibt es unterschiedliche Auflösungen dieses Problems in die eine oder andere Richtung: Für die einen stehen rechtliche Regelungen und Vorschriften als Handlungsmaxime, die das Leistungsangebot beschränken, im Vordergrund. Andere versuchen regelmäßig, ihre Handlungsspielräume im Interesse ihrer Klientel weitestgehend zu nutzen. Der institutionelle Kontext ihres Handelns ist dabei ganz entscheidend: Das Sozialamt ist eine Institution, die Dienstleistungen im Sinne der Öffentlichkeit erbringt, aber unter Kostendruck steht. Während der klassische Auftrag der Sozialarbeiter darin besteht, in Not geratene Personen im Sinne des Verfassungsartikels 12 (»Recht auf Hilfe in Notlagen«[1]) zu unterstützen, kann die spezielle Situation des Spardiktums sowie öffentliche Diskurse, die von der Selbstverschuldung sozialer Notlagen ausgehen, dazu führen, dass eine adäquate Vertretung »der Allgemeinheit« scheinbar einseitig darin besteht, die Kosten für die Steuerzahlenden zu begrenzen. Es entsteht ein Spannungsfeld, in dem die Sozialarbeiter ihr berufliches Handeln justieren müssen.

---

1 | Art. 12: »Wer in Not gerät und nicht in der der Lage ist, für sich zu sorgen, hat Anspruch auf Hilfe und Betreuung und auf die Mittel, die für ein menschenwürdiges Dasein unerlässlich sind.« (Bundesverfassung der Schweizerischen Eidgenossenschaft vom 18. April 1999)

VON DER »FÜRSORGE« ZUR »SOZIALHILFE«

Die konsequente Ausschöpfung von subsidiären Ansprüchen, eine hohe Kontrolle zur Vermeidung von Missbrauch sowie eine Vielzahl an Richtlinien und Sanktionsmechanismen zeigen den Weg weg von der lange Zeit vorherrschenden Idee der (paternalistischen) Fürsorge. Erst in den 1990er Jahren ersetzte in der Schweiz der Begriff der »Sozialhilfe« die »Fürsorge« oder auch »Armenpflege«, der vorgehalten wurde, »planlos Not lindern zu wollen« (Sassnick Spohn et al. 2005: 22). Die »Sozialhilfe« wird als Ausdruck von Selbstreflexion verstanden und ist auf einen dynamischen Hilfeprozess unter Berücksichtigung einer Situationsanalyse bezogen. Hier lässt sich ein gesellschaftlicher Wandel mit einem Paradigmenwechsel in der »Behandlung« von Armut feststellen. Dieser Wandel sorgt auch dafür, dass sich in Bezug auf die beruflich unterschiedlich sozialisierten Mitarbeitenden (Verwaltungsangestellte versus Sozialarbeiter) ein weites Spektrum im Umgang mit den Klienten sowie dem dahinterstehenden Weltbild auftut, der sich im Laufe der zunehmenden Professionalisierung der Sozialen Arbeit noch weiter ausdifferenziert. Dabei oszilliert die Haltung der von Berufs wegen mit der Betreuung von Hilfeempfängern Beschäftigten zwischen einem Mehr an Beziehungsebene zu den Klienten und dem Verstehenwollen von deren prekärer Situation und einem Mehr an Erziehungs- und – damit verbunden – Sanktionierungsauftrag, je nachdem, welche wissenschaftlichen Strömungen (Pädagogik, Psychologie, Justiz, Betriebswirtschaft) und jeweiligen Ausprägungen welchen Einfluss (autoritär, paternalistisch, aktivierend, verstehend) auf den Umgang mit Hilfesuchenden nehmen können. Festzustellen ist, dass in den letzten Jahren mehr und mehr das betriebswirtschaftlich orientierte Case-Management auf technokratischer Ebene an Bedeutung gewinnt, gepaart mit der Zunahme an administrativen Tätigkeiten zur Qualitätskontrolle und -sicherung und zur politischen und gesellschaftlichen Legitimation. Wie die historische Entwicklung der Sozialhilfe aus der Armenpflege zeigt, ist die Ausgestaltung und Handhabung der Unterstützung Bedürftiger in großem Maße abhängig von der Sicht der Allgemeinheit und der (damit zusammenhängenden) Sicht der Professionellen auf »Armut« und »Hilfsbedürftigkeit«[2] und die damit einhergehende Ausgestaltung der Sozialpolitik.[3] Fragen nach einem Eigenverschulden bzw. die Feststellung strukturbedingter Armut durch Wirtschaftskrisen oder eine inadäquate Sozial- und/oder Arbeitsmarktpolitik bilden die Hintergrundfolie dafür. Insbesondere die – nach Ansicht von Staub-Bernasconi – nicht vollends vollzogene Professionalisierung der Sozialen Arbeit im deutschsprachigen Raum führt dazu, dass »Fachfremde« sich das Thema Armut aneignen und für ihre je eigenen Zwecke – die oft politischer Natur sind – zu instrumentalisieren suchen (Staub-Bernasconi 2007).

---

2 | Vgl. hierzu zum Beispiel Sassnick Spohn et al. 2005.

3 | Zur Welfare-State-Diskussion siehe vor allem Esping-Andersen 1999 sowie Lauener 2011 für die Schweiz.

DIE AUSGESTALTUNG DER SOZIALHILFE IN DER SCHWEIZ HEUTE

Durch das föderalistische Prinzip der Schweiz obliegt die rechtliche Regelung der Sozialhilfe den 26 Kantonen, der konkrete Vollzug liegt bei den Gemeinden.[4] 23 der 26 Kantone orientieren sich dabei an den SKOS[5]-Richtlinien, wobei lediglich der für Sozialhilfeempfänger vorgesehene Grundfreibetrag von allen Kantonen akzeptiert wird, nicht jedoch die verschiedenen Zulagen und Einkommensfreibeträge (Knöpfel 2009: 130-133). Zwar kann durch die zunehmende Akzeptanz der SKOS-Richtlinien von einer stärkeren Vereinheitlichung im Sinne des Verfassungsartikels 12: »Recht auf Hilfe in Notlagen« ausgegangen werden (Kutzner 2009: 27), die Umsetzung dieses Artikels auf Gemeindeebene lässt jedoch immer noch einen relativ großen Spielraum. Die Ausgestaltung der Sozialhilfe ist in den einzelnen Gemeinden stark von der politischen Prägung der Gemeinde abhängig und kann infolge veränderter Stimmverhältnisse verhältnismäßig leicht andere Ausprägungen erhalten (Hilfe versus Kontrolle, Staat versus Familie als zuständige Hilfsinstanz und so weiter)[6] und damit die Arbeit der Professionellen von Wahlergebnissen und politischen Stimmungen abhängig machen.[7] Hinzu kommt die uneinheitliche Ausbildung der mit der Sozialhilfe betrauten Mitarbeitenden. So ist die Sozialarbeit in der Schweiz noch auf dem Weg der Professionalisierung: Ein Studium der Sozialen Arbeit ist nur in Abhängigkeit vom Arbeitgeber zwingend vorgeschrieben. Tatsächlich ist die Ausbildung derjenigen, die für Sozialhilfeempfänger zuständig sind, nicht einheitlich geregelt und wird von sowohl studierten Sozialarbeitern als auch von Verwaltungssachbearbeitern durchgeführt. Insbesondere kleinere Gemeinden greifen auf breiter, dafür aber weniger speziell ausgebildete Verwaltungsangestellte zurück, da ein wesentlich geringeres Fallaufkommen nicht die Besetzung einer Sozialarbeiterstelle rechtfertigen würde. Aus diesem Grunde lässt sich – trotz der Identifizierbarkeit einiger grober Trends – kaum von *der* Sozialhilfe in der Schweiz sprechen. Die sozialarbeiterische Praxis bewegt sich vielmehr zwischen rechtlichen Vorgaben des Bundes, des Kantons und der Gemeinde, aus Strukturierungs- und Handlungsprinzipien aufgrund politisch bedingter und persönlich gefärbter Amtsführung, aus dem den Handelnden jeweils zugrunde liegenden Menschenbild sowie dem Professions- und Selbstverständnis des Sozialarbeiters oder Sachbearbeiters. Frau Lehner, eine von uns befragte Sozialarbeiterin, schätzt die Situation wie folgt ein:

---

4 | Siehe dazu: Maeder/Nadai 2002.

5 | SKOS: Schweizerische Konferenz für Sozialhilfe.

6 | Vgl. hierzu zum Beispiel Kutzner et al. 2009.

7 | »Soziale Arbeit als Kontrollinstanz oder als Menschenrechtsprofession?«, fragt Roth folgerichtig in seiner Dissertation (2008).

Frau Lehner: Also wir haben natürlich schon Vorgaben. Also wir sind einerseits an Richtlinien gebunden, also das heißt, es gibt ja die so genannten SKOS-Richtlinien, und die sind aber ja nicht in allen Kantonen verbindlich geregelt, oder. In unserem Kanton sind sie nicht verbindlich geregelt und trotzdem sind es Richtlinien, wo man sich so im Großen und Ganzen dran halten tut, auch wir... Und dann hat natürlich jede Gemeinde oder jede Stadt im Kanton kann noch eigene Richtlinien erlassen, oder. Oder Abweichungen und so weiter. Und da hat natürlich unsere Stadt schon auch interne Weisungen und Entscheide, oder. Die sind bindend, in der Regel, oder.

– Aber das wäre es ja auch, wenn die SKOS-Richtlinien bindend wären.

Frau Lehner: Richtig. Also Richtlinien in dem Sinn haben *alle*, wo man sich danach richten muss, oder. Und dann, natürlich, also das ist mal das eine, was so die Klienten betrifft, oder, und natürlich gibt es auch das Gesetz, also das Bundesgesetz, wo man Obdach und und und gewährleisten muss, grundsätzlich, wenn sich jemand das nicht selber erarbeiten kann. Also das ist natürlich das *Dachgesetz* so quasi. Das *müssen* wir, oder, quasi. Und also das ist mal das eine, klientelbetreffend, und natürlich gibt es schon auch interne Sachen, wo man Abläufe, also ich *muss* Auszahlungen machen, zeitgerecht, ich muss – wie soll ich sagen – Zeit erfassen; also das sind so die administrativen internen Abläufe; ich muss gewisse Statistiken... statistische Sachen erfassen, wo einfach dann schlussendlich statistisch ausgewertet werden müssen. (.) Also das sind Sachen, wo einfach stehen und gemacht werden müssen. Das sind sicher nicht die spannenden Sachen, aber muss man einfach. Auch den Klienten gegenüber muss man gewisse Sachen vertreten:»Schauen Sie, wir müssen *die* Angabe haben, und ich muss *das* haben«, und sie müssen auch gewisse Sachen bringen, wo wir einfordern müssen auch zur Missbrauchskontrolle, Kontoauszüge und so weiter, wo wir kontrollieren müssen. Das ist auch ein Muss. Wir müssen Aktennotizen schreiben über jedes Gespräch. Das ist auch seit ein paar Jahren ein Muss, weil früher ist das nicht in dem Sinn geregelt worden. Da hat es Leute gegeben, wo halt keine Aktennotizen geführt haben, und wenn man dann mal krank gewesen ist oder ausgefallen ist, hm, keine Ahnung, was gelaufen ist, was gemacht worden ist, auf was man aufbauen kann, was Thema ist bei dem Klienten – und das geht natürlich nicht, oder. Und innerhalb aber natürlich, wenn ich mit einem Klienten zusammensitze und ein Gespräch führe, oder, und den ganzen Beratungsprozess, den muss ich natürlich gestalten, oder. Also das gibt mir niemand vor, was ich jetzt da machen *muss*, bzw. ich weiß natürlich vom Auftrag her, dass wir subsidiär sind, also *muss* ich – das ist mein Auftrag natürlich – dass ich noch schaue, hat jemand Kinderzulage, hat jemand – was soll ich sagen –Arbeitslosentaggeld angemeldet, wenn er potenziell Anspruch und so – *das muss ich* natürlich schon machen, oder. Aber da sitzt niemand neben mir oder sagt mein Chef:»Hast du es gemacht, hast du jetzt gemacht, hast du jetzt gemacht?« Da muss ich selber schauen, oder. (.) Und *das* ist natürlich schon, *den* Gestaltungsraum, den habe ich. Ja, und der ist auch relativ breit. Auch wenn ich mit anderen Institutionen zusammenschaffe, wenn ich wieder mit denen das Gespräch mache, telefonieren, mich treffen mit denen, wo mich treffen – das muss ich mir selber organisieren bzw. auch mal auf die Zeit schauen.

Die Passage verdeutlicht, dass neben der Varianz der Praxis in den einzelnen Gemeinden bzw. Sozialämtern auch – obwohl von der interviewten Sozialberaterin Frau Lehner die zunehmende Standardisierung betont wird – die persönlichen Einstellungen der einzelnen Mitarbeitenden eine entscheidende Rolle im beruflichen Handeln spielen. Inwiefern eine anwaltschaftliche Position gegenüber den Klienten eingenommen wird, hängt zu einem großen Teil vom Selbstbild der einzelnen Sozialarbeiter ab: Sehen sie ihren Job darin, möglichst viel für die Klienten »herauszuholen«, oder geht es eher darum, möglichst wenige Steuermittel auszugeben bzw. die Fälle zu verwalten?

UNSER FALLBEISPIEL

Das von uns untersuchte Sozialamt hat in den letzten Jahren einen Wandel und mit dem Wechsel des Amtsleiters vor einigen Jahren eine Zäsur durchlebt. In der Folge kam es zu einer Abnahme der zu erledigenden »Fälle« durch einen Stellenausbau, was eine spürbare Entlastung der Mitarbeitenden zur Folge hatte. Außerdem wurde – seit einer Dekade und mit dem Amtsantritt der jetzigen stellvertretenden Leiterin – zunehmend auf eine Professionalisierung in Richtung Sozialer Arbeit hingewirkt, indem Sachbearbeiter sukzessive durch Sozialarbeiter ersetzt wurden.

Zu beobachten sind allerdings auch deutliche Unterschiede zwischen den Sozialarbeitern selbst. Dabei ist die Positionierung zum Problem des Doppelmandates – also einerseits der Anspruch an ein möglichst kostengünstiges und effizientes Handeln im Sinne der (öffentlichen) Institution, andererseits der Wunsch einer (möglichst bedingungslosen) Leistungserbringung für die Bürger, die eine bestimmte Unterstützung benötigen – besonders aussagekräftig. Die Anforderungen an die Sozialarbeiter, sowohl die öffentlichen Mittel zu schonen als auch bedürftige Personen zu unterstützen, finden ihren Ausdruck im Konzept des Forderns und Förderns, was als Handlungsanweisung für das Dilemma des Doppelmandates gelesen werden kann. Anhand zweier Personen aus dem von uns beforschten Schweizerischen Sozialamt können zwei unterschiedliche Positionierungen auf dem Kontinuum zwischen den beiden Polen beobachtet werden.

Frau Luginbühler ist 60 Jahre alt, geschieden und hat eine erwachsene Tochter. Sie arbeitete zunächst als Detailhandelsangestellte, anschließend besuchte sie die Hotelfachschule und war Hausfrau und Mutter. Nach der Trennung von ihrem Mann engagierte sie sich – aufgrund eigener Betroffenheit – zunächst ehrenamtlich bei einer Selbsthilfeorganisation (Trennung/Scheidungsbegleitung), wurde dann stundenweise bezahlt und beschloss mit 45 Jahren, das Studium der Sozialen Arbeit aufzunehmen (»mir fehlte nur das Billet, damit ich auch eine gerechte Entlohnung habe«). Seit dem Jahr 2000 arbeitet sie im Sozialamt. Circa acht Jahre lang war sie Ressortleiterin »Berufliche Integration«, bis vor etwa anderthalb

Jahren. Dann wechselte sie ins Ressort Neuaufnahmen/Intake und gab die Ressortleitung ab, weil »ich also für mich selber schon gemerkt [habe], in erster Linie bin ich Sozialarbeiterin...«.

Herr Baumann ist 39 Jahre alt, verheiratet und Vater eines vierjährigen Kindes. Zunächst arbeitete er als kaufmännischer Angestellter, bevor er an der Fachhochschule Soziale Arbeit studierte. Seit 2002 ist er im Sozialamt, zunächst im Ressort »Soziale Integration« (»relativ lange«), dann zwei Jahre im Ressort »Neuaufnahmen« und seit zwei Jahren Ressortleiter »Soziale Integration«. Der Wechsel in die Führungsebene ist von ihm angestrebt worden und er erwog auch einen Wechsel der Institution, um in eine Führungsverantwortung zu kommen (»Eben, gäbe es die Möglichkeit oder würde mich das Haus in einer Leitungsfunktion sehen? Und das wurde dann so aufgenommen. Ja. Sonst, denke ich, wäre ich in dem Sinne nicht geblieben.«).

Während sich Frau Luginbühler nach wie vor und in erster Linie als in der Praxis tätige Sozialarbeiterin sieht und aus einer Leitungsposition wieder verstärkt an die Basis zurückwill, orientiert sich Herr Baumann an einem Aufstieg innerhalb der Verwaltung, für den er auch seinen Posten im Sozialamt aufgegeben hätte. Der Fokus ihrer beruflichen Tätigkeit liegt unterschiedlich. Dabei muss der je spezielle Werdegang Berücksichtigung finden: Frau Luginbühler hatte aus persönlicher Erfahrung den Zugang zur Sozialarbeit gefunden und ein Anti-Bild entwickelt, dem sie keinesfalls entsprechen möchte; Herr Baumann hat zunächst eine kaufmännische Tätigkeit im sozialen Bereich innegehabt und im Zuge einer beruflichen Neuorientierung Sozialarbeit studiert. Damit korrespondiert auch die Bewertung, wer als »guter« und wer als »schlechter« Klient eingeordnet wird bzw. wer legitimes Anrecht auf welche Leistungen hat und wer nicht. In Berufen mit Publikumsverkehr werden die Benutzer der Dienstleistungen zunehmend generell als Koproduzierende der Dienstleistung verstanden, während ihnen allerdings die angestellten Leistungserbringer ein bestimmtes Verständnis dieser Dienstleistung vorzuschreiben versuchen. Loriol, Boussard und Caroly zufolge unterscheiden die Hauptamtlichen dabei zwischen »guten« und »schlechten« Benutzern: solche, die durch Äußerungen oder Verhalten die Verwirklichung des beruflichen Handelns vereinfacht möglich machen, und solche, die es behindern. In routinisierten Arbeitsabläufen werde die Einordnung nach diesen Kategorien zur Komplexitätsreduktion gebraucht, die es möglich macht, auf ein bestimmtes Set an Handlungen und Kenntnissen zurückzugreifen (Loriol/Boussard/Caroly 2010: 296f.). Während diese Kategorisierung bei Herrn Baumann anscheinend sehr nüchtern funktioniert, gibt sich Frau Luginbühler wesentlich empathischer. Dies führt in vielen Fällen zu einer engagierten Unterstützung der Klienten, allerdings auch zu einer Sonderbehandlung von Gruppen, die ihrer Meinung nach nicht legitim hilfsbedürftig sind. Konkret wird bei ihr eine ethnische Kategorisierung relevant und mit den Optionen »gute« und »schlechte« Benutzer in direkte Verbindung gebracht.

»ICH HABE EIN DOPPELMANDAT«

Frau Luginbühler äußert sich folgendermaßen zum Doppelmandat:

Ich habe ein Doppelmandat. Ich muss den Staat vertreten, respektive die Gemeinde vertreten, ich muss sorgfältig mit Steuergeldern umgehen, und ich muss eigentlich den Betroffenen, die auf Unterstützung angewiesen sind, nach bestem Wissen und Gewissen beistehen und begleiten. Als ich eingestiegen bin in die Soziale Arbeit, war meine Motivation: Ich werde ein besserer Sozialarbeiter als die, mit denen ich zu tun hatte. Oder. Ich mache es dann ganz sicher anders, oder? Und das habe ich nicht vergessen. Das ist mir immer noch bewusst, weil ich denke, es gibt nichts Schlimmeres, es gibt nichts Schlimmeres wie alteingesessene Sozialarbeiter, die abgestumpft sind. Das ist, glaube ich, das Schlimmste, was in der Sozialen Arbeit passieren kann, oder überhaupt, weil solche Leute an so wichtigen Stellen sitzen. Und das ist mir *so* bewusst immer wieder, weil wir haben ja auch das Glück hier vom Sozialamt, dass wir auch ein Ausbildungsplatz sind für zukünftige Sozialarbeiter und wir immer wieder Praktikanten haben. Und ihre unangenehmen Fragen, die halten einen wach. Und aufpassen, oder? Und für mich (.)... und sonst müsste ich aufhören. Wenn mir der Job keine Freude mehr machen würde, und ich nicht für einzelne Klienten den optimalen Weg zusammen erarbeiten könnte, dann muss ich aufhören. Wenn ich dann nur noch verwalte, wenn ich nur noch nach Schema FFF verwalte... klar habe ich meine – ich habe meine Rahmenbedingungen, aber die kann man ein bisschen [klopft], ich weiß nicht, die kann man ein bisschen ausklopfen, ein bisschen links und rechts. Man muss es nur gut verkaufen.
– Aber wenn Sie das... Sie sagen ja dann, Sie haben das Doppelmandat, sehen sich aber eher auf der Seite der Klienten trotzdem?
Frau Luginbühler: Nein, hoffe ich nicht. Ich hoffe wirklich, dass ich dazwischen bin. Zwischen... zwischen Bürgern von der Stadt und dem Klient.

Während Frau Luginbühler trotz ihrer Hoffnung, nicht anwaltschaftlich für die Klienten, sondern als Mittlerin zwischen den in ihren Augen legitimen Ansprüchen der beteiligten Seiten zu agieren, sehr bemüht scheint, den Einzelfall wahrzunehmen und die optimale Hilfeform zu finden, klingt das bei Herrn Baumann zunächst schematischer, standardisierter:

Herr Baumann: Da spielen dann halt auch wieder die Richtlinien und Rahmenbedingungen. Oder man kann es auch anders sagen: Wenn ein Sozi hierhin will, der eher findet, man müsse anwaltschaftlich arbeiten *für* den Klienten, dann wird er hier nicht glücklich, weil wir auch sanktionieren müssen, wir müssen manchmal sehr (.) – äh... wie nennt man das? – eingreifend sein und wenn ein Sozialarbeiter hier hinkommen will und das Gefühl hat, er könne jetzt hier anwaltschaftlich für den Klienten tätig sein – der bleibt nicht lange. Der kommt gar nicht zu uns, der meldet sich schon gar nicht. Und da denke ich, da treffen sich auch die Leute, die *in dem Sinne* eine Bodenhaftung haben, für die einfach klar ist, dass gewisse Sachen halt nicht möglich sind. Punkt. Ende. Muss man nicht groß diskutieren. Und dann gibt es halt gewisse Sachen, die man thematisieren *muss*, die auch immer wieder kommen. Das gibt immer mal wieder Diskussionen, wo halt dann auch der Chef entscheidet. Wir sind keine Basisdemokratie. Da wird nicht groß diskutiert, dann frisst man es halt auch.

Erst auf Nachfrage konkretisiert er Personengruppen, die – aufgrund der ihnen zuschreibbaren Kriterien hinsichtlich einer Integration in den Arbeitsmarkt, die als weniger wahrscheinlich angesehen wird – auch einer weniger rigiden Aktivierungspolitik unterliegen:

– Wie sind denn da Ihre Handlungsspielräume? Also das sind ja Fragen, die teilweise auch politisch diskutiert werden, und dann auch Leitplanken gesetzt werden, in welchem Handlungsspielraum bewegt sich Ihre Arbeit?
Herr Baumann: In einem kleinen. Wir müssen uns ja an und für sich orientieren in dem Handlungsspielraum, der noch bleibt, nachdem die gesetzlichen und so weiter, und so weiter, und so weiter Rahmenbedingungen ja gesetzt sind, und da sind ja dann Fragen, eben in der Form von wie wir solche Leute begleiten. Also dort habe ich natürlich Handlungsspielraum: Plage ich jetzt einen 55-Jährigen mit Stellenbewerbungen, die du mir liefern musst, jeden Monat zehn Stück, obwohl ich weiß, dass das an und für sich eine Alibiübung ist, oder konzentrieren wir uns nicht eher darauf, zu schauen... das Ziel an und für sich ist jetzt eine *würdige*... ein würdiges Dasein, bis irgendwann der AHV[8]-Vorbezug möglich ist, und das hat stark damit zu tun, wie die soziale Einbindung dieser Person noch gewährleistet ist, und dann dort darauf die Frage auszulegen. Und... Aber was sind denn dabei unsere Strategien? Und das denke ich, da wissen meine Mitarbeiter auch vieles. Da geht es darum, welche Stellen es in der Stadt gibt, welche Angebote es in der Stadt gibt und ja, solche Fragen an und für sich aufzunehmen.
– Jetzt wie nehmen Sie sich die... oder ich muss vielleicht anders fragen: Es ist immer eine Schwierigkeit, also eben als Dienstleistung gegenüber der Allgemeinheit hat man ja auch ein Stück weit den Auftrag, die Leute ähnlich zu behandeln. Wie gehen Sie mit dem um? Also es gibt ja... man trifft auch im Rahmen der Fallbeurteilung gewisse Vorentscheidungen, wie gehen sie damit um?
Herr Baumann: Also eben, wir haben ja innerhalb der Sozialhilfe auch wieder SKOS-Richtlinien, wir haben eine Praxishilfe vom Kanton und wir haben die städtischen Weisungen. Und *die* sind grundsätzlich einmal... die geben den Rahmen, also es bekommt niemand 2000 Franken, sondern das ist gegeben. Du hast jetzt einfach, wenn du allein bist, hast du 800 Franken zu gut und nicht mehr. Punkt. Und dort kann ich natürlich auch wieder – wenn jetzt irgendwelche Gründe da sind, zum Beispiel gesundheitliche Gründe – kann ich immer noch probieren, einen Antrag zu stellen, dass jetzt diese Wohnung, die 950 Franken kostet, aber zum Beispiel keine Schwellen hat, dass die dann so bezahlt wird. Dort habe ich einen Spiel-

---

8 | Alters- und Hinterlassenenversicherung: obligatorische Schweizer Volksversicherung für Erwerbstätige in der Schweiz und für Nichterwerbstätige ab dem 18. Lebensjahr, die in der Schweiz ihren Wohnsitz haben. Diese soll den Existenzbedarf im Alter oder im Todesfall für die Hinterbliebenen sichern.

raum und den kann ich natürlich nutzen, aber ich bin ja nicht der, der *allein* entscheidet. Wenn es über gewisse Richtlinien hinausgeht.

SOZIALE ARBEIT IM SPANNUNGSFELD ZWISCHEN ÖKONOMIE UND INDIVIDUELLER HILFE AUS SICHT ZWEIER SOZIALARBEITER

Beide wenden sich gegen das in der Gesellschaft ihrer Meinung nach noch vorherrschende Bild vom »Softie mit Helfersyndrom«, das bei beiden Scham- und Peinlichkeitsgefühle auslöst, und pochen auf die Professionalisierung der Sozialen Arbeit, in der das Setzen von Grenzen, das Einhalten von Regeln und Richtlinien, Kontrolle und Sanktion oder eine Armuts-Beweiserbringung durch die Klienten nicht in Frage gestellt wird.[9] Gleichwohl unterscheiden sich beide in der Art, wie sie ihre Beziehung zu und den Umgang mit den Klienten schildern, wie sie sich zur Herausforderung Doppelmandat äußern, das seinen Ausdruck darin findet, dass sie einerseits um Hilfe nachsuchenden Klienten ein menschenwürdiges Dasein ermöglichen müssen, andererseits das Geld der Stadt/Gemeinde möglichst restriktiv ausgeben sollen. Sie unterscheiden sich ferner darin, wie sie ihre Arbeit im Allgemeinen schildern (das Aufzählen von Richtlinien und Regeln versus die kulturelle Unterschiedlichkeit der Klienten), wie sie sich von der alltäglichen Arbeit distanzieren können und wie sie den administrativen Aufwand einschätzen. Die beiden Befragten bewegen sich damit auf dem Kontinuum zwischen einem technokratischen oder bürokratischen Arbeitsverständnis von Case-Management und der klientenzentrierten[10] Sozialarbeit, in der der Klient in

---

9 | Frau Luginbühler: Ich glaube schon, dass wir immer noch ein furchtbares Klischee haben von Birkenstocks und »Lismen«, also Stricken und Grün, aber *ich* bin Grün-Rot und fahre Auto. Ich finde es furchtbar. Ich finde es schon furchtbar, wenn ich wirklich tatsächlich hier Kollegen treffe mit selbstgestrickten Pullovern und Birkenstocks.

10 | Roth (2008: 13) unterscheidet für die Schweizer Praxis vier idealtypische methodische Ansätze in der Sozialen Arbeit, die in der Realität in der Regel in Mischformen zur Anwendung kommen: (1) die zielorientierte Sozialarbeit (Case-Management) mit wenig Freiraum in der Beratungsarbeit, hohem Legitimationsdruck für den Hilfeempfang und hoher sozialer Kontrolle mit dadurch erreichter hoher gesellschaftlicher Legitimität; (2) die bürger- bzw. kundenorientierte Sozialarbeit (beeinflusst durch New Public Management) mit hohen formalen Ansprüchen an die Fallführung, einer unterschiedlichen Beratung des Klienten in Abhängigkeit seiner Einteilung in Kategorien und einer hohen sozialen Kontrolle; (3) die systemische Sozialarbeit (konstruktivistischer Ansatz) mit hohen methodischen Ansprüchen an die Fallführenden, einer großen Freiheit bei der Zielformulierung und einer nur mittleren sozialen Kontrolle; (4) die klientenzentrierte Sozialarbeit (humanistischer Ansatz) mit einer hohen methodischen Freiheit und längerem Abklärungsprozess, teilweise wenig sichtbaren Resultaten aufgrund geringerer Verbindlichkeit sowie niedrig gehaltener sozialer Kontrolle.

seiner Einzigartigkeit im Zentrum sozialarbeiterischer Bemühungen steht. Insbesondere seit dem Einzug von Maßnahmen aus dem New Public Management wurde das vormalige Individualisierungsprinzip durch ein Standardisierungsprinzip abgelöst, mit Hilfe dessen die Leistungsempfänger anhand ihrer Prognose über die Zielerreichung (voraussichtliche Unterstützungsdauer und Grad der sozialen Integration) klassifiziert und spezifischen Leistungskategorien zugewiesen werden.

Während also Frau Luginbühler auf ihren Spielraum für die Gewährung individueller Hilfsangebote hinweist, den es nur gut zu verkaufen gilt, äußert sich Herr Baumann klar bekennend zu den Vorgaben und Richtlinien, die es zu beachten gilt, und lässt Spielräume lediglich hinsichtlich Personengruppen zu, die per se einer Integration entgegenstehen (trotz einer kritischen Äußerung gegenüber dem Kostendruck: »Dann können die Gelder wieder für Kampfflugzeuge ausgegeben werden.«). Den Aussagen von Herrn Baumann ist zu entnehmen, dass es (rein) klientenzentrierte Sozialarbeiter im Sozialamt schwer haben dürften. Sie zeigen, dass Herr Baumann eine andere Logik internalisiert hat als Frau Luginbühler, bei der eine kundenorientierte sozialarbeiterische Ausrichtung vorherrscht. Zwar profitiert auch sie von ihrem »analytischen Talent«, wenn es um die Einstufung der Klienten geht, sie ist jedoch auch bemüht, die Menschen, mit denen sie es zu tun hat, dort abzuholen, wo sie gerade sind.

— Vorher haben Sie gesagt, dann… oder auch über analytisches Talent gesprochen und im Verhältnis zur Empathie, zum Mitfühlen, zum Verständnishaben, was ist denn wichtiger eigentlich in Ihrem Job? Eher das Analytische zu verstehen, was ist das für eine Person, was mache ich mit der, oder eher die Fähigkeit, mitzufühlen, sich hineinzuversetzen?
Frau Luginbühler: (.) Hmm, also ich denke, in meinem Job, in der Neuaufnahme, wo es darum geht, relativ rasch zu erfassen, ist das Analytische wichtig. Und Empathie, immer so viel, wie es braucht. (.) Also gerade mal halt auch in der Neuaufnahme, die ist eigentlich sehr strukturiert, wenn ich sehe, da draußen ist der Gang voll, alles lauter Leute, und da ist jemand aufgelöst, ja, dann braucht es halt diese Zeit. Dann habe ich ganz viel Kleenex. Und dann braucht es halt diese Zeit. Ich denke, ein ganz großer Teil – neben der analy… Die analytische Fähigkeit, die ich habe, um Situationen zu erfassen, bewirkt auch, dass ich relativ rasch, sehr schnell bin. Also ich muss nicht… ich kann das einfach. Das ist jetzt wirklich ein Talent, das ich habe, das ich schon ein bisschen habe. Darum haben sie mich auch wieder hierhin gesetzt, wo mir das eigentlich gelingt, ganz schnell, einfach ganz schnell zu sagen: »Dann kommt noch das, das, das und das (.) ist… hat auch noch damit einen Zusammenhang.« Dann kann ich das aber abkürzen und mir diese Notizen schon machen, ohne dass ich es thematisieren muss. Andere müssen das vielleicht thematisieren und dann geht mehr Zeit verloren. Wenn ich das einfach für mich so im Kopf behalten kann, und nachher später einfach beim Antrag, den ich allerdings formulieren muss, habe ich mehr Zeit, mit dem Klienten über etwas anderes zu reden. Etwas, das ihn bewegt. Ihn dort abzuholen, wo er ist, das ist wichtig, oder? Ich habe auch schon ein Gespräch vorbereitet. Ich musste auch schon schwierige Gespräche vorbereiten, wo ich dachte: Morgen kommt

der und der und das gibt wieder Streit. Was mache ich jetzt? (...) Und dann gibt es noch die
Geschickten, die sagen: »Ich habe das jetzt nicht gemacht, was wir abgemacht haben, aber
dafür das.« Geht gar nicht, oder? Es ist wie bei kleinen Kindern. Manchmal sind sie wirklich
ein bisschen wie Kinder, oder?

Als Ressortleiter ist Herr Baumann »näher am Gesetz« und damit am Pol der Institution. Viele seiner Beschreibungen erinnern an ein »Sozialmanagement« und sein
Berufsverständnis an eine »Sozialtechnologie«. Seine Äußerungen zeugen insgesamt von einer größeren Distanznahme gegenüber den Klienten: Er nimmt nichts
»mit nach Hause«, während Frau Luginbühler absichtlich einen weiten Weg zum
Auto läuft, um in dieser Zeit abzuschalten, wie sie in folgender Passage schildert:

— Was glauben Sie denn, ist die Grundbedingung, um auf dem Sozialamt gut bestehen zu
können? Sie haben vorher schon gesagt, man braucht einen breiten Rücken. Was gehört
noch dazu, dass man das hier wirklich jahrelang gerne macht?
Frau Luginbühler: Ich glaube, es braucht eben trotzdem – es braucht eben trotzdem noch
eine gewisse Empathie für diese Randständigen, für diese Randgruppen, und Verständnis.
Und auch das Verständnis, dass es die ja braucht in der Gesellschaft, sonst würde unsere
Gesellschaft nicht so funktionieren, wie sie funktioniert. Und ein gesundes Maß auch von
Nähe und Distanz und ein gesundes Selbstvertrauen und nicht abhängig sein zu müssen,
abhängig sein von den – wie soll ich das sagen? Ich finde es ganz, ganz schlimm, wenn man
erwartet, dass die Klienten einen gern haben. Das geht gar nicht. Das geht gar nicht. Ich
habe eine Machtposition, ich stehe doch an einem ganz anderen Ort! Es geht um Respekt
und nicht um Liebe oder Zuneigung oder Sympathie. Klar habe ich bei gewissen Klienten
mehr Sympathie als bei anderen, aber ich merke jeweils noch, gerade bei Jungen, die dann
frisch von der Soz.-Ausbildung kommen, oder Praktikanten, die wir ausbilden, ich bin Prak-
tikumsanleiterin ab und zu, dass sie wahnsinnig betroffen sind, wenn sie von einem Klienten angemotzt werden. Wie sie das persönlich nehmen. Ich sage dann: »Das müsst ihr nicht
erwarten. Erwartet bloß nicht Dankbarkeit. Das ist unser Job!« (...) Und dann – ich mache
in der Freizeit viel Psychohygiene. Also mir ist ganz, ganz wichtig, dass ich das Büro nicht
mit heimnehme. Also das heißt, mein Auto steht so weit weg, dass ich zuerst 20 Minuten
laufen muss. Das ist ganz gut. Und bis dorthin habe ich ausgelüftet. Dann ist der Frust weg.
Das ist wichtig.

Bei Herrn Baumann hört sich das ganz anders an:

— Und da bekommt man auch Sachen mit, Schicksale und so, und das ist vielleicht dann –
also man nimmt dann vielleicht ein paar Sachen mit heim, oder versucht es vielleicht, nicht
heimzunehmen, aber es geht einem trotzdem durch den Kopf: Wie geht man denn mit dem
um? Wie machen Sie das?
Herr Baumann: Ich hatte *nie* so große Mühe, weil der *Kernauftrag* ist die materielle Exis-
tenzsicherung und im Grunde genommen könnte ich sagen: »Wenn der Klient das Geld für
die Lebensmittel hat und ein Dach über dem Kopf hat und die Krankenkasse bezahlt ist,

ist einmal das Wichtigste erledigt.« Und dann gibt es in der Beratung, in der Begleitung – natürlich sind das alles *Schicksale*, die man kennenlernt, das sind zum Teil auch *unschöne* Geschichten, aber das war für mich *nie* ein Problem. Ich konnte eigentlich immer das Büro zu Hause lassen – äh: das Büro nicht mit nach Hause nehmen. Und ich denke, das ist ein Unterschied, weil wenn ich das vergleiche vielleicht mit der *Amtsvormundschaft*, wo ich ja effektiv auch Verantwortung habe, unter Umständen... im Hinblick auf ein *Kind*, und das geht auf die Kurve [haut ab] oder was weiß ich für eine Nummer, dann nehme ich das vielleicht eher heim als das jetzt. Mit dem ich zwar auch konfrontiert bin, aber schlussendlich habe ich diese Verantwortung dann nicht. Ja. Was mich dann jeweils mehr beschäftigte in den ganz struben [harten] Zeiten ist, dass man immer wie auf 180 lief, und dann wieder herunterkommen zu können, das finde ich dann schwieriger. Und das, denke ich, das war eher ein bisschen... oder besser gesagt auch zu Atem zu kommen, so dass ich überhaupt nachher wieder Puste habe, weiter zu arbeiten. Das finde ich, war eine Zeit lang eher die Herausforderung. Oder wenn es *viel* Arbeit gab...

– Das ist jetzt relativ unabhängig vom Arbeitsinhalt, aber mehr mit der -intensität.

Herr Baumann: Damals war das eher das Belastende. Und jetzt sind, wenn ich etwas habe, dann sind es weniger Klientengeschichten, sondern mehr *Organisationsfragen*, also wie managt man das jetzt sozusagen, wie können wir Fragen, die anstehen, inhaltlicher Art – jetzt nicht auf den Fall bezogen, aber zum Beispiel, was machen wir jetzt mit unseren 55-Jährigen und drüber, bis zu der AHV, wie können wir die im Grunde genommen überhaupt noch sinnvoll begleiten? Nicht dass mich *das* beschäftigt, sondern: »*Wie* können wir diese Frage im *Team* beantworten und für uns Lösungsstrategien entwickeln? Was sind da spannende Ansätze?« Das sind eher solche Sachen, die ich mal ab und zu mal wieder mit nach Hause nehme.

»ICH WÜNSCHTE, WIR HÄTTEN EINE SEKRETÄRIN« – DER UMGANG MIT DER VERWALTUNGSARBEIT

Ergänzend lässt sich festhalten, dass Herr Baumann keine Mühe mit administrativer Arbeit hat: Zum einen ist hier als Erklärung seine berufliche Herkunft aus dem kaufmännischen Bereich zu nennen; zum anderen ergibt diese Tätigkeit in der Logik der Sozialarbeit nach seiner Sicht Sinn. Frau Luginbühler hingegen würde diese Arbeit gerne abgeben, da sie sie nicht zu ihrem »eigentlichen« Job zählt. Hier schlägt vermutlich auch das jeweilige Paradigma durch, das zur Zeit der Ausbildung unserer Protagonisten vorherrschte – ebenso wie die persönlichen Ambitionen, aus denen heraus der Beruf des Sozialarbeiters gewählt wurde. Im Gespräch mit Frau Luginbühler sagt diese Folgendes:

– Ich habe vorhin gefragt, wie der Anteil ist von dem Verhältnis von bürokratischen und administrativen Tätigkeiten//Puh!//und...

Frau Luginbühler: Viel zu viel. Ich wünschte, wir hätten eine Sekretärin. Nein, wir haben schon eine Sekretärin, aber es gab... die Idee war ja einmal, mit all dieser Software, die wir haben, wir sind ja immer up to date, das stimmt. Das müssen wir der Stadt lassen. Da lassen sie uns nicht lumpen, aber es wird immer mehr, die Administration. Und zwar ist da wahrscheinlich das Bundesamt für Statistik Schuld, hä? Das ist wieder einmal die Regierung, die wollen immer *alles* dokumentiert haben. Aber das ist typisch schweizerisch. Man will immer alles. Man will immer alles irgendwo verewigt haben. Furchtbar. Und das ist für mich eine Arbeit, wo ich mich dumm und dämlich tippe am Nachmittag. Aber das ist unnötige Administration, meiner Meinung nach. (...)

— Sie haben vorher gesagt, Sie würden sich eine Sekretärin wünschen?

Frau Luginbühler: Ja, eben genau für dieses Eintippen oder wenn ich... ich muss in einer... ich muss Krankenkassenpolicen erfassen, und zwar separat KVG und VVG, ich muss Haftpflichtversicherungen, Policen erfassen, ich muss Mietverträge erfassen, ich muss Arbeitsverträge erfassen.

— Mhm. Also die Erfassungsarbeit könnte durchaus jemand anderes machen?

Frau Luginbühler: Ja. Also der Lehrling macht einiges, aber nicht alles. Aber wir haben nicht immer Lehrlinge. Jetzt hat sie erst angefangen und konnte bis jetzt noch nicht einsteigen. So. Ja.

Herr Baumann hingegen versteht Dokumentation und Administration als Teil seines Jobs und hat keine Mühe damit, was auch für ein (anderes) Berufsverständnis in der Logik des Case-Managements spricht:

Herr Baumann: Also das *eine* ist sicher das, was ich vorher... was schon etwas hervorgekommen ist, ist, dass, aufgrund von einem Stellenausbau denke ich, die *Fallbelastung abgenommen* hat. Das heißt, Zeit mit dem Klienten hat man *mehr*, gleichzeitig hat eben die Administration zugenommen denke ich mir, plus die ganze Kontrollgeschichte. Das frisst dann wieder ein bisschen auf, was man eigentlich gewonnen hat... hätte an sich, mit dem Klienten.

— Ja, okay. Aha. Da ist man trotzdem ein bisschen an der Grenze dann?

Herr Baumann: Ja, je nachdem. Also ich denke, es gibt auch unterschiedliche Wahrnehmungen. Ich finde, der Administrativaufwand geht mir halt auch *einfacher von den Fingern*. Jemand, der damit Mühe hat, der empfindet das sowieso unterschiedlich.

— Ja, durch Ihre Vorausbildung schon?

Herr Baumann: Genau. Ja. Und die *Missbrauchskontrolle* in dem Sinne – das gehört doch zum Business. Wenn man sie nicht als einen Teil vom Business wahrnimmt, sondern als etwas, was ich eigentlich nicht gerne mache, dann wird es schwierig, aber ich *muss* jetzt halt einfach einmal regelmäßig diese Kontoauszüge kontrollieren, ich muss die Miete kontrollieren und so weiter. Das gehört einfach dazu. Aber das ist etwas, das damals, als ich angefangen habe, in der langfristigen noch nicht *dieses Gewicht* hatte wie heute. Und man geht diesem Zeug dann auch anders nach, also bis hin zu Strafanzeigen und so weiter. Und das ist natürlich dann immer ein Aufwand, dann muss *ich* das Zeug für den Rechtsdienst liefern, damit er tätig werden kann. Also das ist so das eine... wo ich finde, dass es eine Veränderung ist. Das andere vom *Klientel*, wo ich finde, dass sich das verändert hat, ist – und es ist anspruchsvoller geworden – sind die *psychischen Erkrankungen*, (.) die haben zugenommen, da haben wir auch *mehr*. Das könnte heißen – das weiß ich aber nicht –, dass die früher vielleicht einfacher zu einer IV[11] gekommen sind, heute nicht. Es ist möglich, ich weiß es nicht. Sicherlich ist es so, dass es schwieriger geworden ist, zu einer Rente zu kommen, und das heißt, wir haben dort mehr Aufwand, oder länger, bis wir bei einer Rente sind. Was sich auch verändert hat, oder denke ich, in der Wahrnehmung wichtiger geworden ist, aber in der Arbeit denke ich, ganz zentral ist, ist die Zusammenarbeit mit anderen *Stellen*. Seien es teils staatliche Player, wie IV, RAV[12], Arbeitslosenkasse und so weiter, aber auch *freiwillige* oder *private* Institutionen. Das war von mir her immer wichtig, aber das denke ich, hat einfach auch bis hin zur Politik *mehr Gewicht* bekommen. Also die Vernetzungs- und Koordinationsarbeit, die ist wichtig geworden. Die war immer wichtig, finde ich, aber ist wichtiger geworden und wird auch je länger desto wichtiger werden auch, das ist noch nicht fertig.

– Und in welchem Verhältnis steht denn das so quasi zum Kerngeschäft, also zur Klientelbetreuung?

Herr Baumann: Für mich *gehört* es zum Kerngeschäft, weil der Klientenkontakt selber – eben, ich sehe den vielleicht alle vier Wochen vielleicht alle sechs Wochen. Dann habe ich ein Gespräch, das geht vielleicht eine halbe Stunde, vielleicht eine Stunde, vielleicht aber bloß 20 Minuten, das kann ja nicht alles sein, oder? Aber um den Klienten rundherum – und das gehört eben auch zum Kerngeschäft – ist die ganze Vernetzungsarbeit mit einer IV, mit... wer auch immer dabei ist. Das gehört dazu. Und darum denke ich, gehört das zu den Kernaufgaben. Sonst ist eine Bewegung vom Klient ist ohne das Mitnehmen vom Helfersystem nicht möglich. Dann sitzen sie einfach in der Sozialhilfe, bis sie 65 sind.

– Das heißt, Sie finden auch, das Verhältnis, wie es jetzt gegeben ist, ist einigermaßen okay?

Herr Baumann: Für mich ist es okay, ja. Für mich ist es okay. Ich finde eben – ich muss noch mal sagen, für mich ist zum Beispiel die *Kontrollfunktion*... gehört auch zu uns, das können wir nicht ändern! Ich finde, es ist auch kein großer Aufwand – gut, ich habe ja auch nicht 80 Dossiers und der ganze *administrative* Teil, ja der geht mir, wie schon gesagt, relativ leicht von der Hand und ich habe auch nicht 80 Dossiers. Das finde ich, ist auch noch wichtig.

»WIR MACHEN EINEN INDIREKTEN SICHERUNGSAUFTRAG«

Insbesondere das Gespräch mit Herrn Baumann legt Zeugnis davon ab, dass der Wohlfahrtsstaat unter ökonomischem Druck die Kontrolle erhöht und die Sanktionen verschärft. Herr Baumann selbst argumentiert, es sei kein Zufall, dass man zusammen mit der Polizei in einer Verwaltungseinheit angesiedelt sei. Beide Organisationen scheinen in dieser Vorstellung eine komplementäre Rolle zu spielen:

---

11 | Invalidenversicherung: gesamtschweizerisch obligatorische Versicherung für den Fall einer ganzen oder teilweisen Erwerbsunfähigkeit.
12 | Regionale Arbeitsvermittlungszentren.

Herr Baumann: Es ist schlussendlich auch eine Dienstleistung, die wir erbringen. Wir sind ja auch nicht umsonst innerhalb der Direktion für Soziales und Sicherheit zusammen mit der Polizei. Also die Polizei macht einen *direkten* Sicherheitsauftrag, wir machen einen *indirekten* Sicherungsauftrag von der finanziellen Seite. Aber viele Leute, denke ich, die wir abhören auch, also die wir halt jeden Monat oder alle sechs Wochen einmal sehen, wo wir mit ihnen reden und sei es nur kurz, die können hier abladen, die können allenfalls auch ihre Psychosen hier wieder ein bisschen deponieren, wenn sie sich psychiatrisch nicht einbinden lassen. Ich weiß nicht, was die sonst machen würden, wenn sie nicht irgendwo einfach ab und zu noch so ein Ventil hätten. Das denke ich schon... in unserem Ressort ist es schon auch eine Funktion, eine Blitzableiterfunktion, die man manchmal halt auch hat.

BEWERTUNGSFRAGEN

In der folgenden Sequenz des Interviews mit Frau Luginbühler wird klar, dass ihr Beruf über keine große gesellschaftliche Anerkennung verfügt. Dies mag auch damit zu tun haben, dass das Sozialamt kein Geld »einnimmt«, sondern nur »ausgibt«.

Frau Luginbühler: Ich weigere mich, in dieses Klischee hineingedrückt zu werden! Es ist leider so. Und ich denke, in der Gesellschaft, also wenn ich so tatsächlich, wenn ich irgendwo an einem Anlass bin und sie wissen, was ich so arbeite, dann geht es los, was wir alles für Gutmenschen sind. Von den Bürgern, von der Stadt. Rede ich aber mit den Klienten, sind wir nur die Bösen. Wir sanktionieren, wir geben zu wenig Geld und wir sagen immer, wo es durchgeht, sie müssen sich bei uns ausziehen, sie müssen alles deklarieren. Es ist so! Das ist tatsächlich so und das ist auch noch ganz, ganz schlimm und muss *mir* als Berater auch *bewusst* sein, dass es eigentlich *nichts* Privates mehr gibt bei den Klienten. Es muss hier sitzen.
– Und Sie finden das dann wie... So die gesellschaftliche Wahrnehmung ist irgendwie ein bisschen schräg darauf, also es gibt da Klischees, dass die Sozialhilfeempfänger da sich irgendwie ein schönes Leben machen, und tatsächlich ist es gar nicht so schön.
Frau Luginbühler: Ja das kommt noch dazu, hä? Dann bezahlen wir noch alle Hundesteuern und noch alles Hundefutter und alles. Das stimmt doch alles überhaupt nicht! Und ich bin es leid und auch müde, mich zu rechtfertigen für den Job, den ich mache. Und mir macht das Spaß!
– Es passiert aber, dass Sie sich in der Situation finden, sich rechtfertigen zu müssen?
Frau Luginbühler: Ja, wenn ich natürlich mit unwahren Sachen konfrontiert werde und die sagen: »Ach die, mit eurer Großzügigkeit, mit eurem Helfersyndrom!« Und ich bin überzeugt, ich habe kein... Ein guter Sozialarbeiter vom Sozialamt darf nicht... kein Helfersyndrom haben. Das geht gar nicht, weil Nähe und Distanz, diese Balance, das ist ja extrem wichtig. Ich kann niemandem helfen, wenn mir irgendein Schicksal zu nahe geht, und es gibt ja nichts, was es nicht gibt, was bei uns nicht deklariert ist. Und da darf ich... da darf ich mich nicht hineinziehen lassen, sonst kann ich nicht helfen. Das geht gar nicht.

Das Doppelmandat:
Ein grundsätzliches Problem und aktuelle Verschiebungen

Mit dem Problem der doppelten Loyalität sind alle Sozialarbeiter in der von uns untersuchten Institution in der einen oder anderen Form konfrontiert. So antwortet Herr Eggi, ein weiterer Sozialarbeiter:

— Fühlt man sich da als Sozialarbeiter – also, ja erst mal als eine Person, die im Sozialamt arbeitet – wie ein Anwalt für die Klienten, die kommen? Die sind sonst überall quasi durch alle Netze durchgefallen, wenn man so will, und dann ist das so die letzte Anlaufstation? Herr Eggi: Ja, also grundsätzlich vom Berufskodex her und so, ganz klar. Ja, es ist schon eine anwaltliche Funktion für Klienten. Wobei auch klar ist, die Soziale Arbeit ist ja immer das so genannte doppelte Mandat. Irgendwoher wird man ja bezahlt und irgendwoher ist... sind da die Klienten und ich meine, das kennt man ja, ist ja auch das Thema immer mit den Kunden. Die freiwilligen Klienten wären ja dann *Kunden*. Es gibt ja auch viele Sozialstellen, die schon umgestellt haben und von Kunden reden. In der *freiwilligen* Sozialen Arbeit ist es so, dass man dann wirklich anwaltschaftlich das auch für die Klienten wahrnehmen kann, und wir sind natürlich so wirklich in einem Spagat drin, weil bei uns auf der einen Seite ist das Gesetz und auf der anderen Seite ist der Klient.

Während auch in dieser Sequenz das Doppelmandat explizit benannt wird, bleibt es in anderen Gesprächen mit Sozialarbeitern als strukturelles Problem erkennbar. Die bereits eingangs zitierte Frau Lehner charakterisiert ihr Verhältnis zu den Klienten wie folgt:

— Also würden Sie es eher als »Miteinander« mit den Klienten beschreiben, als ein »Ich sage dir, was du tun musst«? Wenn ich das richtig verstehe? Frau Lehner: Also grundsätzlich ist es das Ziel, ja. Aber das andere gibt es natürlich auch, oder. Also wenn jemand gar nicht redet... wir haben viel Klienten, wo man wirklich jedes Wort quasi aus der Nase ziehen muss. Das ist nicht angenehm, oder, so als wenn man ein Gespräch miteinander führen kann, wo auch offen ist, wo man auch eben ein Miteinander aufbauen kann. (.) Also sicher sind das auch unsere verschiedenen Rollen immer, oder, also einerseits in einer Machtposition: Ich kann jemandem etwas geben, ich kann aber auch etwas zurückbehalten oder verweigern, oder. Andererseits aber auch... Wir sind auch als Vermittler für die Klienten da, wenn etwas bei anderen Stellen oder so nicht läuft, dass wir uns einsetzen für die Klienten. Wir sind aber auch da eigentlich zum mit den Klienten zusammen zu schauen: Hmm, wie kommen sie wieder weg von der Sozialarbeit? Also quasi als Partner, oder? Und je nachdem kann das aber auch relativ schnell ändern, *im* Gespräch selber, oder. Wenn sich jemand weigert, gewisse Sachen zu machen, dann muss ich sagen »Sie, Sie haben mit dem Antrag für Sozialhilfe haben Sie unterschrieben, dass Sie uns jegliches Einkommen angeben. Das ist Ihre *Pflicht*. Handkehrum bekommen Sie auch...« Wenn das jemand natürlich nicht macht, oder, dann komme ich relativ schnell in die Rolle von

»Ich sage dir jetzt, was du machen musst, und sonst läuft es nicht mehr so weiter!« Hmm. Also *das* kann relativ schnell ändern, oder.

Auch hier wird deutlich, dass die Anforderungen an die Sozialarbeiter in sich widersprüchlich sind. Einerseits sind sie Partner, die fördern, andererseits Kontrolleure, die fordern. Im Zuge des Paradigmenwechsels hin zum »aktivierenden Wohlfahrtsstaat«, wo es keinen unbedingten Rechtsanspruch auf Hilfe gibt, sondern dieser an Pflichten und Leistungen des Hilfeempfängers gekoppelt ist, kam es auf dieser Achse zu einer Verschiebung Richtung Kontrolle, wie die Interviews mit den von uns Befragten anschaulich zeigen. Die auf Individualität ausgerichtete Sozialarbeit, in der der Klient in seiner Einzigartigkeit im Zentrum sozialarbeiterischer Bemühungen steht, wird im Verhältnis zur Standardisierung und Kontrolle immer weniger wichtig. So wird durch die Standardisierung zwar eine Zeitersparnis erhofft und erreicht, die aber andererseits nicht dem Klienten zugutekommt, sondern in administrativ-kontrollierenden Tätigkeiten aufgebraucht wird.

FAZIT

Trotz der aufgezeigten Unterschiede zwischen den Mitarbeitern im Umgang mit dem Klientel zeigt sich im Gesamten der paradigmatische Wandel weg von der klientenzentrierten Sozial*arbeit*, die dem humanistischen Menschenbild entsprang, hin zu einer an standardisierten Fällen konzipierten, codierten und mit dem Computer erfassbaren Sozial*technik*. Der Unterschied zwischen den Beschäftigten besteht in der Frage, wie weit man in dieser Hinsicht geht und als wie selbstverständlich die momentan praktizierte Form von »sozialer Unterstützung« erlebt wird. In der Praxis zeigt sich, dass die Standardisierung auch an praktische Grenzen stößt, weil menschliche Schicksale zuweilen doch komplexer sind, als dass man sie beispielsweise ad hoc den zwei Schubladen »berufliche Integration« oder »soziale Integration« zuordnen könnte. Das von uns beforschte Sozialamt steht vor der Aufgabe, sich in Bezug auf diese beiden Ressorts neu zu organisieren, weil einer der Bereiche zeitweise so viele Mitarbeitende benötigt, dass sie von einem einzelnen Ressortleiter nicht mehr zu führen sind, und die Dossiers der Klienten außerdem zu häufig zwischen beiden Ressorts hin- und her- gereicht werden müssen. Die Herausforderung besteht darin, die amtsinterne Organisation und die Aufteilung der Fälle unter Bezugnahme einer Standardisierung der Klienten zu gewährleisten, um der Logik des Case-Managements zu entsprechen. Dies verdeutlicht abschließend Herr Flückiger, ein weiterer Sozialarbeiter:

Im Moment wird sehr stark zuerst mal gefiltert, sehr, sehr schnell; Erstgespräch, wirklich mal schauen, und dann, auf einem zweiten Termin, bringen sie diese und diese Unterlagen mit und, und, und. Und dann wird nach dem ersten, ich sag jetzt *kurzen* Abklärungsgespräch, werden die Weichen gestellt. Möglichst nach jedem. Leute, die andere Ansprüche haben, weiterverweisen, weiter informiert, wohin sie sich wenden sollen. Und diejenigen, wo es nach Anspruch ausschaut, müssen auch entsprechend... gegebenenfalls noch entsprechende Unterlagen beibringen und werden in einem zweiten Gespräch etwas vertiefer oder werden dann vertiefer angeschaut. (...) *Hier* zeigt sich einfach die Problemstellung: Im Grundsatz ist die Überlegung gut, in der Praxis wird es dann schwieriger, oder. *Die* sollen diese Leute hier mit so schwierigen Lebensgeschichten einschätzen. Ist diese Person beruflich integrierbar oder nicht?

Die doppelte Bindung des öffentlichen Sektors an die Bürgerschaft – als Quelle der Finanzierung öffentlicher Leistungen und als Bezugspunkt sozialstaatlichen Handelns – ist ein konfliktreiches Strukturmerkmal entwickelter und rechtlich geformter Wohlfahrtsstaatlichkeit. Es prägt das Handeln der im öffentlichen Dienst Beschäftigten, es fordert deren professionelles Selbstverständnis heraus, es provoziert normative Ambivalenzen. Im Prinzip ist damit auch schon in der Frage des Doppelmandates der Aspekt der Verantwortung angesprochen. Wer übernimmt die Verantwortung für die Bereitstellung, Gewährleistung, Anwendung und Verwirklichung öffentlicher Güter? Das ist der zentrale Punkt, der uns im folgenden kontrastiven Fallporträt beschäftigen wird. Hierbei geht es freilich nicht nur um abstrakte Prinzipien der »Verantwortung«, sondern um deren materielle, infrastrukturelle und arbeitspraktische Voraussetzung. Die Frage »Wer trägt die Verantwortung für öffentliche Güter?« wird täglich in kommunalen Zusammenhängen und verwaltungsbezogenen Abläufen beantwortet. In ihr spiegeln sich nicht nur die Regeln des arbeitenden Staates, sondern auch die unterschiedlichen Bewirtschaftungsformen öffentlicher Güter – sei es der lokale Busverkehr, die Postzustellung, die Ausgabe von Personaldokumenten oder die Aufstellung eines Haushaltsplans.

Wer trägt die Verantwortung für öffentliche Güter?

Ein Kämmerer, ein Hauptamtsleiter, ein Infrastrukturmanager und ein Postbetriebsrat nehmen Stellung

Berthold Vogel

Öffentliche Dienstleistungen und Güter prägen Arbeitsorte besonderer Bedeutung. Diesen Arbeitsorten wird mit Blick auf sozialen Ausgleich, hinsichtlich der Leitvorstellungen guter Arbeit und auch bezüglich der Stabilisierung von Gemeinwohl und Demokratie ein zentraler Stellenwert beigemessen. Aus den Quellen transparenter, allgemein zugänglicher und verantwortungsvoll gestalteter öffentlicher Dienste und Güter schöpfen demokratische Rechtsstaaten. Freilich sind öffentliche Güter nicht nur eine normative Idee. Damit sie praktisch werden können, braucht es Personal, das für diese Leistungen Verantwortung trägt (vgl. Vogel 2009). Eine besondere Rolle spielen hierbei diejenigen, die die Leistungen und Dienste der öffentlichen Hand in besonderer Weise zu verantworten und zu gewährleisten haben. Wir haben vier dieser Repräsentanten des »arbeitenden öffentlichen Sektors« nachfolgend zu einem fiktiven Treffen versammelt. Zusammengekommen sind:

Zunächst ein Kämmerer, der die fiskalischen Grundlagen öffentlicher Güter im Auge haben muss; der Sozialstaat ist ein Steuerstaat, niemand wüsste das besser als die Kämmerer in den Kommunen. Im Grunde genommen sind die Kämmerer die Schlüsselpersonen des sozialen Leistungsstaates auf kommunaler Ebene. Sie steuern und gestalten, in welcher Weise öffentliche Gelder in öffentliche Aufgaben übersetzt werden. Sie wirken im Hintergrund, stehen nicht im Zentrum öffentlicher Aufmerksamkeit, aber sie verfügen über politische Macht. In der Runde findet sich weiterhin der Leiter eines kommunalen Hauptamtes, in dem wichtige Funktionen der Daseinsvorsorge, der Verwaltung und der Infrastruktur zusammengefasst sind und verantwortet werden. In dessen Aufgabenfeld kommen zahlreiche neue Anforderungen an Kommunalpolitik zusammen. Sie soll verlässlich und sicher sein, aber auch projektorientiert; sie soll gerecht und ausgleichend sein, aber auch betriebswirtschaftlichen Kriterien genügen; sie soll die Allgemeinheit stets im Blick haben, aber im Einzelfall steht der Bürger als neuer Kunde im Mittelpunkt – die Aufzählung macht schon deutlich: Die Anforderungen sind widersprüchlich und voller Spannungen. Hier Verantwortung zu tragen, bedeutet auch, Konflikte einzugehen.

Auch ein Infrastrukturmanager ist in unserem Gespräch mit dabei – Kostenbewusstsein und Gemeinwohl gehören zusammen, wer würde das bezweifeln?! Auch die Daseinsvorsorge ist seit jeher ein Markt, auf dem Geld zu verdienen ist. Das wissen die Kommunen, das ist aber auch privaten Trägern und Akteuren klar. Wer sich auf diesen Markt begibt, der tritt zwangsläufig in das Spannungsfeld von Gemeinwohlleistung und »Cashflow«. Zugleich steht die Daseinsvorsorge unter starker öffentlicher Beobachtung, denn wer würde sich nicht dafür interessieren, wie es in den kommunalen Versorgungseinrichtungen, bei Stadtwerken oder Verkehrsbetrieben zugeht?

Ein vierter Gesprächspartner kommt zunächst eher still dazu, denn er ist unsicher, ob er sich zu diesem Quartett hinzurechnen darf: ein Postler! Selbstverständlich ist die Post eine öffentliche Leistung, wer könnte das bezweifeln? Aber die Zeiten eines Postministeriums oder eines Postministers, staatlicher Poststellen mit uniformierten Mitarbeitern, die mit ernstem Blick und sicherer Handbewegung Briefe abstempeln, sind lange vorbei. Post – das ist ein gigantischer Wachstumsmarkt von Logistikern, die um Marktanteile kämpfen. Ein Betriebsrat, der die alten und die neuen Verhältnisse in der Post-Welt kennt, hat hier viel zu erzählen.

Das Gespräch dreht sich um folgende Themen: Welcher Art und Qualität sind die öffentlichen Güter, die man zu verantworten hat? Und was heißt überhaupt Verantwortung? An welche Grenzen stößt Verantwortung? Welche konkurrierenden Interessen werden hier sichtbar?

Entlang dieser Fragestellungen und Themen werden verschiedene Orientierungen sichtbar. Zum einen: *Verantwortung heißt Sicherung* – öffentliche Güter sind ein prekäres Gut, das gesellschaftlich gepflegt und verteidigt sein will. Zum anderen: *Verantwortung heißt Risikobereitschaft* – öffentliche Güter müssen veränderten gesellschaftlichen Verhältnissen angepasst werden. Nur wer neue Wege in der Erstellung öffentlicher Güter geht, wird diese langfristig bewahren können. Schließlich: *Verantwortung heißt Infragestellung* – öffentliche Güter müssen zur Disposition und in Konkurrenz stehen. Es gibt keine »dauerhaften« öffentlichen Güter. Wer ein statisches Konzept öffentlicher Güter vertritt, schädigt auch die Interessen der Allgemeinheit. An diesen unterschiedlichen Haltungen wird deutlich, dass Verantwortung keinem einheitlichen normativen Konzept folgt, sondern unterschiedliche Interessenlagen abbildet. Diese gilt es in dem kontrastiven Gespräch sichtbar zu machen. Doch zunächst ist zu fragen: Wovon ist die Rede, wenn hier von der Verantwortung für öffentliche Güter gesprochen wird?

Wenn heute in den gesellschaftspolitischen Debatten die Rede auf die öffentlichen Güter kommt, dann geht es um die Sicherung des Gemeinwohls, aber auch um effiziente Mittelverwendung in Zeiten leerer Kassen, dann kommen veränderte Ansprüche an staatliche Verantwortung, aber auch die Diskussion neuer Managementkonzepte ins Spiel. Die Herstellung öffentlicher Güter und Dienstleistungen steht in einem konfliktreichen Spannungsfeld wachsender finanzpolitischer Restriktionen, öffentlicher Ansprüche und neuer normativer Anforderungen an Gesellschaftsgestaltung. Dabei ist nicht zu übersehen, dass in immer mehr Fällen – so zum Beispiel im Bereich der Schulen, der Kindertagesstätten, aber auch im Gesundheitsbereich – öffentliche Güter das Ergebnis der Koproduktion von Mitarbeitern des öffentlichen Dienstes und der »Konsumenten« bzw. der ehrenamtlich Engagierten sind. Der allgemein bildende Schulbetrieb ist heute vielerorts ohne elterliche Aktivitäten kaum mehr denkbar. Darin spiegeln sich fiskalische Restriktionen, aber ebenfalls der gewachsene Anspruch der Elternschaft auf schulische Mitwirkung. Das Spektrum der Aktivitäten reicht von der Gründung von Fördervereinen über Lesepaten bis zur Hausaufgabenbetreuung. Auch der Bereich der Pflege und Gesundheitsleistungen ist stark abhängig vom Engagement vieler Bürger. Öffentliche Güter und Verantwortung – dieses Thema wird immer mehr zu einem Gegenstand der Debatten über Verantwortungsteilung. Im Blick auf den Zustand, auf die Qualität und Quantität öffentlicher Güter mischen sich daher oftmals Erwartungen und Haltungen von Produzenten und Konsumenten. Es geht auf der einen Seite um die Inanspruchnahme öffentlicher Güter und um deren Effekte auf die Verteilung von Handlungs- und Aufstiegschancen; auf der anderen Seite geraten auch die Produktionsbedingungen öffentlicher Güter in das Blickfeld und bleiben nicht mehr länger eine gesellschaftspolitische Selbstverständlichkeit, die im »sorgenden Staat« (de Swaan 1993) mehr oder weniger vorausgesetzt werden konnte.

Wenn an dieser Stelle vier Verantwortungsträger zu Wort kommen, dann kommen auch die Beschäftigungs- und Statusformen zur Sprache, in deren Rahmen öffentliche Güter hergestellt werden bzw. Gemeinwohl produziert wird. Verantwortung ist daher nicht nur ein abstrakter Begriff, sondern ist an konkrete Arbeitsvoraussetzungen gebunden. Es ist nicht gleichgültig, wer Verantwortung trägt, es ist aber auch nicht gleichgültig, unter welchen Bedingungen Verantwortung getragen werden muss. Denn erst eine bestimmte Qualität der Arbeitsbedingungen ermöglicht es, öffentliche Güter als republikanische Institutionen zu verwirklichen und damit entscheidend zur Fundierung eines demokratischen Gemeinwesens und des gesellschaftlichen Zusammenhaltes beizutragen.

Wie man die Dinge nun dreht und wendet, die Debatte um öffentliche Güter enthält eminente politische Zukunftsfragen, denn hier werden die Fragen nach dem Verhältnis von Staat, Markt und Gesellschaft verhandelt. Zudem geht es um Fragen gemeinwohlorientierter Arbeitsteilung. Dazu zählen beispielsweise die Aspekte der Durchsetzungsfähigkeit des Öffentlichen gegenüber den Interessen exklusiver, oft zunftartig organisierter Gruppen, des Weiteren die Problematisierung der öffentlichen Subventionierung Privater und schließlich auch der »Rekommunalisierung« und der öffentlichen Regulierung privatwirtschaftlich betriebener Dienstleistungen.

Wer trägt die Verantwortung für öffentliche Güter? Wir treffen in der Debatte um öffentliche Güter als republikanischer Institutionen immer auch auf die normativen Grundlagen des sozialen Ganzen: auf Gemeinwohl und Daseinsvorsorge, auf Sozialordnung und Wohlfahrtsgestaltung, auf Fürsorge und Selbstverantwortung sowie auf inklusives bürgerschaftliches Engagement. Kurzum, in der Debatte um öffentliche Güter, um deren Produktion und Produzenten, um deren Finanzierung und Selektivität, um deren Nutzen und deren Lasten spiegelt sich eine zentrale Zukunftsfrage moderner, technologisch hoch entwickelter Gesellschaften.

Doch lassen wir nun die Verantwortungsträger für öffentliche Güter selbst zu Wort kommen. Auf der Grundlage unserer breiten Recherchen im Feld der öffentlichen Güter haben wir hier ein Quartett zusammengestellt, das vielstimmig agiert, durchaus zu Dissonanzen bereit ist, aber dennoch auch immer wieder eine gemeinsame Tonlage findet. Zunächst kommen die einzelnen Gesprächspartner zu Wort. Im Anschluss versuchen wir, uns einen Eindruck von dem Gesagten zu machen. Die Gesprächspartner treten nun in folgender Reihenfolge auf: Zunächst kommt die Mindermeinung zu Wort: der Infrastrukturmanager. Im Anschluss daran und in starkem Kontrast der Kämmerer, dazwischengeschaltet ist dann der Postbetriebsrat, schließlich der stellvertretende Leiter des Hauptamtes einer Kommune mittlerer Größe.

DER INFRASTRUKTURMANAGER

Der Infrastrukturmanager ist auf der einen Seite der Auffassung, ja der demonstrativen Überzeugung, dass der öffentliche Sektor Beschleunigung braucht; andererseits klagt er, dass er sich mit seiner Haltung nicht durchsetzen kann, dass er auf Granit beißt, denn das System – auch davon ist er fest überzeugt – lässt sich nicht ändern. Wenn zwei feste Überzeugungen in einer Person aufeinanderprallen, dann bleibt das selbstverständlich nicht folgenlos. So wundert es nicht, dass sich der Manager lokaler Verkehrsbetriebe im Laufe des Interviews immer wieder schockiert zeigt, auf welche Bedingungen er als Verantwortungsträger im Wechsel von der Privatwirtschaft in den öffentlichen Bereich gestoßen ist. Er ist ein verzweifelter Missionar, dem es nicht gelingt, seinen Glauben weiterzutragen. In dieser Verwunderung verkörpert er geradezu perfekt den neoliberalen Modernisierer, der sich im öffentlichen Sektor unverstanden fühlt, rasch an angeblich bürokratische Grenzen kommt und in seinen Aussagen häufig phrasenhaft bleibt. Der spezifische Charakter öffentlicher Güter – so der Eindruck – bleibt ihm fremd. Er steht mit seiner Haltung in deutlichem Kontrast zu dem Kämmerer, der nachher zu Wort kommt. Jetzt aber erst der Infrastrukturmanager, dessen zentrales Bild das der zwei Welten ist:

Herr Manger: Es sind, glaube ich jetzt, insofern zwei verschiedene Welten, als öffentliche Bereiche nicht marktfähig sein müssen. Wenn Sie auf dem freien Markt sind, dann haben Sie ein Produkt, wo Sie konkurrieren. Und da müssen Sie schauen, dass Sie das beste Produkt haben: vom Kundennutzen, vom Preis her – Sie müssen irgendein Differenzierungsmerkmal haben. Hier, in diesem Bereich ist das nicht so, im öffentlichen Verkehr. Da haben Sie einen Kuchen von Verkehrsleistungen und der wird einfach aufgeteilt. Ob Sie jetzt marktfähig sind, konkurrenzfähig oder nicht, das spielt überhaupt keine Rolle. Das spielt überhaupt keine Rolle. Weil das System funktioniert ganz anders. Sie sind hier, wenn Sie im öffentlichen... im öffentlichen Bereich tätig sind, sind Sie nicht darauf angewiesen, sag ich jetzt mal ganz brutal, dass Sie wirtschaftlich haushalten. Es ist einfach nicht gewünscht.

Als öffentlicher Manager hebt er vor allen Dingen hervor, dass es zum einen höchste Zeit sei, dass Leute wie er, die aus »der Wirtschaft« kommen, im öffentlichen Bereich tätig werden; auf der anderen Seite schildert er den öffentlichen Sektor in einer Weise, dass es dort nicht möglich sei, an verantwortlicher Stelle etwas zu verändern. Der Neusprech des öffentlichen Managements enthält stets den Hinweis, dass eigentlich alles anders sein müsste – aber es bleibt, wie es ist. Die Nachfrage im Interview, im öffentlichen Sektor habe sich doch viel verändert, weist er zurück.

Herr Manger: Ich bin, ähm... ich ähm... ich sage einfach, in der Privatwirtschaft regelt sich das automatisch aufgrund des Druckes, den jede Firma hat. Sie muss effizient sein. Sie muss vernünftig organisiert sein. Sie muss vernünftig mit guten Mitarbeitern umgehen, damit sie die halten und damit sie wachsen kann. Und das ist hier etwas anderes: Sie haben den Druck der Wirtschaft nicht. Sie haben den Konkurrenzdruck nicht und das führt dazu, dass sich die Leute und die Organisationen anders verhalten. Ich weiß nicht, wie Sie darauf kommen, dass sich sehr viel in der, ähm, im öffentlichen Verkehr, im Spital getan hat. Wenn ich das anschaue, ich sage, Sie können das nicht beurteilen.

Die Frage nach der Verantwortung für öffentliche Güter wendet unser Befragter in eine Frage nach Innovationsfähigkeit, Effizienz und der Durchsetzungsfähigkeit von Produkten auf Märkten:

Herr Manger: Aber längerfristig muss man sich ja überlegen, wer überlebt. Und eigentlich überlebt der, der am Ball bleibt und der sich vorwärtsentwickelt. Und im ÖV [öffentliche Verkehrsbetriebe], da entwickeln wir uns nicht unbedingt vorwärts. Also ich sage jetzt mal: Abgesehen von neuen Linien, die wir machen, weil einfach die Stadt wächst, sich neue Ballungszentren bilden, Agglomeration, ist der ÖV als solches noch mal ein Sektor, wo Innovation schwer möglich ist. Im ÖV irgendwo Innovation anzubieten, was von den Kunden wirklich als Innovation empfunden wird, als Vorteil, als Verbesserung – die Kunden, noch mal, die wollen möglichst schnell in der Stadt sein. Und ich sag jetzt, Innovation ist für mich nicht eine Taktverdichtung, dass ich von zehn Minuten jetzt in fünf Minuten in der Stadt bin. Es ist einfach... eigentlich ist es vom Produkt her gar nicht möglich, Innovation zu betreiben. Das Einzige, was man machen kann, ist zu versuchen, diese Leistung möglichst effizient zu erbringen. Und da... da sage ich eben, diese Effizienz, die leidet darunter, dass die meisten Transportunternehmen in städtischen Händen oder Verwaltungen sind. In Bereichen, die nie lernen mussten, marktwirtschaftlich und demzufolge effizient zu sein. Also woher sollen die denn effizient werden? Verstehen Sie, was ich meine?

Wer trägt die Verantwortung für öffentliche Güter? Fraglos lautet die Antwort dieses Gesprächsteilnehmers: die Falschen!

Herr Manger: Es ist so, dass einfach... dass einfach Leute... Ich mache den Leuten nicht mal unbedingt einen Vor... einen... einen... Vorhaltungen oder... oder ich beschuldige sie nicht mehr, wenn sie das Leben lang in der Stadt aufgewachsen sind, wenn das der einzige Arbeitgeber ist, woher um himmelsheiligen Willen sollen die wissen, dass es eben draußen anders zu- und hergeht. Aber wenn Sie von der Privatwirtschaft kommen, wenn Sie da wirklich zu kämpfen hatten, um Aufträge zu kämpfen hatten, wenn Sie wirklich mal mit Kunden vis-à-vis gesessen sind und wo Sie sich dann wirklich, ähm, verkaufen mussten und sagen mussten, wieso sollen wir Sie nehmen und nicht den anderen? Das ist völlig was anderes. Da kämpfen Sie wirklich. Da kämpf... das ist enorm herausfordernd, aber natürlich auch enorm spannend! Das ist enorm spannend.

Unser Thema erhält in der folgenden Stellungnahme eine andere Wendung, wenn der Kämmerer einer mittelgroßen Kommune zu Wort kommt. Hier spricht dezidiert ein Vertreter der öffentlichen Angelegenheiten.

DER KÄMMERER

Der Kämmerer in unserer Runde ist ein leidenschaftlicher Verfechter des öffentlichen Dienstes. Selbstverständlich ist er qua Profession der Ansicht, dass der kommunale Haushalt keine beliebige Verfügungsmasse für unterschiedliche Interessen sein darf; aber dass sich alles rechnet, was öffentlich verausgabt wird, diese Denkungsart ist ihm fremd. Bei ihm findet sich eine starke kommunale Identifikation; er ist alles andere als ein Manager, vielmehr ein guter Verwalter, der im Hintergrund den Verantwortungsträgern zuarbeitet.

Herr Amstett: Sie werden unter den gegebenen Umständen eine Kommune nie als Unternehmen führen können. Deswegen haben wir, glaube ich, auch einen ganz guten Weg gefunden. Wir haben die Teile, in denen wir wirtschaftlich sein müssen, wie zum Beispiel Stadtwerke, die haben wir in zu 100 Prozent kommunal beherrschte GmbHs ausgegliedert. Haben damit denen auch einen Gestaltungsspielraum eröffnet. Da stehen sie ja im Wettbewerb. Aber, was hier so im Kern der Kommune zurückbleibt, die politischen Entscheidungen, die werden nach anderen Gesetzmäßigkeiten getroffen.

Hinzu kommt, dass der Kämmerer ein passionierter Finanzverwalter ist. Die Arbeit ist für ihn auch berufliche Erfüllung. Verantwortung für öffentliche Güter zu tragen, das ist für ihn nicht nur eine schwer zu tragende Last oder eine ambivalente Belastung wie für unseren ersten Gesprächspartner, sondern auch eine positive Herausforderung.

Herr Amstett: Ich glaube auch, dass mir so der Umgang mit dieser Managementaufgabe, Geld, Geld verteilen, versuchen, gerechten Ausgleich zu finden, vielleicht liegt es mir im Blut. Also mein Vater hat immer gemeint, »du kannst mit wenig Geld viel machen«.

Diese Anforderung erfüllt er gern, insbesondere in dem Bewusstsein, vor allen Dingen im Hintergrund wirken zu können. Er ist der kommunale »Flüsterer«, der zwar nur selten im Vordergrund steht, der aber sehr genau strukturieren kann, in welcher Weise die politisch Verantwortlichen auftreten müssen. Glücklich die Bürgermeister, die solche Kämmerer haben.

Herr Amstett: Ich bin ja nur derjenige im Hintergrund, der den Oberbürgermeister und die zwei Bürgermeister mit Informationen füttert. Nach außen verkaufen, im Gemeinderat vertreten müssen es die, letztendlich. Nur hat sich das natürlich in den letzten Jahren dann auch ein bisschen aufgeweicht, so dass im Haupt- und Finanzausschuss im Gemeinderat auch, wenn es um finanzielle Dinge geht, ich dann direkt Rederecht erhalte. Also das ist ja dann nicht so, dass man dann nur der Mensch im Hintergrund bleibt. Und also, ich kann nur das sagen, es fällt mir immer ein bisschen schwer, so sich selber dann darzustellen. Dass die sagen, »also wenn man Sie in den Gemeinderatssitzungen beobachtet, Sie bringt nichts aus der Ruhe. Sie versuchen immer zu argumentieren, bleiben sachlich«. Vielleicht ist das auch ein Punkt. Wobei es in mir innerlich dann oft ganz anders aussieht. Wenn man denkt, was redet der jetzt wieder für einen Unsinn, oder? Wo man eigentlich gerne anders reagieren würde. Aber es hilft ja nicht weiter.

In dem Interview wird sehr deutlich, dass es dabei freilich nicht die Pflichtaufgaben der Kommune sind, die ihm bei seiner Arbeit Freude machen, sondern vor allen Dingen die Gestaltung der jeweiligen lokalen Besonderheiten.

Herr Amstett: Solche Institutionen, auch wichtige Einrichtungen in der Stadt, das trägt ja zu einem gewissen Klima in der Stadt, zu einer Kultur in der Stadt bei, so etwas zu erhalten. Die Pflichtaufgaben, das macht eigentlich keinen Spaß. Das, was jede Stadt machen muss, so die Infrastruktur-Einrichtungen. Sondern es gilt schon auch, die Besonderheiten einer Stadt zu halten, zu fördern. Das macht dann die Unverwechselbarkeit auch von so einer Stadt aus.

Mit Blick auf die Gestaltung, die Finanzierung und die Wirkung öffentlicher Dienstleistungen ist der Kämmerer der festen Überzeugung, dass die Arbeitswelt des öffentlichen Dienstes für die Daseinsvorsorge da ist, aber nicht dafür,

Gewinn zu machen. Das neue kommunale Haushaltsrecht sieht er unter diesen Gesichtspunkten sehr kritisch: Man müsste nach dem Besteller-Prinzip handeln (wer bestellt, zahlt), doch so kann man als Gemeinderat nicht rechnen – ein Kindergarten oder eine Skate-Anlage kann man nicht nach betriebswirtschaftlichen Grundsätzen planen, weil diese sich nie rechnen würden.

Herr Amstett: Nur, wir leben natürlich nicht nach dem Gewinnmaximierungsprinzip. Wir versuchen, eine ordentliche öffentliche Daseinsvorsorge herzustellen. Und Sie können keinen Kindergarten unter betriebswirtschaftlichen Grundsätzen führen. Unsere Kindergärten haben eine Deckungsquote von vielleicht maximal 20 Prozent. 80 Prozent muss die Öffentlichkeit zusteuern mit allgemeinen Steuermitteln. Also das wird immer schwierig sein. Klar, wir haben Dinge, wie ich vorher erwähnte, Stadtwerke, Strom, Gas, Wasser. Da müssen wir Geld verdienen. Wir müssen damit Geld verdienen, um auch hier den städtischen Haushalt damit dann füttern zu können.

Im Unterschied zu dem erstgenannten Gesprächspartner sieht er die Aufgabe der lokalen Verkehrsbetriebe nicht in der Innovation oder in der zu steigernden Produktivität der Leistungen; das ist nicht die Logik eines öffentlichen Gutes. Die Logik eines öffentlichen Gutes ist die Tatsache, dass eine allgemein zugängliche Leistung angeboten wird. Der Buskunde möchte zu einem günstigen Preis von A nach B gefahren werden. Wenn er in einer materiell schwachen Position ist, dann soll ihm dieser Mobilitätswunsch dennoch erfüllt werden. Das ist alles, aber nicht rentabel oder profitträchtig. Doch es ist sozial ausgewogen und ausgleichend. Und unter anderem hierfür zahlen wir Steuern. Das war früher nicht anders und das wird auch morgen so sein. Gewinnerwirtschaftung ist unter einer solchen Aufgabenstellung sekundär, ja sie muss sogar sekundär sein, wenn eine Kommune, eine soziale Gemeinschaft gedeihlich funktionieren soll.

Herr Amstett: Also, wenn das so käme, dass man so kalkulieren muss, dass die Busnutzer Fahrpreise zahlen müssen, dass schwarze Zahlen unterm Strich rauskommen. Dann können Sie den Busverkehr einstellen. Das kann keiner mehr bezahlen. Also, dann wäre das Busfahren so teuer. Das wäre auch sozial ungerecht. Dann würden Sie Schichten vom Busfahren ausschließen, die eigentlich grade darauf angewiesen wären. Also dieses System, wie wir es im Moment haben, halte ich für sozial sehr ausgewogen und auch verträglich.

All das gilt auch für die Pflichtaufgaben der Kommune. Hier gibt es nur begrenzte Spielräume und auch die genaue Kenntnis der Kosten hilft nicht entscheidend weiter. Ob Markt oder nicht, ob effizient oder nicht, ob innovativ oder nicht: Die Pässe müssen rechtlich beglaubigt, technisch angefertigt und verwaltungsmäßig ausgegeben werden. Da hilft nicht Benchmark und nicht Management. Es geht in diesen Fällen nicht um die Marktfähigkeit von Produkten, sondern darum, dass die Bürger ein Dokument erhalten, um sich als rechtsstaatliches Subjekt ausweisen zu können. Der befragte Kämmerer nimmt zu allen diesen Fragen eine recht grundsätzliche Haltung ein.

Herr Amstett: Wir kommen wieder auf das Betriebswirtschaftliche. Was soll das, wenn man weiß, was ein Pass kostet? Das ist ja immer so plakativ in der Öffentlichkeit, die Verwaltung weiß gar nicht, was kostet die Herstellung eines Passes? Und wenn sie es wissen, was hilft ihnen das weiter? Letztendlich nichts. Der Bürger steht am Tresen und will seinen Pass haben. Okay, ob der jetzt 20, 25 oder 30 kostet? Unter Umständen können sie dann noch einen Benchmark-Vergleich machen mit einer anderen Stadt und stellen fest: »Verdammt, wir sind zehn Euro teurer bei der Herstellung eines Passes. Wo liegen unsere Kosten?« Aber den Pass müssen sie deswegen trotzdem herstellen. Also es hilft ihnen nicht weiter.

Das ist die eine Seite – die Seite der Kosten, für die der Kämmerer qua Amt eine besondere Sensibilität besitzt. Dann gibt es aber noch eine andere Seite – die Seite der Haltung, des Dienstverständnisses, der Professionalität der eigenen Tätigkeit. Hierzu nimmt der Kämmerer sehr dezidiert Stellung und im Unterschied zu dem Infrastrukturmanager klagt er nicht nur über Unzulänglichkeiten, sondern liefert eine positive Beschreibung eines Amtsverständnisses.

Herr Amstett: Glaube ich schon, dass so ein Grundkonsens, der muss da sein. Man muss an dieser Stelle oder im öffentlichen Dienst schon auch bereit sein, der Öffentlichkeit, um jetzt auch noch mal so das hochtrabende Wort zu verwenden, »zu dienen«. Ich glaube, das muss schon ein bisschen mit zum Arbeitsethos oder zur Arbeit mit dazugehören.
– Hat sich das geändert im Zuge der ganzen Verwaltungsreform, Einführung »Neues Steuerungsmodell«, wo ja doch ein anderer Geist in die Verwaltung gebracht werden sollte?
Herr Amstett: Es ist vielleicht eine Entwicklung da. Aber ich würde es jetzt auch bei den jungen Kolleginnen und Kollegen so sehen, dass die schon auch das in einer gewissen Weise verinnerlicht haben. Also die denken wahrscheinlich immer noch ähnlich. Vielleicht anders als wie vor 30, 40 Jahren. Aber der Geist ist doch noch vorhanden. Es gibt nicht die Glücksritter in der Verwaltung, die jetzt in die Verwaltung gehen, um hier irgendwie hier eine große Karriere machen zu können.

In seinen Stellungnahmen spielt die Frage des Personals und der Personalrekrutierung eine sehr große Rolle. Im Mittelpunkt der Diskussion stehen dabei immer wieder Fragen der Qualität der Mitarbeiterinnen und Mitarbeiter, aber auch die Fragen nach der Attraktivität öffentlicher Dienstleistungen. An der Attraktivität bemisst sich schließlich auch die Bewerberlage, die durchaus zyklische Tendenzen zeigt; eine Zyklik, die offensichtlich auch etwas mit allgemeinen wirtschaftlichen Konjunkturen zu tun hat.

Herr Amstett: Also ich glaube, dass es immer wieder Wellenbewegungen sind. Es ist so ein Wechselspiel, wenn es in gesellschaftlichen Krisensituationen, wenn die Öffentlichkeit der Auffassung ist, mit dem Wirtschaftswachstum geht es den Bach runter, dann haben wir vielleicht ein paar mehr Anmeldungen. Aber wenn ich zum Beispiel jetzt so sehe, was wir an Auszubildenden hier haben. Da sind natürlich schwache Leute dabei. Aber es sind auch so etwas von Top-Leuten dabei, weiblich und männlich, die, wenn die die Ausbildung fertig haben... Also, bei uns hier laufen ja überwiegend Leute durch, die den gehobenen Verwaltungsdienst machen, also die Fachhochschulausbildung machen, die ja auch deutlich reformiert worden ist. Die Leute sind eigentlich für alles Mögliche einsetzbar. Wir haben dann aber auch Juristen, die kein Prädikatsexamen haben, die für den öffentlichen Dienst oder für das Richteramt nicht genügend Punkte haben. Die dann zum Beispiel im Bereich der Liegenschaften tätig sind, Jus sowieso, aber auch im Bürgeramt, Ausländerbereich tätig sind. Ich glaube schon, dass es dort auch unter dem Gesichtspunkt der Familienplanung attraktiv ist, noch in den öffentlichen Dienst zu gehen. Also grade Frauen, wo können sie ihre Elternzeit so mit einer Rückkehrgarantie sicher planen wie im öffentlichen Dienst? Das können sie als Lehrerin oder hier in den öffentl chen Verwaltungen. Bei uns kann eine Mutter sagen:»Ich erziehe mein Kind, steige dann bis zu 15 Jahre aus dem aktiven Berufsleben aus, und kann dann wieder zurückkehren zur Stadt.« Also für Menschen, die, sagen wir mal, eher ein Sicherheitsdenken im Kopf haben, ist da der öffentliche Dienst immer noch ein attraktiver Arbeitgeber. Es müssen nicht die Schlechtesten sein. Es gibt sicherlich Menschen, die haben eine andere Karriereplanung. Von unseren Kindern ging auch keines in den öffentlichen Dienst. Die haben auch eine andere Planung gehabt. Die sehen, welche zeitliche Belastung ich habe. Und wenn die dann in ihrem Freundeskreis vergleichen, was deren Väter verdienen, was ich dann im Vergleich verdiene, sagen die:»Gut, lass es uns mal in der freien Wirtschaft probieren.« Also von daher. Es ist ja häufig so, dass so eine gewisse Familientradition dann da ist. Die ist jetzt bei uns zum Beispiel nicht gegeben.

Der öffentliche Sektor muss also etwas tun, um die guten Leute zu bekommen. Das ist kein Selbstläufer und die Kommunen wären schlecht beraten, wenn sie die Dinge allein dem Zufall überlassen.

Herr Amstett: Ja. Also wir haben hier so Personalbedarfsplanung. Wir versuchen auch, Nachwuchskräfte gezielt zu fördern. Wir haben bei unserem Personalamt hier einen Sachbearbeiter, der sich da sehr stark darum kümmert. Weil Sie vorher noch gefragt haben, das wollte ich noch sagen. Also für die klassische Verwaltung, glaube ich, ist es kein großes Problem, gut qualifizierte Kräfte zu finden. Vor allem, weil die Ausbildung an den Fachhochschulen zwischenzeitlich so eine Bandbreite dann eröffnet, dass sie in ganz Europa arbeiten können. Also die Tochter von einer Arbeitskollegin, die will in diese EU-Verwaltung. Die kann das mit einem Schwerpunkt dann von ihrer Ausbildung schon so, etwas vorsteuern. Die ist sprachbegabt, die spricht fließend Englisch und Französisch. Für die ist das sicherlich ein interessantes Arbeitsgebiet. Wo wir uns manchmal schwertun, ist in den technischen Bereichen. Einen guten Ingenieur zu finden ist manchmal nicht ganz einfach.

Die Personalsuche und die Personalplanung sind schwierig. Nach welchen Kriterien gestalten sie sich? Der Kämmerer wird skeptisch bei Bewerbern, die behaupten, sich für das Gemeinwohl einsetzen zu wollen. So was fände er »aufgesetzt«. Was wirklich zähle, sei das Engagement des Einzelnen, die Aktivitäten in Vereinen und im Ort. Nach seiner Auffassung ist es besonders wichtig, durch das soziale Umfeld wieder »auf den Boden« gebracht zu werden; auch erlebe man durch das eigene soziale Umfeld die Diskussionen in der Kommune aus einer anderen Perspektive – in der lokalen Gesellschaft integriert und eingebunden zu sein, und in dieser Hinsicht auch an dem Ort zu wohnen, ist für ihn zentral. Wir werden auf diesen Aspekt – wer für die Kommune arbeitet, muss in der Kommune auch verankert sein – noch einmal zu sprechen kommen. Es geht dabei auch um Repräsentation, um das Bild des öffentlichen Dienstes in der Öffentlichkeit.

Herr Amstett: Ja, dass eigentlich der öffentliche Dienst in der Republik schon auch ein Stabilitätsfaktor ist. Und im Gegensatz zu dem, was so an Stammtischen immer erzählt wird, dass hier nichts getan wird und die Leute alle Faulenzer sind. Ich glaube, bei näherer Betrachtung kommt niemand eigentlich zu diesem Ergebnis. Der öffentliche Dienst hier in der Republik ist günstig für das, was er leistet. Ist auch, glaube ich, im europaweiten Vergleich, so was Gesamtkosten anbelangt, in einem guten Verhältnis. Ich glaube nicht, dass man sich da schämen muss, wenn man am Abend nach Hause geht, dass man den Bürgern nur zur Last gelegen hat. Und klar, was wir auch gar nicht gestreift haben, dass so eine Stadt halt immer ein wirtschaftsfreundliches Klima schaffen muss. Dass wir durch Ausweisung von Gewerbegebieten und allem Möglichen natürlich dafür Sorge tragen müssen.

Der Kämmerer ist eng mit seiner Kommune verbunden – er weiß um die Restriktionen des Haushaltes, er sieht aber auch die Chancen der Gestaltung. Öffentliche Güter sind für ihn tatsächlich eine Herzensangelegenheit. Er ist ein Kommunalbeamter im besten Sinne des Wortes.

DER POSTBETRIEBSRAT

Ganz anders ist die Welt der Post. Der ehemalige Staatsbetrieb – mit Ministerium und Uniform, mit Dienstordnung und Lebensstellung – ist Vergangenheit. Kaum ein Arbeitsfeld hat sich in den vergangenen Jahren so radikal verändert. Die Brief- und Paketpost ist zu einer »Post ohne Amt« geworden (Gernert 2010), hat ihre repräsentativen Zentralen in Innenstadtlagen aufgegeben und ist im Kiosk und Getränkemarkt gelandet. Die Briefzusteller und Postbeamten konkurrieren mit Niedriglöhnern in Logistikfirmen. Dass die Post eine öffentliche Angelegenheit ist, das ist zumindest nicht mehr nach außen sichtbar. Und dennoch: Postdienste sind nach wie vor von öffentlichem Interesse, sie zählen zur Grundversorgung der Bevölkerung, sind gesetzlich reguliert und werden entsprechend von der Bundesnetzagentur beobachtet. Wir alle wollen versorgt sein. Wer von den Postdiensten abgeschnitten wäre, dem würde ein gutes Stück Teilhabe fehlen. Was heißt das alles für unsere Verantwortungsthematik? Wer übernimmt die Verantwortung für Kommunikation, Briefverkehr und Paketversand? Das sind heute Logistikmanager, die im internationalen Geschäft operieren, aber keine Staatsbeamten und Amtsleiter. Im Rahmen dieses Veränderungsprozesses spielen selbstverständlich auch die Personalvertreter eine Rolle. Alles mag sich ändern, sie sind aber geblieben. Zumindest gilt das für unseren Gesprächsteilnehmer. Scharfe Konflikte prägten seit den 1990er Jahren den Umbau der ehemaligen Bundespost. Davon berichtet der Postbetriebsrat, der diese Phase mit durchlaufen hat und heute für mehr als 3000 Beschäftigte zuständig ist.

Herr Stein: (...) also da werden wir noch so ein bisschen als Feindbilder gesehen, so als Verhinderer oder als Gegner. Muss man erst mal wirklich so betreiben, diese eigentlich nötige Zusammenarbeit ist vom Unternehmen nicht gewollt und ich muss aber natürlich auch sagen von uns, wir haben uns eigentlich jahrzehntelang und auch die letzten zehn Jahre ganz rigoros gegen in irgendeiner Weise Co-Management entschieden. Wir sind da ganz konkret und ganz strikt auch auf einer geraden Linie und sagen: »Ne, wir machen kein Co-Management«.

Die Verweigerung des Co-Managements hat mit einer spezifischen Auffassung von Beteiligung zu tun. Verantwortungsübernahme heißt Abwehrkampf und Schutzwälle bauen. Die klaren Hierarchien, die den Beschäftigten einst auch Sicherheit und Klarheit boten, sind abgeschafft; es hat sich eine Managementauffassung durchgesetzt, die lokale Dienststellen ignoriert, da globale Warenströme zu kontrollieren sind. Da sind Betriebsräte gefordert, die die Belange der Beschäftigten vor Ort zur Geltung bringen müssen und auch zur Geltung bringen können, da in diesem Sektor der gewerkschaftliche Organisationsgrad nach wie vor recht hoch ist. Die Frage der Verantwortung für das öffentliche Gut Postversand und Postzustellung war einst »von oben« geregelt, heute ist es weit unübersichtlicher, im Postdienst zu arbeiten.

Herr Stein: Aber da war es halt noch überschaubar. Das war noch, jeder wusste, wie der andere tickt, man hat sich an Gesetz und Recht gehalten, da gab es eigentlich wenig Streit in der Form. Da stand im Gesetz, es ist so zu machen, dann ist es so gemacht worden, weil es immer so war. Und da hat der Bundespostminister, wenn es dann halt gar nicht mehr anders ging, noch mal gesagt: »Ich ordne hiermit an und ich verfüge hiermit«, und dann war das verfügt. Mittlerweile spielt Recht und Gesetz nur dann eine Rolle, wenn es in das Unternehmen, in das Management passt, und von daher ist der Prozess von der Bundesbehörde über dann die, naja, halb privatisierte Post, Bundespost, Postdienst und die anderen beiden ja auch gegangen ist, bis jetzt wirklich zur klassischen AG mit dem weltweiten aufgestellten Unternehmensziel für die Beschäftigten schmerzhafter muss man sagen, ja. (...) Ja es gab also eine klare Hierarchiestruktur. Das muss man schon sagen. Es war halt schon so, der Stellenvorsteher, der war der Stellenvorsteher. War auch keine Diskussion und wenn der Amtsvorsteher durch den Saal gelaufen ist, dann ist man aufgestanden. Das war halt schon so ein bisschen eine besondere Funktion auch, also die Hierarchie war schon auch erkennbar im Verhalten. (...) Man hat eigentlich da auch nicht so den Chef herausgehangen und so, es gab klar Hauptschalterbeamte bei mehreren Schaltern. Das war halt klar, wenn irgendwas Wichtiges war, dann ging man zu dem.

Im Zuge des Struktur- und Generationenwandels haben sich diese Linien der Amts- und Arbeitshierarchie aufgelöst. Eine neue Generation kennt die alten Verhältnisse nicht mehr, fühlt sich nicht als Beamter – von denen es immerhin dennoch über 40.000 im Postdienst gibt – oder öffentlicher Repräsentant des Postwesens und trägt daher auch neue Haltungen und Erwartungen mit sich, die mit den Vorstellungen der »alten Post« nur noch wenig zu tun haben.

Herr Stein: Die Menschen, die jetzt zwischenzeitlich neu eingestellt worden sind, also die jungen Kräfte, für die ist das ganz normal. Für die ist das nicht das Selbstverständnis, was ein alter Postler als Herzblut hat, ne. »Ich will und muss die Sendung, weil das ist der Brief an die Frau Mayer und der muss heute dahin kommen und es ist egal, es kann nicht sein, dass der Brief nicht heute ankommt.« Das ist heute nicht mehr so. Das spielt bei den älteren Kollegen noch eine deutliche Rolle, das merkt man sehr abgestuft, wie lange man dabei ist, also wie lange die Kollegen dabei sind. Bei den jüngeren Kollegen, den ganz jungen Kollegen, gerade auch bei den befristeten Quereinsteigern spielt das nicht mehr die Rolle. Da gibt es also schon eine sehr deutliche Verschiebung der Schwerpunkte. Und das Zweite, und das hat also weniger mit der Tätigkeit zu tun, ja tätigkeitsbezogen, dann die Wertigkeit des Schalterbeamten, des klassischen Filialbeschäftigten, der im Rahmen einer tariflichen Umstrukturierungsmaßnahme, wo man sich weg von der Bundespost und öffentlichen Dienstsystematik verabschiedet hat, dem Senioritätsprinzip und man steigt alle zehn Jahre einfach eine Stufe hoch, egal ob man macht oder nichts macht, ist egal, man steigt einfach eine Entgeltgruppe hoch und kommt dann irgendwann mal bei der Spitzenposition an. Man muss sich entsprechend nur keine goldenen Löffel klauen, hat man sich halt irgendwann mal verabschiedet; hat man gesagt, »das kann man für eine Aktiengesellschaft nicht mehr machen«, man macht eine tätigkeitsbezogene Eingruppierung. Und sagt halt: »Die Tätigkeit gehört der Entgeltgruppe eins bis neun an, so.« Neun die höchste, eins die niedrigste. Und das ist immer noch eine sehr schmerzliche, weil sich da auch die Fluktuation nicht so ergeben hat, da sind halt wirklich nur noch alte Postler im Schalterbereich, wo man halt entschieden hat: »Der gehört der Stufe drei an.« Genauso wie der Zusteller. Also der Schalterbeamte, der vorher zur alten Bundespostzeit der Betriebsleiter war oder der Chef von den Schaltern, von den Zustellern, ist jetzt auf der Eingruppierungsebene auf der gleichen Ebene wie der Zusteller. Die Eingruppierung des Schalterbeamten war nicht zu tief, sondern die des Zustellers zu hoch.

Das Interview, die Stellungnahmen, das ganze Auftreten des Postbetriebsrates spiegelt den grundlegenden Wandel des Postsektors. Während die kommunalen Bediensteten zwar ebenfalls von deutlichen Veränderungen berichten können, stellt sich die Situation für diesen Teilnehmer unserer Runde doch ganz anders dar. Er schildert immer wieder die Differenz zwischen alter und neuer Post, zwischen alten und jungen Kollegen, zwischen den Zeiten der Bundespost und denen der Aktiengesellschaft Post. Wobei er in keinem Moment in einen Ton der Nostalgie verfällt – im Gegenteil: Er sieht durchaus, dass es neue Anreize für die Jungen gibt, neue Motivationen; und dass die Alten häufig aus Prinzip klagen.

Herr Stein: Die alte Kultur der alten Postler, die: »Jetzt kriegen wir Noten«, so nach dem Motto: »Jetzt fangen sie an ganz verrückt zu werden«, und die Kultur der Neuen, die neu eingestellten Kräfte, die da sagen: »Ja, wenn ich jetzt mich reinhaue und ich kriege dafür was«, die dadurch auch sagen: »Das ist für mich ein Anreiz.« Die einen sagen: »Ich fühle mich da eigentlich falsch behandelt«, und die anderen die sagen: »Ja, Anreiz«. Weil es gibt halt da schon beides. Ich würde sagen, nach heutiger Kenntnis würde der Arbeitgeber so viele Fehler, die er da bei der Einführung gemacht hat, so nicht mehr machen. Er wird aber jetzt davon nicht mehr abgehen. Er wird sie nicht mehr wegnehmen, weil diese leistungsabhängige Bezahlung steigt mit der Hierarchie. Also die Stufe 3, also der Niederlassungsleiter hat durchaus die Möglichkeit, sein Jahreseinkommen fix zu verdoppeln. Und das ist dann halt schon durchaus ein Instrument, um halt Führungsverhalten zu erzeugen (...) Wobei, man muss ja immer sagen, die alten Postler haben da ja nicht mal einen finanziellen Nachteil von. Deren Lohnhöhe alter Besitzstand, also alter Tariflohn öffentlicher Dienst, gesichert ist. Und dieser Leistungslohn, der aus dieser Leistungsbeurteilung abhängt, erst dann gezahlt würde, wenn der Besitzstand in Jahressumme geringer wäre als der Leistungslohn, den man kriegt, selbst der Beste, der zwölf Punkte kriegt an Besitzstand beschäftigt ist, hat keine Chance, irgendwann mal ein Leistungsentgelt zu bekommen. Der kriegt nur eine Note. Der kriegt nur ein Blatt Papier, wo drauf steht: »Wie beurteilt mich mein Chef?« Der kriegt davon kein Geld. Das muss man einfach wissen, weil die meisten, die sich beschweren, sind die Altpostler, die sich deswegen beschweren, weil sie beurteilt werden. Die beschweren sich ja nicht, weil sie kein Geld kriegen. Und die, die dann eigentlich sich beschweren müssten, weil wenn sie gute Leistung bringen, sie gegebenenfalls durchaus ein zwölftes, 13. oder 14. Monatsgehalt verdienen könnten, weil die Stufe 2 ist ungefähr eineinhalb Monatsgehälter, die beschweren sich nicht. Die sagen: »Es ist in Ordnung, es ist in Ordnung, es passt.« Es ist teilweise paradox. Also deswegen muss man da immer so ein bisschen so gucken: Wer beschwert sich, wer ist damit unzufrieden und was hat das eigentlich für eine Ursache? Ist es eine monetäre Ursache oder ist es eher nur die Gefühlsursache?

Wer trägt also die Verantwortung für das neue, strukturierte, privatisierte, betriebswirtschaftlich neu justierte Gut Postdienstleistung? Im Prinzip fühlt sich unser Befragter in dieser Runde fehl am Platz. Denn eigentlich geht es in seiner Tätigkeit gar nicht mehr um ein öffentliches Gut. Es geht um neue Karrieren und alte Besitzstände, um Verständnislosigkeit der Jungen und die Resignation der Alten. Dazwischen stehen die Betriebsräte, denn die neuen Manager, die Kunden und die Aktionäre kümmern alle diese Fragen nicht. Und so bleibt der Eindruck, dass man auch dann für ein öffentliches Gut sorgt und Verantwortung trägt, wenn man den Laden zusammenhält, wenn man als Betriebsrat die Aufgaben übernimmt, die eigentlich andere übernehmen sollten. Interessant ist, dass trotz aller Konflikte dennoch auch eine Portion Stolz aus den Stellungnahmen des Postlers herauszuhören ist. Denn eigentlich sahen alle die Brief- und die Paketpost nach der Privatisierung auf dem absteigenden Ast. Aber es ist doch anders gekommen.

Herr Stein: Und die Kolleginnen und Kollegen der Telekom oder des Fernmeldedienstes damals: »Wir geben euch ja sowieso und ohne uns gäbe es euch nicht mehr«, und »Da bist du ja blöd, wenn du bei der Post bleibst«, und ich hätte da nie mit gerechnet, aber wenn ich jetzt heute mal den Vergleich der beiden Konzerne sehe, muss ich sagen: Ja, irgendwie, aus gleichen Startpositionen, vielleicht noch aus einer etwas schlechteren Position der Post AG startend, ist unser Konzern in der wirtschaftlichen Entwicklung gegenüber der Telekomentwicklung, mit ein paar Fehlern, die sie gemacht hat, aber das muss man dazu sagen, Amerikageschäft ist ein bisschen schwierig, das muss man immer sagen, aber im Endeffekt muss ich sagen, wäre es mir vor 20 Jahren nie in den Sinn gekommen, dass wir mal der Telekom den Rang ablaufen. Also in der wirtschaftlichen Substanz, und das ist wohl mittlerweile auch der Fall. Und also von daher kann man das schon so sagen, so nach dem Motto, man kann nicht das eine oder das andere ausblenden. Aber so der klassische Daseinseffekt, der wirklich auch noch ein Stückchen weit unserem Zusteller anhängt, gerade auf den Flächenbereichen oder den ländlich strukturierten Bereichen immer noch anheftet, und dass das auch immer noch von Kunden sehr honoriert wird, aber den Kolleginnen und Kollegen einfach nicht mehr die Gelegenheit gegeben wird, dieses auch ein Stückchen weit zu leben. Sondern eigentlich der Druck auf der einen Seite und das Wollen auf der anderen Seite, der Anspruch des Kunden auf der gegenüberliegenden Seite, immer nach dieser Gemengelage, nach dem Motto: »Es darf keine Zeit kosten.« Und Kundenkontakt, das merkt man an den Gesprächen, sobald man ein Gespräch anfängt, da kann man nicht einfach sagen: »Ja, schön, dass wir miteinander gesprochen haben, aber ich muss jetzt auf die Uhr gucken, ich muss jetzt nach Hause, tschüss.« Dann findet das Gespräch nur einmal statt und nie wieder.

Die Post ist nicht untergegangen, wirtschaftlich schon gar nicht. Auch die Beschäftigten haben die Privatisierung eines öffentlichen Gutes besser als erwartet überstanden. Aber die »Daseinseffekte«, wie sich unser Befragter ausdrückt, sind mehr und mehr unter die Räder gekommen. Die Verantwortung für diese Daseinseffekte bleibt dann bei dem einzelnen Beschäftigten hängen – wenn er dafür die Zeit findet.

DER HAUPTAMTSLEITER

Kommen wir zurück zur Kommunalverwaltung. Zur Leitung eines Hauptamtes. Hier begegnen wir noch einmal einer ganz anderen Tonlage, die uns dennoch aus dem Gespräch mit dem Kämmerer vertraut ist. Diese vierte Stimme im Quartett bestärkt die Aussagen, die deutlich machen, dass die Verantwortung für öffentliche Güter keine Marktangelegenheit sein kann, sondern in öffentlichen Händen liegen muss.

Herr Spechtl: Ich glaube, dass eine Kommune in einer Ecke vielleicht auch noch anders tickt als eine Wirtschaft. Das ist die Nachhaltigkeit. Also, ich meine, die Arbeiten, die jetzt eine Kommune macht, da sind ja viele nachhaltige Themen drin. Das heißt also, man kann ja nicht von heute auf morgen denken oder sagen, ich habe jetzt ein Produkt, das wird nächstes Jahr wieder von einem neuen Modell abgelöst und so weiter. Also, ich muss wieder eine neue Markteinführung machen und so weiter. Sondern, da geht es eigentlich darum, kontinuierlich die Dienste anzubieten, die einem der Gesetzgeber im Wesentlichen vorschreibt. Also, jetzt bin ich mal wirklich in einer Pflichtaufgabe drin. Wo man einfach sagt, da musst halt sagen, sagen wir mal, schon Strukturen aufbauen, die nachhaltig vorhanden sind.

Verantwortung für öffentliche Güter zu übernehmen, das heißt nach Auffassung dieses Gesprächsteilnehmers auch, dafür zu sorgen, dass nicht nur Staat und Kommune in der Pflicht sind, sondern dass auch der Reichtum der Gesellschaft zur Geltung kommt bzw. seinen Weg in die Finanzierung öffentlicher Angelegenheiten findet.

Herr Spechtl: Ich weiß, wir haben ja viele Leute, die eigentlich unheimlich viel Geld haben in Deutschland. Privatvermögen. Die vielleicht zu motivieren, in Bürgerstiftungen einen Teil des Vermögens reinzugeben, und wo nachher solche Stiftungen unter Umständen soziale oder auch kulturelle Leistungen übernehmen, die bislang die Kommune macht. Und vielleicht diese Ecke der Freiwilligkeits-Leistungen, die die Kommune sich irgendwann nicht mehr leisten kann, wenn sie kein Geld hat, dass sie dort sagen: »Okay, wir können trotzdem das kulturelle Leben, das soziale Leben in dieser Stadt weiter aufrechterhalten.« Also, aus meiner Sicht wird es nicht anders gehen, als dass da die Verlagerung stattfindet. Und wenn es nicht passiert, dann wird eine Kommune arm. Arm an kulturellem Leben, arm an sozialem Leben. Und dann verwaltet es sich nur noch. Und das ist dann natürlich für die Leute, die in der Verwaltung arbeiten, auch nicht befriedigend. Also da sehe ich schon Risiken jetzt die nächsten zehn Jahre. Ja.

Die Veränderungen des öffentlichen Sektors, insbesondere der öffentlichen Verwaltung sind nicht nur negativ, im Gegenteil, es etabliert sich – so unser Befragter – auch eine neue Arbeitskultur, eine neue Führungskultur, die nicht mehr allein auf einem Modell von Befehl und Gehorsam beruht:

Herr Spechtl: Und, denke ich mal, da muss man ein bisschen schauen, dass man es sich bei aller Arbeit, bei aller Notwendigkeit und bei aller Verpflichtung, die man hier hat, dass man es sich soweit angenehm gegenseitig macht, dass man das wirklich gut hinbekommt, bis man dann nachher irgendwann seinen letzten Arbeitstag hat. Und das heißt nicht rumfaulen oder nicht faulenzen oder nur Kaffee trinken oder im Bürostuhl schlafen, sondern wirklich konstruktiv, positiv und engagiert arbeiten. Aber es muss jeder seine Selbstmotivation dafür haben. Und das glaube ich, ist eine Aufgabe, die ich habe. Das ist keine leichte Aufgabe, dass ich an dieser Selbstmotivation von meinen Kolleginnen und Kollegen arbeite. Und natürlich an meiner eigenen dann mit. Das wünsche ich mir, dass mir das gelingt, noch.

Der Leiter des Hauptamtes beschreibt in diesem Zusammenhang auch die Stellung der Verwaltung innerhalb der lokalen Öffentlichkeit. Diese Stellung ist nicht nur formaler Natur, sie ist aus seiner Sicht konstitutiv für das gute Funktionieren und darüber hinaus für die demokratische Legitimation der Verwaltung. Lokale Verwaltung rechtfertigt und begründet sich nicht allein gegenüber den vorgesetzten Regional- oder Landesbehörden oder gegenüber den Medien; sie rechtfertigt sich in besonderer Weise gegenüber einer lokalen Öffentlichkeit, die im täglichen Gespräch in der Nachbarschaft, im Wirtshaus, auf dem Stadtfest oder im Verein stattfindet.

Herr Spechtl: Und was halt auch ein Thema ist, viele, die in der Verwaltung arbeiten, sind ja auch hier wieder in der Stadt in Vereinen, Freundeskreisen verwurzelt. Und ich denke einfach auch, das sind ja so im Prinzip so eine Art Multiplikatoren, die auch wieder Stimmungen nach außen bringen, auch vielleicht mal was auffangen können. Also mir geht es so, ich werde auch oft mit der Stadt konfrontiert als Vertreter. Und bin immerhin hier auch schon ein bisschen in einer höheren Position drin. »Ja, warum? Was geht da bei euch schief? Was läuft da nicht richtig?« Und ich denke schon, wenn man da offen kommuniziert und gar nicht um den heißen Brei herumredet und sagt einfach: »Okay, da ist was falsch gelaufen. Das war nicht gut. Aber wir sind dran, wir wollen es besser machen und wir haben das erkannt«, dann wird das auch akzeptiert. Und ich denke einfach, das ist wichtig, diese Multiplikatoren. Und jetzt kommt vielleicht wieder der Bogen. Wenn die Stimmung in der Verwaltung nicht gut ist, weil die Leute vielleicht sagen: »Wir haben eine schlechte Atmosphäre. Ich bin in einem schlechten Umfeld insgesamt. Wir haben nur Druck. Es werden immer mehr Stellen abgebaut, innere Kündigung«, und lauter so diese Themen, die da reingehen. Die tragen das auch nach außen. Und das sind genauso Multiplikatoren im negativen Sinn, wie manche das im positiven Sinn machen.

Die Veränderung der Verantwortung für öffentliche Güter wird in diesem Falle auch als persönlicher Veränderungsprozess beschrieben, als ein Veränderungsprozess, der auch etwas mit den Arbeitsansprüchen der heute Beschäftigten zu tun hat.

Herr Spechtl: Ich muss dort auch viel lernen. Gute Organisationsentwicklung, Beratung, das Ganze auch mit einem gesunden Menschenverstand machen. Und dann sind halt viel mehr Leute. Ich habe jetzt über 50 Mitarbeiterinnen und Mitarbeiter. Vorher hatte ich 20. Also, das merkt man schon. Und auch die Ausbildung von den Leuten ist eine andere. Ich habe hier ein paar Hochkaräter jetzt dabei, die mit dir natürlich auch ganz anders diskutieren. Da wirst du halt auch mehr gefordert. [in der vorherigen Position in der Kommunalverwaltung]: Das waren nette Leute, aber die waren manchmal glücklich, wenn du gesagt hast, »so, und dann lauf jetzt von A nach B und dann kommst du wieder zurück«. War gut für die. Das brauche ich hier nicht sagen. Die laufen selber von A nach B. Die wollen etwas anderes haben.

Mit Blick auf die Frage, wer trägt die Verantwortung für öffentliche Güter und von welcher Qualität müssten öffentliche Güter sein, haben wir entlang der Stellungnahmen unserer Gesprächspartner gesehen, dass sich öffentliche Dienstleistungen und Güter in den vergangenen Jahren tatsächlich sehr grundlegend verändert haben. Das gilt in struktureller Hinsicht, mit Blick auf die Bewirtschaftungsformen öffentlicher Güter, das gilt aber auch mit Blick auf das Personal, das mit der Herstellung öffentlicher Güter befasst ist. Verantwortung für öffentliche Güter zu übernehmen heißt nicht mehr, in der Delegationskette strikter Hierarchien zu stehen oder darauf hoffen zu können, dass ein einfaches Durchstellen von Aufträgen erfolgreich ist. Egal an welchem Ort, die Verantwortung für öffentliche Güter tragen Personen – hier in leitenden Positionen –, die sich Gedanken um das soziale Ganze machen, die auf die Bedürfnisse und Ansprüche ihrer Mitarbeiter eingehen, und die für sich einen Gestaltungsanspruch reklamieren. Das war unabhängig von Privatisierung, Kommerzialisierung und New Public Management schon immer so. Und diese Kontinuität, aus der nur der erstbeteiligte Infrastrukturmanager ausscheidet, beruhigt. Und schließlich: Wir haben Stimmen aus unterschiedlichen beruflichen Feldern gehört, Personen kamen zu Wort, die sehr verschiedene Arbeitsbiographien aufweisen, die Teilnehmer dieser Runde waren unterschiedlich alt und sie haben differente Vorstellungen von öffentlicher Dienstleistung. Doch bei aller Unterschiedlichkeit zeigt der Kontrast auch Konsens. Das gilt in dreifacher Hinsicht.

Zum einen betrachten alle Interviewpartner, die wir in diese kontrastive Darstellung einbezogen haben, öffentliche Güter als eine pflegebedürftige Angelegenheit. Öffentliche Güter mögen uns in vielfacher Hinsicht als infrastrukturelle und daseinsvorsorgende Selbstverständlichkeit erscheinen, aber sie bedürfen doch bestimmter Initiativen, kollektiven Engagements und auch sozialer Innovationskraft. Für die Vertreter der Kommunalverwaltung ist das ein klarer Fall. Der Infrastrukturmanager hadert eher mit den Personen, die öffentliche Güter hegen und pflegen; zu sehr scheinen sie ihm vorgegebenen Bahnen zu folgen. Dennoch lässt auch er keinen Zweifel daran, dass die Qualität öffentlicher Güter eine bestimmte politische und berufliche Zuwendung voraussetzt.

Zweitens: Verantwortung für öffentliche Güter tragen, das bedeutet auch, bereit zu sein, neue Wege zu gehen! Es fragt sich nur, wohin diese Wege führen. Deutlich wird, dass es eine konservierende Auffassung nicht gibt. Keiner äußert sich dahin gehend, dass alles so bleiben müsste, wie es immer war. Keiner verklärt eine goldene Vergangenheit öffentlicher Dienstleistungen. Im Gegenteil: Neue Wege gehen – das scheint selbstverständlich zu sein. Allerdings zeigen sich bereits in dieser kleinen Gesprächsrunde durchaus unterschiedliche Haltungen. Da ist die pragmatische Haltung der Anpassung an die sich verändernden Verhältnisse; wichtig ist hier, die eigenen Interessen zu wahren. Exemplarisch repräsentiert diese Haltung der Postbetriebsrat. Wir finden aber auch die emphatische Haltung, dass öffentliche Güter auf der einen Seite die unabdingbare Voraussetzung einer funktionierenden Kommune sind; auf der anderen Seite tragen ihre

Repräsentanten auch eine besondere Verantwortung und sollten stets in ihrem Handeln lokal verankert sein. Diese Überzeugung teilen der Kämmerer und der Leiter des Hauptamtes. Schließlich die ideologische Haltung, dass im Prinzip die öffentliche Bewirtschaftung öffentlicher Güter rasch an die Grenzen von Effizienz und Innovationskraft stößt. Es geht in diesem Fall nicht mehr um Fragen der strukturellen Verbesserung und der normativen Justierung, sondern um das Prinzip klügerer Märkte und verkrusteter Verwaltung. Neue Wege gehen – dieser Konsens hat pragmatische Seiten, emphatische, aber auch ideologische Züge.

Und zum Dritten können sich wohl alle Gesprächspartner darauf einigen, dass öffentliche Güter ein dynamisches Feld sind. Hier kommen staatliche Interessen, Einstellungen und Orientierungen der Beschäftigten und Kundenwünsche wie Bürgerbegehren zusammen. Öffentliche Güter sind ein Konfliktfeld. Ihr Aufbau und ihr Abbau, ihre Herstellung und ihr Konsum, ihre Akzeptanz und Repräsentanz sind stets umstritten. Sie sind auf diese Weise Symbole einer vitalen und lokalen Demokratie.

Das vorangegangene Kapitel hat anschaulich gemacht, in welchem Maße die Erbringung öffentlicher Dienstleistungen und Güter auf ein entsprechendes Personal in Verantwortungsfunktionen angewiesen ist. Die wir dort auf den höheren Etagen angetroffen haben, wo Entscheidungen gefällt und Einfluss genommen wird, bildeten mitunter einen vielstimmigen Chor. Die Unterschiedlichkeit in den Orientierungen zeigte, dass anders als in früheren, oft als bürokratischer beschriebenen Zeiten, kein Dirigent mehr da ist, der zentral die Vorgaben macht. Doch bei all den herauszuhörenden Dissonanzen kam – und das ist angesichts der Bedeutung öffentlicher Güter für das Gemeinwohl durchaus beruhigend – eine durchaus harmonische Melodie heraus.

Doch steigen wir nun von den oberen Etagen buchstäblich in den »Keller« der weniger exponierten, unsichtbaren internen Dienstleistungen eines kommunalen Amtes. Das Personal hier hat kaum Möglichkeiten, auf Strukturen und Strukturreformen Einfluss auszuüben. Es zeigt sich – und das ist keineswegs eine Überraschung –, dass die Reformen im öffentlichen Bereich von den Beschäftigten ganz unterschiedlich wahrgenommen und erfahren werden: von den einen als Zumutungen, von den anderen als Chance. Ein Anliegen des folgenden Kapitels ist es aber, zu zeigen, dass dabei einfache, den gängigen Stereotypen vom öffentlichen Dienst zugrunde liegende Erklärungen zu kurz greifen.

New Public Management im Rathauskeller

Andreas Pfeuffer

Der Weg durch das Gebäude führt vorbei am »Bürgerbüro«, das noch ganz den Geist des »bürgerfreundlichen Rathauses« aus den 80er Jahren atmet, als von New Public Management noch nicht die Rede war. Nachdem man eine Nummer gezogen hat – die prognostizierte Wartezeit lässt sich auch auf der Internetseite der Verwaltung abrufen –, wartet man dort, neben anderen Besuchern sitzend, darauf, dass man an die Reihe kommt und durch einen großen, mit Pflanzen bestückten Saal zu dem angezeigten Schalter gelangt, der von den übrigen nur durch Stellwände und Grünpflanzen getrennt ist. Hier ist die »zentrale Anlaufstelle für An-, Ab- und Ummeldungen, Personalausweis und Pass, Fundsachen, Bewohnerparken, Führungszeugnis, Auszug aus dem Gewerbezentralregister u.v.m.« – alles Dienstleistungen, die von einem polyvalenten Personal angeboten werden.

Lässt man dieses Bürgerbüro jedoch links liegen, bewegt man sich durch einen recht kühl wirkenden, nach oben bis zum Dach hin offenen Raum. Von hier führen ein gläserner Aufzug sowie eine Treppenkonstruktion, die die Sicht nach unten zulässt, zu den einzelnen Stockwerken, auf denen sich verschiedenste Ämter befinden. Man sieht dort oben die Beschäftigten der Stadtverwaltung auf den Stockwerken zwischen Büros hin- und hergehen, großformatige Tafeln mit Luftbildern und Plänen zeigen aktuelle Erschließungs- und Sanierungsvorhaben im Stadtgebiet, alles ist auf Transparenz, Dienstleistung und Bürgernähe angelegt – »der arbeitende Staat« in seiner untersten Konkretion, der Kommunalverwaltung. Die Treppe führt nur nach oben. Um ins Untergeschoss zu gelangen, muss man hingegen den Aufzug nehmen. Sobald sich die Türen öffnen, befindet man sich im Keller, auf einer Art Hinterbühne der Verwaltung, dort, wohin die Öffentlichkeit normalerweise keinen Zugang hat. Es ist das Reich der Hausmeister, Hausboten und technischen Mitarbeiter – die männliche Form steht nicht ohne Grund. Überall stapeln sich Kartons mit Kopierpapier, es stehen Karren und kleine Wägen herum, aus den anderen Räumen hört man, vorwiegend im regionalen Dialekt, die Stimmen der Hausmeister und der städtischen Boten, die die Amts- und Gemeinderatspost ausfahren. Man kommt sich durchaus wie ein Eindringling vor, wird etwas misstrauisch beäugt und gefragt, wen man hier suche. Auf die Antwort hin gibt jemand die Richtung der Hausdruckerei an.

Bevor wir die Druckerei betreten, werden zunächst kurz die Eckpunkte der unter der Bezeichnung »Neues Steuerungsmodell« in die deutsche Kommunalverwaltung eingeführten Organisationsreform skizziert. Sie bilden den Rahmen für die dann folgenden Porträts der beiden Beschäftigten der Hausdruckerei. Wir wollen unser Augenmerk insbesondere darauf richten, was von diesen Reformen in einem solchen städtischen Betrieb überhaupt ankommt und wie sich die Beschäftigten vor dem Hintergrund der in ihrer Berufslaufbahn jeweils gemachten Erfahrungen dazu stellen. Was passiert mit einer solchen Reform, die ja von den Beschäftigten umgesetzt und gelebt werden muss, um Wirkungen zu zeigen, wenn sie auf spezifisch sozialisierte und jeweils besondere Dispositionen aufweisende Akteure trifft? Ein Resümee wird die am Beispiel der beiden Druckereibeschäftigten gewonnenen Erkenntnisse zusammenfassen.

DAS »NEUE STEUERUNGSMODELL«

In der deutschen Kommunalverwaltung wurde in den neunziger Jahren ein umfassender Reformprozess in Gang gesetzt, dessen Grundgedanken im englischsprachigen Ausland unter dem Stichwort New Public Management (NPM) konzipiert worden waren (vgl. Schröter/Wollmann 2005 und Pelizzari 2001). Promotor hierzulande war die Kommunale Gemeinschaftsstelle für Verwaltungsvereinfachung (KGst), die die international zirkulierenden Reformkonzepte unter dem Label »Neues Steuerungsmodell« an die Verhältnisse der Kommunen in Deutschland zu adaptieren suchte. Die Kernidee bestand darin, die Kommunalverwaltungen und in öffentlicher Hand befindlichen Betriebe zu entbürokratisieren und wie »Dienstleistungsunternehmen« zu führen. Ziel der Reformen war, dass die angebotenen Dienstleistungen – nicht zuletzt angesichts der angespannten Haushaltslage der Kommunen – dadurch effizienter und effektiver, vor allem auch »kundenfreundlicher« würden.

Die wichtigsten organisatorischen Bausteine der Reformen lassen sich in wenigen Stichworten zusammenfassen: Angedacht war, dass die Kommunen als nunmehrige »Unternehmen« einer strategischen Steuerung durch Verwaltung und Politik unterliegen. Im Rahmen eines »Kontraktmanagements« sollten mittels Zielvereinbarungen zwischen Politik und der Verwaltungsführung der Verwaltung größere Autonomie und Handlungsspielräume eingeräumt werden, deren Erreichung wiederum mittels eines Berichtswesens und der Einführung von Kennzahlen überprüft werden sollten.

Die einzelnen Fachbereiche bekamen eigene Budgets zugeteilt, für die sie nun dezentral verantwortlich zeichneten, und ihre Tätigkeit orientierte sich nicht mehr an Aufgaben-, sondern Output-gesteuert an Produktkatalogen, was bei den Mitarbeitern zu mehr Flexibilität und Anreizen für ein wirtschaftlicheres Verhalten führen sollte.

Als zusätzlichen Anreiz für ein unternehmerisches Verhalten suchte man in diesem durch ein Monopol in vielen Bereichen geprägten Kontext über die Einführung eines Benchmarking-Systems und des Vergleiches von Kennzahlen einen künstlichen Wettbewerb zwischen Kommunen zu etablieren.

Schließlich sollte sich auch die Personalauswahl und -führung an in der Privatwirtschaft bewährten Instrumenten des Personalmanagements orientieren. Mitarbeitergespräche, Zielvereinbarungen und monetäre Leistungsanreize sollten die Motivation der Beschäftigten erhöhen. Flankiert wurde dieses Bemühen auf kommunaler Ebene im Jahr 2005 durch den Abschluss des Tarifvertrags für den Öffentlichen Dienst (TvÖD), der nun auch Elemente einer individuell oder an Gruppen auszuschüttenden leistungsorientierten Bezahlung enthält, mit der Intention, »Motivation, Eigenverantwortung und Führungskompetenz« zu stärken. Das Instrument tritt aber nicht automatisch flächendeckend in Kraft, vielmehr ist der tarifvertragliche Rahmen erst durch Dienst- oder Betriebsvereinbarung zu fixieren, bevor es zur konkreten Einführung in einer Verwaltung kommt.

Die Bilanz der Umsetzung des Neuen Steuerungsmodells fällt nun, fast 20 Jahre nach ihrem Beginn, recht ernüchternd aus. In vielen deutschen Kommunen herrscht »eine Mischung aus Frust, Ratlosigkeit und Durchhalteparolen« (Bogumil/Reichard 2007: 85). Die Verwaltungsmodernisierung ist nach der anfänglichen Euphorie ins Stocken geraten, das Ziel der Haushaltskonsolidierung wurde nicht erreicht, viele der genannten Reformelemente sind gar nicht oder nur selektiv verwirklicht. Deutschland gleicht hinsichtlich der Implementierung einem Flickenteppich (vgl. als umfassende Evaluationsstudie mit Fallbeispielen Bogumil et al. 2008). Und nicht wenig zu dem Misserfolg beizutragen scheint, dass der Grundgedanke, privatwirtschaftliche Steuerungsmodelle könnten in die öffentliche Verwaltung übernommen werden, auf falschen Grundannahmen beruht (Holtkamp 2008). Kommunalverwaltungen sind Organisationen, die einer Gemeinwohlverpflichtung unterliegen, in denen es aber zu viele unterschiedliche, auch einander widerstrebende Interessen gibt. In vielen Befragungen, auch unseren eigenen, zeigen sich zahlreiche, vor allem länger im Dienst befindliche Mitarbeiter inzwischen auch reformmüde. Doch es ist nicht nichts geschehen, das Neue Steuerungsmodell hat, wie selektiv auch immer umgesetzt, Wirkungen gezeigt, zu denen sich die Beschäftigten irgendwie verhalten müssen. Und dieses Sich-Verhalten teilt die Beschäftigten nicht einfach in zwei Lager, die Reformbefürworter und die Reformverweigerer. Die Dinge liegen komplizierter. Es gilt auch hier, was Karl Marx einmal in anderem Zusammenhang schrieb: »Die Menschen machen ihre eigene Geschichte, aber sie machen sie nicht aus freien Stücken, nicht unter selbstgewählten, sondern unter unmittelbar vorgefundenen, gegebenen und überlieferten Umständen.« Sie gehören etwa einem Geschlecht, einer Generation an, sie üben verschiedene Berufe aus, stehen auf einer bestimmten hierarchischen Position, und in Abhängigkeit von diesen und anderen Erfahrungen entwickeln sie eine Haltung zu den Strukturen, den alten und den neuen, eignen sich diese an oder lehnen sie ab. Und um dies zu verstehen, muss man sich auch einzelne Fälle ansehen, wie die der beiden Beschäftigten einer zur kommunalen Verwaltung gehörenden Druckerei. Gewiss ist eine solche Druckerei ein für eine Verwaltung nicht ganz typischer Bereich. Man hat hier in der Regel keinen Kontakt mit Bürgerinnen oder Bürgern, man erledigt auch keine klassische Büro- bzw. Angestelltenarbeit. Das Produkt ist etwas Gefertigtes, was man in der Hand halten kann, Druckerzeugnisse eben, und es lassen sich auch Aufwand und Kosten für Personal, Maschinen und Material, der »Input«, sowie die Aufträge und das Volumen der Erzeugnisse, der »Output«, leichter als andernorts in der Verwaltung – etwa beim Allgemeinen Sozialen Dienst des Jugendamtes – bilanzieren. Insofern bietet sie sich als Exerzierfeld des Neuen Steuerungsmodells geradezu an. Hören wir, was die beiden Beschäftigten, Herr Girtler und Herr Seiler, über ihre Erfahrungen mit den Reformen und mit ihrer neuen Rolle als Dienstleister gegenüber den Kunden aus der Verwaltung sagen.

HERR GIRTLER – MEDIENGESTALTER

Die Hausdruckerei hat zwei Beschäftigte. Herr Girtler, mit dem das erste Gespräch stattfindet, ist mit 30 Jahren auch mit Abstand der Jüngere der beiden und erst seit einem Jahr dabei.

Das Gespräch mit ihm wurde durch den Leiter des Hauptamtes vermittelt, ein Umstand, der sich später als nicht ganz unbedeutend herausstellt. Er muss allerdings nicht erst angeschrieben werden, sondern meldet sich von sich aus per E-Mail. Das Gespräch soll eigentlich schon im Sommer stattfinden, wird dann aber mehrfach verlegt, weil Herr Girtler längere Zeit ohne seinen Kollegen ist und daher viel zu tun hat. Als es dann Anfang Dezember tatsächlich vereinbart wird, ist er immer noch ohne seinen Kollegen, sagt aber dennoch zu.

Wie bei vielen Angehörigen der Stadtverwaltung ist die Beschäftigung im öffentlichen Dienst bei ihm nicht das Ergebnis eines lange gehegten Projektes, aber auch kein reiner Zufall. Nachdem er nach Abitur und Wehrdienst nicht den gewünschten Studienplatz bekommen hat, ergreift er die sich ihm bietende Chance und absolviert eine Ausbildung als Mediengestalter – er ist also im engeren Sinne gar kein Drucker – bei einer privaten Firma. »Was man hat, das hat man.« Eine recht pragmatische Einstellung, aufgrund der Herr Girtler anschließend auch »nicht mehr den Schwung noch mal auf die Hochschule« hat. Seine Berufslaufbahn seit der Ausbildung handelt er recht kurz ab: »Ein Jahr im Digitaldruck, vier Jahre im Rollen-Offset und jetzt, seit letztem Jahr August, hier bei der Stadt«. »Bei der Stadt« macht Herr Girtler »eigentlich alles«, von Visitenkarten bis zu den großen Büchern für den Oberbürgermeister, Dokumentationen, Druck, Abrechnungen. »Also eigentlich das ganze Management hier aus dem Bereich«. In seiner Selbstpräsentation beschreibt Herr Girtler den Gegenstand seiner Tätigkeit immer wieder als »alles«, »das Ganze«: »Wir machen hier eigentlich alles.« »Das wird alles hier gedruckt.« »Dann machen wir die ganze Abrechnung hier.«

»Und das alles läuft über unser Büro hier.« »Also im Prinzip den ganzen Umfang«. »Man sollte halt schon ein bisschen Überblick über alles behalten.« »Das ist alles zu uns rübergekommen, oder zu mir halt, besser gesagt.« Für alles und das Ganze zuständig zu sein, erlebt Herr Girtler keineswegs als Überlastung, sondern als Quelle von Stolz. Die Basis hierfür ist für ihn nicht so sehr an sich der Stolz darauf, einen wichtigen Beitrag für das Funktionieren einer mittelgroßen Stadt zu leisten, sondern neben der Bereitschaft, Verantwortung zu übernehmen, vor allem auch eine solide Beherrschung des Metiers – das freilich im Rahmen dessen, was in einer kleinen städtischen Druckerei angesichts der mit einem Privatbetrieb nicht zu vergleichenden technischen Ausstattung möglich ist und gewisse Abstriche bei den eigenen Ansprüchen erforderlich macht.

Herr Girtler: Man muss schon sehr viele Kompromisse eingehen mit den Maschinen. Also das muss man schon sagen. Allerdings sind die auch vor vier Jahren gekauft worden. Also können wir nicht die Qualität anbieten, die eigentlich eine Hausdruckerei bieten sollte. Aber die haben eben auch diese Fünf-Jahres-Ausschreibung, auf die sie verpflichtet sind. Muss man sich dann so durchquälen. Aber nächstes Jahr im August kriegen wir neue Maschinen, dann sind wir auf jeden Fall beim Qualitätsstandard so angepasst, dass dann auch der Name zum Produkt passt.

Berufsfachlichkeit und technische Expertise – Herr Girtler nennt das seinen »technischen Wissenshintergrund« –, das zeigen Studien über die Identität der Beschäftigten im Modernisierungsprozess befindlicher öffentlicher Dienste, sind eine mögliche Ausdrucksform der Werte des öffentlichen Dienstes (vgl. Linhart 2006: 15f).

Die Berufsfachlichkeit, das Metier ist eines, worüber sich Herr Girtler identifiziert. Das andere erschließt sich aus den Begrifflichkeiten, die in seiner Rede immer wieder fallen. Immer wieder spricht er von »Management«, vom »Marketing«, dem »Image der Druckerei«, der »Kommunikation mit den Kunden«, dem »Service-Gedanken«, der »Kundenzufriedenheit«, dem »Feedback« und »Qualitätsstandards«. Wenn man ihm zuhört, dann bekommt die abstrakte Vorstellung, dass in Zeiten des New Public Managements die einzelnen Einheiten und Abteilungen der Verwaltung wie kleine, autonome Unternehmen mit eigener Kostenrechnung und eigenem Budget funktionieren und deren Dienstleistungen als Produkte definiert und mit Preisen versehen werden sollen, konkret Gestalt.

Herr Girtler: Im Prinzip ist die Hausdruckerei ein eigener Betrieb. Nur halt nicht in einer Druckerei, sondern kleiner gehalten. Aber wir machen im Prinzip genau das Gleiche. Oder auch die Kommunikation mit den Kunden, Beratung und Marketing. Wir müssen auch Rechnungen schreiben für Intern, für Extern. Also im Prinzip das Ganze, den ganzen Umfang.
– Sie haben dann auch quasi am Jahresende quasi so eine Art Bilanz? Oder wie läuft das dann finanziell?

Herr Girtler: Ja, wir haben halt, wir wissen ungefähr, was im Jahr an Druckvolumen läuft. Darauf brechen wir auch unsere Kopienkosten runter, was 'ne Kopie kostet, und dann müssen wir halt am Quartalsende immer die Kosten auf die einzelnen Ämter umrechnen, also interne Umlage machen, per Rechnung. Und dann am Schluss des Jahres sollten wir eigentlich, wenn es gut läuft, plus/minus null raus- kommen. Weil, wir dürfen ja keinen Gewinn machen. Und manchmal klappt's, manchmal klappt's nicht.
— Ist man da auch so ein bisschen Unternehmertyp dann auch, oder?
Herr Girtler: Sollte man. Also man sollte halt schon ein bisschen Überblick über alles behalten.

Und genau aufgrund dieser unterstellten Kompetenz scheint er auch vor einem Jahr für diesen verantwortungsvollen Posten ausgewählt worden zu sein. Im Vorgespräch der Untersuchung bekundete der Leiter des Hauptamtes der Stadt, dass er den Ideen des New Public Managements gegenüber Sympathien hege, die konsequente Umsetzung des »Neuen Steuerungsmodells« jedoch »von oben« nicht gewollt gewesen sei. Und auf die Nachfrage, wer dies denn blockiert habe, deutet er nur an, dass er damit den oder die »ganz oben«, also die politischen Verantwortungsträger meine. Man hat organisatorisch die entsprechenden Reformen wie Dezentralisierung, Einrichtung von Kostenstellen, Budgetierung und Produktdefinitionen durchgeführt, ohne dass freilich die damit gegebenen Möglichkeiten in der Praxis ausgeschöpft wurden. Und da steht die Stadt, in der die beiden Interviews geführt wurden, im deutschlandweiten Vergleich beileibe nicht allein da (vgl. Bogumil et al. 2007). Um die formal etablierten Strukturen des New Public Managements mit Leben zu füllen, bedarf es also einer entsprechenden Personalpolitik, die im Fall von Herrn Girtler offenbar den passenden Kandidaten gefunden hat. Es ist also kein Zufall, dass ausgerechnet er in die Kandidatenliste für Gespräche mit Sozialwissenschaftlern vorgeschlagen wurde, in denen es um die Modernisierung und Reform des öffentlichen Dienstes gehen soll.

Herr Girtler: Hier hat es die Möglichkeit gegeben, dass man irgendwie was umstrukturiert. Mein Vorgänger war halt eben nur Drucker, und mein Arbeitskollege ist, sage ich mal, auch nicht gerade so enthusiastisch, was Neuerungen angeht oder was. War eigentlich der große Wunsch, dass jetzt einer reinkommt, der den Laden ein bisschen umkrempelt und was neu macht.
— Das haben die schon erwartet?
Herr Girtler: Ja.
— War das auch in der Ausschreibung so formuliert? Oder im Gespräch dann?
Herr Girtler: Nein. Das war im Vorstellungsgespräch aber auch ganz klar so formuliert, dass sie jemanden wollen, der da ein bisschen frischen Wind reinbringt. Ja, und das war halt dann schon ein Ansporn auch.
— Wer hat das Gespräch geführt? War das dann hier jemand vom Personal...?
Herr Girtler: Ja. Hauptamtsleitung.

Herrn Girtler kam dies alles sehr entgegen. Er hatte die Erfahrung des »Draußen«, also der Privatwirtschaft, gemacht und stieß diesbezüglich in der Stadtverwaltung auf eine entsprechende Nachfrage. Man darf freilich die Erfahrung der Privatwirtschaft nicht mit entsprechenden Kompetenzen im Management, also für das, was er »das Ganze« nennt, gleichsetzen. Denn just diese hat Herr Girtler in der Großdruckerei, in der er vorher gearbeitet hatte, gar nicht einsetzen können.

Herr Girtler: Das war eigentlich der Grund, warum ich auch hierhergekommen bin, wo die Stelle ausgeschrieben wurde. Ich war ja nur in der reinen Druckvorstufe. Also wir haben die fertigen Druckdaten von Agenturen und Graphikbüros bekommen. Dann haben wir die auch technisch aufbereitet für den Druck, die ganzen technischen Sachen, die da im Hintergrund laufen müssen. Das ist interessant und hoch anspruchsvoll, weil viel Geld in den Sand gesetzt werden kann, wenn man was falsch macht. War mir auf Dauer eigentlich zu langweilig, weil es im Prinzip nur Schema F ist. Man weiß genau, nach was man kontrollieren muss, und man weiß, wie man reagieren muss, wenn welche Fehler kommen. Und ich wollte halt nicht, sage ich mal, meine nächsten 50 Jahre genau den gleichen Job machen. Ich wollte mich halt irgendwie weiterentwickeln. Und hier hat es die Möglichkeit gegeben, dass man hier was umstrukturiert.

Allen Stereotypen von hierarchischen Strukturen und bürokratischen Abläufen zum Trotz kann Herr Girtler ausgerechnet im öffentlichen Dienst nun selbst Verantwortung übernehmen und autonom agieren. Er ist nun zufriedener, weil »eigentlich das jetzt so langsam in die Richtung läuft, wo ich eigentlich hin möchte. Ich kann Verantwortung übernehmen, kann selbst Entscheidungen treffen, kann ein bisschen steuern, kriege auch gleich das Feedback vom Kunden. Davor war ich halt in einer Großdruckerei.«

Im Zuge des Abbaus von Hierarchien – im konkreten Fall verflacht sich die Hierarchie »von selbst« durch Personalfluktuation, nämlich durch den Pensionsantritt von Herrn Girtlers Chef, des »Teamleiters« der dem Hauptamt unterstehenden Abteilung »Logistik« – verlagern sich auch entsprechend gewisse Aufgaben, die früher vom Vorgesetzten erfüllt wurden, auf die unteren Hierarchieebenen. Bereits jetzt, wo er noch im Dienst ist, sagt dieser Vorgesetzte zu den beiden Mitarbeitern der Hausdruckerei, so gibt es zumindest Herr Girtler wieder: »Ihr könnt machen, was ihr wollt, solange der Laden läuft. Einigt ihr euch.« Doch sogar bevor Herr Girtler überhaupt die Stelle bei der Stadtverwaltung angenommen hat, hat er über eine Fernschule eine selbst finanzierte Weiterbildung »Kaufmännisches Grundwissen« absolviert – in seinen Worten: »abends noch reingepaukt«. Die wird es ihm nach dem Weggang seines Vorgesetzten ermöglichen, dass er »das ganze Kaufmännische« übernimmt. »Das ist alles zu uns rübergekommen, oder zu mir halt, besser gesagt.«

Fachkompetenz ist das eine, ein Sinn für den als »das Kaufmännische« bezeichneten Bereich ein Weiteres, hinzu kommt eine Bereitschaft zur Polyvalenz, wie sie beispielsweise auch für das Schalterpersonal des »Bürgerbüros« typisch ist. Der Vorgänger von Herrn Girtler, der Drucker war, und sein jetziger Kollege, ein gelernter Schriftsetzer, hatten noch eine klare Arbeitsteilung untereinander. Das hatte jedoch zur Folge, dass die Druckerei, war einer von beiden länger nicht anwesend, stillstehen konnte. Und das wäre jetzt, wo der Kollege von Herrn Girtler über Monate hinweg wegen gesundheitlicher Probleme ausfällt, eine Katastrophe.

Schließlich definiert sich Herr Girtler noch über eine bestimmte Beziehung zu den Abnehmern der Leistungen der Hausdruckerei. Es nimmt kaum wunder, dass er durchgehend von »den Kunden« spricht. Und diese befinden sich im Falle der Hausdruckerei einer städtischen Verwaltung, wie der Name sagt, im Haus selbst. Es sind Kolleginnen und Kollegen von Herrn Girtler. Auch hier führt er seine Sozialisation in der Privatwirtschaft ins Feld.

Herr Girtler: Es ist der Service-Gedanke. Also ich will auch nicht anders. Ich kenn' es nicht anders von der freien Wirtschaft, dass, wenn jemand zu mir kommt, etwas von mir möchte, das ist mein Kunde. Weil, der bringt mir Arbeit und der sichert mir meinen Job. Da ist mir jetzt egal, ob der auf der gleichen Gehaltsliste steht von der Stadt oder ob das ein fremder Kunde ist. Im Prinzip ist das für mich, da muss ich Service leisten. Und mein Kollege ist da halt ein bisschen anderer Auffassung. Er nimmt die Aufträge zwar auch gerne an, aber sobald es dann, sagen wir mal, um ein bisschen mehr geht, also dieses Plus, das man einfach liefern muss für einen Kunden, daran hakt es eigentlich dann. »Nein, mag ich nicht und muss nicht, und warum willst du wieder ändern und...?« Also er hätte es gerne, dass die Leute kommen, es ihm hinlegen und sagen, »So möchte ich es haben.« Und dann fertig liefern. Aber oft gibt es halt Korrekturen, oder vielleicht doch noch auf anderem Papier, oder möchte man so noch probieren. Also immer diesen Ser..., dieses Extra, was man eben leisten sollte eigentlich. Da ist er eigentlich meistens nicht bereit dazu.

Herrn Girtlers Aussagen zufolge habe sich dies derart ausgewirkt, dass entsprechend in der Zeit vor seinem Eintritt bei der Stadtverwaltung die Zahl der internen Aufträge rapide zurückgegangen sei.

Herr Girtler: Ja. Also viele Leute, die haben auch außerhalb gedruckt. Oder halt, wussten genau, sie müssen wenigstens so und so weit vorher kommen, sie können nicht kurzfristig kommen, weil da nur gemeckert wird und so was. Also der Service ist einfach auf der Strecke geblieben.

Dieses Hochhalten der Kundenbeziehung ist allerdings nicht nur eine der beruflichen Sozialisation in der Privatwirtschaft geschuldete Haltung, wo sie im Rahmen des Wettbewerbes funktional ist. Sie hat für Herrn Girtler auch eine ganz persönliche Bedeutung. Ihm ist das Feedback, die Anerkennung der Kunden an sich wichtig. Seine frühere Aufgabe in der Privatwirtschaft kam zwar aufgrund der besseren technischen Ausstattung eher seiner berufsfachlichen Identität entgegen, allerdings bekam er aufgrund der kleinteiligeren Organisation dieser Tätigkeit in einer privaten Großdruckerei für seine Bemühungen kaum Resonanz, es sei denn über Fehlermeldungen. Dagegen sei hier »der Kontakt einfach wesentlich näher und das ist sehr angenehm«.

Herr Girtler: Man kriegt halt viel gutes Feedback. Das ist halt das Gute. Ich weiß nicht, ob es daran liegt, dass das vorher so schlecht war, oder ob es nur gute Arbeit war, das kann ich nicht abschätzen. Aber es ist auf jeden Fall gut zu hören. Die Leute sagen, sie kommen gerne in die Hausdruckerei. Der Laden läuft hier. Es geht schnell, was sie bekommen, ist gut, und es wird auch beraten. Auch wenn ich sage, »es geht nicht, aber ihr könnt dahin gehen«, und so etwas.

Die Anerkennung drückt sich nicht nur darin aus, dass er nun im Gegensatz zu seinem Kollegen mit »Aufträgen zugemüllt wird«, weil alle zu ihm kommen, und dass »die Leute sagen, sie kommen gerne in die Hausdruckerei«, sondern er bekommt auch »von weiter oben ein gutes Feedback, dass sie [die Leitung des Hauptamtes] jetzt froh sind, dass es jetzt wieder so gut läuft, das ist eigentlich, das motiviert natürlich auch, weil man weiß, ja okay, man ist bei den Kollegen angesehen und sie wissen, dass sie sich auch auf einen verlassen können. Aber dass ich Rückendeckung vom Chef habe, ist natürlich dann doppelt gut.«

Herr Girtler betont, er glaube nicht, dass seine Beschäftigung bei der Stadt so unsicher ist, doch hat er die Situation der Hausdruckerei bei Antritt seiner Stelle im Kopf, der nach Einführung dezentraler Budgets für die einzelnen Ämter der Stadt und der Möglichkeit, Aufträge auch nach außen zu vergeben, nach und nach der einstmals garantierte interne »Kundenstamm« weggebrochen ist.

Herr Girtler: Die Stadt ist halt dezentral organisiert. Das heißt, jedes Amt kann über sein Budget selbst verfügen. Und keiner ist verpflichtet, bei uns zu drucken. Die können auch selbst entscheiden, wo sie drucken wollen. Und da mein Vorgänger und mein Kollege sich nicht unbedingt so gut verstanden haben und in die Haare gekriegt haben wegen Zuständigkeiten und keine Lust was zu machen, hatten die Kollegen auch nicht unbedingt Lust immer hier runterzukommen. Weil es halt entweder alles zu lange dauerte oder sie angestänkert wurden und so etwas. Und darum war das Image der Hausdruckerei relativ schlecht. So dass halt die Zahlen runtergingen und eigentlich immer alles schlimmer wurde.

Dennoch ist das Bewusstsein bei ihm vorhanden, dass auch in dem geschützten Arbeitsfeld Stadtverwaltung die Existenz bestimmter Strukturen nicht mehr in Stein gemeißelt ist.

Herr Girtler: Nein. Unsicherheit eigentlich nicht. Also, der eine Punkt ist, die Hausdruckerei ist ein Bereich in der Stadtverwaltung, der vom Gesetzgeber nicht vorgeschrieben ist. Also wir sind im Prinzip eine Luxusabteilung. Es gibt viele Städte, die haben sie nicht mehr, die haben sie abgeschafft. Weil es kein Amt ist, wo der Gesetzgeber sagt: »Die Stadt braucht eine Hausdruckerei.« Das muss man wissen. Und wir haben halt unsere laufenden Kosten eben. Wir müssen uns selbst finanzieren. Wir wissen, was unsere Maschinen kosten, Strom, Gehalt und so weiter. Alles, die ganzen Nebenkosten. Und eben über unsere Druckquote, unsere Reprostunden, die wir hier leisten für Layouts, müssen wir im Prinzip ja die Kosten reinholen, die wir ausgeben. Also wir müssen uns im Prinzip komplett selbst finanzieren. Weil, wenn halt eben unsere Druckzahlen runtergehen würden, weil da dauernd Beschwerden kommen, eben: Hausdruckerei läuft nicht, dort wird man angemault. Und wenn das dann zum Beispiel dem Gemeinderat zu Ohren kommt und die merken, »Aha, die schreiben nur rote Zahlen«, dann können die zum Beispiel sagen: »Nein, Hausdruckerei brauchen wir nicht mehr.« Weil es eben ein Luxusprodukt ist.

Ein Unternehmer-Typ mit Lust an Verantwortung und Autonomie zu sein, aktive Selbststeuerung statt passiver Erfüllung zu betreiben und sich seinen eigenen Job durch »Service« zu sichern, aus Eigeninitiative seine Kompetenzen ständig auf dem Laufenden zu halten – damit verkörpert Herr Girtler durchaus den Typus des Arbeitskraftunternehmers, eine Figur, die dem öffentlichen Dienst bzw. der öffentlichen Verwaltung alten Typs doch recht fernstand (vgl. Pongratz/Voß 2003). Aber wusste er denn, dass er hier seine unternehmerischen Dispositionen eher weiterentwickeln könnte als in seinem früheren Betrieb? Was ist es dann, was den öffentlichen Dienst für Herrn Girtler so attraktiv gemacht hat, dass er den Wechsel von einer unbefristeten Stelle in der Privatwirtschaft in die Verwaltung gewagt hat? »Es war Sicherheit«, lautet klar und ohne zu zögern die Antwort.

Herr Girtler: Frau, Familie und Wohnung zu Hause. Das ist dann schon, sage ich mal, eine finanzielle, persönliche... nicht Belastung, aber da muss man schon ein bisschen überlegen, wo man jetzt hingeht.
– Ja. Und das war dann schon so ein bisschen ein Argument bei der Stadt?
Herr Girtler: Ja, ja. Man weiß, bei der Stadt ist es eigentlich sicher. Und wenn man keinen großen Mist macht, sage ich mal, im Job, dann ist der Job eigentlich auch sicher. Bis Deutschland mal pleitegeht, dauert es wahrscheinlich auch noch. Darum wahrscheinlich ist das Gehalt auch sicher. Das ist dann auch so eine Überlegung gewesen, dass man eben von der freien Wirtschaft halt in den öffentlichen Dienst geht. Weil, ich habe Möglichkeiten mich zu entwickeln, wie ich möchte, das Gehalt ist sicher, die Stelle ist sicher.

Diese Betonung des Sicherheitsgedankens mag angesichts der sehr ausgeprägten unternehmerischen Orientierung etwas irritieren, doch stellt diese Diskrepanz durchaus einen Zug des Arbeitskraftunternehmer-Typus dar, den Pongratz und Voß, die den Begriff in die arbeitssoziologische Diskussion eingebracht haben, in ihren Untersuchungen ebenfalls schon vorfanden und als »Absicherungsmentalität« bezeichneten (vgl. Pongratz/Voß 2003: 155 und 168). Diese hybride Figur des Unternehmertums bei gleichzeitiger Betonung des Sicherheitsgedankens muss keinen Widerspruch darstellen, das eine ist möglicherweise die Basis für das andere. Zu diesem Sicherheitsaspekt kommen einige weitere Vorteile des öffentlichen Dienstes wie die Möglichkeit des Arbeitens in Gleitzeit hinzu, die gerade in der Familienphase – Herr Girtler und seine Frau haben Zwillinge im Vorschulalter, sie geht einer Teilzeitbeschäftigung nach – ins Gewicht fallen, vor allem, da er sich an der Kindererziehung beteiligt. »Also von den Arbeitszeiten her ist es tipptopp. Also das ist familienfreundlich, absolut.«

HERR SEILER – »EIGENTLICH« GELERNTER SCHRIFTSETZER

Ebenso wie bei Herrn Girtler war auch bei Herrn Seiler der Weg in die Stadtverwaltung nicht das Ergebnis eines vorab gefassten Plans. Er macht zunächst in einem örtlichen Betrieb eine Lehre als Schriftsetzer, »weil man damals gesagt hat: ›Schriftsetzer, das ist ein Beruf fürs Leben. Zeitungen gibt es immer zum Lesen, Druckerzeugnisse werden immer gebraucht.‹ Wie die Entwicklung jetzt tatsächlich gelaufen ist, das hat damals kein Mensch vorausgesehen.« Doch auch bei ihm ist es kein Zufall, dass er nach der drei Jahre dauernden Lehre und der anschließenden, dreieinhalb Jahre dauernden Tätigkeit in seinem ehemaligen Lehrbetrieb schließlich dort landet. Sein Vater ist im Vermessungsamt der Stadt in der Abteilung Reproduktion tätig und macht dort »alles, was mit Fotographie zu tun hat, Karten erstellen und so weiter« und – in den Zeiten der bürokratischen Amtskultur und lange vor der Verbreitung des Computers – »nebenher Formulare, damals gezeichnet mit Tusche und mit Letraset-Buchstaben aufgerieben«. Irgendwann wird das dann für den Vater so viel, dass er es nicht mehr allein schafft und den Gang zum Bürgermeister macht, weil er »einen guten Draht zu ihm« hat, und fragt:

Herr Seiler: »Wäre das nicht eine Option, ich könnte meinen Sohn, der ist Schriftsetzer, dass der diesen Part übernimmt? Formulare gestalten und so weiter?« Und das hat dann geklappt. Der Bürgermeister hat sich eingesetzt, was normalerweise schwierig war, weil, Vater und Sohn in einem Bereich ist nicht üblich, ja.

Er macht dann eine Art zweite Lehrzeit, hat dann »viel profitiert« von seinem Vater »vom Wissen her«, arbeitet sich auch in die Reproduktion ein, und die beiden sind gemeinsam so erfolgreich (»Wir waren... wir waren gut, muss man sagen«), dass viele externe Firmen, wenn sie Probleme haben, bei ihnen gegen Rechnung Reproduktionen machen lassen. »Seiler und Sohn« sind also schon damals ein kleiner Betrieb innerhalb der Stadtverwaltung, eine Art »Profit Center« *avant la lettre*. Seit 41 Jahren ist er nun bei der Stadt, »mit vielen Höhen und Tiefen«. Und in den wenigen Sätzen, mit denen er diese 41 Jahre resümiert, zeichnet sich die Entwicklung, man könnte auch sagen: der Niedergang, eines ganzen Berufszweigs ab. »Es hat sich sehr viel verändert. In meinem Beruf hat sich sehr viel verändert. Ich habe mit Bleibuchstaben angefangen bei der Stadt, danach hatte ich das Letraset und dann kam der erste Fotosatz, so die Anfänge. Und so hat sich das dann entwickelt. Ich war dann bis vor fünf Jahren zuständig für das Layout innerhalb der Stadtverwaltung. In Zeiten, wo es noch keinen Computer gab, war ich der Einzige.«

Er arbeitet der Hausdruckerei zu, die »damals noch wirklich eine Druckerei war, mit Offsetdruck und so weiter«, erstellt die Druckplatten. Von Berufung in den öffentlichen Dienst ist allerdings wenig zu spüren, auch bei ihm stoßen wir aber berufsbedingt, wie bei seinem jetzigen Kollegen, auf eine ausgeprägte Fachlichkeit, über die er sich identifiziert. Mit dem Drucken selbst hat er »Gott sei Dank« nichts zu tun gehabt, »da hat es mir nie gefallen«. Während Herr Girtler jedoch zum Zeitpunkt des Gespräches fachlich auf der Höhe der Zeit zu sein scheint, gerät der Tätigkeitsbereich von Herrn Seiler Ende der 80er Jahre mit der Informatisierung – der »Computergeschichte«, wie er es nennt – in einen Entwertungsprozess. Mit bitterer Ironie stellt er fest: »Dann haben viele Leute ihr Talent für die Graphik und so weiter entdeckt. Das Talent in Anführungszeichen muss man sagen, denn wenn du nachher siehst unterm Strich, was teilweise herauskommt, ist zum Heulen. Und so hat sich einiges verändert.«

Das, was sein Metier ausmacht und wozu auch ein Sinn für Ästhetik und Gestaltung gehört, wird durch die Informatik banalisiert, freilich auf einem niedrigen Niveau. »Es ist eine schöne Aufgabe, man kann ein bisschen kreativ sein, soweit man einen lässt. Das ist leider auch nicht immer der Fall. Man muss viel gegen seine Überzeugung machen« und sich nach den Wünschen der Auftraggeber richten, »ob das das Sozialamt ist, ob es das Bäderamt ist, und obwohl du genau weißt, das Ziel, dass das gut sein muss, das kannst du nicht mehr erfüllen damit.«

Vor fünf Jahren kommt dann fast sprichwörtlich der »Fall« vom vierten Stock, wo er ein eigenes helles Büro hatte, in den Keller, nämlich in die jetzige Hausdruckerei.

Herr Seiler: Ich bin dann verdonnert worden, hier in der Druckerei den Druckbereich mit zu übernehmen. Am Anfang als Vertretung, dann eine Zeit lang komplett und jetzt mit dem Herrn Girtler als neuer Mitarbeiter machen wir das zusammen. Der Druckbereich ist und war nicht mein Ziel. Es hat sich sehr viel zum Nachteil auch verändert. Die Situation hier unten im Keller, es sind vier Hochleistungskopierer drinnen. Bis vor einem Jahr hatten wir hier keine Abluft, nichts. Das war eine Luft. Jeder hat gemeint: »Wie könnt ihr das aushalten?« Ich bin seit fünfeinhalb Jahren hier unten und seither geht es mir gesundheitlich von Jahr zu Jahr schlechter.

Herr Seiler sagt nicht, wer ihn verdonnert hat, ein anonymes »man« ist es auch, das sagt: »Sie machen beide dasselbe.« Zunächst hat Herr Seiler noch den von Herrn Girtler schon erwähnten Kollegen, der tatsächlich gelernter Drucker ist, nach einigen Jahren der Zusammenarbeit aber frühzeitig in Pension geht. Von nun an ist das ungeliebte Drucken im Arbeitsalltag das Wichtigste. Herr Seiler gesteht zu, »dass der Herr Girtler noch eine bessere Ausbildung hat, was das Layout anbelangt. Ich als Schriftsetzer habe diese Ausbildung als Layoutgestalter früher nicht gehabt. Das war ein ganz anderes Berufsbild«. Also auch hier eine Art Degradierung bei gleichzeitiger formaler Gleichstellung. Das hat das Potenzial für Konflikte, möglicherweise aber auch von Leiden. Es ist jedoch nicht allein die vom technischen Standpunkt her aktuellere Ausbildung von Herrn Girtler, die den Unterschied zwischen den beiden »Druckern« ausmacht, es ist eher das, was Herr Girtler im Gespräch als »das Ganze« oder als »dieses Plus, das man einfach liefern muss«, bezeichnet hat.

Nun kann man nicht sagen, dass Herr Seiler das Vokabular des Dienstleistungsgedankens überhaupt nicht geläufig wäre, nur laden sich die Begriffe bei ihm mit einem anderen Sinn auf. Als jemand, für den die Berufsfachlichkeit bei aller Entwertung ganz oben steht, ist es die Qualität des Endproduktes, die die gute Dienstleistung ausmacht, und nicht, wie bei Herrn Girtler, das Dienstleistungs- und Betreuungsverhältnis zwischen dem Erbringer und dem Kunden.

Herr Seiler: Es muss einfach ein ansprechendes Produkt nachher sein. Dass es für das Auge schön ist, dass es den Zweck der Werbung zum Beispiel erfüllt. Denn der Kunde in Anführung letztendlich, der muss ja diese Dienstleistung irgendwo in Anspruch nehmen. Und die muss ja mit diesem Produkt irgendwo angeboten sein, ansprechend, ja.

Der Kunde steht bei ihm in Anführungszeichen, es ist also noch keine Selbstverständlichkeit, dass damit nicht nur die Bürgerin und der Bürger gemeint sind, die mit ihren Anliegen ins Rathaus kommen, sondern auch die Mitglieder der Organisation selbst. Auf die Nachfrage hin, ob man die Mitarbeiter der anderen Ämter wirklich als Kunden verstehe, antwortet er »Schon, ja«, setzt aber sogleich hinzu: »Das wurde uns auch so vermittelt. Wir sind ein Dienstleistungsbetrieb« – die neue Doktrin ist also bei ihm noch nicht in Fleisch und Blut übergegangen, sondern wird als etwas von außen Auferlegtes dargestellt. Das wiederum muss man in Beziehung setzen zu der Situation, die herrschte, als noch der schon mehrfach erwähnte und inzwischen in Rente gegangene gelernte Drucker das Regime führte. Er wird dargestellt als einer vom »alten Schlag«, eine Verkörperung des negativen Zerrbildes des Beschäftigten im öffentlichen Dienst. Er ist in den Gesprächen mit Herrn Girtler und Herrn Seiler der abwesende Dritte, in beider Augen offenbar ein schwieriger Mensch, der für den schlechten Ruf der Druckerei verantwortlich gemacht wird. Freilich wird nur über ihn gesprochen, er selbst kann sich dazu nicht mehr äußern.

Herr Seiler: Die Dienstleistung früher hier in der Hausdruckerei, die war nicht besonders gut. Das heißt, viele Leute, auch von anderen Ämtern, haben diese Einrichtung nicht mehr in Anspruch genommen. Weil die Dienstleistung nicht gut war.
– Woran lag das?

Herr Seiler: Das lag an unserem früheren Mitarbeiter. Der hat das gemacht, was ihm gefallen hat, und die Leute, wo ihm sympathisch waren, die Aufträge hat er erledigt, und er hat viel kaputt gemacht in der Beziehung. Und diesen schlechten Ruf, den habe ich versucht dann wieder am Schluss wiederherzustellen, und der Herr Girtler jetzt auch, und wir sind auf einem guten Weg dazu.

Die Problematik wird personalisiert und als erledigt abgetan. Doch kommen hier zugleich Reibungen ins Spiel, die die unterschiedliche Auffassung darüber betreffen, was Service bzw. Kundenorientierung in der Praxis bedeutet. Das geschieht allerdings nur in kurzen Momenten und eher unterschwellig, da Herr Seiler ja weiß, dass wenige Monate vorher schon das Gespräch mit Herrn Girtler geführt wurde, und weil er sich dessen bewusst ist, dass seine Haltung im Vergleich zu der dynamischeren Selbstpräsentation von Herrn Girtler etwas auf verlorenem Posten stehen könnte. Zudem will er seinem Kollegen gegenüber auch loyal bleiben.

Dass man es geschafft hat, die Kunden wieder in die Hausdruckerei zu holen – das erkennt Herr Seiler durchaus an –, liegt daran, dass »Herr Girtler (...) da sehr aktiv in der Geschichte« ist. Seine Kritik an seinem Kollegen bleibt freilich etwas nebulös:

Herr Seiler: Der Herr Girtler macht viel mit Werbung, dass er unsere Leistung anbietet. Ich finde es nicht richtig so ganz, aber es gibt andere Möglichkeiten.
– Wie hätten Sie das jetzt gemacht?

Auf die Frage hin erklärt er ausweichend, dass die städtischen Dienststellen seit der Budgetierung ihre Druckerzeugnisse auch nach außen vergeben könnten, dass die Qualitätsansprüche gestiegen seien, die Verantwortlichen, die für die Hausdruckerei die Maschinen angeschafft haben, jedoch den Trend nicht erkannt hätten, »und dann sind wir natürlich immer weiter abgesackt«. Auf die nochmalige Nachfrage, wie er sich denn vorstelle, dass man auf die Kunden zugehen müsse oder wie der Ablauf sein solle, knickt er ein.

Herr Seiler: Im Prinzip ist der Weg jetzt, wie er gemacht wird, schon richtig.
– Weil Sie gesagt haben, da gefällt Ihnen nicht alles, oder.
Herr Seiler: Ja, vielleicht ist man ein bisschen zu sehr auf seine Schiene fixiert. Es lief immer prima und gut und auf einmal lief es nicht mehr.

Offenbar ist es eher eine Sache des Stils von Herrn Girtler, was bei Herrn Seiler das Missbehagen auslöst. Als jemand, für den es »schwierig ist zu formulieren, da bin ich kein Held«, mag er sich an dieser Stelle nicht weiter auf ein vermutetes Glatteis begeben. Etwas später kritisiert er dann doch recht offen Herrn Girtlers offensive, dienstleistungsorientierte Art, auf Kundenfang zu gehen, das dauernde Unterwegssein, statt in der Druckerei darauf zu warten, dass die Kunden von selbst kommen.

Herr Seiler: Der Herr Girtler macht das zum Beispiel. Das gehört zu seiner Strategie. Er möchte die Druckerei gut verkaufen und er kennt die Leute hier in der Verwaltung auch noch nicht und da geht er gern vor Ort, aber von der Zeit her ist es nicht möglich auf Dauer. Wenn wir zu zweit sind, klar. Ich meine immer, das Wichtigste ist die Druckerei. Das muss laufen. Die Maschinen müssen sich ja irgendwo auch von den Kosten her tragen, das heißt, ein gewisses Druckvolumen ist vorausgesetzt, und wenn ich dauernd unterwegs bin, dann stehen die Maschinen. Dann ist das nicht gewährleistet.

»DAS IST HALT EIN ANDERES DENKEN«

In der Begrifflichkeit von Herrn Girtler ist es ein anderes Denken in Bezug auf die Kunden, in Bezug auf den eigenen Posten, eine andere Mentalität, die die beiden voneinander unterscheidet.

Herr Girtler: Ja, das ist eine Sache, die ich meinem Kollegen auch beibringen muss. Wir sind zwar Kollegen, aber ich muss sie eigentlich bedienen wie Kunden. Weil anders geht es nicht. Wenn jemand reinkommt, der ist zwar ein Kollege von mir, aber er ist nicht verpflichtet, mir einen Job zu bringen. Aber wenn er mir einen Job bringt, dann kann ich meine Stelle hier sichern. Das ist eigentlich mehr ein Gedanke aus der freien Wirtschaft. Er [Herr Seiler] arbeitet seit 40 Jahren bei der Stadt. Das ist halt ein anderes Denken.
– Der Kollege, der jetzt da sitzt?
Herr Girtler: Ja.
– 40 Jahre? Aha.
Herr Girtler: Das ist ein anderes Denken. Ja. Man ist halt sowieso da. Die anderen sind auch da. Das Geld ist sowieso immer da. Das ist halt ein anderes Denken.

Das hört sich sehr nach dem Negativbild der »Mentalität« des öffentlichen Dienstes an. Doch Herr Seiler selbst setzt sich dezidiert von diesem Image ab, wenn er sagt:

Herr Seiler: Es heißt ja, »du bist im öffentlichen Dienst, du kriegst dein Geld, ob du schaffst oder nicht«. Das hat in bestimmten Bereichen bestimmt auch seine Berechtigung gehabt. Ich habe in der freien Wirtschaft gelernt. Ich habe in meinem ganzen Leben anders gearbeitet wie Leute, die im öffentlichen Dienst gelernt haben. Die haben eine andere Einstellung zur Arbeit. Es war zum Beispiel früher so, da sind Leute morgens um acht Uhr zur Öffnungszeit vor der Türe gesessen. Die Angestellten haben nicht die Leute bedient, die sind mit ihrer Kaffeekanne durch die Gänge gelaufen und die Leute haben da gestanden und gewartet. Das finde ich seit allen Zeiten ein Unding. Und dieses Arbeiten aus der freien Wirtschaft, das habe ich mir hier versucht zu bewahren. Und ich denke, ich bin auch gut gefahren damit.

»Motivation, Eigenverantwortung und Führungskompetenz stärken…«

Von den für den öffentlichen Dienst neuartigen Motivationsanreizen des New Public Managements, wie sie ansatzweise mit der Einführung eines leistungsbezogenen Entgeltbestandteiles im Rahmen des 2005 in Kraft getretenen TVöD installiert wurden, hält Herr Seiler gar nichts. Für ihn ist es schade um die Zeit, die dafür verwendet wird, wenn man sieht, was unter dem Strich dabei herauskommt. »Der Vorgesetzte schafft zwei bis drei Stunden im Vorfeld, wenn er sich drauf vorbereiten muss, man selber sollte sich ja damit ein bisschen beschäftigen, und dann sitzt du während dem Mitarbeitergespräch auch noch mal zwei Stunden drüben und für was?« Es könne durchaus ein Ziel sein, dass man sich in die Funktionsweise einer neuen Maschine hineinarbeitet, allerdings schränkt Herr Seiler seinen eigenen Gedanken wieder ein, indem er hinzufügt: »Das ist mein privates Ziel sowieso. Ich habe ja einen Ehrgeiz, ich will ja ein gutes Produkt abgeben und dann gehört das einfach dazu. Und so verwenden wir das halt für die Zielvereinbarung.« Seine Berufsfachlichkeit deckt sich mit seinem Arbeitsethos, er würde eben »auch ohne Zielvereinbarung (…) genauso handeln«. Eine Umfrage unter öffentlichen Beschäftigten und Personalräten in Deutschland kommt nicht zufällig zu dem Ergebnis, dass es

»eine widersprüchliche Wirkung des von den meisten Beschäftigten anerkannten Leistungsprinzips (…) zu sein [scheint], dass einerseits eine nicht nach Leistung differenzierte Ausschüttung im Grundsatz als ungerecht gilt, andererseits jedoch die Einführung von LOB [leistungsorientierter Bezahlung] als Kritik am eigenen Arbeits- und Berufsethos wahrgenommen wird, als Zweifel des Arbeitgebers daran, dass man, auch ohne dafür einen speziellen materiellen Anreiz zu erhalten, selbstverständlich gute Leistung erbringe.« (Schmidt et al. 2011: 88 f.)

Herr Seiler ist mit seiner Skepsis gegenüber derartigen Methoden der modernen Personalführung also kein Einzelfall. Und er schickt gleich noch eine ressentimentgeladene Spitze gegen die Vertreter des »Neuen Denkens« hinterher: »Die Leute, die sich gut verkaufen können, die profitieren.« Und auch damit fügt er sich in das Bild ein, das die zitierte Studie zeichnet, wenn sie feststellt, dass die Einführung von leistungsorientierter Bezahlung »den Charakter der betrieblichen Sozialbeziehungen [verändere], und zwar, so jedenfalls die Beschäftigten, negativ. Neid und Konkurrenzdenken würden begünstigt.« (Schmidt et al. 2011: 88 f.)

Was Herrn Seiler viel mehr motiviere als eine leistungsbezogene Zulage, sei die Anerkennung, die er für sein Engagement bekomme. Das soll nicht heißen, dass solch ein materieller Anreiz keine Form von Anerkennung darstellen kann, doch ist das Verhältnis zwischen materiellen Interessen und symbolischer Anerkennung durchaus komplexer. »Das eine kann (…) zum Mittel des anderen werden«, beide können aber auch »zueinander in einem Verhältnis stehen, in dem das eine zum Symbol des anderen wird«, schließlich kommt jedoch »jedem ein Eigenwert zu, der weder eine Übersetzung in das andere noch einen symbolischen Ausdruck im anderen erlaubt«. (Schmidt 2005: 64)

Allerdings kommt die Anerkennung, auf die Herr Seiler zählt, wenn sie denn kommt, nicht vom Dienstherrn bzw. dem Vorgesetzten, sondern von den Auftrag gebenden Dienststellen, »unseren in Anführung ›Kunden‹, die dann schon sagen, ob eine Aufgabe gut ankommt oder nicht. Da kommt schon Feedback und da freut man sich auch ehrlich drüber«. Diese Anerkennung ist es neben der Sicherheit, die er als Altgedienter im öffentlichen Dienst besitzt, die Herrn Seiler noch über die Jahre bis zur Rente hält. Für viele ist die Dienstleistung, die Herr Seiler erbringt, eine Selbstverständlichkeit, die kaum gewürdigt wird: »Es läuft einfach, ja.« Doch »es gibt viele Ausnahmen, Gott sei Dank, und das ist das, was einem auch irgendwo noch Spaß macht.« Es gibt also auch noch Kollegen-Kunden, und das gesteht sogar Herr Girtler ein, die zu Herrn Seiler gehen, weil sie ihn länger kennen und wohl auch seinen Stil bevorzugen. Auch er bekommt Anerkennung in Form von E-Mails, in denen sich die Leute bei ihm bedanken.

Herr Girtler ist noch zu neu, um selbst umfangreichere Erfahrungen mit dem leistungsbezogenen Entgelt gemacht zu haben. Zumindest hat er schon registriert, dass die Vorgesetzten sehr unterschiedlich mit dem Thema umgehen.

Herr Girtler: Also manche Leute machen es wahrscheinlich, denen ist es wurscht, die machen es halt, damit es gemacht ist, damit das Personalamt Ruhe gibt einfach. Und andere sind halt da schon eher dahinter.

Er selbst hat durchaus gewisse Vorbehalte bezüglich der Handhabbarkeit derartiger Instrumente im öffentlichen Dienst, insbesondere wenn sie an der Erreichung quantitativer Ziele festgemacht werden, die sich von den Beschäftigten etwa in Funktionen mit Publikumsverkehr ja nur schwer beeinflussen lassen. Allerdings hat er für sich selbst durchaus ein Interesse daran, dass keine Luftnummer daraus wird. Er lässt es entsprechend erst gar nicht darauf ankommen, dass sein Teamleiter eventuell den Weg des geringsten Widerstandes geht und die Sache pragmatisch – und wie in vielen Dienststellen üblich – nach dem Gießkannenprinzip abhandelt.

Herr Girtler: Also ich nehme es halt ernst. Darum muss es mein Chef auch ernst nehmen.
– Okay. Das ist auch ein bisschen eine Forderung von Ihnen, dass es…
Herr Girtler: Ja. Dass mein Kollege, der ist der Meinung, er braucht das nicht. Der will keine Ziele erfüllen. Der kommt damit nicht klar oder meint halt, er kann keine Vorgaben erfüllen, die da irgendwie, oder was auch immer. Aber von meiner Seite her, also ich bereite mich auch darauf vor und sage jedem, ich will das und das besprochen haben, geklärt haben und so etwas.

Entsprechend hat er selbst die Beibehaltung des derzeitigen Servicestandards sowie eine bestimmte Druckkennzahl – also doch ein quantitatives Ziel – vereinbart. Wie das funktioniert, wenn sein Kollege, wie er anmerkt, keine Ziele erfüllen will, bleibt unausgesprochen. Dagegen behauptet er voller Stolz und Selbstbewusstsein auf die Nachfrage des Interviewers nach der Anhebung des Druckvolumens hin:

— Aber ich habe eher das Gefühl, es soll unbedingt gehoben werden.
Herr Girtler: Es geht auch hoch!

»HEUTE BIN ICH FROH, WENN ICH ES HINTER MIR HABE«

Kommen wir noch einmal auf Herrn Seiler zurück. Die modernen, sprich: monetären Anreize zur Erhöhung der Motivation scheinen bei ihm nicht funktionieren, ja vielleicht sogar das Gegenteil des Intendierten zu bewirken. Er hat in den vergangenen 40 Jahren aber auch Erfahrungen gemacht, die ohnehin der Motivation nicht förderlich waren. In dieser Zeit haben für ihn der Zusammenhalt und das Klima in der Verwaltung schwer gelitten, auch die Ellenbogenmentalität greife immer weiter um sich. Angeheizt werde dieses Klima zudem durch die permanenten Umstrukturierungen:»Unser Hauptamt ist ein Amt und der Amtsleiter ist die ganze Zeit mit Umstrukturierungen beschäftigt. Und jede Umstrukturierung gibt Unruhe in einen Ablauf. (...) Ja, ja. Das Hauptamt ist immer an vorderster Front für Veränderungen, und es sind nicht alle Veränderungen gut.« Solche Veränderungen würden, so Herr Seiler, der dies ja bei seiner Versetzung vom vierten Stock in den Keller am eigenen Leib erfahren hat, »einfach bestimmt von oben nach unten, und dass dann die Motivation natürlich in den Keller geht... man kann eins und eins zusammenzählen«. Seine Wahrnehmung bezüglich des Abbaus der Hierarchien ist eine ganz andere als die, die Herr Girtler schildert und die das New Public Management mit der Entbürokratisierung intendiert. »Heute macht der Chef es so, er macht alles selber, er ist die gottähnliche Instanz und seine Mitarbeiter... Die Kompetenz wird ihnen nicht mehr zugesprochen. Und das finde ich ein bisschen schade.« Die angebliche Dezentralisierung ist für ihn in eine Zentralisierung ohne Mitbestimmungsmöglichkeiten umgeschlagen.

Die Stadt als Arbeitgeber hat sich also unterm Strich sehr verändert, für ihn zum Negativen. »Heute bin ich froh, wenn ich es hinter mir habe.« Ein Schlüsselerlebnis und Beleg für dieses Klima der mangelnden Rücksichtnahme aus der jüngsten Zeit ereignet sich für ihn an dem Tag, an dem er im Anschluss an einen Krankenhausaufenthalt und eine Rehabilitation – die Zeit, in der Herr Girtler die Druckerei allein führen musste – wieder zurück ist und sogleich einen Anruf aus der Verwaltung erhält:

Herr Seiler: Ich bin heimgekommen am 30. November, am 1. Dezember klingelt morgens um halb zehn das Telefon, die Sekretärin vom Chef am Apparat. Nicht: »Wie geht es Ihnen?«, sondern: »Herr Seiler, gestern war Ihre Reha fertig, wir erwarten Sie heute bei der Arbeit.«

Als Herr Girtler nach Herrn Seilers langer Abwesenheit endlich in Urlaub ist, habe niemand Rücksicht darauf genommen, dass Letzterer eigentlich keine Lasten heben darf. Man werde verheizt, da nehme keiner mehr Rücksicht. Aus der Sicht von Herrn Seiler klingt es nachvollziehbar, dass er froh ist, wenn er »es hinter sich hat«. Und in kondensierter Form materialisiert sich diese resignierte Haltung an der Wand hinter dem Arbeitsplatz von Herrn Seiler. Dort ist eine große Pinnwand angebracht, auf der ein großer Terminkalender, aber auch einige Blätter mit Sprüchen befestigt sind. Im Anschluss an das erste Gespräch, das mit Herrn Girtler, lese ich diese von Herrn Seiler dort angebrachten Sprüche laut vor, um ihn zu einer Stellungnahme zu bewegen. Sie bringen prägnanter als jedes mündliche Statement die Erfahrungen und die Haltung vieler älterer Mitarbeiter mit den als Zumutungen empfundenen Umstrukturierungen und Verwaltungsmodernisierungen zum Ausdruck: »Sei froh und lache, es könnte schlimmer kommen. Ich war froh und lachte und es kam schlimmer.« »Gott gib mir die Gelassenheit, die Dinge hinzunehmen, die ich nicht ändern kann. Gib mir den Mut, die Dinge zu ändern, die ich ändern kann, und die Weisheit, das eine vom andern zu unterscheiden.« Herr Girtler freilich kichert nur und gibt ein vielsagendes »Jaja« von sich.

REFORMEN IM ÖFFENTLICHEN DIENST – EIN ABSCHIED VON STEREOTYPEN

Auf den ersten Blick scheint alles klar zu sein: Wir haben buchstäblich auf der einen Seite des Schreibtischs einen altgedienten, aufgrund von Entwertungs-, Abstiegs- und Missachtungserfahrungen enttäuschten Vertreter einer Generation des »öffentlichen Dienstes«, der – wie die beiden hinter seinem Schreibtisch prangenden »Sprüche« schließen lassen – resigniert auf das Ende seiner Dienstzeit wartet, auf der anderen einen gut ausgebildeten, jung-dynamisch und voller Tatendrang wirkenden, privatunternehmerische Tugenden verkörpernden Repräsentanten einer ganz anderen Generation, der die Inkarnation selbst des Geistes des Neuen Steuerungsmodells zu sein scheint. Doch bei genauerem Hinsehen haben wir feststellen können, dass diese Etiketten nicht so ganz passen. Der Kontrast zwischen den Dispositionen der beiden Druckerei-Mitarbeiter lässt sich mit der klassischen Opposition privat/öffentlich nur unzureichend erfassen. Und man kann sich durchaus fragen, ob das, was oberflächlich als Effekt einer Generationenzugehörigkeit mit allen möglichen entsprechenden Zuschreibungen in Erscheinung tritt, bei Herrn Seiler nicht einfach das Ergebnis des Alterns in einer sich im Zuge von Reformen beständig verändernden Organisation ist.

Anders ausgedrückt: Was ist, wenn sich nach einer langen Berufsausübung die Qualifikationen und die Dispositionen, die Herr Girtler mitbringt, nicht mehr so passgenau wie heute mit den betrieblichen Erfordernissen decken? Das ist gewiss Spekulation, aber es soll verhindern, Unterschiede, hinter denen sich möglicherweise andere Faktoren verbergen, unreflektiert auf dieses Erklärungsschema zurückzuführen.

Hinzu kommt, dass ja beide für sich in Anspruch nehmen, Erfahrungen aus der Privatwirtschaft mitzubringen, beide verfolgen im Interview Distinktionsstrategien gegenüber der jeweils mehr dem alten Öffentlichen-Dienst-Stereotyp entsprechenden Mitarbeiterschaft. Freilich tritt bei Herrn Seiler offen eine Abneigung gegenüber den Aspekten des »NPM-Neusprechs« zutage, etwa der Rede von »Kunden«, obwohl es sich um verwaltungsinterne Auftraggeber handelt. Da mag bei ihm auch ein gehöriges Maß an Skepsis gegenüber Veränderungen des Vokabulars mitschwingen – vielleicht auch das Ergebnis anderweitiger im Laufe einer langen Berufslaufbahn gemachter Erfahrungen. Bei Herrn Seiler mag diese ablehnende Haltung gegenüber der Rede vom »Kunden« und der »Dienstleistung« ihre Ursache darin haben, dass hier etwas nur scheinbar Neues eingeführt wird, was für ihn schon längst Realität gewesen ist, nämlich die »unternehmerischen Elemente« innerhalb des öffentlichen Dienstes, wie die im Interview angesprochene Annahme von Aufträgen externer Kunden zeigt. Worauf der Fall von Herrn Seiler noch hinweist, ist der Umstand, dass durch die Reformen die Bindekraft und damit seine Loyalität gegenüber dem kommunalen Arbeitgeber nachgelassen hat. Die Leistung, die er über Jahrzehnte hinweg für die Kommune erbracht hat, die in seinen Augen sogar seine Gesundheit beeinträchtigt hat, wird nicht wirklich gewürdigt, erfährt sogar Missachtung, wie sich in der geschilderten Telefonszene im Anschluss an seine Kur zeigt. Den scheinbaren Hierarchieabbau erfährt er als willkürlich getroffene Entscheidung, in den Keller und in eine Tätigkeit versetzt zu werden, die eigentlich nicht seiner Qualifikation entspricht – eine hierarchisch im Hauptamt getroffene Entscheidung, auf die er auch keinerlei Einfluss nehmen kann. Und aus seiner Sicht ist es ebenso ein Zeichen von Misstrauen, wenn der Arbeitgeber in Form der neuen Modelle der Honorierung von Leistung über leistungsorientierte Entlohnung ihm unterstellt, er würde nicht sowieso, also intrinsisch und allein schon aus seinem berufsfachlichen Anspruch heraus motiviert sein Bestes geben.

Herrn Girtlers Beispiel zeigt nun umgekehrt, dass auch für Beschäftigte mit dezidiert unternehmerischen Dispositionen der öffentliche Dienst immer noch oder, besser gesagt, nun auch eine gewisse Anziehungskraft hat. Unternehmerisches Handeln verlangt für Herrn Girtler nach einer Basis aus Sicherheiten, die in der Regel nur der öffentliche Dienst – ob nun vermeintlich oder nicht – garantieren kann, dies jedoch immer seltener auch tut. Das gilt nicht zuletzt und vielleicht sogar zuvorderst in Bezug auf biographische und familiäre Planungssicherheiten.

Über die Einzelheiten der beiden Fälle hinweg, so lässt sich folgern, existiert eine Passung zwischen den Strukturen und Erfordernissen einer Organisation wie der Kommunalverwaltung und den Dispositionen, den Qualifikationen, den Erfahrungen, den Orientierungen und gar dem Ethos der Beschäftigten. Werden die Strukturen verändert – es ist fast schon banal, das zu sagen –, ändert sich damit nicht automatisch das Personal und dessen Dispositionen. Angesichts der Koexistenz mehrerer Generationen mit unterschiedlichen Sozialisationen und Erfahrungen kann der Wandel zur Entwertung von Kompetenzen und zu sozialem Leiden an der Organisation sowie zu Spannungen und Konflikten zwischen den Angehörigen der verschiedenen Generationen führen. Je nach Kräfteverhältnis können damit auch gut durchdachte »Modernisierungsversuche« ins Leere laufen. Auch und vielleicht gerade im öffentlichen Dienst sind dies Prozesse, die von einer mit Augenmaß betriebenen Personalpolitik begleitet sein müssen, indem Personen mit Dispositionen, die den neu etablierten Strukturen entsprechen, gezielt rekrutiert werden; Prozesse, die aber, um nicht zur Aufkündigung von Loyalitäten zu führen, komplementär dazu nach einer Politik der Wertschätzung verlangen.

Die Verhaltensdispositionen und Arbeitsorientierungen der Beschäftigten öffentlicher Dienste lassen sich auch heute mit der klassischen Opposition öffentlich – privat nur unzureichend erfassen. Dies hat der Text über die Mitarbeiter der Hausdruckerei des Rathauses gezeigt. Aus den folgenden Schilderungen geht hervor, inwiefern die Beschäftigten des Service Public seit der Einführung des New Public Managements vermehrt dazu angehalten werden, sich vielmehr in einem Spannungsverhältnis öffentlich – privat zu situieren und insofern das (vormals) Unvereinbare zu vereinen. Es stehen sich eine Pflegedienstleiterin und ein Leitender Arzt gegenüber, das heißt nicht nur Vertreter von Beschäftigtengruppen, für welche die Tabuisierung der materiellen Seite ihrer Arbeit typisch ist, sondern auch Berufsleute, die aufgrund ihrer Position mehr als andere direkt betriebswirtschaftlichen Ansprüchen (seitens der Leitung der Institution) ausgesetzt und sogar selbst an der Durchsetzung dieser neuartigen Prinzipien beteiligt sind. Anders als bei den beiden Mitarbeitern der Hausdruckerei steht nachfolgend im Zentrum der Betrachtung allerdings weniger das Verhältnis der Beschäftigten zum Betrieb, der durch das NPM eine Reorganisation erfahren hat, als vielmehr die Frage, welche Folgen die Restrukturierung für das Verhältnis zwischen zwei seit geraumer Zeit funktional und sozial aufeinander »abgestimmten« Beschäftigtengruppen zeitigt.

»Noch nicht genug« oder »zu viel des Guten«?

Die Veränderung der Beziehung zwischen Ärzteschaft und Pflege aus der Sicht eines Leitenden Arztes und einer Pflegedienstleiterin

Michael Gemperle

Das Gefüge zwischen den Beschäftigtengruppen an öffentlichen Krankenhäusern ist in den vergangenen 15 bis 20 Jahren zunehmend in Bewegung geraten. Davon besonders betroffen ist das Verhältnis zwischen der Ärzteschaft und der Pflege, das davor über mehrere Jahrzehnte hinweg durch ein ausgeprägtes Hierarchiegefälle gekennzeichnet war. In der Beziehung zwischen den beiden Beschäftigtengruppen schlugen sich in den vergangenen Jahren zum einen allgemeine gesellschaftliche Vorgänge wie die Bildungsexpansion und die verstärkte weibliche Erwerbsbeteiligung nieder. Zum anderen fanden innerhalb der Pflege Professionalisierungsprozesse statt, welche die Kompetenzen anwachsen ließen. Ein dritter Faktor ist der neoliberale Umbau des Gesundheitswesens, der in die stationäre Gesundheitsversorgung neue Funktionsprinzipien einführte, welche die etablierten Verhältnisse erschütterten. Die Politik der Liberalisierung, Privatisierung und Deregulierung hat an öffentlichen Krankenhäusern zu Veränderungen geführt, welche die Ausgestaltung der beiden erstgenannten Veränderungen prägen und sie teilweise in neue Bahnen lenken.

Dieser Beitrag interessiert sich für die Frage, inwiefern sich die Beziehung zwischen Ärzten und Pflegekräften geändert hat und wie dies von den Angehörigen der beiden Beschäftigtengruppen (differenziell) erfahren und aufgefasst wird. Hierzu wird auf das Stilmittel der Fallkontrastierung zurückgegriffen und zwei Vertreter der infrage stehenden Beschäftigtengruppen aus dem Sample unseres Projektes gegenübergestellt: Frau Stahl für die Pflege und Herr Wetterau für die Ärzteschaft. Ausgewählt wurden diese beiden Akteure nicht nur, weil sie an öffentlichen Krankenhäusern tätig sind und sich im Gespräch gegenüber aktuellen Wandlungstendenzen sensibel zeigten. Die Wahl traf vor allem deswegen auf sie, weil sie die Macht der beiden infrage stehenden Beschäftigtengruppen verkörpern. Frau Stahl ist Pflegedienstleiterin und Herr Wetterau Leitender Arzt. In der Kontrastierung ihrer Schilderungen kommen daher die widersprüchlichen

Interessen und Weltsichten von Fachfrauen und -männern an der Spitze der beiden Beschäftigtengruppen zum Ausdruck.

Dieser Text geht im ersten Kapitel der Frage nach, inwiefern mögliche Veränderungen in der Beziehung zwischen der Ärzteschaft und der Pflege aufgefasst werden und inwiefern diese Unterschiede vor dem Hintergrund der spezifischen Position und des Werdegangs der ausgewählten Akteure zu begreifen sind. Im zweiten Kapitel wird aufgezeigt, wie die Schilderungen auf den sich gegenwärtig vollziehenden Strukturwandel des Krankenhaussektors verweisen und inwiefern dieser die Entwicklung der Beziehung gestaltet hat. Im abschließenden dritten Teil wird eine Gesamtbetrachtung der Entwicklung der Beziehung zwischen den beiden Beschäftigtengruppen und ihrer Wahrnehmung durch die Befragten vorgenommen.

Unterschiedliche Blicke auf eine veränderte Beziehung

An den Schilderungen der Pflegedienstleiterin Frau Stahl und des Leitenden Arztes Herr Wetterau fallen zunächst einige Übereinstimmungen auf. Beide gehen davon aus, dass die Hierarchie in der Beziehung in den vergangenen Jahren abgenommen hat, und begrüßen diese Entwicklung. Sowohl der Leitende Arzt als auch die Pflegedienstleiterin stellen als Kontrastbild zu heute die Chefärzte von früher als unnahbare, unantastbare und autokratische Berufspersonen dar, unter deren Machtfülle die Pflege und die subalternen Ärzte zu leiden hatten – als wollten sie damit gegenüber den früheren Verhältnissen ihre Distanz bekunden. Herr Wetterau und Frau Stahl betonen auch übereinstimmend, dass das arbeitsteilige Zusammenspiel im Alltag vermehrt auf Augenhöhe stattfinde, und wiederholt die »Zusammenarbeit« oder das (in der Schweiz geläufige) »Miteinander« bzw. den kooperativen Umgang zwischen den beiden Beschäftigtengruppen. Auch in anderen Interviews wurde uns davon berichtet, dass es zu einer Informalisierung der Beziehung gekommen ist, wofür der Umstand paradigmatisch zu stehen scheint, dass – wie vor allem seitens der Pflegekräfte berichtet wird – die Angehörigen der beiden Beschäftigtengruppen sich (mit Ausnahme der Chefärzte) heute duzen.

Frau Stahl und Herr Wetterau äußern sich im Interview aber auch als Angehörige von zwei Beschäftigtengruppen, die lange Zeit durch eine äußerst klare Unter- und Überordnung gekennzeichnet waren und einander aufgrund des stark ineinandergreifenden Funktionierens auch in ihren Handlungsspielräumen und -befugnissen weiterhin gegenüberstehen. Entsprechend wird in den Schilderungen nicht unwesentlich davon ausgegangen, dass die Abnahme der Macht der einen – gleich einem Nullsummenspiel – mit einem Zuwachs des Einflusses der anderen einhergeht. So bringen die Äußerungen der beiden zum Ausdruck, wie sich die Beziehung zwischen Ärzten und Pflegenden verändert hat, und stellen zugleich Stellungnahmen in diesem Verhältnis dar. Frau Stahl, die Angehörige der in der interprofessionellen Beziehung subalternen Beschäftigungsgruppe, bekundet nicht nur eine starke Genugtuung über die Entwicklung der vergangenen Jahre, sondern auch die Erwartung, dass dieser Prozess weitergehe. Sie schwankt in ihren Schilderungen zwischen Wünschen und Forderungen und gar prophetischen Ankündigungen. Die Pflegedienstleiterin spricht von einer »gesellschaftlichen Geschichte, in der wir drinstecken«. Dieser Wandel sei jedoch »noch nicht genug« und erst der Anfang eines langen Aufholprozesses. In ihren Augen »muss« sich das Verhältnis zwischen den Beschäftigtengruppen weiter »verändern«, das heißt für sie dem Ideal der »Partnerschaftlichkeit« annähern, was sie allerdings ohnehin für eine Frage der Zeit hält (»das wird die Zukunft sein«). Wesentlich weniger eindeutig fällt die Wahrnehmung der Veränderung der Beziehung durch den Leitenden Arzt Herr Wetterau aus. Auch wenn er der Entwicklung ebenfalls grundsätzlich positiv gegenübersteht, geht sie ihm doch zu weit. Der Angehörige der weiterhin weisungsbefugten Ärzteschaft äußert die Sorge, dass »die Pflege sich«, wie er es formuliert, »vielfach verselbstständigt«. Er qualifiziert die Veränderung der Beziehung als »nicht nur gut«, als »zu viel des Guten« oder gar als »Perversion«. Aus einer paternalistischen Haltung heraus sieht er die Veränderung der Beziehung so auch lediglich »mit gewisser Berechtigung« vonstattengehen und hält für die Pflege, die er vor allem unter funktionalen Gesichtspunkten auffasst (»es braucht die Pflege«), eine »gewisse Gleichberechtigung« für ausreichend.

Diese bemerkenswerte Ambivalenz in der Einschätzung von Herrn Wetterau hängt sicherlich damit zusammen, dass heute selbst die Ärzteschaft dazu angehalten wird, gegenüber ihrer seit vielen Jahrzehnten bestehenden außerordentlichen Vormachtstellung Distanz zu markieren.[1] Die Ambivalenz von Herrn Wetterau dürfte jedoch auch nicht unwesentlich durch seinen Abstand zur etablierten Ärzteschaft bedingt sein. Der Mann Ende 50 bekleidet zwar eine leitende Position in einem öffentlichen Krankenhaus, die ihm mehr als 12.000 Franken monatlich brutto einbringt. Er gehört aber nicht zu den etablierten Kräften innerhalb seiner Beschäftigtengruppe. Dem Sohn eines Krankenpflegers und einer Büroangestellten (die später als Hausfrau tätig war) fehlten viele einer Karriere als Spitalarzt förderliche ökonomische, kulturelle und soziale Ressourcen. So hatte er Anfang der 1970er Jahre in Deutschland einen der hart umkämpften Studienplätze in Medizin erlangt und sich für das seinem Herkunftsmilieu ferne Handwerk des Arztes entschieden, bevor er schließlich im Zuge einer fachärztlichen Spezialisierung seinen beruflichen Werdegang, verbunden mit etlichen Entbehrungen, in der Schweiz fortsetzte. Als Neuankömmling im ärztlichen Berufsfeld konnte Herr Wetterau zum dominanten Rollenbild, das von einer »totalen sozialen

---

1 | Im Frühjahr 2012 organisierte die Schweizerische Ärzte-Zeitung eine Podiumsdiskussion unter dem Titel »Von der Hierarchie zum Team? Interprofessionalität im Schweizer Gesundheitswesen«, auf dem die Ärzteschaft und die Pflege zu gleichen Teilen vertreten waren.

Rolle« ausgeht und vor allem von den Chefärzten vertreten wird, kaum ein un-
gebrochenes Verhältnis haben (auch wenn er es sich zum Teil zu eigen machen
musste) – umso mehr, als er auch in der Partnerschaft nicht vom klassischen
geschlechtlichen Rollenmodell ausgeht.[2] Seine Distanznahme zum traditionellen
Modell des Arztes, der »alles war« und »die Spitalgeschicke geleitet« hat, dürfte
daher von der etablierten Ärzteschaft nur bedingt (oder rhetorisch) geteilt werden
und für sie beispielhaft sein.

Auch die Schilderungen von Frau Stahl lassen sich in ihrer spezifischen Ausprägung nur mit Einschränkung auf andere Angehörige ihrer Beschäftigtengruppe übertragen und werden erst vor dem Hintergrund ihrer sozialen Herkunft und
ihrer Flugbahn durch den Sozialraum verständlich. Frau Stahl hat, ähnlich wie
Herr Wetterau, durch die Tätigkeit in ihrer Beschäftigtengruppe einen Aufstieg
erfahren, der ihr wenig Anlass zur Unzufriedenheit bietet. Für die zum Zeitpunkt
des Gespräches 49-jährige Frau Stahl war der Pflegeberuf (gegenüber dem Beruf
der Primarlehrerin) zwar nur die zweite Wahl. Auch war das Arbeitsleben für
die Alleinerziehende beschwerlicher als für viele ihrer Kolleginnen. Die Tochter
eines Ingenieurs und einer Mutter mit Sekundarschulabschluss bekleidet heute
jedoch an der Schnittstelle von Krankenhausleitung und Pflegekräften eine Position, die ihr monatlich mehr als 12.000 Franken brutto einbringt und ihr erlaubt,
eine Vorgesetztenfunktion gegenüber ihren Kolleginnen einzunehmen (»mein
Kerngeschäft ist die Führung«). Die Pflegedienstleiterin spricht daher aus einer
Position, in der die Einflussmöglichkeiten der Pflege gegenüber der Ärzteschaft
am ehesten zugenommen haben, und sie scheint dies mit einer umso größeren
Begeisterung zu tun, je mehr sie sich, zumal als Alleinerziehende, als Speerspitze
der Emanzipation von »männlicher Herrschaft« (Bourdieu 2005) wiederzuerken-
nen vermag. Ihre Euphorie und ihr Optimismus hinsichtlich des Ausgleiches des
Machtgefälles sind jedenfalls bei vielen Pflegekräften unseres Samples, die nicht
in Leitungspositionen sind, eher selten anzutreffen.

Interessant ist nun zu sehen, was für Frau Stahl und Herrn Wetterau Anlass
dazu bietet, die interprofessionelle Beziehung als verändert wahrzunehmen. Darin zeigt sich auch, welche Gestaltungsabsicht hinter ihren Statements steht. Frau
Stahl stützt sich zum einen darauf, dass die Pflegeausbildungen auf das Niveau
eines Hochschulstudiums angehoben worden sind, worin sie den Ausgangs-
punkt einer verstärkten Einflussnahme der Pflegekräfte auf die Diagnoseentscheidungen erkennt. Für sie, die selbst verschiedene Weiterbildungen absolviert
hat, scheint die Höherqualifikation vor allem ein »Heilsweg durch persönliches
Beispiel« (Weber 1922: 258) zu sein – der allerdings notwendigerweise nur für
Auserwählte eine Emanzipation bedeuten kann. Zum anderen bezieht sich Frau
Stahl auf die Feminisierung der Ärzteschaft, die besonders im letzten Jahrzehnt

---

2 | Herr Wetterau betont im Interview an verschiedenen Stellen die »privaten Gründe«, die
für bestimmte karriererelevante Entscheidungen von Relevanz waren.

eine wesentliche Beschleunigung erfahren hat.[3] Darin sieht sie die zentrale Quelle einer Entwicklung hin zur »Partnerschaftlichkeit«, wobei sie sich vor allem auf die früheren männlichen Herrschaftsformen bezieht. Die Feminisierung der Ärzteschaft scheint für Frau Stahl auch den wesentlichen Aspekt der Veränderung der interprofessionellen Beziehung darzustellen, und sie spricht in diesem Zusammenhang von einem (zwangsläufigen) »Kulturwandel«, an dem sich letztlich auch die Veränderung der Ausbildungen orientiert. Die Herrschaftsformen der »modernen« Ärzte und Ärztinnen problematisiert Frau Stahl nicht. Hier zeigen sich die Grenzen ihrer Forderungen, die den Horizont der Unterordnung der Pflege unter die Ärzteschaft nicht überschreiten (»die Ärzte haben immer noch einen hohen Stellenwert, meiner Meinung nach berechtigt«). Neben der Höherqualifikation der Pflege, von der besonders die leitenden Positionen profitieren, umfasst die Emanzipationsperspektive von Frau Stahl im Wesentlichen den Abbau früherer ärztlicher Herrschaftsformen. Ihre Haltung spiegelt sich in der Empörung darüber, dass es das »ehemalige Doktorgehabe noch gibt«.

Auch Herr Wetterau bringt die Veränderung der interprofessionellen Beziehung in Verbindung mit der Höherqualifikation der Pflegeausbildungen und dem Abbau überkommener ärztlicher Herrschaftsformen. Im Unterschied zur Pflegedienstleiterin gewichtet der Leitende Arzt die Aufwertung der Pflegeausbildungen aber höher als die Feminisierung der Ärzteschaft. Der Sohn eines Krankenpflegers stellt zwar in Übereinstimmung mit Frau Stahl ebenfalls einen Rückgang der männlichen Herrschaftsformen fest (»da haben sich viele Dinge sehr zum Vorteil und zum Guten geändert«). Für den Leitenden Arzt scheint das Sich-Durchsetzen einer theoretischen bzw. konzeptuellen Bildung in der Pflege jedoch von deutlich größerer Tragweite zu sein. Er sieht die Bedeutungszunahme dieser theoretischen Bildung gar am Ursprung der Unterminierung des ärztlichen Diagnosemonopols.[4] Die Schilderungen des Leitenden Arztes scheinen damit auf eine neue Dynamik im Machtgefüge zwischen der Ärzteschaft und der Pflege in Verbindung mit den neuen Pflegeausbildungen zu verweisen. Dafür spricht auch, dass Herr Wetterau im Interview von einer patronalen Warte aus sich um die Abwertung dieser theoretischen Bildung von Pflegekräften bemüht: Herr Wetterau bringt die Aufwertung der Pflegeausbildungen in Verbindung mit der Abnahme der Qualifikation der am Bett arbeitenden Pflegekräfte. Zudem stellt er diese Bil-

---

3 | Gesamtschweizerisch betrug der Anteil der Frauen in der Ärzteschaft im Jahr 1975 lediglich 16%, während er 2010 über einem Drittel (35,8%) lag (Bundesamt für Statistik 2012).

4 | Herr Wetterau bezieht sich damit expliziter als Frau Stahl auf die »Pflegediagnosen«, welche das Diagnosemonopol der Ärzte infrage stellen. Die Pflegediagnose stellt eine von der ärztlichen Diagnosehoheit eigenständige Bestimmung des (pflegerischen) Behandlungsbedarfes dar. Erstmals vorgeschlagen wurde diese Kategorisierung im Jahr 1982 von der North American Nursing Diagnosis Association (NANDA). Zum Zeitpunkt der Erhebung war im Schweizerischen Parlament die Initiative Joder hängig, welche die Aufnahme von Pflegediagnosen in den Leistungskatalog der Gesundheits- und Krankenpflege vorsieht.

dung gegenüber ärztlichem Wissen als minderwertig dar, wenn er ihr den akademischen Status abspricht (»die Pflege sozusagen zu studieren«). Last but not least streicht er die formalen Befugnisse der Ärzteschaft hervor, um den Versuchen der Einflussnahme der Pflege die Legitimität abzusprechen. Die Erläuterungen von Herrn Wetterau laufen also darauf hinaus, die Pflegefachkräfte dazu anzuhalten, »bei ihren Leisten« zu bleiben. In den Augen des Leitenden Arztes sollen die Pflegekräfte vor allem über eine »praktische« Qualifikation verfügen (»die Zuwendung zum Menschen, welche die Patienten eigentlich brauchen«).

Den entscheidenden Punkt, der ihm Anlass bietet, davon auszugehen, dass sich die Beziehung zwischen Ärzteschaft und Pflege verändert hat, sieht Herr Wetterau jedoch in institutionellen Prozessen, welche die ärztlichen Kompetenzen geschmälert haben. In seinen Schilderungen bedauert er durchgängig, dass der Arzt nicht mehr ist, was er einmal war. Der Bedeutungsgewinn der Pflegekräfte führt er am Ende darauf zurück, dass die Krankenhausleitung nicht mehr in den Händen der Ärzteschaft liegt, weshalb der Arzt nicht mehr (wie früher) »alles« sei. Die Verwaltung sei nicht mehr unter der Kontrolle der Ärzteschaft. Sie würde nun die Pflege gar hofieren und sie in gewissen Belangen der Ärzteschaft vorziehen. Auch erführen die Interessen der Pflege bei der Krankenhausleitung eine größere Berücksichtigung. Herr Wetteraus Aussagen verdeutlichen, wie selbst Leitende Ärzte mit einem kritischen Verhältnis zur früheren Chefarztrolle dazu neigen, bei der Abwehr von Angriffen auf ihre Befugnisse auf eben die frühere institutionelle Position der Ärzteschaft zu rekurrieren.

EINE PFLEGEDIENSTLEITERIN ÜBER DAS VERHÄLTNIS ZWISCHEN ÄRZTESCHAFT UND PFLEGE

Frau Stahl: Es ist, glaub ich, so eine kulturhistorische Geschichte. Wir sind natürlich klar der Hilfsberuf vom Arzt gewesen. Diese Denkweise gibt es zum Teil heute noch.
– Bei Ärzten?
Frau Stahl: Auch bei ganz jungen, ja. Es überrascht mich immer wieder, aber das gibt es. Wir haben natürlich auch einen hohen Anteil an Ärzten, die aus einer anderen Kultur kommen. Die deutschen Ärzte zum Beispiel haben eine andere Kultur. Die Pflegende hat dort auch eine andere Kompetenz als in der Schweiz, und das spürt man. Also das ehemalige Doktorgehabe – ich sage es jetzt ein wenig böse –, das gibt es bei uns zum Teil auch.
– Und das ist hauptsächlich von deutschen Ärzten?
Frau Stahl: Oft, ja. Es gibt es auch von schweizerischen Ärzten – also ich will jetzt nicht die Deutschen anschwärzen, es gibt es von allen. Aber es gibt es noch. Das erschreckt mich manchmal, weil es sind ja auch junge Leute, wie die Pflege mittlerweile auch jung ist, aber es gibt es noch. Aber ich erlebe auch ganz viel sehr professionelle Zusammenarbeit und das finde ich schön. Ich glaube, das ist eine gesellschaftliche Geschichte, die sich verändern muss und bei der wir jetzt auch voll im Prozess drin sind. Als ich als Pflegende angefangen habe, dann bist du fast wie ein Soldat parat gestanden, wenn Chefvisiten ge-

wesen sind. Alles hat stimmen müssen, Patienten haben gerade im Bett liegen müssen und geputzt und gestrählt [gekämmt] sein müssen. Diese Geschichten gibt es nicht mehr. Ich weiß auch, dass damals die jungen Ärzte Angst gehabt haben vor den Chefärzten. Gleich wie wir. So etwas erlebe ich jetzt eigentlich nicht mehr. Aber die Ärzte haben eine andere Karrierelaufbahn wie die Pflege. Es ist im Moment immer noch – es verändert sich sehr – stark ein Männerberuf, stark karriereorientiert. Die gehen anders miteinander um wie die Pflegekräfte. Die Pflege ist immer so ein wenig sozial gewesen. Pflege ist meistens ein Frauenberuf, das ist immer noch so. Die werden irgendwann Mutter. Bei den Ärzten verändert sich das jetzt, wir haben je länger je mehr Frauen und wir stecken wirklich in einem Kulturwandel. Und drum gibt es noch ein wenig beides.

– Es gibt ja auch manchmal eher kritische Stimmen.

Frau Stahl: Ja. Es ist im Moment natürlich für uns ganz schwierig, weil wir einen großen Personalmangel haben in der Übergangsphase.

– Durch diese Ausbildungsumstellung?

Frau Stahl: Auch, ja. Nicht nur davon, dass der Beruf natürlich nicht mehr der attraktivste ist, sondern auch durch die Ausbildungsumstellung haben wir weniger Abgänger. Das spüren wir in der Rekrutierung massiv. Das fängt jetzt an.

– Aber grundsätzlich...?

Frau Stahl: Grundsätzlich finde ich es gut, weil sie werden sehr selbstbewusst ausgebildet, sie müssen viel selber machen. Ich finde das auch gut. Es gibt jetzt welche, die den Bachelor-Studiengang machen, die können natürlich ganz anders argumentieren; haben die Argumentationsfähigkeit, die wir damals nicht gelernt haben.

– Da hat man nicht groß den Ärzten Paroli bieten können...

Frau Stahl: Ja. Und der Diskussions- und Argumentationsfähigkeit, die ein studierter Mediziner gehabt hat, haben wir damals gar nicht kontern können. Man hat viel auf Erfahrung und intuitive Einschätzungen gemacht. Wenn ich am Bett gewesen bin, habe ich sofort auch gesehen, wenn es einem nicht gut gegangen ist. Ich habe dem Arzt gesagt: »Du musst kommen, der sieht scheiße aus«, oder was auch immer. Der ist dann auch gekommen. Aber so uns ausdrücken können und sagen können: »Nein, das kannst du jetzt bei dem nicht machen, der braucht das und das.« Die Fähigkeit zu lernen ist in den neuen Berufen ganz zentral. Eben auch durch die wichtige Rolle, die sie innehaben. Die Partnerschaftlichkeit finde ich ganz wichtig. Auch die Tendenz, dass gewisse Ausbildungsblöcke Mediziner und Pflege zusammen irgendwann haben werden oder zum Teil, glaub ich, schon haben, finde ich genial. Weil, das wird die Zukunft sein.

– Und die Ärzte kommen damit dann auch in der Regel zurecht? Also, es ist ja ein gewisser Statusverlust, wenn eine Pflegende dann mit medizinischen Fachbegriffen mit dem Arzt spricht.

Frau Stahl: Gut, die medizinische Sprache haben wir eigentlich beide die Gleiche gehabt. Das haben auch wir schon gelernt.

– Nur weil Sie gesagt haben, Sie konnten da nicht argumentieren.

Frau Stahl: ... ja, aber so die Argumentationsfähigkeit.

– Sie sagten: »Der sieht scheiße aus!«, reichte dann.

Frau Stahl: Ja. Eben, wir reagierten eher so emotional, so intuitiv, und hatten das wahrscheinlich so ähnlich gelernt, oder noch mit einem anderen Selbstbewusstsein. Die heutigen Jungen, die haben vermutlich von Haus aus schon ein anderes Selbstbewusstsein wie wir damals, sind auch anders erzogen worden und lernen es jetzt auch anders. Mit den jungen Ärzten ist es das Gleiche. Ich denke, das ist so eine kulturelle, gesellschaftliche Geschichte, auf die auch die Ausbildung jetzt entsprechend danach ausgerichtet ist, und die ich gut finde.

– Das heißt, die Ärzte können damit in der Regel ganz gut umgehen…

Frau Stahl: Ja, oder sie lernen es jetzt!

– Sie lernen es jetzt, okay.

Frau Stahl: Also es gibt immer noch beides. Es gibt auch auf unserer Seite noch beides; Pflegende, die das noch nicht gut oder auch nicht können. Das ist etwas, was sich weiterentwickelt, glaube ich. Ja. Und die Pflege hat in der Schweiz von der Historie her natürlich nicht den gleichen Stellenwert gehabt wie zum Beispiel in den skandinavischen Ländern. Aber das ist ein langer Prozess, das ist so ein bisschen wirklich eine kulturelle Geschichte, die sich verändern muss.

(…)

Frau Stahl: Also ich glaube schon, dass die Ärzte im Vergleich zu früher, als sie so ein wenig die Götter in Weiß waren, vom beruflichen Status her tendenziell eine leichte Abwertung erleben, auch in der Gesellschaft. Sie haben aber immer noch einen hohen Stellenwert, meiner Meinung nach berechtigt; sie haben auch eine ganz wichtige Funktion. Aber so im Betrieb drin, das: »Da mach, was der Chefarzt sagt!«, ist nicht mehr nur gottgegeben. Also es wird auch diskutiert. Die jungen Chefärzte machen das auch nicht mehr so wie früher, wie ich das noch gekannt habe. Die Pflege verändert sich einfach, und die Vernetzungsfunktion, die sie eigentlich hat, wird mit den kurzen Spitalaufenthalten der Patienten wahrscheinlich zunehmen. Es gibt wahrscheinlich eher einen höheren Stellenwert, aber ja, Finanzen haben sowieso einen hohen Stellenwert…

Ein Leitender Arzt über das Verhältnis zwischen Ärzteschaft und Pflege

– Wenn man keine Ahnung von dem Betrieb hat – so wie wir, die jetzt hier einfach so reinkommen –, gibt es da immer wieder mal, wie man hört, vielleicht nicht Auseinandersetzungen, aber so ein bisschen Statuskämpfe, Machtkämpfe, wer hat das Sagen? Und immer wieder auch so die Vermutung, dass die eigentliche Macht im Haus die Pflege ist. Können Sie da irgendwas dazu sagen?

Herr Wetterau: Das ist sicher eine Entwicklung, die von meiner Warte aus wichtig ist – mit auch gewisser Berechtigung. Noch vor meiner Zeit war der Arzt alles. Der hat auch die Spitalgeschicke geleitet. Er hat gesagt, was gemacht wird. Das hat zu einer sehr straffen Hierarchie geführt, die eben nicht Vorteile für alle gehabt hat. Es hat die Ausbildung darunter gelitten, es hat vieles unter einer solch personenorientierten Hierarchie gelitten. Dies hat sich geändert, indem andere Berufsgruppen wichtiger geworden sind, die man als Arzt ja braucht. Es geht nur gemeinsam, man kann das Ziel nur gemeinsam erreichen. Man kann als Arzt zwar noch so gut sein, aber man kann die Patienten nicht versorgen: ich kann das Labor nicht bedienen, ich kann nicht gleichzeitig die Betten machen und operieren und mich um viele Dinge kümmern. Es braucht also ein Team, das zusammenarbeitet. Und in einem Team braucht es eine gewisse Gleichberechtigung. In meinen Augen entwickelt sie sich nicht nur gut, da jetzt die anderen Bereiche sich zunehmend in Dinge verwickeln, die eigentlich ärztliche Aufgaben sind oder – meiner Ansicht nach – der ärztlichen Entscheidung bedürfen.

– Können Sie da Beispiele nennen?

Herr Wetterau: Die Pflege ist häufig überrepräsentiert in vielen Gremien und hat fast Vetorechte, sich in Abläufe einzuschalten, die aus ihrer Sicht nicht gut sind. Die Pflege ist immer besser organisiert. Die Ärzte sind eher Individualisten... Der eine sagt das, der andere macht das, und jeder hat seine Spezialitäten und hat seine Erfahrungen und versucht die umzusetzen. Man muss schlussendlich – und das ist halt das, was einen dann stört – die Verantwortung *trotzdem* tragen. Wenn im Operationssaal im Patienten ein Tuch vergessen wird, obwohl die Pflege dafür verantwortlich ist, weil sie die Tücher vorher und nachher zählen muss, dann ist der Operateur der Verantwortliche. Dann muss man im Endeffekt geradestehen und trotzdem wird die Entscheidungsbefugnis zunehmend beschränkt. Das heißt, die Pflege verselbstständigt sich vielfach und arbeitet für sich, und die Kommunikation und die Zusammenarbeit ist nicht immer ideal.

– Und wie wird das denn aufgelöst?

Herr Wetterau: Das muss man dann eben im Team lösen.

– Im Team, okay.

Herr Wetterau: Das muss man dann ganz an der Front lösen. Also das ist eine Entwicklung, die so ist. Man merkt das auch in der Ausbildung von der Pflege. Die Pflegeausbildung war früher auch an die Grundausbildung gebunden. Heute wird häufig schon die Matura nicht vorausgesetzt, aber gewünscht. Und jetzt werden Zusatzstudiengänge angeboten, um die Pflege sozusagen zu studieren, und es kommt dabei die Basispflege in meinen Augen zu kurz. Es wird sehr viel formal und sehr viel nach Schemen gearbeitet, und die Zuwendung zum Menschen, welche die eigentlich brauchen, geht dabei verloren. Vielfach verloren.

– Denken Sie, das ist ein Stück weit durch die Ausbildung bedingt?

Herr Wetterau: Ja, es ist durch die Ausbildung bedingt. Das ist sicherlich auch durch Emanzipationsprozesse mit bedingt. Pflege war früher hauptsächlich, heute nicht mehr so, ein Frauenberuf. Da haben sich viele Dinge geändert, sehr zum Vorteil und zum Guten. Damit auch das Selbstwertgefühl und die Ansprüche. Aber das kann auch zur Perversion führen.

– Also wenn ich Sie richtig verstanden habe, ist es weniger, dass der Nimbus des Arztes etwas gesunken ist, sondern dass die Pflege sich zu sehr in Dinge einmischt, die eigentlich nicht ihre Dinge sind?

Herr Wetterau: Ja, die haben ja damit auch zu tun. Es sind schon auch ihre Dinge. Aber sie nehmen Einfluss auf Entscheidungen, die früher der Arzt getroffen hat und in vielen Richtungen auch mit *Recht* getroffen hat.

UNTER BETRIEBSWIRTSCHAFTLICHER KONTROLLE

Die Veränderung der Beziehung zwischen der Ärzteschaft und der Pflege hat auch eine betriebliche Seite. Sie kann nicht unabhängig vom strukturellen Wandel der öffentlichen stationären Gesundheitsversorgung verstanden werden, der gerade auch die medizinisch-pflegerisch Tätigen dazu anhält, mit immer knapperen Mitteln zu wirtschaften. Der verstärkte kooperative Umgang und das Zusammenspannen zwischen Ärzten und Pflegekräften, von denen eingangs die Rede war, ist nicht zuletzt im Lichte dessen zu sehen. Die Bemerkung von Herrn Wetterau, wonach seine Leistung letztlich auf die Arbeit der Pflegekräfte baue, weshalb »man das Ziel nur gemeinsam erreichen kann«, scheint darauf zu verweisen. Auch die Äußerung von Frau Stahl, dass den Ärzten im Betrieb weiterhin eine »wichtige Funktion« zukomme, ist ein Indiz dafür. In unserem Sample wurde insgesamt häufig davon gesprochen, dass »man aufeinander angewiesen« sei und »eng zusammenarbeiten muss«. Die öffentlichen Krankenhäuser in der Schweiz erfuhren vor allem seit den 1990er Jahren einen Prozess der Ökonomisierung (vgl. Pelizzari 2001). Im Rahmen der »Politik der leeren Kassen« (Guex 2003) wurden in den vormals vor allem über den Bedarf nach medizinisch-pflegerischen Dienstleistungen finanzierten Bereich vermehrt privatwirtschaftliche Prinzipien eingeführt. Das Krankenhaus wurde aus der Verwaltung ausgelagert und in ein Unternehmen umgewandelt, das mit einem vorgegebenen Budget auszukommen hatte. Die vormals weitgehend autonom verwalteten Kliniken, Institute und Fachbereiche der Einrichtung wurden zu Einheiten transformiert, deren finanzieller Erfolg periodisch ermittelt wird (so genannte Profitcenter) und die nun dem als »CEO« amtierenden Verwaltungsdirektor unterstellt sind.

Herr Wetterau und Frau Stahl beziehen sich in den Interviews auf diese Veränderungen. Ihre folgenden Schilderungen zeigen, inwiefern sie beide angehalten werden, ihren Zuständigkeitsbereich nach betriebswirtschaftlichen Kriterien zu organisieren. Es wird deutlich, welche Bedeutung diesen Prinzipien in ihrer Arbeit jeweils zukommt und welche Möglichkeiten sie haben, den Vorgaben der Verwaltung etwas entgegenzusetzen. Dargelegt wird auch, welche Rolle die beiden Personen in Leitungsfunktionen bei der Durchsetzung betriebswirtschaftlicher Prinzipien, die das Verhältnis zwischen der Ärzteschaft und der Pflege wesentlich verändern, spielen.

Frau Stahl: Wenn ich zum Beispiel so an Finanz-Reporting-Sitzungen gehen muss, dann sagen die: »Ihr habt wieder so viel Mega-Aufwand.« Weil, wir machen eine Leistungserfassung in der Pflege. Das heißt, unsere direkte Pflege ist dokumentiert, und da werden die in Finanzberechnungen virtuell einbezogen, nicht als Cash, und da sehen dann natürlich die verschiedenen Fachdisziplinen, also zum Beispiel der ärztliche Bereich, aber auch der Finanzmensch, dass die Daten sich vielleicht verschoben haben oder was auch immer. Dann muss ich Antworten geben können. Und das kann ich nur, wenn ich weiß, was abgegangen ist, oder, wenn ich zum Beispiel sagen kann: »Ja, wir haben jetzt auf der Urologie im ersten

Quartal diesen Jahres ganz viel komplexe Patientensituationen gehabt, weil wir viel Behinderte gehabt haben, die operiert worden sind.« (...)

— Wird es angesichts der allgemeinen Mittelknappheit nicht auch immer schwieriger, die eigenen Anliegen durchzusetzen?

Frau Stahl: Ja.

— Also, ich kann mir vorstellen, man schaut auch mehr als früher auf Zahlen und auf so Sachen, vielleicht. Oder, was ist denn da Ihre Beobachtung?

Frau Stahl: Also ich weiß noch, wo ich angefangen habe: Da habe ich einen handgeschriebenen Stellenplan gehabt über meine Leute, also Name, wie viel Prozent, Eintritt, Austritt, so. Vielleicht seit etwa 15 Jahren höchstens, würde ich meinen, habe ich Zahlen. Am Anfang ganz marginale Zahlen, wo du ohne eigenen Stellenplan keine Übersicht gehabt hast. Mittlerweile haben wir sehr differenzierte Zahlen und man schaut natürlich auf die. Über meinen Bereich habe ich ja auch jedes Quartal ein Reporting-Gespräch mit dem Departement Finanzen, in dem man unsere Daten anschaut, in dem man auch diskutiert: »Wieso hat die jetzt so viel Verbrauch?« Oder: »Warum haben die so viel Pflegeaufwand gehabt? Was ist der Grund?« Oft ist es erklärbar aus irgendwelchen Gründen. Aber da schaut man viel mehr darauf als früher.

Herr Wetterau: Ja, wir müssen zur Einführung von DRG natürlich beitragen, indem wir unsere Abläufe anpassen. Das wird eine Aufgabe werden. Sie lesen es ja jeden Tag in der Zeitung, dass das nicht überall positiv gesehen wird. Man hat ja in vielen Ländern schon Erfahrungen damit, die mehr oder weniger gut sind. Da muss man schauen, wie sich das hier etablieren lässt. Bis jetzt hat man ja Patienten abgerechnet nach der Verweildauer im Spital. Heute wird man nach dem Fall bezahlt, der einmal eine Diagnose voraussetzt mit Zusatzdiagnosen, die den Fall komplizieren können oder nicht, und danach werden Gelder verabreicht. Jetzt ist es unsere Aufgabe, die Patienten, deren Krankheiten sich ja nicht nach den vorgegebenen Zahlen richten, so zu formulieren und in Zahlen zu fassen, dass man damit auch den Betrieb betreiben kann. Das Spital muss ja auch, nicht rentieren, aber es muss versuchen wirtschaftlich zu arbeiten. Ob das jetzt richtig ist oder nicht in der Medizin, ist eine andere Frage. Sicherlich muss man dort auch Grenzen setzen. Aber die sind halt weniger eng zu sehen als in anderen Bereichen. Es geht eben nicht um Maschinen, sondern um Menschen. (...) Ich merke langsam, dass diese Euphorie verloren geht, dass man nicht für ein Auto die Verantwortung trägt, ob es jetzt den Service wieder verlässt, sondern doch für Personen die Verantwortung hat, die halt zeitunabhängig Probleme haben. Das ist eben das, was vielfach nicht so gesehen wird. Das ist eben doch nicht ein ganz normaler Beruf. Krankheiten lassen sich zeitlich nicht einordnen, die sind nicht nur in der Arbeitszeit vorhanden, sondern kommen halt auch zu ganz überraschenden Zeiten, manchmal mehr, manchmal weniger.

Die Reorganisation öffentlicher Krankenhäuser nach betriebswirtschaftlichen Kriterien hat die Beziehung zwischen der Ärzteschaft und der Pflege in mehrfacher Hinsicht verändert. Zum einen scheint den Schilderungen zufolge die Pflegeleitung zuungunsten der ärztlichen Leitung eine erhebliche Stärkung er-

fahren zu haben. Darauf weist die verstärkte (versuchte) Einflussnahme der Pflegekräfte auf die unter ärztlicher Kontrolle stehenden Diagnoseentscheidungen
hin, von denen Frau Stahl und Herrn Wetterau berichten, geht es hier doch um
die Definitionshoheit über die abrechnungsrelevanten Arbeiten. Nicht unwesentlich bedingt zu sein scheint die Erstarkung der Pflegeleitung aber auch dadurch,
dass die Ärzte die auf der Station zum Einsatz kommenden Pflegekräfte nun bei
der Pflegeleitung »einkaufen« müssen, wodurch diese neu über eine gewisse
Verhandlungsmacht verfügt.[5] Der Unmut von Herrn Wetterau über die Pflegedienstleiterinnen und besonders deren Hochschulausbildungen, die auch Ma-
nagement-Bestandteile beinhalten und ihnen damit Dispositionen vermitteln,
mit denen sie den ärztlichen Ansprüchen wirksamer als früher entgegentreten
können, scheint jedenfalls eine verstärkte Abhängigkeit der Ärzte von den Pflegedienstleiterinnen anzuzeigen. Die Pflegedienstleiterinnen können oder wollen
den finanziellen Sorgen der Leitenden Ärzte, die darum bemüht sind, dass ihre
Kliniken möglichst ertragreich funktionieren, nicht immer nachgeben.

Zum anderen scheint sich die Beziehung der Ärzte zu den Pflegekräften auf
einer alltagspraktischen Ebene verändert zu haben. Wie bereits erwähnt, muss der
kooperative interprofessionelle Umgang, von dem in allen Interviews in unserem
Sample die Rede ist, nicht zuletzt vor dem Hintergrund des verstärkten finanziellen
Druckes verstanden werden. Ärzte und Pflegende müssen im Alltag auf der Station
zusammenarbeiten, damit ihre Einheiten einen betriebswirtschaftlich möglichst
günstigen Abschluss erzielen. Die Leitenden Ärzte ihrerseits, die zu Managern
ihrer Kliniken avancierten, nehmen die Leistung der Pflegefachkräfte, gegenüber
denen sie weiterhin weisungsbefugt sind, verstärkt in der betriebswirtschaftlichen
Optik wahr und tragen an sie entsprechende Erwartungen heran (korrektes Dokumentieren etc., vgl. Gemperle/Pfeuffer 2013). Wenn Herr Wetterau die fehlende
Ausbildung der Pflegekräfte am Bett bemängelt, dann spricht er auch ein Phänomen an, das damit zusammenhängt. Seit der Umsetzung des New Public Managements ist es durch den Druck auf die Personalkosten – neben dem strukturellen
Personalabbau – zu einem erheblichen Zuwachs von nicht oder wenig qualifizierten
Arbeitskräften gekommen, die vornehmlich im direkten Patientenkontakt arbeiten.

Die Beziehung zwischen der Ärzteschaft und der Pflege hat nicht nur eine
andere Qualität angenommen. Sie ist auch vielgestaltiger geworden. Dies ist
nicht unwesentlich auf die Ausdifferenzierung der Qualifikation der Pflege zurückzuführen. Diese Bildungsreform erfolgte parallel zur Umgestaltung des
Krankenhausbereiches und gibt einer dem medizinischen Fortschritt folgenden
Spezialisierung der Pflegetätigkeiten seine spezifische Form. Anders als es die

---

5 | Dadurch kann für Pflegedienstleiterinnen die Bekräftigung des finanziellen Werts der
Pflege zum Symbol für die Emanzipation aus der Unterordnung unter die Ärzte werden. Zum
Ausdruck kommt dies in folgender Äußerung einer weiteren Pflegedienstleiterin unseres
Samples: »Ich verlange 65 Franken pro Stunde von den Ärzten. Die haben immer noch das
Gefühl, wir machen Pipifax und so. Aber in dieser Sache bin ich knallhart undiskutabel.«

Schilderungen der beiden im Zentrum stehenden Berufsmenschen in Leitungspositionen vermuten lassen, hat die Umstellung auf ein neues Qualifikationsre-
gime im Jahr 2004 nicht nur zu einer markanten Zunahme der »Hochqualifizierten« geführt, sondern auch – und in einer viel umfangreicheren Weise – die nicht
oder wenig qualifizierten Pflegekräfte (Lehrlinge und Fachangestellte Gesundheit) anwachsen lassen.[6] Diese Entwicklung, die als Dequalifikation begriffen
werden kann, weist darauf hin, dass die von der Pflegedienstleiterin vertretene
These eines Aufstieges oder einer Aufwertung der Pflege vor allem bei den leitenden Pflegerinnen eine Gültigkeit hat. Zugleich geht aus ihr hervor, dass mit dem
Durchsetzen betriebswirtschaftlicher Funktionsprinzipien innerhalb der Pflege
eine wachsende Diskrepanz zwischen den sich auf leitender Ebene befindlichen
und sich nicht unwesentlich an Betriebszielen und Managementkonzepten orien-
tierenden Hochqualifizierten und den mit dem Behandlungsbedarf der Patienten konfrontierten Pflegekräften »an der Basis«, unter denen der Anteil geringer
Qualifizierter tendenziell zunimmt[7], besteht.[8]

Um einen Einblick zu geben, inwiefern die Herausbildung der neuen Beschäftigtengruppe begleitet ist von differenziellen Verhältnissen der Ärzteschaft zur
Pflege, wird hier auf Schilderungen einer weiteren von uns befragten Ärztin zurückgegriffen: Wir haben von der Spitalfachärztin im Interview erfahren, dass sie
»gar nicht richtig weiß«, was die seit neun Monaten auf ihrer Station arbeitende
Fachangestellte Gesundheit (FaGe) »eigentlich macht« und wie sie heißt (was uns
diese FaGe selbst bereits davor im Interview angedeutet hat). Sie hat dies damit
begründet, dass sie »nie mit ihr hat zusammenarbeiten müssen«, und stellt auf
wiederholte Nachfrage des erstaunten Interviewers klar: »Wir wissen ja, wer die
diplomierten Schwestern sind, also das diplomierte Personal, und mit denen wird
dann kommuniziert.« Die Gruppe der nicht oder wenig qualifizierten Pflegekräf-

---

6 | Am betrachteten Krankenhaus hat sich zwischen 2003 und 2011 der Anteil der Pflege-
kräfte in Ausbildung am gesamten Personalbestand von 1,4 % auf 10,6 % erhöht, und ihr
Anteil an allen Pflegekräften ist von 3,5 % auf mehr als ein Viertel angewachsen. In dieser
Zeitspanne hat sich das nummerische Verhältnis zwischen den qualifizierten Pflegekräften
(die mindestens eine 4-jährige Fachausbildung oder Äquivalentes absolvierten) und den
geringer qualifizierten Pflegekräften (Fachangestellten Gesundheit, dreijährige Berufsleh-
re) von 100 zu null auf beinahe 80 zu 20 entwickelt.

7 | In Deutschland ist es im Zuge dieser Entwicklung gar zur Herausbildung eines eigent-
lichen Pflegeprekariats gekommen.

8 | Selbst viele befragte qualifizierte Pflegekräfte nehmen Pflegedienstleiterinnen, die in
unserer Kontrastierung von Frau Stahl repräsentiert wird, als kaum in ihrem Dienst agie-
rend wahr. Eine frühere Stationsleiterin, die heute als Springerin auf Stundenlohnbasis tätig ist, um »mit sich im Reinen« zu sein, spricht etwa davon, dass sie den Eindruck hat, dass
»die Leute so in der oberen Führungsetage denken, wir seien ein wenig lästig, ein bisschen
widerspenstig«, und sie sich wünscht, dass »das, was die Basis sagt, in der Pflegedienstleitung ein Stück weit als Expertenwissen anerkannt wird«.

te, die am betrachteten Krankenhaus stark angewachsen ist und zum Zeitpunkt der Erhebung annähernd die Hälfte des Pflegepersonals ausmacht, steht mit den Ärzten also lediglich vermittelt über die Pflegekräfte mit dem herkömmlichen fachlichen Qualifikationsniveau in Kontakt. Auch scheint diese Gruppe von der tonangebenden Ärzteschaft als den diplomierten Pflegekräften deutlich nachgeordnet wahrgenommen zu werden. Dies steht im deutlichen Kontrast zur »Bedrohung«, welche die Pflegedienstleiterinnen in den Augen der (Leitenden) Ärzte darstellen und von der die Schilderungen von Frau Stahl und Herrn Wetterau zeugen. Insofern hat die verstärkte Ausrichtung des Krankenhauses auf betriebswirtschaftliche Funktionsprinzipien die Beziehungen zwischen der Ärzteschaft und der Pflege vielgestaltiger werden lassen.

Alles in allem gesehen scheint die Einführung betriebswirtschaftlicher Funktionslogiken in das betrachtete Krankenhaus in der Beziehung zwischen den Angehörigen der beiden Beschäftigtengruppen die betriebliche Seite gestärkt zu haben. Ärzte und Pflegende begegnen sich heute weniger als Angehörige von zwei relativ autonomen und homogenen »Funktionskreisen«, wie die Gruppen von Johann Rohde (1974) gekennzeichnet wurden, sondern stärker aufgrund ihrer Position in einem ertragsorientierten Funktionsgefüge. Diese Veränderung, welche die alte »Ständeordnung« als überholt erscheinen lässt, kann als betriebswirtschaftliche Überformung oder Kommodifizierung begriffen werden.

SCHLUSS

Im Zentrum dieses Textes steht die Veränderung der Beziehung zwischen der Ärzteschaft und der Pflege und die Wahrnehmung dieser Veränderung durch Vertreter der beiden Beschäftigtengruppen, die jeweils Leitungspositionen innehaben. Aus den Schilderungen geht hervor, dass die interprofessionelle Beziehung sich tatsächlich verändert hat. Die Pflegedienstleiterin Frau Stahl und der Leitende Arzt Herr Wetterau grenzen sich beide deutlich von früheren Verhältnissen ab, für die das Modell des autoritären Chefarztes das Emblem darzustellen scheint, und deuten die Veränderung der letzten Jahre übereinstimmend als Abnahme der Hierarchie zwischen Ärzten und Pflegekräften. Ihre Berichte weisen darauf hin, dass sich die Ärzte infolge der Aufwertung der Pflegeausbildungen bei ihren Entscheidungen verstärkt rechtfertigen müssen und die Beziehung dadurch fachlicher geworden ist. Zudem scheint die Ärzteschaft ihre Vormachtstellung infolge der Feminisierung ihrer Beschäftigtengruppe mit weniger natürlichem Anschein verkörpern zu können.

Die Schilderungen von Frau Stahl und Herrn Wetterau vermitteln zugleich das Bild eines weiterhin sehr ungleichen Verhältnisses zwischen den beiden Beschäftigtengruppen. Zwar wurde durch die neoliberale Umgestaltung der öffentlichen stationären Gesundheitsversorgung ab den 1990er Jahren die vormals starke Vormachtstellung der Ärzte reduziert. Die Kräfte, die sich seither etabliert haben und vor allem an betriebswirtschaftlichen Maßstäben orientieren, verlangen aber einen nicht minderen Gehorsam – nicht nur, aber gerade auch in einer Pflege, die sich vom Schatten der früheren ärztlichen Autorität teilweise befreien konnte. Den Aussagen von Frau Stahl und Herrn Wetterau zufolge ist es vor allem im alltagspraktischen Umgang zu einem Abbau der Hierarchien gekommen. An der alleinigen Hoheit der Ärzte über die behandlungs- und abrechnungsrelevanten Diagnosen hat sich nichts geändert. Die Beziehung zwischen Ärzten und Pflegenden ist durch die Einführung betriebswirtschaftlicher Prinzipien allerdings auch vielgestaltiger geworden, da diese die Dynamik zwischen den Beschäftigtengruppen und unter ihren Untergruppen veränderte. Von der Pflege hat dabei vor allem die Pflegedienstleitung an Gewicht gewonnen, nicht zuletzt dank der Verwaltung. Und vor allem ihr gegenüber scheint sich das ärztliche Verhalten verändert zu haben. Im Unterschied dazu werden die wenig Qualifizierten von den Ärzten kaum wahrgenommen.

Die Schilderungen von Frau Stahl und Herrn Wetterau sind zunächst einmal das Ergebnis des Verhältnisses ihrer Verhaltensdispositionen zu der von ihnen eingenommenen Position. Als Diskurs von Vertretern der Macht in ihren Beschäftigtengruppen bringen die Äußerungen der beiden zugleich mögliche Gestaltungsabsichten der interprofessionellen Beziehung zum Ausdruck: Die Pflegedienstleiterin, welche die Entwicklung als »noch nicht genug« qualifiziert, rekurriert bei ihrer Darstellung der Veränderung der Beziehung vor allem auf Prozesse, welche die ärztliche Legitimität erschüttern (Feminisierung der Ärzteschaft, Höherqualifikation der Pflege), und bringt damit sicherlich die Hoffnung vieler Pflegender zum Ausdruck, dass die Emanzipation von männlichen Herrschaftsformen zur Emanzipation von der Ärzteschaft ausreiche. An ihr erkennen wir aber auch, dass selbst Emanzipationsvorstellungen von hochgebildeten Pflegenden nicht über die bestehende Rangordnung hinausweisen müssen. Das Beispiel macht ferner deutlich, dass vor allem die Leiterinnen sich in dem von der Geschäftsleitung vorgehaltenen Diskurs des Wandels der Beziehung zwischen Ärzten und Pflegenden wiedererkennen können, weil ihre Position tatsächlich eine Aufwertung erfahren hat.

Der Leitende Arzt wiederum, für den die Entwicklung der vergangenen Jahre ein »Zuviel des Guten« mit sich gebracht hat, stellt in seiner Darstellung vor allem Veränderungen in institutioneller Hinsicht in den Vordergrund, in denen die Ärzte einen relativen Verlust ihres Einflusses hinnehmen mussten (Entmachtung von der Krankenhausleitung durch die Verwaltung, bevorzugte Behandlung der Pflege durch die Verwaltung). Herr Wetterau spricht dabei aus einer Position der entthronten Könige, deren vornehmliche Perspektive die ist, einen weiteren Statusverlust zu vermeiden. Der Leitende Arzt vermittelt das Bild einer Ärzteschaft, welche die Pflege aus einer paternalistischen Grundhaltung (und zuweilen auch mit Ressentiments) weiterhin als eine vor allem nachgeordnete und zudienende Beschäftigtengruppe konzipiert. Vermutlich ist es auch diesem Groll geschuldet, weshalb in dieser Gegenüberstellung dem Sohn eines Krankenpflegers die Rolle zukommt, darauf hinzuweisen, dass das Durchsetzen betriebswirtschaftlicher Imperative die Emanzipationsprozesse der Pflege unterläuft, wenn er die mangelnde Qualifikation der Pflegenden am Bett erwähnt.

Auf allgemeiner Ebene zeigt die Gegenüberstellung, dass die Beziehung zwischen zwei Beschäftigtengruppen nicht das Resultat der Intentionen ihrer Angehörigen ist. Die Beziehung ist auch kein Nullsummenspiel. Vielmehr ist sie eingebettet in die Konfiguration aller im Gesundheitswesen relevanten Kräfte, das zurzeit erheblichen strukturellen Veränderungen unterworfen ist. Erwähnt seien hier die Erstarkung der Krankenkassen seit der Privatisierungs- und Liberalisierungsdynamik[9] und die parallel dazu verlaufende Durchsetzung betriebswirtschaftlicher Logiken. Beide Entwicklungen haben an der betrachteten Institution zum Erstarken der Verwaltung und zur Schwächung der medizinisch-pflegerischen Beschäftigtengruppen und ihrer berufseigenen Maßstäbe geführt. Und sie lenken die durch den medizinischen Fortschritt angetriebene vorherrschende Dynamik im medizinischen Feld in bestimmte Bahnen.

Mit dem folgenden Beitrag zur Schweizerischen Post wechseln wir von der leitenden Ebene zur Ebene der vorwiegend mit der eigentlichen Erbringung öffentlicher Dienstleistungen Beschäftigten, für die der häufige und teilweise starke Kontakt mit den Benutzern kennzeichnend ist. Der Strukturwandel des Service Public kommt dabei noch deutlicher als im vorangehenden Text im Kontrast zwischen den Denk- und Wahrnehmungsschemata der im Zentrum stehenden zwei Zusteller zum Ausdruck: Zu Wort kommen ein älterer »Pöstler«, der über lange Jahre unter dem früheren politisch-ökonomischen Regime gearbeitet hat, und eine jüngere Vertreterin der Beschäftigtengruppe, die über viele der Fähigkeiten, Fertigkeiten und Einstellungen verfügt, welche der »Gelbe Riese« heute in der Zustellung sucht und befördert. Die beiden bekunden zu allen Themen, welche die Zusteller in Verbindung mit der Restrukturierung der Post beschäftigen, unterschiedliche Meinungen. Gerade wegen des Kontrastes der Perspektiven bieten die gegenübergestellten Schilderungen der beiden einen guten Einblick, wie die Vorherrschaft betriebswirtschaftlicher Logiken mit Veränderungen der Bedingungen der Dienstleistungserbringung, aber auch des Verhältnisses der Zusteller zur Arbeitstätigkeit und zur Beschäftigung einhergeht.

---

9 | Christoph Hermann (2007: 8) zeigt in einem internationalen Vergleich auf, dass private Versicherungen in denjenigen Ländern zugenommen haben, in denen eine Abnahme der öffentlichen Gesundheitsausgaben festzustellen ist.

»Auch wenn wir keine Zeit mehr haben, nehmen wir uns manchmal noch welche«

Zusteller unter dem Druck
betriebswirtschaftlicher Restrukturierungen

Michael Gemperle

Frau Schläpfer und Herr Graf scheinen einige grundlegende Unterschiede und Gemeinsamkeiten in den Denk-, Wahrnehmungs- und Handlungsschemata von Zustellern bei der Schweizerischen Post nach der Einführung des New Public Managements geradezu idealtypisch zu verkörpern. Frau Schläpfer ist eine junge Frau Anfang 20, die, nachdem sie ihre Ausbildung absolviert hat, daran ist, sich in dieser Arbeitswelt zurechtzufinden und erst seit kurzem eine unbefristete Stelle hat. Sie arbeitet mittlerweile auf einer Poststelle, die fünf Minuten entfernt von ihrem Wohnort »auf dem Land« ist. Frau Schläpfer ist ledig und kinderlos und stammt aus dem landwirtschaftlichen Milieu, aus dem sich seit geraumer Zeit der Großteil der Post-Angestellten rekrutiert. Von stämmiger Statur, hat sie ein bodenständiges und zugleich verhaltenes und bescheidenes Auftreten. Zum Interview, das im Pausenraum der Poststelle im Anschluss an ihren Dienst stattfindet, trägt sie die Dienstkleidung. Die zweite Person, Herr Graf, ist Ende 50 und hat eine kräftige Gestalt. Er war sein Arbeitsleben lang bei der Post tätig und blickt mit Bitterkeit auf die Veränderungen, die die Tätigkeit des Zustellers erfahren hat, auch wenn er mit seiner eigenen Arbeits- und Lebenssituation nicht unzufrieden ist. Herr Graf ist ebenfalls kinderlos und ledig, lebt aber mit einer bereits pensionierten Partnerin zusammen, die in einer Kaffeebar arbeitete, in der er auf seinen Zelltouren immer Pause machte. Herr Graf wirkt wie ein »Pöstler« aus einer anderen Zeit, hat aber auch früher schon nicht dem vorherrschenden Bild des Zustellers entsprochen. Im Interview fallen nicht nur sein bestimmtes und sehr lebhaftes Auftreten, sondern auch seine unkonventionelle Frisur, seine Reflektiertheit und sein Bemühen um kulturelle Distinktion auf. Er bekundet im Gespräch wiederholt eine Neigung zur Kritik.

Damit scheint das Skript für diese Fallkontrastierung bereits geschrieben zu sein: Auf der einen Seite die junge Frau, die aus Unkenntnis über die früheren Zustände relativ unbedarft und enthusiastisch auf die aktuellen Verhältnisse blickt, auf der anderen Seite der ältere Zusteller, der die Reorganisation der letzten Jahre am eigenen Leib erfahren hat und von den »guten alten Zeiten« träumt. Es ist jedoch weniger das biologische Alter, das hier eine Rolle spielt. Es ist auch nicht das institutionelle Alter, auf das der Fokus gerichtet ist. Vielmehr steht hier die Divergenz zwischen den Dispositionen im Mittelpunkt, die mit der Durchsetzung betriebswirtschaftlicher Funktionsprinzipien bei der Post eine (Neu-)Bewertung erfahren. Mit ihren Denk-, Wahrnehmungs- und Handlungsweisen scheint Frau Schläpfer in geradezu idealer Weise den neuen Typus des Lohnabhängigen zu verkörpern, den die Post heute fordert und fördert. Herr Graf seinerseits ist mit seinen Kompetenzen, Erfahrungen und Einstellungen für die unter dem früheren politisch-ökonomischen Regime Sozialisierten nicht untypisch. Ähnlich wie die überwiegende Zahl seiner Kollegen in der Zustellung, welche die verschiedenen Restrukturierungen des Betriebes »überlebt« haben, scheint sich Herr Graf mit den neuen Bedingungen abgefunden zu haben und eine verminderte Identifikation mit der Arbeit aufzuweisen (»Du bist auch irgendwie resigniert und sagst: ›Boah, das ist schon nicht mehr das, was früher mal war.‹«). Wie vielen anderen scheint auch ihm die Interviewsituation eine Möglichkeit zu bieten, sich die Erfahrungen wieder ein Stück weit zu erschließen, die über die Jahre, aber auch durch die Aufforderungen der Vorgesetzten, »nicht mehr von früher zu reden«, in die Ferne gerückt sind.

Die beiden Personen, deren Schilderungen hier beispielhaft zeigen, wie die Postpolitik der vergangenen Jahre die Arbeit im Bereich der Zustellung verändert hat, arbeiten in und um eine sich im ländlichen Raum befindliche Stadt in der Schweiz.[1] Die kontrastive Darstellung ihrer Schilderungen macht nicht nur deutlich, wie sich dieser Bereich durch die verstärkte Orientierung der Post an privatwirtschaftlichen Kriterien (Gewinn, »Performance«, »Kunden« etc.) verändert hat und wie dies von verschiedenen Standpunkten aus wahrgenommen wird, sie veranschaulicht auch pointiert, wie sich das Verhältnis der Beschäftigten zur Arbeit gewandelt hat und welche Kompetenzen und Haltungen die gewandelte Institution fortan verlangt und begünstigt. Da wir einen Teilbereich der Post in Augenschein nehmen, der zu den Benutzern charakteristischerweise in einem besonders starken und direkten Kontakt steht, wird darüber hinaus ersichtlich, inwiefern sich im Zuge ihrer Restrukturierung die Formen des Austausches mit der Bevölkerung verändert haben.

---

1 | Die Region kennzeichnet sich durch einen schwachen gewerkschaftlichen Organisationsgrad. Nicht selten führt die Postleitung hier Pilotversuche zu neuen Rationalisierungsmaßnahmen durch.

INTENSIVIERUNG, FLEXIBILISIERUNG UND TAYLORISIERUNG

Befragt danach, was sich ihrer Erfahrung nach in den vergangenen Jahren in der Arbeit der Zusteller gewandelt hat, erwähnen Frau Schläpfer und Herr Graf eine Reihe von Veränderungen. Wie viele ihrer Kollegen kommen sie immer wieder auf dieselben drei Punkte zu sprechen: die Arbeitserfassung durch den elektronischen »Scanner«, die Auflösung der Zuteilung der Zusteller zu einer Tour und die Bildung von Gruppen, in denen das Arbeitsaufkommen kollektiv bewältigt wird. Ein weiterer zentraler Bezugspunkt ist die Intensivierung der Arbeit. Obwohl sie von derselben Sache sprechen, nehmen Frau Schläpfer und Herr Graf den damit verbundenen Wandel der gesellschaftlichen Einbettung der Tätigkeit des Zustellers grundlegend anders wahr. Wie die nachfolgenden Auszüge aus den beiden Interviews zeigen, betrachten sie diese Fragen nicht nur vor dem Hintergrund eines jeweils anderen Erfahrungshorizontes, sondern nehmen auch unterschiedliche Bewertungen vor. Als Erste kommt Frau Schläpfer zu Wort.

— Worauf kommt es denn bei Ihrer Arbeit an, was ist da wichtig?
Frau Schläpfer: Dass man die Zustellzeiten einhält. Und auch dass man es einhält, auf die Tour zu gehen. Also es ist eigentlich noch sehr vieles wichtig.
— Wie machen Sie das?
Frau Schläpfer: Also man muss immer »drauf« sein, also immer machen.
— Ja. Das heißt »volle Pulle« eigentlich von morgens um sechs an dann?
Frau Schläpfer: Vor allem, wenn vieles übrig geblieben ist.
— Das können dann auch anstrengende Tage sein, nicht...?
Frau Schläpfer: Ja, vor allem eben jetzt wird es ja wieder anstrengender. Im Herbst erst kommen die anstrengenden Tage. Also man ist eigentlich... immer am Arbeiten und man hat auch nicht mehr so viel Zeit, um eben mit den Leuten zu reden. Früher war das ja auch ganz anders, was man von den älteren Mitarbeitern hört, wie es früher für sie war. (.)
— Was erzählen Ihre älteren Kollegen denn von früher?
Frau Schläpfer: Ich höre vieles... Ja, halt: »Immer neues Zeug!« Der Scanner kam ja neu und die älteren Mitarbeiter hatten am Anfang schon ihre Mühe damit. Sie sind uns auch immer fragen gekommen, weil wir mit ihm von Anbeginn gearbeitet haben – die älteren Leute hatten noch ein Blatt, auf dem zum Beispiel bei eingeschriebenen Briefen unterschrieben wurde. Und auch die Zeiterfassung: Wir müssen zum Beispiel Pausen eingeben, oder das, was wir machen. Wir müssen alles schön eingeben. Aber ich finde das gut so, weil man dann gleich sieht, was man gemacht hat, wie viele Pausen man am Tag hatte... Also früher hast du das ja nie gesehen. Du konntest »so quasi« machen, was... Jetzt sehen sie alles; wenn einmal irgendwie... Oder auch, wenn du zu lange arbeitest – wir dürfen ja nicht über zehn Stunden haben –, das sehen sie auch. (.)
— Was haben Sie denn für einen Eindruck, wie es früher war?
Frau Schläpfer: Früher war es einfach lockerer. Auch hatte man mehr Zeit für die Arbeit. Heutzutage hat man nicht mehr so viel Zeit. Am letzten Arbeitsort haben sie mich dann mit älteren Mitarbeitern verglichen und dadurch wurde es ein Kampf. Also es ist ja klar,

dass Jüngere die Tour schneller machen als Ältere. Und sie haben dann verlangt, dass ein Älterer auch so schnell ist wie ich zum Beispiel; dass es nicht möglich ist, dass er vielleicht fünf Stunden braucht und ich vielleicht nur vier, irgendwie so... Einfach allgemein anstrengender, so wie ich das einfach so mitgekriegt habe. Früher haben sie auch mehr mit den Kunden *geredet*.

– Und finden Sie das gut oder eher nicht so gut?

Frau Schläpfer: Ich arbeite schon immer so. Die älteren Mitarbeiter hatten anfangs ziemliche Probleme, aber wir Jüngeren sind halt damit gleich eingestiegen. Von den älteren Mitarbeitern hören wir quasi: »Wieso rennst cu?« Das stimmt aber gar nicht. Sie erfinden etwas, um sich zu rechtfertigen... Nein, es ist manchmal etwas schwierig!

– Das heißt, das Klima ist manchmal etwas angespannt?

Frau Schläpfer: In *der* Poststelle, wo ich jetzt arbeite, ist es irgendwie gar nicht so. Ich habe aber schon Erfahrungen gemacht, dass es wirklich angespannt war, und wo es eigentlich gar kein Team war. Da waren alle irgendwie gegeneinander. Und das ist dann schon nicht wirklich lustig.

– Sie wechseln jetzt auch die Touren, nicht?

Frau Schläpfer: Ja, wir wechseln die Touren jede Woche. Das hat die Post-Leitung gemacht. Früher lief man immer dieselbe Tour.

– Seit wann gibt es diese Wechsel?

Frau Schläpfer: Seit ich auf der Post bin. Mir gefällt das. Die Alten haben große Mühe damit. Auch die Kunden haben mehr Mühe, weil nicht immer derselbe Pöstler kommt.

– Was sagen denn die Kunden?

Frau Schläpfer: Sie sagen zu denjenigen, die abgelöst werden und nicht mehr kommen: »Wieso kommen Sie nicht mehr zu mir?« Die Kunden haben Mühe, dass jemand anders kommt, weil sie sich so an den Pöstler gewöhnt haben.

– Finden Sie es richtig, dass die Touren flexibel sind?

Frau Schläpfer: Für *mich* ist das gut, ich könnte nicht immer dieselbe Tour machen, dieselben Leute sehen.

Im Gegensatz dazu stehen die Äußerungen von Herrn Graf.

– Wie war das Arbeiten denn früher?

Herr Graf: Früher konnte man sich selber organisieren. Du konntest natürlich nicht sagen: »Jetzt gehe ich am Morgen eine andere Arbeit machen und fang dann um elf an und bin dann irgendwann um vier fertig.« Das wäre jetzt nicht gegangen, aber innerhalb des Rahmens; eine Stunde mehr, eine Stunde weniger, wie du das »gehandelt« hast, wie du gelaufen bist, in welchem Rahmen du das in die Briefkästen gelegt hast, war so nie ein Kriterium. Man hat gesehen: Der hat aufgeräumt, das Gestell ist leer, und am nächsten Tag ist es wieder leer. Also hat er seine Arbeit gemacht, das ist in Ordnung. – Und dann ist eben diese Zwischenstufe mit den Teamleadern gekommen und dann auch diese »Performance«, wo man dann gesagt hat: »Hat der zwei linke Hände, ist das wirklich wirtschaftlich, wie der arbeitet?« Dann kann es zunehmend Vorgaben geben, das fühlst du natürlich. Früher hast du dich selber organisiert und irgendwann ist dann fast vollständig entschieden worden, in welchem Rahmen du deine Arbeit zu machen hast und was effizient oder nicht effizient ist. Früher war diese Tour auch definiert. Da gab es Leute, die haben die Leistung verdichtet und den Rest als Freizeit genommen. Da hat es schon große Künstler gegeben, die dann auch im Übergang sehr sauer darauf reagiert haben, dass sie jetzt wirklich nur noch für die Arbeitszeit bezahlt werden, obwohl sie diese Verdichtung hatten, und haben dann denen, die normal geschafft haben, gesagt: »Ihr seid die Langsamen!« Das war schon eine der heftigsten Auseinandersetzungen, eine der heftigsten negativen Erfahrungen, die ich innerhalb der Zustellung gemacht habe; diese Schnellen, die sich bei der Gruppenbildung und Einführung des Zeitmanagements positioniert haben... Wir wurden dann an die Wand gespielt: Wir seien langsam. Und ich habe damals gesagt: »Vermutlich sind wir normal, aber in der Wahrnehmung von denen sind wir langsam – ja was ist denn wirklich ›zu langsam‹?« Und dann hast du angefangen, dich selbst unter Druck zu setzen, weil du im Team dann nicht mehr akzeptiert worden bist. Da wurden die Kollegen dann gegeneinander ausgespielt. Früher war es vielleicht so, dass man auf der Zustellung angesprochen wurde im Sinn von: »Sie, aber wenn der Ablöser kommt, wenn Sie im Urlaub sind, der kommt früher als Sie. Warum ist das so?« Das gab es schon auch. Aber jetzt ist es eben so, dass es ständig Vergleichsmomente gibt.

– Das heißt, der Druck hat zugenommen?

Herr Graf: Es kann sich keiner mehr so exponieren, das heißt die Kollegialität mit Gesprächen pflegen, weil wenn er ja nicht produktiv ist... Das wird sehr stark... Mir ist mal aufgefallen, am Anfang von der ganzen Geschichte, wie ich einen Straßenwischer gesehen habe, der irgendwo gestanden ist oder mit jemandem gesprochen hat, und ich habe mir nur gedanklich gesagt: »Der ist auch nicht gerade effizient.« Und der nächste Gedanke war: »Bist du jetzt auch schon so weit? Du beurteilst die Leute danach, ob sie produktiv sind!« Weil, du machst dann sehr schön die Rechnung und sagst: »Aber das ist doch bezahlt, das kann doch nicht sein, dass der nichts tut.« Also diesen komischen Virus hast du drin. (.) Du hast auch nicht mehr diese Zeit. Darüber habe ich erst kürzlich mit einem Kollegen gesprochen: »Weißt du noch, wie wir früher Nachmittage lang noch irgendetwas geplaudert haben?« Und dann habe ich irgendwo um halb vier mich entschieden, jetzt muss ich noch diese B-Post-Zustellung voreinfächern, dann waren wir um halb sechs noch dran. Das hat man einfach so gemacht, und man hat noch danach miteinander gesprochen. Das fällt heutzutage weg, weil, wenn du die Zeit bezahlt hast, bist du natürlich anders in der Pflicht gegenüber dem Arbeitgeber. Da wird sehr schnell gesagt – das hat's früher auch nicht gegeben: »Bist du (im Scanner) noch eingeloggt?« Wenn einer sagt, »Nein, nein, ich bin draußen«, dann ist es noch möglich, miteinander zu sprechen.

Die Arbeit der Zusteller hat seit der Auslagerung der Post aus der staatlichen Verwaltung im Jahr 1998 eine umfassende und tiefgreifende Veränderung erfahren. Die wiedergegebenen Schilderungen deuten zum einen darauf hin, dass die Arbeitsintensität erheblich zugenommen hat. Frau Schläpfer spricht davon, dass »es allgemein anstrengender« geworden ist, und Herr Graf berichtet von einer Zunahme des Arbeitsdruckes. Ihrem betriebswirtschaftlichen Credo verpflichtet, hat die Betriebsleitung der Post sich dem Ziel verschrieben, die »unproduktiven«

Zeiten eines Arbeitstages zu eliminieren, das heißt die Zeit, in der ein Zusteller nicht unmittelbar an der Erbringung der Dienstleistung tätig ist. Die Schilderungen von Frau Schläpfer und Herrn Graf weisen darauf hin, dass sich die Zeit für die Kontakte zu Benutzern und Kollegen, die bei dieser repetitiven Tätigkeit immer auch eine willkommene Abwechslung bot und gleichzeitig eine wichtigen Quelle von Informationen war, stark verringerte und diese Aktivitäten fortan vorwiegend außerhalb der bezahlten Arbeitszeit zu erfolgen hatten. Wesentlich zur Intensivierung der Arbeit beigetragen hat die massive Kürzung bei den Personalausgaben, die für die Postleitung ein »unrentabler« Kostenfaktor darstellen.[2] Durch den Personalabbau stieg die Arbeitslast des Einzelnen an. Die Zusteller wurden beispielsweise durch die Vergrößerung der Touren, die zunehmende Einstellung von temporären und weniger qualifizierten Beschäftigten und die Streichung der »Ablösungen«[3] mit weiteren Aufgaben belastet.

Den angewachsenen Arbeitsdruck den Zustellern am deutlichsten vor Augen zu führen scheint der »Scanner«, der bestimmte Aufgaben und die für jeden Arbeitsschritt verwendete Zeit erfasst. Dem Leiter der Zustellung PostMail, Thomas Baur, zufolge dient das diesem Gerät zugrunde liegende Arbeitszeitmodell »Move it« dazu, »auf der Tour (...) beispielsweise die Pausenzeiten einheitlich« festzulegen (Friedli 2006: 13). Die Registrierung der »effektiv geleisteten Arbeitszeit«, wie er sagt, schafft zugleich aber auch die Voraussetzung für die Reorganisation der Aufgaben nach betriebswirtschaftlichen Kriterien, bei der die Flexibilisierung der bis dahin festen Arbeitszeiten ein Kernpunkt ist. So nahm der Anteil der (flexibel einsetzbaren) Teilzeitbeschäftigten in den vergangenen Jahren kontinuierlich zu, während der Anteil der Zusteller mit einem Beschäftigungsumfang ab 90 Prozent nicht nur absolut, sondern auch anteilmäßig zurückging.[4] Eine Flexibilisierung erfuhr die Arbeit etwa durch die Aufhebung der Zuteilung der Zusteller zu einzelnen Touren, die von Frau Schläpfer und Herrn Graf ebenfalls als wichtige Veränderung hervorgehoben wurde: Statt wie früher eine »eigene« Tour zu haben und eine zweite (fürs Aushelfen) zu beherrschen,

---

2 | Das Personalvolumen der Schweizerischen Post hat sich seit Mitte der 1990er Jahre erheblich verringert. Allein bei der Restrukturierung im Rahmen des Projektes REMA wurden 2400 Stellen abgebaut (Schweizerische Post 2011: 126). Heute sind in der Zustellung noch rund 16.000 Personen tätig.

3 | Verschiedenen Berichten zufolge werden kranke oder sich im Urlaub befindliche Zusteller nicht mehr von einer »Ablösung« ersetzt. Vielmehr wird ihre Arbeit auf die anderen Zusteller der Gruppe verteilt. Wie sich dies auf die Arbeitslast auswirken kann, schildert Herr Graf: »Wenn die Teams klein sind, hast du ein größeres Problem. Bei zum Beispiel fünf Touren mussten vier je ein Viertel von einer Zustellung übernehmen.«

4 | In der Post insgesamt nahm allein zwischen den Jahren 2004 und 2014 der Anteil der Beschäftigten mit einem Beschäftigungsgrad von 50 bis 89% von 18,1% auf 23,2% zu, während der Anteil der 90% und mehr Beschäftigten von 58,4 auf 51,4% zurückging (Post 2012: Zahlenspiegel).

wurde nunmehr von den Zustellern erwartet, mehrere Touren im Griff zu haben. Zudem bedeutet der ständige Wechsel zwischen verschiedenen Touren, unter erschwerten Bedingungen zu arbeiten, da er das Aufbauen eingehender Kenntnisse über ein bestimmtes Gebiet beeinträchtigt. Der »Scanner« zeichnet aber auch die Arbeitszeiten der Beschäftigten auf. Er stellt daher die Voraussetzung dafür dar, dass, wie der oben zitierte Leiter der Zustellung PostMail an anderer Stelle bemerkt, »die unterschiedliche Leistungsfähigkeit der Mitarbeitenden« erfasst wird (Friedli 2006: 13). Er steht damit in Verbindung mit einem weiteren Element des neuen betriebswirtschaftlichen Dispositivs, mit dem der Druck auf die Zusteller erhöht wurde: den so genannten »Teams«. Durch die Einrichtung dieser Gruppen, die je nach Größe des Zustellgebietes in der Regel aus sechs bis 15 Zustellern bestehen, wurde der Rahmen, in dem die zu bewältigende Arbeit organisiert, ausgeführt und bewertet wird, von der individuellen auf die kollektive Ebene gehoben. Anders als es der dafür verwendete Begriff (»Team«) suggeriert, verfügen die einzelnen Zusteller in diesen Gruppen jedoch kaum über Möglichkeiten, die anfallende Arbeit relativ selbstbestimmt und in Abhängigkeit von ihren physischen Ressourcen, Arbeitsstilen oder Ansprüchen zu gestalten. Vielmehr wird die Arbeit in diesen Einheiten jeweils von einem »Teamleader« organisiert, der die Leistungsbeurteilung der Mitarbeiter vornimmt, die das Verteilen von variablen Lohnbestandteilen einschließt (laut Angaben der Interviewpartner meist 500-800 Franken im Jahr). Der »Teamleader« steht seinerseits unter dem Druck von Vorgesetzten, die von ihm im auf Gewinn ausgerichteten Betrieb stets höhere Leistungen verlangen. In diesen »Teams« nun wird die erwähnte »unterschiedliche Leistungsfähigkeit der Mitarbeitenden« verglichen und die Zusteller durch Prämien für Höchstleistungen in Konkurrenz zueinander gebracht. Indem er die Erfassung der Arbeitsleistung der Beschäftigten realisiert, ist der »Scanner« ein zentrales Instrument der festgestellten verstärkten Mobilisierung der Beschäftigten.

Bemerkenswerterweise scheint sich der daraus entstehenden Dynamik weder Herr Graf, der sich »nicht zu den Schnelleren« zählt, noch Frau Schläpfer, die ihre Arbeit offenbar rascher als andere erledigt, entziehen zu können. Arbeitskollegen werden zu potenziellen Konkurrenten und (sofern sie andere Umgangsweisen mit dem Druck an den Tag legen) Kontrahenten. Formen der Kollegialität oder gar Solidarität scheinen in diesem Klima des Aufgehetztseins kaum entstehen zu können. Aus den Schilderungen geht hervor, dass gegen diesen »verallgemeinerten Wettbewerb«, der ebenfalls in anderen Bereichen des öffentlichen Dienstes festzustellen ist, in der betrachteten Zustellregion kaum Gegenwehr erwächst. Insgesamt weisen die Aussagen von Herrn Graf und Frau Schläpfer darauf hin, dass die Arbeit des Postboten von einer vor allem hinsichtlich der zeitlichen Gestaltung verhältnismäßig selbstbestimmt ausgeübten Aufgabe, die nicht nur die Erbringung der Dienstleistung (Zustellung) umfasste, zu einer Tätigkeit umgestaltet wurde, in der die einzelnen Arbeitsschritte engmaschig festgelegt sind und der Gestaltungsraum begrenzt ist.

Die dargestellte Reorganisation der Tätigkeit des Zustellers steht im Zentrum der Liberalisierungs- und Privatisierungspolitik, von der die Schweizerische Post ab den 1990er Jahren betroffen war. Um die im Jahr 1998 als betriebswirtschaftlich selbstständige Einheit ausgelagerte Post zu einem Gewinn erwirtschaftenden Betrieb zu machen, hat der Schweizerische Bundesrat auf Druck von Unternehmerkreisen[5] die Arbeit flexibilisiert und intensiviert, was das Handwerk der Zusteller besonders stark betraf. Eine wichtige Wegmarke stellt dafür die Abschaffung des Beamtenstatus zum Jahr 2001 im Rahmen einer Revision des Bundespersonalgesetzes dar. Die Arbeitseinsätze der Lohnabhängigen sollten sich stärker am anfallenden Arbeitsbedarf ausrichten. Postalische Dienstleistungen sind dadurch gekennzeichnet, dass der Arbeitsbedarf wegen der Schwankungen bei der Menge der Sendungen sehr variieren kann – zwischen den Jahreszeiten, zwischen den Wochentagen und vor allem innerhalb eines Monats. Die von Frau Schläpfer und Herrn Graf erwähnten Neuerungen (»Scanner«, Gruppenbildung, Auflösung der Touren) stellen zentrale Instrumente dar, welche die Betriebsleitung zum Einsatz gebracht hat, um bestehende betriebswirtschaftliche Rationalisierungspotenziale weiter auszuschöpfen. All diese Maßnahmen des New Public Managements, die von der Idee geleitet sind, dass sich die Effizienz erhöht, wenn die Dienstleistungen nach privatwirtschaftlichen Prinzipien erbracht werden, haben nicht nur die Arbeit flexibilisiert und intensiviert, sondern zugleich auch die Gestaltungsmöglichkeiten der Zusteller verringert. Seitdem sie aus der Bundesverwaltung ausgelagert worden ist (1998), erzielt die Post jährlich einen Betriebsgewinn von einem dreistelligen Millionenbetrag, der sich in den Jahren 2005 bis 2012 sogar zwischen 728 und 910 Mio. Franken bewegte (Post 2012: Zahlenspiegel).

VON DER LEBENSAUFGABE ZUM JOB

An den Schilderungen von Frau Schläpfer und Herrn Graf fällt auf, wie unterschiedlich sie die Reorganisation der Arbeit der Zusteller auffassen. Ihre Aussagen beinhalten fraglos Positionsbezüge gegen Erscheinungen, die mit der Einführung privatwirtschaftlicher Funktionsmechanismen zusammenhängen. Beide bringen verschiedene Weisen des Leidens an der Reduktion der Tätigkeit auf ihren betrieblichen Aspekt (»Performance«) zum Vorschein. Frau Schläpfer und Herr Graf haben mit der Tätigkeit und der Beschäftigung des Zustellers und ihrer Restrukturierung auch unterschiedliche Erfahrungen gemacht. Herr Graf hat sie am eigenen Leib erlebt, während Frau Schläpfer nur indirekt Kenntnis von ihr hat. Die Divergenz in den Äußerungen von Frau Schläpfer und Herrn Graf weist allerdings auch auf unterschiedliche Denk- und Wahrnehmungsschemata hin, die sich die beiden jeweils in ihren bisherigen Werdegängen angeeignet haben. Frau Schläpfer und Herr Graf bekunden in ihren Schilderungen ein anderes

---

5 | Vgl. die Weißbücher von Moser et al. 1991 und de Pury et al. 1995.

Verhältnis zur Arbeit, und ihr Verhältnis zur Restrukturierung scheint mit der (Neu-)Bewertung zu variieren, die ihre Fähigkeiten, Fertigkeiten und Kompetenzen durch das New Public Management erfahren hat.

— Was war anders, als die Touren fix waren?

Herr Graf: Man hat sich mit dieser Tour identifiziert. Das muss ich schon sagen: Zur Blüte dieser Geschichte, da bin ich zum Teil *gerne* arbeiten gegangen. Weil ich bin einer, der introvertiert ist, eher den Hang hat, zu Hause zu sein; ich muss nicht nach draußen gehen – Nachtkultur kenne ich gar nicht, Popmusik war für mich sowieso schon irgendwas... das mag noch eine Altlast aus dem Kinderheim sein... Aber du hast dich mit diesen Leuten auf der Zustellung ausgetauscht. Da habe ich zum Teil natürlich eine Stunde länger gehabt, weil ich mit den Leuten geredet habe. Ich habe immer gesagt: »Das gehört zum Leben! Ich tausche mich auf der Zustellung aus, und das ist ein Teil des Lebens, durch den ich die Qualität hineinhole.« Da konnte ich an einem Freitagabend ruhig nach Hause kommen, wenn ich am Samstag frei hatte, die Türe zumachen und erst am Montagmorgen wieder aus meinem Häuschen kommen – damals hatte ich noch ein Häuschen gemietet. Als ich am Montag wieder herauskam, war ich nicht unglücklich, weil, mit meinen ganzen Sammelleidenschaften hatte ich genug zu tun. Ich habe in dieser Zustellung wirklich den Kontakt gesehen und den qualitativ hochwertig gefahren. Man ist zum Teil wirklich, nach den Ferien... – heute, sage ich mir: »Boah, schaffe ich es, das wieder alles hochzufahren?« Damals habe ich gesagt: »Ah, da treffe ich *den* wieder, *da* komme ich dort wieder rein, oder *dort* ein kurzer Wechsel oder ›Was hast du erlebt?‹« Man war jemand, man war jemand! Das ist heute bei mir nicht null, weil ich das immer noch pflege, aber vielleicht noch 20 Prozent von damals. (.) Jede Begegnung, die heute noch läuft, die versuche ich mit einer hohen Qualität zu fahren... Ich versuch' dann auch nicht ein Gespräch anzufangen, weil das ist nicht mehr drin. Aber eine Herzlichkeit, dass die Leute noch spüren: »Hey, das sind noch Menschen, die die Zustellung machen.« Es gibt genug andere.

— Sie haben vorher gesagt, dass sich Zusteller nicht für die neu geschaffene Teamleader-Funktion eignen. Warum denn nicht?

Herr Graf: Der Zusteller ist von seiner Mentalität eher ein pragmatischer Typ. Also, ich bin zur Post – ich hätte vielleicht mehr machen können – in voller Überlegung »Karriere, vergiss es! Ich bin mir selber verantwortlich, ich habe nie jemanden gedrückt!« Das geht heute nicht mehr. Aber, das war ja dann die Existenz für meine älteren Kollegen. Sie sind zur Post gekommen, sie haben dann 40 Jahre, nein das ist übertrieben, 30 Jahre ihre Ablösung gemacht, und mit zunehmendem Alter hast du dann deine Zustellung zugeteilt bekommen. Und du bist dann mit zum Teil herrlichen Verabschiedungen von den Quartiervereinen in die Pension gegangen und so weiter. Und du hast nie jemanden gedrückt. Dieses Modell geht natürlich nicht mehr auf, weil die Flexibilisierung des Zustellers auf mehrere Touren jetzt installiert wurde. Und aus diesem pragmatischen Feld, über das eher verfügt wurde..., eignet man sich nicht so dafür, Führungsaufgaben zu übernehmen.

— Was macht es, dass das Zustellen nicht mehr so ist wie früher?

Herr Graf: Für mich war es einfach das Erlebnis, wo ich gesagt habe: »Das, was du da geglaubt hast, du seist weiß Gott was in der Zustellung, das ist an und für sich keine hochqualifizierte Arbeit.« Das ist mir auf Stellen im Militär aufgefallen. Ich wurde gefragt: »Haben Sie eine Ausbildung?« Da hab ich stolz gesagt: »Ja, eine Postlehre.« Und da hat der ein Kreuz bei »Nein« gemacht. Ich hab das mitbekommen und da hab ich gesagt: »Ja, ja, ich habe ja eine Lehre. Ich hab ja ein Büchlein bekommen, ich habe mit 5,6[6] abgeschlossen, ein Jahr Lehre!« Das war ja sowieso eigentlich nur eine Anlehre, aber das Ritual hat gestimmt, du hast dich eingebracht und hast das gut gemacht. Und der macht da bei »Nein« ein Kreuz. Da sagte ich: »Hallo, ist das nicht anerkannt?« Das war auch ein Problem, was natürlich die Post dann auch bekommen hat, als sie aus dem Monopol herauskam: eine Verantwortung all diesen Monopolberufen gegenüber. Wenn ich mich natürlich als Briefträger dem Arbeitsmarkt stelle, bin ich nichts, weil diese Aufgabe ist nicht gefordert. Bei der Paketpost ist es noch besser, da lernt man Auto fahren, der kann so Sachen verteilen, da hast du vermutlich noch schneller etwas. Aber im Briefsektor hast du keine Qualifikation, die irgendwo nützlich wäre, wo du einen anderen Job annehmen könntest. Ich habe immer gesagt: »Die Privaten können doch kommen, wenn die Politik es regelt, dass die Arbeitsbedingungen als allgemeinverbindlich erklärt werden!« Das gibt es im Gastgewerbe: ein als gemeinverbindlich erklärter Gesamtarbeitsvertrag; da kann nicht jemand Dumping machen. Dann ist es mir doch wurst, wo ich arbeite, da komm ich doch zu irgendeiner Firma, die es noch nicht gibt, sag ich mal, weil die bezahlt mich dann ähnlich. Dann ist es nicht so, dass der Wettbewerb auf Kosten der Arbeitsbedingungen geht, das ist schlimm.

— Was gefällt Ihnen an Ihrer Arbeit?
Frau Schläpfer: Das schöne Wetter kann man genießen. Im Sommer hat man früh Feierabend, da kann man in die Badeanstalt gehen. Man bekommt einen guten Lohn für das, was man macht. Man hat verschiedene Touren.
— Was machen Sie, um sich von der Arbeit zu erholen?
Frau Schläpfer: Ja, einfach ablenken oder... Also man darf nicht nur immer über die Arbeit nachdenken. Also ich kenne Leute, die... auch nach Feierabend noch von der Arbeit reden zum Beispiel. Und so eine Person bin ich nicht. Ich laufe hinaus und kann sofort abstellen und laufe morgens wieder herein und dann geht es wieder los. Und bin ich sehr froh darüber, dass ich das kann...
— Sind Sie darauf stolz, bei der Post zu sein?
Frau Schläpfer: Stolz? Ja, ich würde sagen, ja.
— Wieso denn?
Frau Schläpfer: Weil einfach alles so gut passt. Also ich würde jetzt... Was ich vielleicht machen würde, sind Weiterbildungen, aber ich glaube, dass ich nicht so schnell von der Post weggehen würde.
— Ist die Post ein attraktiver Arbeitgeber?
Frau Schläpfer: Ich finde, dass die Post für eine Frau gut ist.
— Also wieso denn?
Frau Schläpfer: Ich weiß... Ja, als Mann würde ich es jetzt wahrscheinlich... Keine Ahnung, dann muss man wahrscheinlich noch mehr Weiterbildungen... Und halt für eine Frau finde

---

6 | Entspricht einer 1,4 in Deutschland.

ich es eigentlich gut, wenn man nur Briefträgerin ist, weil man ja auch mal noch Zukunfts-
pläne hat. Und dann kann man auch bei der Post noch... Wenn man jetzt zum Beispiel Kin-
der möchte, kann man auch bei der Post noch 30 Prozent arbeiten, auch wenn man ein
Kind hat.
– Aha, weil man Teilzeit mit der Familie vereinbaren kann...
Frau Schläpfer: Und das ist eben schon noch... Also ich kenne auch eine Person, die ein
Kind hat, und sie ist bei der Post. Und sie sagt, dass sie nichts Besseres haben könnte.
Weil auf... Also es nehmen wenige Betriebe eine Frau, die ein Kind hat, zu 30 Prozent. Zum
Beispiel im Spital oder so, denke ich. Also da habe ich auch schon Erfahrungen gemacht,
wo jemand nicht genommen wurde, weil sie ein Kind hat. Und das ist, glaube ich, schon
nicht schlecht. Aber bei der Weiterbildung ist die Frage halt immer noch... Man muss auch
selber Geld in die Hand nehmen, wenn man sich das... leisten möchte, aber soweit... Also
jetzt arbeite ich einfach mal ein bisschen. – Ich denke mal, dass ich diese Weiterbildung
gar nicht machen werde, weil mir... ist es eigentlich noch wichtig, dass ich auch eine Familie
gründen kann, und wenn ich eine Weiterbildung habe, dann nützt sie mir eigentlich nichts
mehr. Ich meine, jemand muss sich ja auch um die Kinder kümmern. Für einen Mann ist es
aber sicher gut, eine Weiterbildung zu machen.

Die mündlichen Zeugnisse scheinen dafür zu sprechen, dass sich mit der Restrukturierung die Möglichkeiten der Zusteller, sich jenseits des Auftrages zu engagieren, verringert haben und sie auf ihren Arbeitnehmerstatus reduziert worden sind. Sowohl Herr Graf als auch Frau Schläpfer geben zu verstehen, dass sie
mehr Leistungen für den Betrieb erbringen müssen, und distanzieren sich von
einer zu starken Kolonisierung durch diese Anforderungen. Frau Schläpfer äußert gegenüber den vorherrschenden Verhältnissen kaum Kritik, bringt aber ein
Leiden an der Intensität der Arbeit zum Ausdruck, während Herr Graf betont, wie
sehr mit der Durchsetzung der betriebswirtschaftlichen Logiken die Möglichkeiten, jenseits des Beschäftigtenstatus eine Geltung zu erlangen, abgenommen haben. Der ältere Zusteller, der während seiner Tätigkeit nicht nur einen Teil seiner
Freizeit verbracht hat, sondern auch für seine Arbeit »gelebt« hat, empfindet das
neue politisch-ökonomische Regime als empfindliche Einschränkung. Andererseits sieht die jüngere Zustellerin in einer auf die Arbeitnehmerrolle reduzierten
Tätigkeit eine attraktive Möglichkeit, die Erwerbstätigkeit mit familiären Plänen
zu vereinbaren.

Ihr unterschiedliches Verhältnis zur Arbeit spiegelt sich insbesondere in den
divergierenden Vorstellungen von Herrn Graf und Frau Schläpfer vom Wert ihrer
Tätigkeit. Herr Graf sieht den Wert seiner Arbeit vor allem im Austausch mit den
Benutzern. Dieser Austausch scheint ihm in seinem bisherigen Werdegang vor
allem auf jener Tour viel gegeben zu haben, die über acht Jahre die »seine« war –
und auf die sich seine Schilderungen überwiegend beziehen. Wie vielen seiner
Kollegen bot ihm diese feste Tour eine Möglichkeit, für die (vom Bildungssystem
in der Regel nicht valorisierten) Kompetenzen seines Herkunftsmilieus eine Gel-

tung zu erlangen.[7] Herr Graf berichtet davon, dass der Austausch mit den Benutzern »Leben« gewesen sei, so wie er sich in diese Kontakte hineingab und davon zehrte. In der »Durststrecke« nach seiner Ausbildung scheint die Möglichkeit, »irgendeinmal seine Tour zu haben«, für ihn eine Perspektive gewesen zu sein. Der Kontakt auf einer festen Tour ermöglichte ihm, auf Grundlage seiner Aufgabe eine Geltung zu erlangen, die – zumindest seiner Anekdote zu den Wochenendaktivitäten zufolge – einen wesentlichen Teil seines Bedarfes an Sozialleben abzudecken vermochte. Der Austausch mit den Benutzern musste ihm dabei umso mehr bedeuten, als er seine spätere Kindheit und frühe Jugend in einem Kinderheim verbracht hatte. Der Haltung von Herrn Graf, vor allem im Austausch mit Benutzern den Wert der Arbeit zu sehen, konnte auch nur zuträglich sein, dass seine feste Tour ihn durch ein Quartier mit Hochschuleinrichtungen und einem bildungsbürgerlichen Milieu führte. Sichtlich stolz berichtet er, mit welchen Personen von Rang und Namen er im Austausch stand. Darüber hinaus erlaubte ihm dieser Austausch die Aneignung kultureller Kompetenzen außerhalb einer formalen pädagogischen Beziehung (er spricht selbst davon, dass er eine Portion »Qualifikation« erfahren habe), wofür er als Abkömmling von Eltern mit einem Volksschulabschluss, der in der Sekundarschule ein Schultrauma erfahren hatte, besonders empfänglich gewesen war. Wie eingangs erwähnt, war das Auftreten von Herrn Graf im Interview geprägt von einer (nicht ungezwungenen) Suche nach kultureller Distinktion.

Gerade dadurch, dass sie den Zustellern eine gewisse Selbstständigkeit in der Ausübung ihrer Arbeit gab, bot eine Beschäftigung bei der Post für viele Abkömmlinge aus den tieferen sozialen Milieus über lange Zeit die Möglichkeit, einer Arbeit in einem Industriebetrieb zu entkommen und eine Geltung als »Mensch« zu erlangen. Das erklärt zum Teil die Begeisterung, mit der die Pöstler sich in ihre Arbeit hineinbegaben. Diejenigen unter ihnen, die – wie Herr Graf – Arbeit und Leben vermengt haben, schmerzt es deshalb besonders, wenn ihre Arbeit, nachdem sie einen Teil ihres »Lebens« der Post gegeben haben, nun auf die betriebsrelevante Dimension reduziert und fortan engmaschig abgerechnet wird. Sie sehen sich damit nicht nur um ihre umfangreiche Investition in die Kontakte im Quartier geprellt, sondern nehmen die Reduktion auf den Arbeitnehmerstatus sozusagen als Entlassung »ihrer Person« wahr bzw. als Wegnahme dessen, was ihre Tätigkeit von der Arbeit im Industriebereich unterschieden hat. Herr Graf erwähnt im Gespräch wiederholt Erfahrungen der Entzauberung, in denen er seine Einschätzung vom Wert der eigenen Arbeit nach unten korrigieren musste. Mit Nachdruck gibt er zu verstehen, dass er sich heute als »Sand im Sandkasten der Strategen« wahrnimmt, »der herumgeschoben wird«. Seine Erfahrungen mit der Reorganisation der Arbeit in der Zustellung bündeln sich im

---

7 | Vgl. besonders für den dort beheimateter praktischen Sinn, soziale Beziehungen, emotionale Befindlichkeiten und unvorhergesehene Situationen sicher begreifen und mit ihnen angemessen umzugehen, Vester 2004: 50.

Begriff der »Entmündigung« – als wollte er damit anzeigen, dass sie ihm wichtige Mittel zur eigenständigen Teilnahme am gesellschaftlichen Leben, die ihm seine Tätigkeit einst geboten hatte, entzogen hat.

Im Unterschied zu Herrn Graf sieht Frau Schläpfer den Wert ihrer Arbeit vor allem im Lohn, den sie dafür erhält. Frau Schläpfer bekundet, dass der Ertrag für die Investition verhältnismäßig gut sei, und gibt zu verstehen, dass sie »nicht so schnell von der Post weggehen würde«. An ihrem monetären Mehrwert misst die aus einem bildungsfernen Milieu Stammende selbst eine mögliche Investition in eine Weiterqualifikation (zur Logistikerin), wenn sie angibt, dass sich diese wegen des geringen späteren Erwerbsgrades nicht »lohne«. Zudem erzählt sie enthusiastisch davon, wie sich die Tätigkeit als Zustellerin mit ihren Ansprüchen an Freizeitaktivitäten (Sonnenbaden, Freunde treffen) vereinbaren lässt. Frau Schläpfer zeigt auch wenig Verständnis für Investitionen in den Austausch mit Benutzern und stellt sich den älteren Kollegen gerade dort entgegen, wo diese die damit verbundenen Ökonomien gegen die Embleme der neuen Funktionsweise (Scanner, flexible Touren, »Teams«) verteidigen.

Frau Schläpfers Haltung, wonach die Erwerbsarbeit in erster Linie eine Quelle von Einkommen ist, kann nicht unabhängig von der (geschlechterspezifischen) Erwerbsorientierung ihres Herkunftsmilieus gesehen werden. Für die Tochter eines Landwirts und einer als Hilfskraft bei der Post in der Zustellung beschäftigten Detailhandelsangestellten ist die Tätigkeit als qualifizierte »Briefträgerin« eine durchaus attraktive Möglichkeit, um im Rahmen der traditionellen Arbeitsteilung zwischen den Geschlechtern den Erwartungen einer künftigen »Zuverdienerin« nachzukommen. Für Frau Schläpfer war die Höhe des Lohns offenbar bereits bei der Berufswahl das ausschlaggebende Kriterium gewesen (»In der Lehre ging es mir ja um den Lohn, weil als Floristin verdienst du extrem wenig und als Briefträger ziemlich gut.«). Aber auch die Ausbildung und die Arbeitsbedingungen konnten die Vorstellung, dass der Wert der Arbeit in ihrem monetären Ertrag liegt, nur bestärken. Durch die Ausbildung wurde ihr vermittelt, dass die Post lediglich ein möglicher Arbeitgeber unter anderen im »Logistikbereich« ist. Und die intensiven Arbeitsbedingungen, unter denen sie in die Tätigkeit des Zustellers initiiert wurde, standen dem Entwickeln von Ansprüchen, die über das Erledigen der Arbeit hinausgehen, entgegen.

Die Arbeit der Zustellung ist für Herrn Graf und Frau Schläpfer nicht identisch. Während Herr Graf darin eine Lebensaufgabe sieht, die weit über den eigentlichen Arbeitsauftrag hinausgeht, ist sie für Frau Schläpfer ein Job, bei dem der Gelderwerb im Vordergrund steht. Herr Graf ist in seiner Tätigkeit zu Hause und sie ist ihm auch ein Ort der Rehabilitation, der zudem Schutz gewährt vor den Zwängen der privatwirtschaftlichen Arbeitswelt, während Frau Schläpfer sich sogar dankbar zeigt, dass die Post sie beschäftigt, auch wenn diese ihr keine gewisse Zukunft bieten kann (»ja, man muss zufrieden sein...; ich frage mich nicht, wie es in fünf Jahren oder so sein wird«). Damit verbunden ist auch ein Unterschied im Grad der Identifikation: Während die unter den neuen Spielregeln sozialisierte

Frau Schläpfer gegenüber der offiziellen Ideologie der Post kaum Distanz zeigt, bekundet Herr Graf ein gebrochenes Verhältnis zum Betrieb (»Warum habe ich heute merklich weniger Emotionen, wenn ich einen Postautochauffeur sehe?«), was auf die Entwertung seines Status und seiner Qualifikation infolge der Einführung privatwirtschaftlicher Mechanismen verweist: Zum einen wurde ihm im Rahmen der Abschaffung des Beamtenstatus (1999) der umfangreiche Kündigungsschutz entzogen, zum anderen erfuhr seine Qualifikation mit der Einführung neuer Ausbildungsmuster (2003) eine Abwertung – im Unterschied zu den Jungen konnte er seinerseits auf schwierige Arbeitsbedingungen nicht mit einem Stellenwechsel in einen anderen Betrieb (zum Beispiel im Logistikbereich) reagieren.

Interessanterweise verhält es sich mit der Motivation genau gegenläufig: Herr Graf bekundet weiterhin eine sehr hohe Arbeitsmotivation, auch wenn er im Zuge der Neuausrichtung der Post verschiedene Verletzungen erfahren hat. In das Handwerk des Zustellers sozialisiert und in diesem über lange Jahre tätig, als zu einem gewissen Grad erwartet wurde, dass der Kontakt mit Benutzer gepflegt wird, scheint Herr Graf heute gleichsam von Grund auf dazu zu tendieren, sich stärker in diesen Kontakt hineinzugeben, als es die zeitgenössischen Bedingungen zulassen – obwohl Letztere ihn notwendigerweise zu einer Konzentration seines Einsatzes anhalten. Frau Schläpfer zeigt im Vergleich dazu wenig Enthusiasmus für die Arbeit, an der sie neben dem monetären Gegenwert und der Freizeit besonders die Abwechslung schätzt. Gerade in dieser anspruchslosen Haltung bringt sie aber die Entwertung der Arbeit der Zusteller zum Ausdruck, die auch mit einer Zurücknahme von Erwartungen an Arbeitnehmerrechte einhergeht.

Nicht nur die betriebliche Ökonomie reorganisiert

Aus der Gegenüberstellung der Schilderungen von Herrn Graf und Frau Schläpfer geht nicht nur hervor, wie sich die Arbeit der Zusteller durch die Liberalisierungs- und Privatisierungspolitik verändert hat und sich die Kompetenzen und Sichtweisen von Zustellern, die davor und danach in die Tätigkeit initiiert wurden, unterscheiden. Die Berichte der beiden weisen auch darauf hin, wie sich die Formen des Austausches der Zusteller mit den Benutzern jenseits des eigentlichen Auftrages verändert haben. Anders als es eine institutionelle Betrachtung suggeriert, war die Tätigkeit des Zustellens immer auch Bestandteil von materiellen und symbolischen Ökonomien jenseits des Lohnarbeitsverhältnisses im Postbetrieb. Als Dienstleistung, die für Benutzer örtlich erbracht wird, ist die Zustellung in gewisser Weise immer schon oder bereits von Grund auf in einen spezifischen Kontext eingebettet und ihre Erbringung von weiteren Formen des Austausches begleitet.[8]

Wie den Schilderungen zu entnehmen ist, kamen diese Ökonomien zwischen Zustellern und Benutzern nicht nur Letzteren zugute. Frau Schläpfer und Herr Graf stellen in ihren Berichten zum Beispiel einen Zusammenhang zwischen ihrer Investition in die »Extras« und der Höhe des jährlichen Trinkgeldes her. Die Statements der beiden weisen auch darauf hin, in welchem Verhältnis die Verringerung des Handlungsspielraumes der Zusteller zur Veränderung dieser Ökonomien jenseits der offiziellen bzw. betrieblichen Ökonomie steht. Darüber hinaus wird deutlich, inwiefern der öffentliche Auftrag der Post sich früher nicht auf die Erbringung postalischer Dienstleistungen beschränkte.

— Wie war früher die Beziehung zu den Benutzern?
Herr Graf: Also früher war's natürlich so, da hat es Neujahrstrinkgeld gegeben. Ich hab immer gesagt, es ist dem Kunden überlassen, dass er vor allen Dingen die Zusatzleistung honoriert, oder? Und du hast dich dann in deiner Zustellung eingerichtet, mit dem ganzen Qualitätslevel, mit allem, dass es eine gewisse Identifikation gibt. Die Resonanz war auch anders. Du bist stolz gewesen, diese Qualität zu bringen. Die Leute namentlich zu kennen. Es hat dann auch Situation gegeben, wo du gesagt hast: »Hoffentlich kommt die jetzt nicht hinaus, weil die hört mit dem Reden ja gar nicht mehr auf.« Die Situation hat es auch ge- geben. Es hat eine gegenseitige Nützlichkeit gegeben: Einerseits hat das dir was gegeben, und andererseits hat es aber auch Leute gegeben, die dich dann beansprucht haben in einem Rahmen, wo du dann sagst: »Ja, jetzt muss ich aber Tempo geben, damit ich da einigermaßen wieder aufholen kann.« Aber du konntest dich selber organisieren, du warst wer. Im Dorf war's vermutlich noch... Die waren eine Persönlichkeit: der Lehrer, der Pfarrer, der Briefträger. Das ist heute weg. (.) Ich kann einem Kunden nicht sagen: »So, fertig. Jetzt, ich muss wieder weitermachen!« Sondern da versucht man irgendwo im Gespräch an einer richtigen Stelle... auszusteigen. Das war früher ein Problem, wo wir nachmittags noch eine Zustellung hatten, da hast du nur die Briefe gemacht und sie in einer Tasche getragen. Dann hast du diese Tasche nicht abgestellt, weil wenn du die Tasche abgestellt hast, hast du signalisiert: »Ja, ja, ich bin jetzt bereit für ein Gespräch.« Und du warst es unter Um- ständen nicht. Weil auch du deine Rechnung gemacht hast, ich möchte dann irgendwann nach Hause. Aber insgesamt hab ich immer so bilanziert: Ich bin ja nicht der, der die Freizeit jetzt groß in der Beiz verbringt. Ich habe gesagt: »Du hast heute eine Stunde oder so etwas Qualifikation gehabt, also Gespräche und so weiter. Du hast gelebt, es gehört zur Arbeit.«
— Wie hat sich das geändert?
Herr Graf: Also, die Post ist angetreten und hat gesagt: Der Zustelldienst muss flexibler werden. Was ich vorher noch bewundert habe, ist, dass man seine Zustellung hat, dass man ganze Biographien mitgenommen hat, von allen, damit auch gelebt hat. Die Sorgen der

---

8 | Aus diesem Grund erfasst eine Kategorie wie »Output« (zum Beispiel die in einer be- stimmten Zeit verarbeitete Briefmenge) – für die sich besonders betriebswirtschaftliche Analysen interessieren – die effektive Arbeitsleistung von Zustellern nur unzureichend.

Leute waren zum Teil auch deine Sorgen. Da hat man dann irgendwann entschieden: Das muss flexibler werden, und deshalb diese Gruppenbildung, deshalb diese Entmündigung, wo du nicht mehr selber alles bestimmen kannst, sondern wo über dich verfügt wird. Sogar der Kunde – das habe ich wiederholt so gehört – sagt: »Gell, Sie haben keine Zeit mehr?« Sogar der Kunde spürt das. Schon wenn ein Gespräch losgeht, fängt er an, irgendwie nervös zu werden, oder man spürt schon, wie er abblockt, damit sich gar kein Gespräch ergibt. Weil, heute kommt da ja eine gewisse Kontrolle rein, und das spürt auch die Kundschaft.

– Inwiefern ist die Post anders als die privaten Anbieter?
Frau Schläpfer: Ich finde... die Privaten, die sind einfach unfreundlich. Und die Briefträger schauen schon, dass sie zu den Leuten freundlich sind. Mir ist das schon wichtig, dass mich die Leute mögen. Ich möchte nicht, dass sie denken: »Ach, jetzt kommt die schon wieder!« Die Privaten werfen die Päckchen auch einfach hin – das habe ich jetzt so gehört. Ich finde auch, dass die Briefträger mehr reden als jetzt diese Leute der privaten Anbieter. Sie haben einfach eine stärkere Bindung zu den Leuten. Auch wenn wir keine Zeit mehr haben, nehmen wir uns manchmal noch welche. Man kann ja nicht gleich sagen: »Ja, gut. Auf Wiedersehen!« Manchmal musst du schon ein bisschen mit den Leuten reden. Zwei Sätze oder so. Das mögen sie eben und dann schätzen die das auch. Und das sieht man auch..., zum Beispiel jetzt auch an Weihnachten bekommt man dann auch etwas Kleines. Ich habe da schon meine Erfahrungen gemacht, wenn sie einen mögen. Und ich finde das eben schon noch wichtig, dass sie einen eben auch schätzen. Und dass sie schätzen, was du eigentlich für einen Beruf machst. Andere denken: »Ja, halt nur der Briefträger.« Aber das ist schon noch wichtig.
– Man lernt ja auch Leute kennen...
Frau Schläpfer: Ja, das ist sicher so.
– ... und das geht ja auch über den Beruf hinweg und die Leute kennen einen, oder?
Frau Schläpfer: Ja, das ist... Das macht auch den Stolz aus eigentlich.
– Wenn Sie jetzt durch Dörflingen spazieren, dann kennt man Sie?
Frau Schläpfer: Ja.
– Okay. Ah ja, das macht Sie dann stolz...
Frau Schläpfer: Mich schon. Wenn dich die Leute noch kennen... Kürzlich war ich zum Beispiel in Steinfelden (=früherer Arbeitsort) und da kannten mich auch ein paar Leute, die ich gerade gesehen habe.
– Ah, echt? Das ist noch schön.
Frau Schläpfer: Das ist *wirklich* noch schön!

Die mündlichen Zeugnisse von Herrn Graf und Frau Schläpfer zeigen, dass mit der Einführung betriebswirtschaftlicher Funktionsprinzipien sich der Raum für Formen des Austausches jenseits der betrieblichen Ökonomie verringert hat. Vor der Einführung des New Public Managements wurden nicht nur die Leistungen unter weniger Zeitdruck erbracht, sondern es bestand auch deutlich mehr Raum für diese Ökonomien: Die Zusteller erbrachten verschiedene weitere »Leistungen« wie Gespräche führen, Informationen weiterleiten im Quartier, Hilfestellungen für ältere Menschen etc. und erhielten dafür ihrerseits von den Benutzern vielfältige materielle und symbolische Gratifikationen und Leistungen (Neujahrstrinkgeld, Ansehen, Mitleben, »Qualifikation« etc.). Wie uns verschiedene Interviewpartner berichteten, wurden die Zusteller damals nicht zuletzt von ihren Vorgesetzten dazu angehalten, diese zusätzlichen Leistungen zu erbringen. Den Schilderungen von Frau Schläpfer und Herrn Graf zufolge kamen die Zusteller auch dem Bedarf der Benutzer nach, obwohl es für sie nicht unbedeutend war, dass auch sie – wie Letzterer es ausdrückt – auf »ihre Rechnung« kamen. Im früheren politisch-ökonomische Regime scheinen in dieser Logik neben der eigentlichen Zustellung eine Reihe von Diensten für die Allgemeinheit erbracht worden zu sein.[9] Der öffentliche Auftrag der Post erschöpfte sich folglich nicht in den postalischen Dienstleistungen. Andererseits bedeutet dies auch, dass die Einschränkung des Handlungsspielraumes der Zusteller, der sich mit dem Durchsetzen betriebswirtschaftlicher Funktionsprinzipien vollzieht, auch einen Abbau dieser weiteren Leistungen für die Öffentlichkeit beinhaltet. Eine Bilanz über den Preis, den die Gesellschaft für die Ausrichtung der Post auf betriebswirtschaftliche Kriterien und die Erwirtschaftung von Gewinn zu bezahlen hat, muss daher die Kürzung dieser weiteren Leistungen einbeziehen.

Des Weiteren geht aus den Schilderungen hervor, dass das besondere Berufsethos der Zusteller, als Variante des öffentlichen Berufsethos (vgl. Schultheis 2012), wohlmöglich weniger verschwunden ist denn eine neue Form angenommen hat. Gemeinhin wird davon ausgegangen, dass mit der betriebswirtschaftlichen Restrukturierung der Post das typische Berufsethos der Zusteller verloren gegangen ist – auch Herr Graf spricht im Interview davon, dass »der junge Zusteller« heute »natürlich nicht mehr weiß«, wie es früher war und, vor allem, »was früher möglich war«. Herr Graf selber kann aufgrund seiner umfangreichen Investition in die Ökonomien jenseits der betrieblichen Ökonomie als beinahe idealtypischer Vertreter eines Zustellers mit diesem Berufsethos angesehen werden. Im Gegensatz dazu nimmt Frau Schläpfer die durch die Liberalisierungs- und Privatisierungspolitik verringerten Möglichkeiten zur Teilnahme an weiteren Ökonomien aufgrund ihrer beruflichen Sozialisation zwar nicht als Problem wahr. Bemerkenswerterweise zeigt aber auch sie eine Sensibilität für die Ökonomien jenseits ihrer betrieblichen Position, wenn sie davon berichtet, den Erwartungen der Benutzer an Austausch zumindest in einem Mindestmaß nachzukommen (Freundlichkeit, Kontakt), und sich für symbolische Gratifikationen empfänglich gibt (»das macht mich stolz, wenn die Leute mich kennen«). Das kann ein Hinweis darauf sein, inwiefern Zusteller in ländlichen Regionen weiterhin bestimmte Formen des Austausches pflegen müssen, um im lokalen Sozialgefüge akzeptiert zu werden. Gerade in diesen Gebieten scheint privatwirtschaftlichen

---

9 | In den Interviews wurde, bezogen auf die ländlichen Regionen, die wichtige Funktion der Zusteller bei der Versorgung von Bauernhöfen in Ausnahmesituationen (viel Schnee, Tierseuchen) hervorgehoben.

Funktionsmechanismen weiterhin eine soziale Logik entgegenzustehen, die minimale Formen des Austausches jenseits der betrieblichen Ökonomie beinhaltet – auch wenn die Postboten dort nunmehr im öffentlichen Leben keine, wie Graf es formuliert, »Persönlichkeit« mehr darstellen. Zum anderen macht dies auch deutlich, dass (zumindest unter diesen Bedingungen) weiterhin die Voraussetzungen gegeben sind, dass sich selbst bei Neulingen im Handwerk, die wenig ambitioniert sind, ein Sinn für die Investition in diese Ökonomien neben dem offiziellen »Handel« der Post mit der Bevölkerung entwickeln kann. Auch wenn sie nicht mehr so umfangreiche Investitionen in die Ökonomien jenseits der betrieblichen Ökonomie vorsieht, so beinhalten die beruflichen Wertvorstellungen von Frau Schläpfer doch auch eine Orientierung an der Allgemeinheit und, insofern diese auch eine Universalität der Behandlung der Benutzer einschließt, auch am Gemeinwohl. Das öffentliche Berufsethos scheint insofern auch bei der nachrückenden Generation von Zustellern nicht verschwunden zu sein, auch wenn es nunmehr nur noch zu denjenigen zusätzlichen Diensten anhält, für die die neue politisch-ökonomische Ordnung Raum bietet.

Der vorangehende Text zielt darauf ab, dass infolge eines geänderten politisch-ökonomischen Regimes andere Qualitäten bei Arbeitnehmern nachgefragt werden bzw. Mitarbeitende mit anderen Dispositionen als die früheren Stelleninhaber heutzutage leichter zurechtkommen – dies verkörpert in der Person der jungen Zustellerin Frau Schläpfer, die ihrer Arbeit weit weniger Bedeutung bzw. Sinnstiftung fürs Leben abverlangt als ihr älterer Kollege Herr Graf, und die deshalb mit den veränderten und nun nachgefragten bzw. geforderten Arbeitshaltungen wie zum Beispiel ein nur flüchtiger Kundenkontakt im Gegensatz zur früher gepflegten engen Kundenbindung keine Mühe zu haben scheint.

Im folgenden Beitrag geht es um eine ähnliche Konstellation: Eine ältere Buschauffeurin mit langjähriger Berufserfahrung wird einem jungen Kollegen gegenübergestellt. Auch diese beiden unterscheiden sich hinsichtlich ihres Geschlechtes sowie ihres biographischen und institutionellen Alters. Diese Kriterien werden nun jedoch explizit als Differenzierungskategorien in Betracht gezogen und sollen Erklärungsansätze liefern für die Bewertung der je spezifisch wahrgenommenen Arbeitssituation.

»Wir Alten sind die Blödsten«

Implizite und explizite Generationenkonflikte
zwischen Mitarbeitenden der Verkehrsbetriebe

Kristina Mau/Constantin Wagner

Die Kontrastierung zweier Interviews mit Beschäftigten der Verkehrsbetriebe soll die alters- bzw. generationenspezifische Unterschiedlichkeit von Perspektiven auf den eigenen Beruf und den Wandel der Arbeitswelt exemplarisch verdeutlichen.

Sebastian Paul ist ein 26-jähriger Mitarbeiter der städtischen Verkehrsbetriebe, der offen, freundlich, redselig und humorvoll auftritt. Er stellt sich zu Beginn des Interviews mit seinem Vornamen vor; er lacht während des Gespräches viel und erscheint als kommunikativer und unkomplizierter Typ. Er hat blonde kurze Haare und trägt seriöse Bürokleidung der Verkehrsbetriebe, sein Auftritt wirkt selbstbewusst. Herr Paul ist gelernter Elektromonteur und kommt aus einer »Buslenkerdynastie«. Er scheint im Betrieb gut anzukommen und ist Mitglied im Personalausschuss; so sieht er sich als Vermittler zwischen Chauffeuren und der Leitung. Für den Moment ist er glücklich mit seinem Berufsleben; »es stimmt alles«.

Sebastian Paul arbeitet erst seit vier Jahren im Betrieb und kommt gerne zum Arbeiten. Er ist auch zufrieden, weil er viel ausprobieren kann, und erlebt die Flexibilität im Betrieb als positiv.

Der Buschauffeur lebt in einer festen Partnerschaft, hat aber (noch) keine Kinder. Er arbeitet Vollzeit und verdient monatlich zwischen 4900 und 5200 Franken.

Pauline Gubser ist 61 Jahre alt. Sie kommt in Freizeitkleidung und aufgrund einer Bein-OP mit Krücken zum Interview. Sie trägt kurze Haare und eine dezente Brille und wirkt von der Statur her eher zart – ihr Auftreten hingegen ist sehr resolut. Sie hat sich als Frau schon sehr früh in einer Männerdomäne behauptet (auch wenn sie dies selbst nicht groß zum Thema machen will). Sie hat keine Hemmungen, sich deutlich zu äußern, wenn es um unliebsame Kollegen oder Fahrgäste (insbesondere um »Ausländer«) geht, ist jedoch zunächst sehr verhalten im Äußern von Kritik gegenüber Vorgesetzten: Sie deutet zunächst nur an; erst zum Ende des Gespräches nennt sie die Dinge beim Namen. Frau Gubser wirkt sehr unzufrieden mit der momentanen Situation am Arbeitsplatz (sowohl hinsichtlich der Kollegen als auch hinsichtlich der Führung als auch im Hinblick auf mangelnde Durchsetzungskraft der Personalvertretung) und ist froh, dass sie krankheitsbedingt nur noch zu 50 Prozent arbeitet.

Pauline Gubser ist geschieden und hat zwei erwachsene Kinder. Da sie über keinen Sekundarschulabschluss verfügt, konnte sie keine Berufslehre machen und begann ihr Arbeitsleben als Schulbusfahrerin. Anschließend fuhr sie Reisebusse, was sie wegen ihrer Kinder und aufgrund schlechter Arbeitsbedingungen zugunsten der städtischen Busbetriebe aufgab, wo sie seit über 20 Jahren tätig ist. Ihre Eltern und Großeltern sind (Hilfs-)Arbeiter und Bauern. Bei 50 Prozent Beschäftigungsumfang verdient sie zwischen 3000-4000 Franken.

ARBEITSKLIMA UND BETRIEBSPOLITIK

Die beiden hier gegenübergestellten Beschäftigten bzw. die präsentierten Interviews mit denselben sind bewusst sehr kontrastiv ausgewählt. Während der junge Chauffeur die Stimmung im Betrieb als positiv erlebt und sich wohl fühlt, ist die »Klimaverschlechterung« im Team das zentrale Thema für die ältere Beschäftigte:

— Und wie ist denn so das Verhältnis, das Altersverhältnis? Wie viele Ältere gibt es, wie viele sehr Junge gibt es?
Frau Gubser: Ich weiß es nicht mehr. Wir... wir..., die Alten... wir gehen gar nicht mehr, wir ziehen... wir gehen grad weg. Wir wollen gar nicht mehr... es ist kein Zusammenhalt mehr! Überhaupt nicht!
— Also ist gar kein Team gerade?
Frau Gubser: Nein, nein! Es ist kein Zusammenhalt mehr!
— Und seit wann ist das so?
Frau Gubser: Ja, seit da die alle so kommen da.
— (.) Also seitdem man Neueinstellungen gemacht hat, oder? Gab es da irgendwelche Jahre, einen Zeitpunkt, wo extrem viel eingestellt wurde, wo das sich so ein bisschen gedreht hat?
Frau Gubser: Ja ja, ja ja. Ja ja. Da eben, wo dann da die neue Linie gekommen ist. Ich weiß nicht mal, wann das gekommen ist. Also... *ich* schaffe – ich muss es so sagen – *ich* schaffe nur noch 50 Prozent. Also krankheitshalber, oder. Ich hätte ja gar nicht mehr müssen. Und dann aber, ich habe gesagt, ich möchte noch ein wenig etwas machen. Ich möchte nicht schon einfach die IV[1], oder. Und dann mache ich einfach einen Teil, und dann gehe ich grad

---

1 | Invalidenversicherung, die im Fall der Erwerbsunfähigkeit (Teil-)Renten zur Existenzsicherung auszahlt.

wieder. Ich höre eigentlich gar nicht... ich mag es gar nicht mehr hören. Ich muss es grad so sagen. Das ist das. Ich mache einfach meine Arbeit und dann... ja.
– Und das war früher anders?
Frau Gubser: Ja ja. (.) Ja ja. Das ist *ganz* anders gewesen früher (.) eben, ich sage, da ist man eine Familie gewesen eigentlich. Es hat schon auch ein wenig Außenseiter gehabt. Aber die hast du gar nicht mehr... ja, bist gar nicht... eben, wir sind einfach immer die Gleichen, so. Und dann kommt es eben auf die Gruppe drauf an. Man ist ja nicht immer mit allen zusammen. Ich meine, es ist ja gruppenweise, wo schaffen, oder. Ja. Das ist also... es ist *ganz* etwas anderes gewesen!
– Mmh. Das heißt, Sie bedauern es auch so ein bisschen, wie sich das verändert hat?
Frau Gubser: Ja ja. Ja. Also zum Negativen. Absolut.

Herr Paul kommt indes zu einer ganz anderen Einschätzung des Arbeitsklimas:

Herr Paul: Ich denke, im Großen und Ganzen ist es ein guter Betrieb mit einem guten Betriebsklima. Also ich habe schon schlechtere Betriebe erlebt. Also vorher bin ich bei einem Metallbetrieb ausfahren gegangen, bevor ich hier angefangen habe. Das war ein ganz schlechtes Klima dort. Die Mitarbeiter haben in dem Sinne einander angebrüllt, jeder hat den andren als Trottel angesehen. Das ist hier schon nicht so. Hier ist man schon wirklich noch ein Mensch und wird auch entsprechend behandelt.

Das gleiche Bild zeigt sich bei der sehr unterschiedlichen Einschätzung der aktuellen Betriebspolitik des Verkehrsunternehmens. Herr Paul sagt:

Also ich muss sagen, ich bin glücklich im Moment mit dem Job und ich werde ihn *sicherlich* auch nicht... also den Betrieb werde ich nicht wechseln, weil die negativen Punkte, die sind so klein und ich denke, es ist auch eine Kopfsache. Also ich sehe jetzt mehr immer die positiven Punkte. Es ist klar, man wird ausgegliedert in wenigen Jahren, viele haben Angst, dass nachher alles schlechter wird, aber ich sage mir einfach: »Eine Ausgliederung muss nichts Schlechtes sein.« Vorher war ich auch in der Privatwirtschaft. Es kann... es kann nicht in dem Sinne groß schlechter werden. Man kann ein paar Zulagen verlieren, aber der Grundlohn, der entscheidend ist, der ist immer noch da. Also ich habe dort eigentlich keine Ängste.

Das sieht Frau Gubser wiederum anders:

– Also ist das so eine Ära, die gewechselt hat mit der neuen Führung?
Frau Gubser: Mmh. Das ist eben nicht... ja...
– Sind Sie da allein mit dieser Meinung, dass das nicht so gut ist, oder...
Frau Gubser: Nein nein nein nein nein! Nein nein! Nein nein! Wir Alten (.), wir wissen, wie es vorher gewesen ist und ja...
– Mmh, okay, wenn man den Vergleich hat.

Frau Gubser: Ja ja. Das... da sage ich ja, da kann man das schon erzählen, da so erzählen da und pf... hm.
— Sind da andere Ausrichtungen jetzt auch, seit der neue Chef da ist, oder ist es einfach der Umgang?
Frau Gubser: Ja, weil er jetzt eben das Zeug alles privatisieren will, oder. Aber äh, das ist nicht gut. Überhaupt nicht. Und dann kommen sie da von dem Luzern, wie das gut ist und so. Warum kommen die Luzerner alle hierher? Weil es so gut ist dort? Dann kämen sie auch nicht, oder? Oh mei, nein nein.

DIE »GUTEN ALTEN ZEITEN«?

Es wird deutlich, wie sehr die Einschätzung der eigenen Lage von Standpunkt, Haltung und Perspektive abhängt. Die Gespräche zeigen, dass die Jüngeren nicht wissen können, wie es früher war, und zwangsläufig einen anderen Maßstab ansetzen (hier: den Vergleich zur Privatwirtschaft). Während Herr Paul am Anfang seiner Berufslaufbahn stehend in die Zukunft schaut, sieht sich Frau Gubser mit 61 Jahren am Ende der beruflichen Karriere und sieht aus dieser Perspektive mit Wehmut zurück auf die »guten alten Zeiten« mit ihren etwa gleich alten Kollegen. Karl Mannheim spricht hier von »Generationszusammenhang«, in dem Angehörige angrenzender Geburtsjahrgänge Erlebnisse einer bestimmten Zeit teilen, was zu einer »aktiven Formierung von ›kollektiv verbindenden Grundintentionen‹ und ›Gestaltungsprinzipien‹« (Corsten 2010: 141) gerinnt. Während Frau Gubser die jüngeren Kollegen direkt für die von ihr wahrgenommenen Verschlechterungen verantwortlich macht und ihnen etwa unterstellt, keine Verantwortung zu übernehmen (was in dem Interview mit Herrn Paul ganz anders klingt), kann Herr Paul die massive Verbitterung der Älteren (»Wir Alten sind die Blödsten«) nicht verstehen, wohl weil er das »Vorher« nicht aus eigener Erfahrung kennt. Als Vertreter einer historisch anderen Generation, in der auch der Stellenwert des öffentlichen Dienstes ein anderer ist, zieht er andere Vergleichsgrößen bei der Bewertung seines Arbeitsplatzes heran (nämlich die Privatwirtschaft), als dies Frau Gubser tut (die [glorifizierte?] Vergangenheit des eigenen Betriebes). Diese Vergangenheit wird aus Sicht von Frau Gubser auch dadurch abgewertet, dass die jüngeren Kollegen keinen Respekt mehr vor dem Alter und den Erfahrungen der Älteren hätten:

— Und das war früher anders? Da hat man mehr auch Wert gelegt, was Kollegen sagen?
Frau Gubser: Ja. Jawohl. Ja ja. Dann hast du das... hast du das angehört und hast das akzeptiert und dann hast du mal geschaut, ob es richtig ist oder so. Ich weiß es nicht, ich bin froh gewesen, wenn man mir etwas gesagt hat. Ich meine, das kannst du ja gar nicht alles wissen. Das ist ja *unmöglich*, oder. Was da alles abgeht so auf der Straße und wie du dich verhalten musst und so. Und ein großes Auto ist halt in Gottes Namen etwas anderes wie ein PW [PKW]. Ja. (...) Ja. Ja. Ja. Und das ist eben auch schlecht. Das ist für das ganze Image

ist dann das schlecht. Und wir sagen jetzt schon, wir Alten sind die Blödsten. Wir schauen immer noch, oder. Die Jungen schauen gar nicht mehr. Die schauen präzise ihren Arbeitsplatz an, und was hinten geht, ist... der größte Teil ist ihnen wurstegal.

– Also eine andere Verantwortlichkeit, die Sie noch mitbringen dann?

Frau Gubser: Pf, mmh. Die haben da... das ist denen... einfach nur vorne. Jetzt bin ich da, ich bin groß, oder. Ja. Und das ist sehr schlecht. Wir sind grad miteinander... sind wir... da haben wir einen Ausflug gemacht. Da sind wir auf das Thema gekommen, da haben sie gesagt, das ist mittlerweile eine Katastrophe! Wir müssen uns schämen! Wir haben... wir sind... wir zeigen uns noch gegenüber dem Geschäft sind wir (.) äh – wie soll ich jetzt das sagen? – sind wir noch pflichtbewusst, oder. Aber die... die, wo kommen, pf.

– Ist das eine andere Generation?

Frau Gubser: Ja, eine total andere Generation.

– Ja. Also hat es mit dem Alter schon auch zu tun? Oder?

Frau Gubser: (.) Äh ja, *wir* wissen noch, was sich gehört, oder. *Wir* haben das so gelernt, dass man anständig ist und so. Aber *heute*... aber das sieht man ja überall, oder. Wie sie daherkommen und sagen... oder wenn mal irgend... au, oder in einem *Laden*, nur zum Beispiel, wenn du »au, excüsi« [Entschuldigen Sie bitte] oder so, ja pf, da schauen sie einen nur so blöd an, oder. Also... oder wenn du irgend so etwas sagst, »du hast doch mir nichts zu sagen« oder so. Also, das hätten doch *wir* uns nie getraut! Ja. Und da sind die bei uns genau gleich, die Jungen. (.) Also man muss halt schon sagen: *Früher* sind wir eigentlich eine große Familie gewesen. Also hier, Verkehrsbetriebe. Und *jetzt* hat es halt einfach *so* viele Leute, wenn sie nicht einmal »Grüezi« sagen können, wie *wollen* wir von anderen erwarten, dass sie »Grüezi« sagen müssen, vor allem, wenn sie vorne einsteigen.

– Also im *Team*, dass man nicht »Grüezi« sagt?

Frau Gubser: Ja ja. Ja ja. Oder da kommen Neue, da hast du keine Ahnung. Wenn wir doch da gekommen sind, dann hast du dich, bist hergekommen und hast gesagt »Hoi, ich bin das und das« und so. Nein! Das ist nicht mehr modern. Die kommen und jetzt »So, jetzt bin ich da!« Aber was für welche sind es? Ich sage jetzt nichts mehr! (.)

– Bitte! Dafür sind Sie hier!

Frau Gubser: Ja, es sind leider... es hat auch Schweizer und es sind halt vorwiegend Ausländer.

– Haben Sie auch Ausländer hier angestellt?

Frau Gubser: Ja! Mehr und mehr!

– Ja? Nimmt das zu?

Frau Gubser: Ja. Möchtegern-Alles. Man sieht es ja! Was alles passiert.

– Woher kommen die Leute denn, die hier angestellt sind?

Frau Gubser: Ja, wir haben auch Balkan-Leute. Vom Deutschen. Eine vom Deutschen. Hier, von von Ossi da, die von weiter außen kommen. Die ist mal gekommen – die hat ja nicht »Grüezi« gesagt, nichts. (.) Also ich finde das, ich finde das schlecht. Aber jetzt, jetzt jetzt geht es. Jetzt ist sie sehr freundlich geworden. Ja. Ja. Aber eben, es hat noch mehr, noch viele solche.

– Also wo es dann so ein bisschen an der Art fehlt, wie man miteinander umgeht? Was nicht mehr vorhanden ist, oder?

Frau Gubser: Ja. Ja. Also ich weiß nicht, *die* lernen das glaub gar nicht, oder weiß ich was. Ich weiß ja nicht, wie *Sie* es haben. Ich denke, wenn *Sie* irgendwo jetzt irgend in ein Geschäft reinkommen, *Sie* gehen doch »Grüezi« sagen und sagen, wer ich bin, oder? Und dann wissen sie eben schon alles. Die lassen sich nichts sagen. Ich habe grad auch eine hier, habe ich sagen müssen, »du, eben wegen dem Fahren«, also da bin ich halt *sehr sehr...*, also schaue ich eben drauf, wie sie fahren. Und wenn etwas ist, wo *wirklich* schlecht ist, dann tu ich es sagen. Dann sage ich es grad direkt. Ich gehe nicht da runter [zu den Vorgesetzten] das sagen. Dann sage ich es direkt.

Auch Herr Paul hat eine dezidierte Meinung im Hinblick auf (einige) ältere Kollegen:

Also es gibt natürlich schon ein paar verbitterte, ältere Chauffeure. Das merkt man auch, aber ich denke, im Großen und Ganzen... die Jüngeren sind sicher zufrieden, weil die Jüngeren sind einfach halt immer noch... die kommen aus der Privatwirtschaft, haben gesehen, wie es dort ist, und wenn man hierhin kommt, es ist schon noch angenehmer als in der Privatwirtschaft. Also ich habe vorher Elektriker gemacht und erstens verdienen sie schlechter, sie arbeiten mehr. Also für mich ist es hier wirklich sehr schön. Also ich genieße es.

ABWERTUNG DES SENIORITÄTSPRINZIPS

Tatsächlich ist das Senioritätsprinzip – bei dem Alters- und Statushierarchie weitgehend korrelierten – in den letzten Jahrzehnten allgemein, aber gerade auch im öffentlichen Dienst, abgewertet worden. Frau Gubser erlebt diesen Verlust an symbolischem Kapital bzw. Anerkennung am eigenen Leib. Das (biologische) Alter, hier verknüpft mit der langjährigen Zugehörigkeit zum Betrieb (»soziales Alter«) und der daraus resultierenden Erfahrung, erfährt nicht mehr die Wertschätzung, die Frau Gubser erwartet und die ihrer Ansicht nach in früheren Jahren der älteren Generation entgegengebracht wurde, als Alter an sich noch einen Wert darstellte. Es werden zunehmend Mitarbeiter eingestellt, die in ihren Augen aufgrund von Sparmaßnahmen in einer »Schnellbleiche« zum Busfahren ermächtigt werden und keinen Wert mehr auf die Ratschläge durch erfahrene Chauffeure legen, weil sie sich selbst als gute Busfahrer einschätzen. Frau Gubser beklagt diesen – ihrer Meinung nach – fehlenden Respekt und leidet unter der empfundenen Geringschätzung durch die neuen Kollegen.

Die neue Generation und die aktuellen gesellschaftlichen Verhältnisse werden von ihr als multiple Bedrohung ihres Status wahrgenommen. Die für sie fast schon familiäre »Gemeinschaft« im Tönnies'schen Sinn (das heißt als Gegenpart zur anonymen »Gesellschaft«), als die sie den früheren Kollegenkreis aufgrund seiner Homogenität und der relativ geringen Größe wahrgenommen hat, löst sich zunehmend auf: zum einen durch eine hohe Zahl an Neueinstellungen, zum anderen durch die Heterogenität der Mitarbeitenden, die nicht mehr wie früher aus dem gleichen sowohl regionalen als auch statusspezifischen Umfeld kommen. Insbesondere Kollegen vom Balkan und aus Ostdeutschland sind ihr ein Dorn im Auge. Als Kontrolleurin fühlt sie sich von den Gruppen von »Ausländern« bei ihrer Arbeit bedroht (sie beschreibt, dass aufgrund des Bedrohungspotenzials nur noch gruppenweise kontrolliert werden könne); im Kollegenkreis sieht sie sich durch die Einstellung von »Ausländern«, die »nicht einmal Deutsch können«, abgewertet. Außerdem bemängelt sie die zunehmende Aggression von Seiten der Fahrgäste und der anderen Verkehrsteilnehmer. Ihre jungen Kollegen trügen keine Verantwortung für das Material und die Personalräume, erschienen in schmutziger Dienstkleidung, kämen häufig zu spät, würden krankfeiern und sich nicht an den »Kodex« halten. Von Seiten der Führung sowie der Personalvertretung fühlt sie sich hier allein gelassen. Durch die zahlreichen Neueinstellungen von »günstigen« Arbeitnehmern, die ihrer Meinung nach das Image der Busbetriebe schwächen, wird deutlich, dass auch das Image des öffentlichen Dienstes, wie sie es noch vor Augen hat, abgewertet wird.

Frau Gubser: Es ist auch mit dem Anziehen, die Uniform anziehen. So, wie sie daherkommen, ist ja zum Teil katastrophal! Und auch dreckig. Und also...
– Und das ist möglich?
Frau Gubser: Ja ja. Ja ja. Das ist möglich. Ja. Und dann habe ich schon ein paarmal gesagt gehabt, »so, jetzt muss mal etwas gehen«. »Ja ja, ja ja«. Nur immer »ja ja, ja ja«, aber es passiert nichts. Und es sind immer die Gleichen krank. Das kommt noch dazu. Aber es passiert nichts.
– Liegt das daran, dass man auch zu wenig Personal findet auf dem Markt, was geeignet wäre, oder... dass man solche Leute weiterbeschäftigt?
Frau Gubser: Äh, nein nein, es hätte schon. Ja (.) nein, da gehe ich jetzt nicht in Details rein! Also das ist... ist schlimm. Ich muss es jetzt grad so sagen: Es ist schlimm! Es hätte schon...
– (.)Und werden dann Leute genommen, die unter Umständen billiger sind?
Frau Gubser: Mmh. Mmh. Mmh.
– Und dann büßt man da die Qualität halt ein und ja auch den Ruf der Stadt oder der Stadtbusse?
Frau Gubser: Mmh. Ja wissen Sie, wenn jetzt sie mit dem PW kommen, sie müssen ja nur die PW-Prüfung haben. Dann gehen sie... fahren sie *ein* Jahr lang mit dem Trolley [Oberleitungsbus] herum. Und dann können sie die Car-Prüfung [Bus-Prüfung] machen. Aber heutzutage kann man ja grad direkt die Car-Prüfung machen. Und vorher hat man ein Jahr lang Lastwagen fahren müssen oder sonst eine Linie... nur eine Linie fahren, wo du mit dem Bus hast gehen können. Und *dann* hast du Erfahrung sammeln müssen von dem, oder. Und wie *will* jetzt so einer, wo *nicht* einmal *PW* hat, grad direkt Car fährt, wie will der Erfahrungen haben? Bei so einem will ich nicht einsteigen. Ich muss es Ihnen grad ehrlich sagen. (.)
– Es wird ein bisschen unterschätzt dann, die Herausforderung?
Frau Gubser: Ja. Wir wissen, von was dass wir reden.
– Fühlt man sich da auch so ein bisschen ungehört, wenn man so was sagt, und das wird gar nicht...?

Frau Gubser: Es passiert ja nichts! Es hat ja schon Car-Chauffeure gehabt, wo da gern ge-kommen wären. Aber die nimmt man nicht!

— Die nimmt man nicht?

Frau Gubser: Hmm.

— (.) Okay. (.)

Frau Gubser: (.) Eben, die sind eben ein bisschen teurer, aber lieber ein wenig ein teurerer Mann und dafür haben wir weniger Schäden. Was *wir* hier Schäden haben, in diesen Bus-sen, das hat es *nie* gegeben vorher.

— Tatsächlich?

Frau Gubser: Ja, ja ja.

— Nimmt das zu?

Frau Gubser: Ja. Und dann ist das denen doch wurstegal! Die können noch lachen! Also mir wäre das Wind und Weh, wenn mir etwas passiert. Also. nein... also. ich sage, das ist doch denen wurstegal! (.)

— (.) Gäbe es sonst noch etwas, was Sie verändern würden?

Frau Gubser: [atmet hörbar aus]

— Oder sind das die wesentlichen Punkte?

Frau Gubser: Ja, einfach eben ja, dass die ich-bezogenen Leute da, also ja, ich würde jetzt einfach sagen: »So nicht! *So* macht man das, so!« Und vor allem jetzt da auch die da, die Balkan-Leute, wo jetzt Deutschkurse nehmen müssen. Also ich finde das mittlerweile total daneben, hä.

— Deutschkurs, was?

Frau Gubser: Hier müssen die Deutschkurs nehmen, weil man die nicht versteht.

— Die nehmen hier im Betrieb Deutschkurs dann?

Frau Gubser: Ja, die müssen gehen.

— Aber ist das nicht gut, wenn sie Deutsch dann verstehen, oder finden Sie es schlecht, dass sie es *hier* machen? Oder dass man die überhaupt eingestellt hat, obwohl sie kein Deutsch können?

Frau Gubser: Ja. Ja genau. Das dürften sie nicht einstellen. Wie wollen die den Leuten Aus-kunft geben? Die kennen ja nicht einmal den Stadtplan! Wo es langgeht. (...) Also im Per-sonalzimmer oben musst du dich schämen, wie sie sich benehmen.

— Tatsächlich?

Frau Gubser: Ja. Aber es hat auch Schweizer. Die Jungen! Also wenn sie auf dem Tisch oben sitzen und so, also... oder sogar auf der Theke oben und so. Wäh, nein, also... Kein Anstand! Eben, kein Anstand! Wie wollen die gegenüber den Leuten anständig sein?

Es ist die jüngere Generation, die Frau Gubser ihrer eigenen Einschätzung nach Probleme bereitet. An dieser Stelle wird einerseits die für viele ältere Beschäf-tigte typischerweise anzutreffende geringere Toleranz gegenüber Veränderungen deutlich. Andererseits haben die Älteren Normen und Werte verinnerlicht, die für die jüngere Generation nicht mehr zeitgemäß erscheinen. Nicht das biologische Alter ist dabei entscheidend, sondern die Inkorporierung von sozialen Strukturen einer nun nicht mehr existierenden Arbeitswelt und Betriebskultur und der mit ihr verbundenen Werte. Aufgrund der Trägheit und Beharrungskraft des Habitus entsteht damit ein »positionsspezifisches Elend« (Bourdieu). Damit ist – in Abgrenzung zum »lagespezifischem Elend« – ein Leiden nicht an den substanziellen Lebensverhältnissen gemeint, sondern an Differenz- und Distanzierungserfahrungen (Schultheis 1997): Es sind gerade die wahrgenommenen Unterschiede und die relative Benachteiligung (auch gegen »früher«), die Frau Gubser Probleme bereiten.

DAS BILD VOM EIGENEN BETRIEB

Herr Paul sieht dieselben Verkehrsbetriebe hingegen in einer Phase der (Image-) Verbesserung. Während Frau Gubser ihre Verfallsgeschichte erzählt, die unaufhaltsam scheint und ihr zunehmend die Freude an der Arbeit nimmt, blickt Herr Paul hoffnungsvoll in die Zukunft. Er berichtet:

Also das Image ist natürlich schon nicht so gut, wie es vielleicht früher war. Also ich kann jetzt da nicht sagen, wie es genau ist. Also man sagt einfach – man hört einfach, der ehemalige Chef hat den Betrieb zu Tode gewirtschaftet fast und man hatte dann sehr alte Autos. Andere Betriebe hatten alle Niederflur, bei uns mussten Sie noch drei Tritte hinaufsteigen. Bei anderen Betrieben konnten Sie mit Münzen bezahlen, der Automat gab Rückgeld, bei uns mussten Sie *passend*. Das sind lauter solche Sachen, die natürlich für den Fahrgast umständlich sind, die natürlich dann schon dazu geführt haben, dass halt unser Betrieb ein etwas schlechteres Image hatte, und das haben wir jetzt – sind wir dran zu verbessern. Wir haben neue Autos, neue Fahrkartenautomaten und man probiert alles, um auch wieder auf dieses Niveau zu kommen, die beispielsweise die Postautos haben, und das ist einfach schwierig. (...) Also ich denke, es ist noch ein langer Weg, aber wenn der Betrieb gut weitermacht, dann wird das Image sicher besser. Also vielleicht auch der Imageverfall. Man hat dann natürlich auch ausländische Mitarbeiter eingestellt, halt auch solche, die dann sehr schlecht Deutsch sprechen, und wenn Sie als Fahrgast merken, dass der Chauffeur kein Deutsch kann, er kennt sich nicht aus in dem Ort – das gibt ganz... Das gibt halt schnell ein schlechtes Image. Aber diese Chauffeure besuchen jetzt einen Deutschkurs seit einem halben Jahr. Jede Woche... jede Woche eine Stunde oder eineinhalb, und die Ortskenntnisse will man auch verbessern von denen. Ja, man möchte schon, dass... (.) dass es nicht so schlecht herüberkommt. Nur das Problem ist halt einfach... Ja, *gute* Chauffeure zu finden ist eben auch schwierig, weil wenn Sie jetzt nur in die nächstgrößere Stadt gehen, verdienen Sie halt gleich noch mal 1000 Franken mehr. (...)
— Von Ihrer Familie her kennen Sie das noch, die vom Vater und vom Großvater, oder? War das dann früher eher so auch wie heute beim Postauto, so dass die Qualität wie ein bisschen schlechter geworden ist, weil der Zeitdruck größer geworden ist und die Passagierzahlen höher sind und so weiter?
Herr Paul: Also früher war natürlich... hatten sie auch viel mehr Personal hier. Auch am Morgen musste ein Chauffeur nie einen Bus richten. Da gab es extra fünf Leute, die am

Morgen alle Busse gerichtet haben, alles aufgefüllt haben. Oder auch am Nachmittag hat man... Ja, früher hat man mit Anhänger gearbeitet. Da hatten sie in den Stoßzeiten einen Anhänger dran, wenn die Stoßzeit vorbei war, haben sie den Anhänger an der Endhaltestelle abgestellt, haben den Anhänger gewischt, geleert, die Abfalleimer – da hatten sie die Zeit – und sind nachher dann wieder weitergefahren mit ihrem Solowagen. Und die Zeit hat man einfach nicht mehr. Also ist klar, die Stadt will, dass man effizient arbeitet. Der Kanton will, dass man effizient arbeitet, und der Bund. Entsprechend sind halt diese Zeiten gekürzt worden. Man fährt immer mehr, man hat aber nicht unbedingt viel mehr Chauffeure und ja, dann bleibt halt gewisses Zeug auf der Strecke liegen.

BEZIEHUNG ZU DEN FAHRGÄSTEN

Herr Paul und Frau Gubser sprechen zwar von den gleichen objektiven Gegebenheiten, bewerten diese jedoch völlig unterschiedlich, sehen an anderen Stellen »Probleme« und gehen anders mit diesen um. Auch ihr Sprachstil ist völlig unterschiedlich: Während Frau Gubser ausführlich Stellung zu unterschiedlichen Themen bezieht, antwortet Herr Paul eher knapp und präzise. Auf der einen Seite steht ein Abgesang, auf der anderen ein kurzes »Daumen hoch«. Auch mit auftretenden Problemen und Herausforderungen kann Herr Paul viel gelassener umgehen als Frau Gubser. Dies wird klar, wenn beide über das Verhältnis zu bestimmten Fahrgästen sprechen. Bei Herrn Paul klingt das so:

— Aber macht das nicht Stress? Ist das nicht richtig anstrengend, ich meine, im Verkehr? Dann ist der Bus noch voll vermutlich, oder?
Herr Paul: Ja, am Anfang war es anstrengend, aber irgendwann sagen Sie sich: »Ja, ich kann ja auch nichts dafür.« Also Sie fahren ja dann auch einfach und wenn es halt viele Autos gibt, ist es halt langsamer und die Leute sagen nichts. Also wenn sie drei Minuten zu spät kommen, sagt kein Mensch etwas am Abend, also...
— Das heißt, da braucht man auch als Fahrer selbst ein bisschen Gelassenheit einfach?
Herr Paul: Auf jeden Fall! Wenn natürlich jemand zu Ihnen kommt und Sie haben Stau und man sieht alle Autos stehen und dann kommt einer und sagt: »Ich muss dann auf den Zug um 18.02«, dann lächle ich den an und sage: »Ja, dann müssen Sie halt laufen, dann sind Sie schneller.« Also erstens kann ich mit der Bahn keinen Kontakt aufnehmen, zweitens wartet die Bahn sowieso nicht und drittens weiß der, dass es am Abend einfach etwas länger dauert. Also da rege ich mich gar nicht auf. Da sage ich zu dem: »Ja, es fährt 18.22 wieder ein Zug«, weil ich es nicht ändern kann. Also man wird mit der Zeit schon etwas gelassener. (...) Vom Betrieb her. Von den Kunden her ist es klar: Die wollen nach A... von A nach B. Die älteren Leute sind freundlich, die jüngeren Leute, denen ist es scheißegal, wer fährt, Hauptsache, sie kommen an. Die Leute zwischen 30 und 40, das sind dann die, die eigentlich schon langsam etwas freundlicher sind wieder, also die den Chauffeur wieder eher als Menschen anschauen. Aber die alten Leute, das ist zum Teil sehr herzlich. Da machen Sie, wenn Sie hinfahren, die vorderste Türe auf, damit die Person schon mal nicht

drücken muss, und dann ist diese Person schon fröhlicher, dann setzt sie sich nachher hin, oder Sie sagen noch »Grüezi« und dann sagt diese Person nachher auch »Grüezi«, dann fängt sie irgendwie ein Gespräch an und dann reden sie mit Ihnen drei bis vier Minuten ein bisschen während der Fahrt und am Schluss, wenn diese Person aussteigt, dann gibt sie Ihnen vielleicht eine Packung Kekse oder einen Apfel oder was weiß ich. Also die alten Leute, die sind diesbezüglich schon noch viel herzlicher.

– Ich meine, eigentlich ist das... Ihr Beruf ist ja auch sehr verantwortungsvoll. Also eigentlich haben Sie ja die Verantwortung über – ich weiß nicht, wie viele Leute da drin sind, oder? Und als Fahrgast vertraut man sich ja auch der Person an, die eigentlich fährt, oder? Ich meine, das kann...

Herr Paul: Ja, das... das ist schon so.

– Aber haben Sie das Gefühl, das wird von den jüngeren Leuten gar nicht so geschätzt?

Herr Paul: Überhaupt nicht, nein! Die Jüngeren, die wollen wirklich nur von A nach B, möglichst schnell, und die interessiert es weder, wer fährt, noch interessiert es sie in dem Sinne, wie sie den Bus nachher hinterlassen. Also ich habe noch nie jemanden gesehen, der 70 ist, der irgendwie sein PET-Fläschlein im Bus liegen lässt oder seine Taschentücher auf den Boden wirft absichtlich, oder die Zeitung zerfetzt und verstreut. Da habe ich noch nie jemand Altes gesehen, aber die Jungen, die... Die machen das, weil die Jungen sagen sich ja auch: »Ja, ich bekomme ja das Jahresabonnement von den Eltern bezahlt.« Die haben einfach... (.) Ja, die sind einfach noch nicht so weit im Kopf im Prinzip, dass sie sich sagen: »Ja irgendwann muss ich mit meinen Steuern auch etwas bezahlen und wenn ich so viel... oder wenn ich einen Sitz verschneide – ich meine, wer bezahlt den Sitz am Schluss? Da bezahlen alle Leute.« Einfach diese Gedanken – eben, sie sind halt noch jung und denken noch nicht so weit, aber... Also *ich* finde, mit denen kommt man auch klar. Also ich bin halt der Typ Chauffeur, der dann wieder einmal aufsteht und nach hinten geht und sagt: »Wenn du aussteigst, dann liegen hier keine Fetzen mehr und vorher geht dann halt einfach keine Türe auf.« Und dann funktioniert das auch. (.) Auch wenn jetzt jemand mit dem Kebab, der halt schon tropft... zu dem hingehe und sage: »Du, geh doch schnell hinaus um weiter zu essen, es kommt in zehn Minuten wieder ein Bus und dann hast du fertig gegessen.« Es geht mir nicht darum, diese Person zu plagen, sondern es geht mir wirklich darum, dass einfach der Bus bis morgens um eins einigermaßen anständig aussieht.

Frau Gubser reagiert weniger gelassen; als unangemessen eingeschätztes Verhalten scheint für sie dramatischer zu sein. Sie berichtet:

Frau Gubser: Es ist äh... es hat sich sehr stark verschlechtert alles. Also die Leute sind aggressiv, und sie sind auch (.) – wie soll ich das sagen? – zum Teil einfach arrogant. Und äh, *frech*. Also es ist mittlerweile schlimm, wenn man etwas sagt. Die Antworten, wo da kommen, oder. Also und dann muss man sich eben schon beherrschen können. Da musst du einfach immer cool bleiben. Ja, und äh..., also *ich* sage halt immer noch, seit der Balkan da reingekommen ist, ist es losgegangen. Es ist so. Also ihr merkt das da draußen auch, bei euch draußen [in Deutschland].

— Also es ist jetzt hauptsächlich ein Problem von ausländischen Fahrgästen, nicht von Schweizern, oder?

Frau Gubser: Nein, nein nein, die Schweizer sind natürlich dann eben auch involviert, wenn sie dann sehen, dass die kommen. Also... also die Ausländer helfen einander ja alle. Wo dann die Schweizer, das sind die Randständigen, wo dann... aber *die* kennen wir. Also die, wo da immer herumstreunen, oder. *Die* kennen wir, oder. Also die Stadt ist da *noch* nicht so groß, dass man es... ja. (.) Aber eben, dann kommen sie und haben das Gefühl, oder dann sagen sie,»oh, die haben immer Verspätungen!« Dann kommen die Leute!»Ja, die haben immer Verspätungen!« Ja, das ist dann denk automatisch, oder, wenn es dann Verspätungen gibt, erst wenn sie dann ja, ja, wenn auch zum Einsteigen, ist mittlerweile furchtbar. Das ist auch ein Kapitel.

— Das Einsteigen? Inwiefern?

Frau Gubser: Ja, wenn sie so langsam reinkommen, Natel [Handy] und Ding, und das Natel ist ihnen lieber da zum Schwätzen da wie das... oder stehen vor der Tür und dann drücken sie da bis... und dann nachher, wenn du abfahren willst, kannst du nicht, weil die Türe noch offen ist, oder. Aber ja, da denke ich, man könnte ja mal einsteigen, also...

— Okay.

Frau Gubser: Ja. Also das... ja. Die schlafen fast.

— Also die Kundschaft hindert Sie mittlerweile da dran, Ihre Arbeit zu machen?

Frau Gubser: Ja. Mo moll, die haben das Gefühl, wir hätten genug Zeit. Oder die schauen gar nicht. Ja.

— Ja, da hat sich dann doch so einiges geändert so im Laufe der Zeit, wo Sie angefangen haben zu jetzt.

Frau Gubser: Ja. Ja. Eben die Jungen, die Jungen, das könnte man... man sollte eine Nadel nehmen und denen in den Arsch rein stechen. Dann würden sie wieder mal... man sieht ja schon, wie sie daherkommen. Und so wird dann mal geschafft. Die Devise ist ja immer so gewesen: So wie sie daherkommen, so wird geschafft. Komme ich heute nicht, komme ich morgen. Es ist wie in Amerika. (.) Alles. Das ist .. sie haben das Gefühl gehabt, was Amerika macht, ist supergut! Dabei ist das so schlecht! Kein Vorbild! Das habe ich schon vor Jahren gesagt.

Neue Herausforderungen

Wenn neue Buslinien heute nicht mehr in der Dienstzeit abgefahren werden, sondern in der Privatzeit erkundet werden müssen, scheint das für Herrn Paul keine große Sache – für Frau Gubser hingegen ist dies eine Zumutung. So fährt Herr Paul die neue Linie gerne und häufig und empfindet sie als sehr angenehm, von Frau Gubser dagegen wird sie nicht gefahren, weil keine gemeinsame Einführung stattfand.

— Und so mit diesen Linien, die ausgebaut werden, oder Takte, die ausgeweitet werden, finden Sie das auch richtig und wichtig, oder sagen Sie, da wird zu viel gemacht?

Frau Gubser: (.)
— Also wenn wir jetzt grad das Beispiel mit dieser neuen Linie nehmen, wo sie dann ganz viel Überstunden fahren müssen, weil das...
Frau Gubser: Ich bin *nie* dort unten.
— Sie gehen gar nicht?
Frau Gubser: Nein. Ich gehe nicht dorthin. Also, das ist jetzt etwas... ich habe gesagt, man hätte ja dorthin gehen können, einfach, zum Schauen, wo es langgeht, ich habe *null* Ahnung, wo es langgeht, und ich habe gesagt, *früher*, wenn irgendetwas Neues gewesen ist, hat man *immer* das Zeug abgefahren und ist schauen gegangen, das Zeug anschauen gegangen. Und jetzt heißt es einfach: »Ihr könnt schauen gehen.« Obwohl mit ein paar sind sie dann schon dort gewesen, sind sie schauen gegangen. Aber ich habe gesagt: »*Ich* gehe nicht freiwillig dorthin. Ohne das. da möchte ich Arbeitszeit haben. Das ist für Arbeitszeit«.
— Ah, das heißt, in Ihrer Freizeit sollten Sie sich das anschauen?
Frau Gubser: Ja. Und dann habe ich gesagt: »*Das* mache ich nicht.« Und es ist auch niemand gekommen, und dann habe ich gesagt: »Ich gehe auch nicht dort runter.« Ich habe keine Ahnung, wo lang. (.) Das ist auch mittlerweile ein Trend von hier, also ja, kannst eigentlich selber schauen. Die neue Linie hier...(.) Ja, hat niemand... hast du nie fahren können. Ich habe auch gedacht, ja, dann habe ich mal einen gefragt, ich habe dann gesagt, »du, ich muss mal die Linie, ich habe keine Ahnung, wo die langgeht«. Und dann hat er mir das dann erklärt, und dann habe ich gesagt: »Ja, ich schaue mal. Und wenn ich halt nicht an den richtigen Ort hinfahre, das ist doch mir egal.« Oder. Also dort habe ich, da muss ich sagen, wenn sie es mir nicht zeigen, dann ist es, pf. Und *separat*, also selber schauen gehen, wäre ich nicht gegangen.
— Mmh. Und früher war das so, dass man gemeinsam das abgefahren ist?
Frau Gubser: Jawoll. Jawoll.
— Und warum macht man das heute nicht mehr?
Frau Gubser: Kostet zu viel. (.) Also denke ich. Das kostet ja alles zu viel, oder.
— Haben Sie das Gefühl, hier wird mittlerweile anders aufs Geld geschaut als auch schon?
Frau Gubser: Ich weiß es nicht. Ich kann es Ihnen nicht sagen, was hier, also die eine Seite nein und auf die andere Seite wieder ja.
— Also es wird anders ausgegeben, als wie Sie es für unter Umständen sinnvoll halten würden?
Frau Gubser: Ja. Ich meine, das kann es ja nicht sein, dass die Chauffeure selber schauen gehen müssen. Das hat es ja früher nie gegeben! Also wirklich nicht. Und auch die Fahrschulen, die gehen viel zu schnell. Das kommt auch noch dazu.

Herr Paul hat indes – wenig verwunderlich – eine ganz andere Einstellung zu neuen Aufgaben:

— Aber Sie sind einfach an vielen Sachen interessiert, oder?
Herr Paul: Ja, ich bin natürlich jung! Ich sage mir: Jede Chance, die du kannst, musst du packen, musst du einmal schauen, ob es gut ist und... Ja.

— Das macht wahrscheinlich auch nicht jeder so, oder? Vielleicht sind manche froh, wenn sie irgendwo die Routine haben.

Herr Paul: Ja, auf jeden Fall. Also es gibt solche, die sagen auch, wenn eine neue Linie kommt: »Oh! Die will ich nicht fahren! Ich bin zufrieden mit denen, die ich fahre.«

— War wahrscheinlich bei der neuen Linie genauso.

Herr Paul: Ja, ja!

— Ist ja noch relativ kurz dabei, ja.

Herr Paul: Es gibt auch solche Chauffeure, die sind jetzt in den drei Jahren, die wir dort unten fahren, noch nie dort gewesen. Die wissen gar nicht, wo es durchgeht. Weil die einfach sagen: »Ich muss nicht, ich brauche es nicht. Ich fahre hier oben, fertig.« Und das ist das Schöne an dem Betrieb eigentlich, (.) man ist ziemlich flexibel. Es ist zwar ein großer Betrieb, aber trotzdem ist man nicht eine Nummer als Chauffeur, sondern man wird noch als Mensch angeschaut.

Rückblick oder Zukunftsperspektive?

Die Verfallsgeschichte, die die kurz vor der Pensionierung stehende Busfahrerin erzählt, bedient sich immer wieder rassistischer Erklärungsansätze. Ähnlich wie im Falle der Ablehnung der jüngeren Kollegen handelt es sich dabei um eine Personifizierung von strukturellen Veränderungen, die negativ beurteilt werden. In dieser Kritik an die falschen Adressaten findet Frau Gubser Erklärungen für die Veränderungen, unter denen sie leidet. Das macht deutlich, dass neben »Alter« bzw. Generationenzugehörigkeit – Kategorien, die von den beiden Befragten selbst als Erklärungsansätze eingebracht werden – weitere Faktoren eine Rolle spielen, um die Unterschiedlichkeit in der Beschreibung der (Arbeits-)Welt verstehen zu können. Eine wichtige analytische Kategorie stellt hier ebenfalls das Geschlecht dar: So hat es Herr Paul als Mann wesentlich leichter, sich in der Männerwelt der Busbetriebe zurechtzufinden, während Frau Gubser zu einer Zeit in den Betrieb kam, in der es nahezu keine Frauen als Fahrerinnen gab. Auch wenn oder obwohl Frau Gubser ihre Rolle als Frau nicht thematisieren will, ist davon auszugehen, dass der Weg zur Akzeptanz lang war. Eventuell erlebt sie den Verlust der »alten Zeiten« umso schmerzlicher, weil sie für ihre Anerkennung im alten Regime hart kämpfen musste und der empfundene Verlust des erreichten Status nun umso schwerer wiegt.

Darüber hinaus spielt auch die soziale Herkunft der Akteure keine unbeträchtliche Rolle: Herr Paul entstammt einer Busfahrerdynastie, was ihm ein gewisses Standing im Betrieb verschafft. Frau Gubser hingegen entstammt sehr einfachen Verhältnissen und hat – ohne Berufsausbildung – eine gewisse Stellung erreicht, die sie nun durch (ihrer Meinung nach »illegitime«) Konkurrenten bedroht sieht.

Hier zeigen sich also nicht nur alters- bzw. generationenspezifische Habitus, sondern auch klassen- und geschlechtsspezifische Effekte auf Denk- und Handlungsmuster sowie das Rekurrieren auf die eigene lokale und nationale Zugehörigkeit.

Unsere beiden Probanden liefern uns, obwohl sie gewissermaßen im »selben Boot« bzw. Bus sitzen, ähnliche Routen in gleicher Uniform fahren und die gleichen Fahrgäste bedienen, sehr unterschiedliche Einschätzungen ihrer beruflichen Alltagswelt. Natürlich könnten hier auch persönliche bzw. charakterliche Eigenheiten eine Rolle spielen, wenn man unterstellt, dass man es mit einem Optimisten hier und einer Schwarzseherin dort zu tun haben könnte. In den Zeugnissen beider Akteure finden sich jedoch eine ganze Reihe jeweils signifikanter Hinweise darauf, dass es nicht nur um je singuläre subjektive Befindlichkeiten und Einstellungen geht, sondern um sozial typische Dispositionen, zusammenhängend mit sozialen Flugbahnen und generationsspezifischen Erfahrungszusammenhängen, welche unsere beiden Gewährsleute mit anderen Berufsmenschen ähnlichen »Profils« teilen. Die von Frau Gubser in ihrer langjährigen Berufstätigkeit gemachten Erfahrungen der schrittweisen Entwertung statusmäßiger Attribute, zum Ausdruck kommend im Mangel an Respekt vor der Institution »öffentlicher Verkehrsbetriebe«, ihren Vertretern und deren Leistungen durch die soziale Umwelt im Allgemeinen und ihren Klienten im Besonderen, wird für Frau Gubser zu einer Infragestellung der von ihr geleisteten biographischen Investition an Lebenszeit, Motivation und Energie, aber auch der Identifikation mit einer Institution des öffentlichen Dienstes, deren einstmalige Aura kläglich zusammengeschrumpft, durch und durch zur Dienstleistung und einem Job wie jeder andere veralltäglicht ist.

Der empfundene Verlust an Anerkennung geht einher mit deutlichen Ressentiments gegen zwei soziale Kategorien von Personen, die aufgrund des in ihren Augen geringeren Legitimationsanspruchs eigentlich besonderen Respekt zeigen müssten – Jugendliche hier und Ausländer dort und in der Potenzierung »junge Ausländer« –, und gerade diese Gruppen zeigen sich in ihren Augen besonders respektlos.

Herr Paul ist selbst Kind einer Zeit, in der die von Frau Gubser beklagten neuen Verhaltensstandards zur Normalität geworden zu sein scheinen und für ihn keinen besonderen Grund zum Klagen ergeben. Es scheint ganz so, als ob sich das, was man gängigerweise »Generationenkonflikt« zu nennen pflegt, in unseren kontrastiven Fallbeispielen aus der Arbeitswelt des heutigen »öffentlichen Dienstes« in geradezu prototypischer Weise zum Ausdruck kommt. Die objektiven Strukturen dieser Arbeitswelt haben sich im Laufe der letzten Jahrzehnte stark gewandelt, der Habitus der »unter früheren Bedingungen« in sie hinein sozialisierten Mitarbeiter jedoch erweist sich von ganz besonderer Beharrungskraft und wird zu einem normativen Konservatismus, dem Wandel als Bedrohung erscheinen muss. Auch Herrn Pauls positiv-optimistisches Gesamtbild dürfte in den Augen und Ohren seiner älteren Kollegin wie ein Affront wirken. Es ließe sich abschließend auch vermuten, dass beide so entgegengesetzten Wahrnehmungen und Bewertungen ein und derselben Arbeitswelt mit Einstellungen und

Verhaltensweisen einhergehen, die selbst wiederum im Sinne einer »sich selbst erfüllenden Prophezeiung« reale soziale Wirkungen erzielen und dazu beitragen, dass Herr Paul in seinem Kollegenkreis bestens integriert ist und sich hier wohl aufgehoben fühlt, während Frau Gubser mehr und mehr auf Distanz zu ihnen geht und sich dabei auch aktiv ausgrenzt.

Beide Erzählungen erinnern an die Parabel »Boule de suif« (Fettklößchen) bei Guy de Maupassant. Es geht um einen Pferdewagen, bei dem eine Person vorne auf dem Bock sitzt und den eingeschlagenen zukünftigen Weg vor Augen hat, während die andere hinten mit dem Rücken zur Fahrtrichtung sitzt und den zurückgelegten Weg sich zwischen den Rädern des Wagens »abspulen« sieht. Unterschiedliche Positionen – unterschiedliche Perspektiven – unterschiedlich (erlebte) Wirklichkeiten.

Es gehört zum »Schicksal« von Generationen, dass sie beim Eintritt in eine spezifische Arbeitswelt immer auf ein mehr oder weniger offenes Feld des Möglichen treffen, welches ihren Mitgliedern mehr oder minder attraktive und verlässliche Lebenschancen eröffnet. Von einer Generation zur nächsten können sich Arbeitswelten radikal wandeln, im Laufe des Arbeitslebens einer Generation aber auch, wie wir das soeben anhand des »Schicksals« einer älteren Busfahrerin in Kontrast zu den Erfahrungen und Einstellungen eines jüngeren Kollegen erkennen konnten.

Im nachfolgenden Dialog zwischen zwei Ärztinnen des gleichen Spitals wird die Frage der generationsspezifischen Erfahrung in einer konkreten Arbeitswelt mit der Frage nach dem besonderen »Geschlechtsschicksal« von Frauen verknüpft und aufgezeigt, wie sehr sich im Laufe einer Generation ein Berufsethos und die mit ihm verknüpften Selbstverhältnisse verändern können und wie unterschiedlich Frauen beim schwierigen Balanceakt ihrer Work-Life-Balance entscheiden und handeln.

Vom »Dienen« mit Leib und Seele zur »Work-Life-Balance«

Metamorphosen des ärztlichen Habitus
am Beispiel zweier weiblicher Berufsbiographien

Franz Schultheis/Tina-Maria Willner

Die hier präsentierte soziologische Analyse geht anhand zweier ausgewählter qualitativer Interviews mit Ärztinnen des gleichen Schweizer Kantonsspitals der Frage nach dem Wandel von institutionellen Strukturen und beruflichem Habitus, also objektiven Gegebenheiten der ärztlichen Arbeitswelt und subjektiven Dispositionen und Selbstverhältnissen innerhalb einer von beschleunigten Transformationsdynamiken betroffenen Sphäre des öffentlichen Dienstes, nach. Hierbei gilt der Frage nach dem soziohistorischen Wandel eben dieses »öffentlichen Dienstes« ein ganz besonderes Erkenntnisinteresse.[1]

Wie kaum ein anderer Sektor der Arbeitswelt stehen die öffentlichen Dienstleistungen im Spannungsfeld starker wirtschaftlicher Restriktion und öffentlicher Anforderung. Strategien effizienter Mittelverwendung müssen mit der Sicherung des Gemeinwohls in Einklang gebracht werden. Die Qualität gesellschaftlichen Zusammenlebens wird in Zukunft nicht zuletzt davon abhängen, welche Wege in der Herstellung öffentlicher Güter von den Mitarbeiterinnen und Mitarbeitern öffentlicher Dienste gefunden werden.

---

1 | In diesen Beitrag fließen Material und Befunde aus einem dem DACH-Forschungszusammenhang angegliederten Projekt von Tina Willner ein. Ihre Promotionsarbeit »Vom Halbgott in Weiß zum Unternehmer: Chefärzte und die Ökonomisierung des Gesundheitswesens«, die in Zusammenarbeit mit einem Schweizer Kantonsspital entstand, beschäftigt sich u.a. mit der zunehmenden Migration von Kaderärzten aus öffentlichen Krankenhäusern. Dank zahlreicher Experteninterviews mit Chefärzten und Leitenden Ärzten öffentlicher und privater Spitäler konnten weitere Forschungsschwerpunkte wie die Auswirkungen der Privatisierungswellen und der Managerialisierung und (De)professionalisierungstendenzen auf den Arztberuf kritisch beleuchtet werden.

Das Forschungsvorhaben sollte neue Einsichten darüber bringen, mit welchen Chancen und Belastungen, mit welchen Widersprüchen und Konflikten die veränderten Arbeits- und Beschäftigungsbedingungen für diejenigen, die im Dienste öffentlicher Güter stehen, verknüpft sind. Weitgehend unbemerkt von der breiten Öffentlichkeit veränderten sich in den letzten Jahrzehnten deren Arbeitsbedingungen durch neue Organisationskonzepte, Privatisierung und Rationalisierung grundlegend. Der öffentliche Sektor folgt neuen Leitbildern, die stärker privatwirtschaftlich geprägt sind. Das Projekt möchte die Umbrüche aus der Perspektive der Beschäftigten nachzeichnen und analysieren, wie die betroffenen Personen die Entwicklungen deuten und verarbeiten.

Gefragt wird u.a., wie sich diese Veränderungen auf die Erwerbsbiographien, beruflichen Identitäten und das Arbeitsethos der Beschäftigten auswirken. Diesen und anderen Fragen wird nachfolgend am Beispiel weiblicher Berufsbiographien innerhalb der Krankenhaus-Ärzteschaft nachgegangen. Auf den ersten Blick mag dieses Beispiel wenig repräsentativ wirken, waren solche Karrieren doch bis vor kurzem noch durchaus selten und, wenn überhaupt, in der Regel auf untere hierarchische Stufen beschränkt. Dies trifft durchaus auf die jüngere der beiden nachfolgend ausführlich zu Wort kommenden Probandinnen zu. Sie hat sich bewusst und gezielt für eine spezifische Form der Work-Life-Balance entschieden und befindet sich in einer für ihre Bedürfnisse geradezu maßgeschneidert wirkenden beruflichen Position, die ihr die gewünschte optimale Vereinbarkeit von Familie und Beruf ermöglicht. Damit scheint sie im Übrigen dem seit kurzem im Schweizer Krankenhauswesen herrschenden neuen Arbeitsregime, basierend auf einer klaren arbeitsrechtlichen Regulierung der Arbeitszeit, geradezu idealtypisch zu entsprechen. Die ältere der beiden hingegen, eine Generation früher in diese damals noch deutlich als Männerdomäne konnotierte Berufskarriere tretende Gesprächspartnerin verkörpert ebenso idealtypisch das überkommene Arbeitsethos des alten Krankenhausregimes, und dies sogar in der besonders exponierten und fordernden Position und Rolle einer Chefärztin, eine für Frauen ihrer Generation höchst selten erreichte Karrierestufe.

In dem hier präsentierten »Dialog« zweier unterschiedlicher biographischer Werdegänge und Identitätskonstruktionen wird bewusst polarisierend verfahren, um verstehend nachvollziehbar zu machen, dass es sich zwar um entgegengesetzte weibliche Selbstentwürfe im Spannungsfeld familialer und beruflicher »Karrieren« handelt, beide auf ihre je eigene Art jedoch völlig stimmig und konsequent erscheinen und das »Feld des Möglichen« gemäß den je eigenen normativen Ansprüchen an ein »gelungenes Leben« nutzen. Trotz der zunächst offenkundigen Gegensätzlichkeit der beiden Lebensentwürfe kommt dennoch auf markante Weise das von beiden geteilte weibliche »Geschlechtsschicksal« zum Ausdruck, zwischen den Erfordernissen und Anforderungen zweier getrennter Lebenswelten – Beruf und Familie – und zwischen zwei verschiedenen Funktionen – produktive Tätigkeit hier, Reproduktions- und Regenerationsarbeit dort – zu vermitteln und eine schwierige Balance zu finden.

Wie gezeigt werden soll, entscheidet sich die ältere der beiden Probandinnen für eine steile Berufskarriere und eine Form des Dienstes am öffentlichen Gut Gesundheit mit »Leib und Seele« und einer an eine »totale soziale Rolle« (Goffman) erinnernden Hingabe, unter notwendigem Tribut an Karriere und berufsständisches Ethos zu zahlenden Verzicht auf eine Familienkarriere. Diese Form des Geschlechtsschicksals wirkt aus der Sicht der traditionellen weiblichen Rollendefinition wie die Wahl zwischen »alles« oder »nichts«, nimmt sich jedoch in der von der Probandin gelieferten Erzählung ihres Lebensweges eher als eine Wahl zwischen »alles« hier oder »alles« dort aus. Demgegenüber erscheint ihrer jüngeren Kollegin, wie zu sehen sein wird, eine solch totale Rollenzuschreibung erst gar nicht im Horizont des biographisch Denkbaren, da der Kinderwunsch und das Projekt einer Familiengründung geradezu selbstevidenter Bestandteil des eigenen Lebensentwurfes sind. Damit einher geht eine ganze Reihe an ebenfalls bewusst in Kauf genommenen Verzichten, Einschränkungen und Abflachungen der biographischen Flugkurve. Für die Ärztinnen beider Generationen ist das jeweilige biographische Schicksal bei allen sichtbaren Differenzen immer noch insofern »geschlechtsspezifisch«, als ihre männlichen Kollegen vor ihren Augen ihre Berufskarrieren ohne dieses grundlegende Dilemma und ohne vergleichbare kognitive und moralische Dissonanzen absolvieren können: ein beachtliches Privileg!

Wenn wir dieser Frage hier gerade am Beispiel des Arztberufes nachgehen wollen, so liegt dies zuallererst am Gegenstand unseres Forschungsvorhabens und unseren diesbezüglichen Erkenntnisinteressen: dem öffentlichen Sektor und seinen Arbeitswelten.

Der Beruf des Krankenhausarztes war bis vor kurzem eine typische Männerdomäne, und erst in den letzten Jahrzehnten haben Frauen vermehrt Zugang zu dieser Berufswelt erhalten. Selbstverständlich waren sie auch zuvor massiv präsent, jedoch als Pflegepersonal und in einer gegenüber den männlichen Akteuren subalternen Rolle.[2] Vor dem Hintergrund der Bildungsexplosion gerade unter der weiblichen Bevölkerung unserer fortgeschrittenen kapitalistischen Gesellschaften kam es dann ab den 1980er Jahren zu einer verstärkten Feminisierung des Arztberufes im Allgemeinen und der Ärzteschaft des Krankenhauswesens im Besonderen, allerdings weiterhin in deutlich hierarchischen Abstufungen mit der dortigen Männerwelt. Dass sich in eben diesen Jahrzehnten der Feminisierung der Ärzteschaft auch ein grundlegender Strukturwandel in der Arbeitswelt Kran-

---

2 | Es sei hier en passant an die Sonderrolle der Schweiz in Sachen weiblicher Emanzipation in dieser Berufswelt erinnert. Nachdem die Universität Zürich im Jahre 1868 erstmals eine Frau, Marie Vögtlin, zum Studium der Medizin zugelassen hatte, promovierte diese – ein internationales Novum – im Jahre 1874 und eröffnete eine Arztpraxis.

kenhaus vollzog und sich im Zuge der Ökonomisierung des Gesundheitswesens unter der Ägide wirtschaftswissenschaftlich ausgebildeter und orientierter Manager ein deutlicher Machtverlust dieses Berufsstandes abzeichnete, ist durchaus signifikant, und man könnte die Hypothese aufstellen, dass beide Prozesse deutliche Interdependenzen aufweisen, die es im Folgenden zu skizzieren gilt. Erinnert sei auch schon jetzt daran, dass die von sozialwissenschaftlichen Analysen des modernen Welfare State immer wieder betonte und belegte enge Verbindung zwischen dem Ausbau der staatlichen Sicherungs- und Versorgungssysteme und der fulminanten Zunahme weiblicher Erwerbstätigkeit gerade in den Sektoren öffentlicher Gesundheits-, Bildungs- und Sozialwesen hier einen direkten Niederschlag findet. In den oft stark ideologisch gefärbten politischen Debatten, die bis in die wissenschaftlichen Diskurs hineinwirken, wird immer wieder kontrovers über die gesellschaftlichen Konsequenzen dieses Prozesses diskutiert. Kritiker machen den Vorwurf, der öffentliche Dienst ziehe die weibliche Arbeitskraft aus ihrer ureigensten und angestammten Domäne, dem familialen Haushalt und ihren dortigen Funktionen, ab in ein Erwerbsverhältnis in anonymen Institutionen, wo diese sich dann um die Kinder anderer Mütter kümmerten, anstatt um ihre eigenen, die ja in dieser Logik der Externalisierung von Reproduktionsarbeit ebenfalls einer öffentlichen Betreuungsanstalt anheimgestellt würden, Kranke und pflegebedürftige ältere Menschen in öffentlichen Einrichtungen versorgten, statt ihre eigenen Familienmitglieder in ähnlicher Situation etc. etc. Unter der halb ironischen, halb polemischen Losung »two times married to welfare state« wird dann immer wieder darauf verwiesen, dass das sich in den letzten Jahrzehnten tiefgehend und nachhaltig verändernde weibliche Geschlechtsschicksal ganz zentral der Rolle des modernen Staates verdankt. Dessen »linke Hand« offeriert den Frauen nicht nur qua Bereitstellung außerhäuslicher Betreuungseinrichtungen für ihre Kinder die materiellen Voraussetzungen einer beruflichen Tätigkeit und Karriere. Die »linke Hand« des Staates eröffnet ihnen gleichzeitig interessante berufliche Felder, welche nicht nur in den Nachkriegsjahrzehnten geradezu boomten, sondern bietet im Vergleich zu den meisten privatwirtschaftlichen Sektoren auch deutlich bessere Rahmenbedingungen für eine Doppelkarriere aus Familie und Beruf. Auch diesem Aspekt werden sich unsere Überlegungen entlang der Erzählungen unserer beiden Probandinnen zuwenden.

Diese Erzählungen sind jedoch nicht allein durch einen unterschiedlichen historischen Generationenzusammenhang gekennzeichnet, der deutlich divergierende Handlungs- und Karrierechancen für Frauen bot, sondern auch durch eine sehr unterschiedliche familiale Herkunft und je andere, mit dieser sozialen Herkunft einhergehende Affinitäten mit der Arbeits- und Lebenswelt des Ärztestandes. Während die ältere der beiden aus einer regelrechten Ärztedynastie stammt und dieser Beruf seit mehreren Generationen den sozialen Status, das Alltagsleben und das Selbstverständnis ihrer Familie prägt, ist die jüngere Kollegin Kind einer bildungsfernen Familie und ohne eine solche Mitgift. Mehr noch: Während sich im ersten Falle schon in der Kindheit ein klares Berufsziel profiliert und der eigene Vater als unerschütterliches Vorbild für die Ausprägung der eigenen berufsethischen Motive und Rollenverständnisse fungiert, wird bei ihrer jüngeren Kollegin zwar auch der Vater eine zentrale Rolle spielen, jedoch allein durch seinen ehrgeizigen Wunsch, die eigene Tochter in eine so erstrebenswerte berufliche Laufbahn einmünden zu sehen. Wenn im ersten Falle die imposante Vaterfigur als eine Art Patron über eine Art familiales Minispital nachhaltigen und mächtigen Ansporn dafür bietet, so weit wie möglich die eigene ärztliche Karriere voranzutreiben und zu perfektionieren, wird die jüngere Kollegin oft mehr durch sich bietende Gelegenheiten, pragmatische Arrangements und Kompromisse angeleitet.

Aber auch hier gibt es neben den offenkundigen Divergenzen der beiden biographischen Flugbahnen wieder bedeutsame Konvergenzen: Die künftige Chefärztin und Mitglied der Geschäftsleitung des Kantonsspitals beginnt diese Flugbahn ja auf einer beachtlichen familialen Flughöhe, die jüngere Kollegin hingegen startet von tief unten in der gesellschaftlichen Hierarchie und kann deshalb das von ihr Erreichte ebenso als beachtlichen Erfolg einer »selfmade woman« verbuchen.

An diesem Punkt unserer Polarisierung zweier individueller Werdegänge im »Dienste des Gutes Gesundheit« bedarf es einer stärkeren Kontextualisierung vor dem Hintergrund der Transformationsprozesse des betreffenden gesellschaftlichen Feldes. Denn nur auf diese Art gewinnen die beiden kontrastierenden Profile ihre soziologische Signifikanz und werden gegen den Kurzschluss gewappnet, es handele sich um irreduzibel singuläre Fälle, direkte Niederschläge zweier unterschiedlicher Persönlichkeiten und verschiedener rein subjektiver Lebensentwürfe. Die beiden hier gegenübergestellten »Generationen« stehen für zwei unterschiedliche historische Momente des Feldes der öffentlichen Gesundheitsversorgung bzw. des Krankenhauswesens der Schweiz, und zwischen diesen beiden Momenten liegt, wie bereits angedeutet, eine Phase intensiver, tiefgehender und nachhaltiger struktureller Veränderungen, ja Verwerfungen, welche den Beruf des Krankenhausarztes, seine soziale Position innerhalb dieser Institution in Relation zu anderen Akteursgruppen und nicht zuletzt auch sein berufsständisches Selbstverständnis und -verhältnis sehr grundlegend tangieren. Denn der Wandel der objektiven gesellschaftlichen Strukturen als alltagsweltlicher Handlungsraum, die Veränderung in der Verteilung von Handlungschancen der unterschiedlichen Akteursgruppen in ihm und der Wandel der Machtbalancen, nicht zuletzt zwischen den Geschlechtern, gehen in ihrer Gesamtdynamik unweigerlich mit ebenso grundlegenden Veränderungen der subjektivierten bzw. dem Habitus eingeschriebenen mentalen, ethischen und verhaltensmäßigen Dispositionen einher. Anders gesagt, galten zu der Zeit, als die ältere Kollegin ihre erstaunliche Karriere im Feld der Krankenhausmedizin startete, um Bourdieu zu paraphrasieren, andere Spielregeln, ging es um andere Spieleinsätze, wurde seitens der »Spielenden« ein anderer »Spielsinn« und andere Strategien erwartet und gefordert als 30 Jahre später, drei Jahrzehnte, die durch eine massiv beschleunigte Veränderungsdynamik charakterisiert sind.

IM DIENSTE DER PATIENTEN: WEGE IN DEN ARZTBERUF, HISTORISCHER KONTEXT UND GESCHLECHTERSCHICKSAL AM BEISPIEL ZWEIER BIOGRAPHISCHER FLUGBAHNEN

Nachfolgend präsentieren, kommentieren und analysieren wir die in qualitativen Interviews mit zwei Ärztinnen des gleichen Schweizer Kantonsspitals gewonnenen Einblicke in die jeweiligen Lebensentwürfe, den familialen Hintergrund, die Motivationen und Dispositionen, die der Studien- und Berufswahl zugrunde lagen, die Rollenwahrnehmungen und -definitionen, Karrierestrategien, Erfahrungen in der Arbeitswelt, die Beziehungen zwischen Berufs- und Privatsphäre und die in einer Vielzahl von Äußerungen, Stellungnahmen und Urteilen zum Ausdruck kommenden Habitus der beiden Probandinnen. Was sie bei vielen Gemeinsamkeiten trennt, ist zunächst der familiale Hintergrund, dann der generationsspezifische Kontext, das heißt je unterschiedliche soziohistorische Zustände des Feldes der Krankenhausmedizin und der sich dort – gerade für Frauen – auftuenden Felder des Möglichen und ihre Grenzen. Diese gehen, wie Bourdieu immer wieder unterstreicht, auch mit in die dem Habitus eingeschriebenen Grenzen des Vorstellbaren und Machbaren einher.

»DIE PURE KOPIE DES VATERS«: DIE ERBIN EINER ÄRZTEDYNASTIE

— Ich würde zu Beginn gerne von Ihnen erfahren, wie Sie zum Beruf des Arztes bzw. der Ärztin kamen?
Frau Stieger: Das ist sehr einfach, da ich aus einer Ärztefamilie stamme. Mein Vater war Hausarzt hier in der Region mit einer großen Allgemeinpraxis, damals noch ohne Spital; alles, was dazugehörte, wurde behandelt: Medizin, Unfall, Kind, Frauen, Heilkunde etc. Der Großvater war bereits Mediziner im selben Haus, seitens der Mutter auch bereits, ihr Vater war Tierarzt. Über drei Generationen verteilt, sind wir nun etwa 14 Ärzte: Humanmedizin, Veterinärmedizin, Zahnmedizin etc. Seit dem Kindergarten wollte ich schon immer Medizin machen, immer... Bei uns war die Praxis im Wohnhaus integriert, nicht mal eine Türe hat beides abgetrennt. Bei uns war immer Durchgangsverkehr, nach der Schule bin ich inmitten der Praxis im Parterre gelandet. Sie müssen sich dies wie ein Wohnhaus vorstellen, unten wohnt man und oben was auch immer. Das war ein durchgängiges Haus mit nur einer Treppe und auch nur einem Telefon. Wenn folglich ein Anruf kam, dann wusste man nie, ist dies nun privat oder für die Praxis. Bei uns waren die Praxis und der Haushalt eine Einheit.
— Wie war dies für das Familienleben?
Frau Stieger: Es gab zwei Aspekte. Das Familienleben hat man dem Beruf des Vaters untergeordnet. Er war Bezirksarzt, er war im Schulrat, in der Aufsichtskommission der psychiatrischen Klinik, er war dann noch Oberst im Militär, in der Sanität. Er war so, wie Abbe Pierre gesagt hat: »Il faut s'engager jusqu'à la mort.« Das habe ich bei ihm wirklich erlebt. Das Leben des Vaters war die Medizin, und die Mutter hat sich quasi diesem angepasst oder untergeordnet. Sie hat dort nicht direkt mitgearbeitet, außer Ferienvertretungen gemacht,

aber sie hat das ganze Büro gemacht, Rechnungen mit der Schreibmaschine geschrieben, Krankenscheine ausgefüllt etc. und eben, wenn eine Praxisschwester weg war, hat sie die Vertretung gemacht. Es ist schon so, dass der Beruf des Vaters unser Leben geprägt hat, und bereits als Kinder waren wir sehr involviert, da man jedes Telefon auch im Wohnbereich hörte. Wenn ich dieses Bild so skizziere, dann bin ich von meiner Einstellung, von der Berufsvorstellung, vom Engagement und vom Leistungsvermögen das pure Abbild, die pure Kopie des Vaters. Ich wollte immer hundertprozentig und zwar ohne Abstrich Medizin machen. Da ist bei Frauen immer noch die Frage nach Familie und Kindern. Und ich fand immer, dass wenn ich etwas mache, dann mache ich es vollumfänglich. Die Alternative war ein Bauernhof und ein paar Kinder, aber auch das hätte aufgehen müssen.

Eine berufliche Primärsozialisation wie aus dem Bilderbuch! Ein idealtypischer ärztlicher Habitus ist ihr geradezu in die Wiege gelegt worden. Der Vater als großes biographisches Vorbild ist zweifacher Patriarch: gegenüber seinen Patienten, über deren Wohl er mit väterlicher Sorge und Aufopferung wacht, wie auch gegenüber seiner Familie. Die für die bürgerliche Familie übliche Trennung von Arbeitswelt und Privatsphäre ist hier aufgehoben: Man lebt und wirkt in einem entgrenzten Lebensraum. Der ganze private Kosmos dreht sich um ihn, er bestimmt die räumlichen und zeitlichen Strukturen des Alltags. Die väterliche Praxis bildet den Kernbereich des Familienlebens, an dem buchstäblich kein Weg vorbeiführt. Die klassische bürgerliche Trennung von Arbeits- und Privatleben ist nicht vorzufinden, hingegen aber die geschlechterspezifischen Rollenbilder.

Der Vater ist auch eine Autorität des öffentlichen Lebens und nimmt eine Spitzenstellung unter den örtlichen Honoratioren ein. Hinter dieser Omnipräsenz und Omnipotenz des Pater familias wirkt eine Gesinnungsethik, die keine Halbheiten kennt bzw. zulässt. Funktionieren kann dieses radikale Berufsethos allerdings nur dank einer klaren Delegation aller Reproduktions- und Regenerationsaufgaben an den weiblichen Part der Familie. Es bedarf einer nicht minder radikalen komplementären Rolle des Mutter- und Ehefrau-»Berufes« mit ebenso totaler Hingabe, ergänzt durch Funktionen der Arzthelferin und Sekretärin. Mann und Frau ergänzen sich in Perfektion und bieten der Tochter zwei alternative, gleichermaßen stimmige und legitime Rollenmuster an, zwischen denen sie sich wird entscheiden müssen. Das Feld des biographisch Möglichen wird für sie durch die Radikalität beider Formen« des »Dienens« und der »Hingabe« klar strukturiert und sie wird zwischen diesen beiden »totalen Rollen« wählen: Laue Kompromisse, ein Sowohl-als-auch, kommen hier für den eigenen Lebensentwurf nicht in Frage. Sie entscheidet sich dafür, in die Fußstapfen des großen Vorbildes zu treten, und sie wird dies mit aller Konsequenz tun, also zuallererst unter Verzicht auf die Alternative »Bauernhof und ein paar Kinder«, welche ihrer Ansicht nach durchaus auch hätte »aufgehen« können. Sie entscheidet sich »vollumfänglich« (!) für die Medizin, die sie »ohne Abstrich« machen will und schließlich auch machen wird, denn sie bringt ja alles Notwendige und Denkbare für eine erfolgreiche Karriere in diesem Berufsfeld mit, scheint geradezu prädestiniert für sie. Wie zu sehen sein wird, durchläuft sie diesen früh gewählten Lebensweg sehr geradlinig, und es wirkt fast so, als ob die wohlbekannten geschlechtsspezifischen Hindernisse für sie ab dem Zeitpunkt, wo die große Weichenstellung zwischen beiden Lebensentwürfen erfolgt ist, nicht mehr gelten. Frau Stieger bringt vieles mit, um einen solchen beruflichen Erfolg in einer damals noch viel stärker männerbeherrschten Domäne zu haben: das große Vorbild, die seit der frühen Kindheit erworbene und dem Habitus eingefleischte Vertrautheit mit der ärztlichen Praxis im zweifachen Sinne des Wortes, wohl auch eine gehörige Portion Selbstbewusstsein und -sicherheit und einen klaren Lebensentwurf. Sie ist »Erbin«, aber, um Marx zu paraphrasieren, kann man ebenso gut sagen, dass das väterliche Erbe, das sie antreten wird, auch von ihr Besitz ergreift, sie in Beschlag nimmt. Als Erbin bringt sie das von mehreren Generationen einer Ärztedynastie erarbeitete und akkumulierte berufliche Kapital mit, der gute Name der Ahnen als symbolisches Kapital, das schon früh erworbene Know-how als kulturelles Kapital, die väterlichen Netzwerke als soziales Kapital – vom ökonomischen schweigen wir, denn wie sie selbst sagen wird: Geld hat man, darüber spricht man nicht!

Mit dieser biographischen Ausgangslage unterscheidet sich Frau Stieger mehr als deutlich von ihrer jüngeren Kollegin. Selbst wenn diese auch in den Genuss einer solchen intergenerationellen Transmission der ärztlichen Berufsrolle gekommen wäre, so doch kaum mehr in Form einer derart radikalen Immersion ab der frühen Kindheit.

»...DA HATTE MEIN VATER IMMER GEDACHT, SEINE TOCHTER WIRD ÄRZTIN, UND SO IST ES GEWORDEN«: EINE PRAGMATISCHE AUFSTEIGERIN

— War Arzt Ihr Wunschberuf? War das Ihnen klar oder ist das doch eher zufällig?
Frau Warg: Also ich wollte nie Frauenärztin werden. Ich wollte nie Psychosomatik machen. Es ist so, wie es im Leben kommt, gell? Ich habe dann halt angefangen zu studieren und habe gesagt: Gut, Frauenärztin willst du nie werden, dann mache ich mal ein Praktikum und guck mir das an. Weil da wirst du ja nie mit zu tun haben. Und dann hat es mir aber so gut gefallen und irgendwie bin ich es geworden. Und bei der Psychosomatik habe ich mir auch gedacht: Nee, so psychisch ist mir viel zu kompliziert und (.) irgendwie bin ich gefragt worden, ob ich das mache und, ähm, da habe ich mich beraten, so mit meinem privaten Umfeld. Und die haben gesagt: Ja, das machst du doch sowieso die ganze Zeit. Das passt doch sowieso zu dir! Dann dachte ich mir: Gut! Und es ist wirklich das, was mich auch am Menschen interessiert. Also nicht so die Oberfläche, mich interessiert schon, wie geht es dem? Darum bin ich wirklich zufrieden. Ich mache es super, super gerne. Dadurch, dass ich nur 50 Prozent arbeite, habe ich auch den Ausgleich, die Familie. Und wenn man so eine Familie hat mit kleinen Kindern, da ist man total froh, dass man arbeiten gehen kann. Das

schätze ich wirklich sehr! Mal in Ruhe arbeiten können. Und das ist wirklich, also für mich persönlich jetzt perfekt so.
– Was hatten Sie denn für eine Vorstellung, was Sie dann machen wollten? Also wenn Sie sagen, Sie wollten sicher nicht Frauenärztin werden?
Frau Warg: Ich wollte Hals-Nasen-Ohren-Ärztin werden. Da hatte ich ein ganz tolles Team und hab mich auch super verstanden und war wirklich toll. Und dann hat mein Vater gesagt: Das ist kein richtiger Arztberuf! Da hat er gesagt: Du hast jetzt so lange studiert für Hals-Nasen-Ohren-Arzt? Dann habe ich gesagt, na gut. Also ich habe dann auch nicht insistiert, aber so kam das irgendwie, dass ich dann doch was anderes gemacht habe.
– Aha. Aber Arzt war Ihr Traumberuf? Das schon oder war das auch Zufall?
Frau Warg: Das wollte mein Vater immer. Mein Vater hat immer gesagt: Meine Tochter wird Ärztin. Und darum habe ich mir nie Gedanken gemacht. Bei mir war das so. Das ist auch okay.
– Also Ihr Vater hat den Beruf für Sie ausgesucht...
Frau Warg: Genau. Also als ich schon ganz klein war, hat er immer gesagt: Meine Tochter wird Ärztin. Dann war mir automatisch klar, ich mache Abitur und studiere natürlich Medizin, und so kam es auch tatsächlich. Ich glaube, das ist auch nicht typisch für meine Familie, aber da hatte mein Vater immer gedacht, seine Tochter wird Ärztin, und so ist es geworden.
– Haben Sie denn noch mehr Ärzte in der Familie?
Frau Warg: Nee, gar nicht. Aber er hat, glaube ich, einfach gedacht, das ist so ein toller Beruf, da ist man auch sein eigener Chef, und der wollte immer, dass wir selbstständig sind und nicht immer unter jemandem stehen oder so als Arbeiter – das wollte er nie für seine Kinder.
– Da hat er doch das Richtige für Sie ausgesucht.
Frau Warg: Ja, wirklich. Stimmt, daran habe ich nicht gezweifelt. Eigentlich gar nicht. Ich hatte zwar schwere Zeiten, wo ich dachte: Was mache ich hier? So im Gebärsaal, wenn alles ziemlich schlimm ist, aber der Arztberuf ist okay. Also das wollte ich schon gerne.

Frau Warg hat sich den Arztberuf also nicht ausgesucht: Er wurde ihr vom Vater bestimmt, der sich diese ihm so erstrebenswert scheinende Zukunft für seine Tochter ausmalte. Ärzte gab es in ihrer Familie keine, und so kann Frau Warg den Erfolg eines beachtlichen sozialen Aufstieges für sich – und die Ambitionen ihres Vaters – verbuchen. Sie tut das allerdings auf ihre eigene, sehr bescheidene und zurückhaltende Art und lässt ihren beruflichen Werdegang unverblümt eben als weitgehend fremdbestimmt erscheinen, statt wie so häufig als Manifestation eines klaren biographischen Entwurfes, autonomer Entscheidungen und persönlicher Weichenstellungen. In die Falle der »biographischen Illusion« (Bourdieu), die uns retrospektiv den auf so vielen Zufällen, Irrwegen und Umwegen beruhenden Werdegang als folgerichtig und planmäßig bzw. wie eine persönliche »Heilsgeschichte« erscheinen lässt, geht sie nicht. Überhaupt wollte sie auch nie Frauenärztin werden oder Psychosomatik machen und ist doch dort gelandet, statt ihrem Plan zu folgen und Hals-Nasen-Ohren-Ärztin zu werden – eine vom Vater verschmähte Spezialisierung. Und auch da insistierte Frau Warg nicht, sondern folgte den väterlichen Vorstellungen. Diese waren vom Wunsch beseelt, die Kinder sollten einmal »nicht immer unter jemand stehen oder so als Arbeiter...«, wie es wohl sein eigenes Schicksal war. Und die folgsame Tochter erfüllt den väterlichen Wunsch, auch wenn es manchmal »ziemlich schlimm« wurde. Dennoch steht sie zu der väterlichen Wahl, die sie ja insgesamt zufrieden macht: Der »Arztberuf ist okay«, lautet ihre ausgewogene, aber keineswegs enthusiastische berufsbiographische Bilanz. Welch ein Kontrast zu Frau Stieger mit ihrer an Prädestinationsglauben grenzenden Zielstrebigkeit hin zur verantwortlichen Krankenhaus-Chefärztin. Frau Warg legt die für den weiblichen Habitus unter den Vorzeichen männlicher Herrschaft, sei sie väterlicher, partnerschaftlicher oder berufsweltlicher Art, so typische »soziale Bescheidenheit« an den Tag, die wir gleich auch in ihren Aussagen über ihren Alltag am Krankenhaus wieder antreffen werden, während Frau Stieger davon nur in widerständiger Form trotzigen Stolzes etwas spüren lässt.

»...JA, WENN ICH BERUFEN WERDE, DANN KOMME ICH... ICH HABE MICH IN MEINEM LEBEN MEINES WISSENS NIE BEWORBEN«: EINE FRAU STEHT IHREN »MANN«

— Weshalb entschieden Sie sich für das Spital und gingen nicht in eine Praxis?

Frau Stieger: Innerhalb meiner Ausbildung habe ich mich primär auf hausärztliche Tätigkeit konzentriert, ich habe dann sehr viel gemacht, Medizin, Chirurgie, Pädiatrie, also Kinder, Pathologie, ich habe den FMH, den Facharzt für Allgemeine Medizin, gehabt. Damals hatte man noch keine Entwürfe wie heute. Ich war damals Anfangs 30 und habe mir dann vorgestellt, und jetzt 30 Jahre am gleichen Ort in einer Praxis, ich habe mich dann schwergetan mich einfach so festzusetzen,... Am Anfang war es, um etwas Zeit zu gewinnen, und ich habe ein wenig dieses und ein wenig jenes gemacht. Ich war dann in einem öffentlichen Spital hier in der Region als erste Oberärztin, nachdem dies so konzipiert wurde, das war im '85, ich hätte auch dort bleiben können. Es gab einen Chef dort, der gesagt hat, wir können es so gut miteinander, bleib doch. Ich dachte dann, oh nein... Ich, jetzt, Leitender Arzt an diesem kleineren Kantonsspital mein Leben lang, oh Gott. Ich war dann schon etwas mehr in der Medizin drin und habe dann immer wieder zum hiesigen Kantonsspital hinaufgeschaut, da ich ja im benachbarten Kantonsspital war, und gedacht, ich war immer in kleineren Kantonsspitälern, ich hätte was verpasst und die können mehr als ich. Ich hatte so eine Ehrfurcht vor dem hiesigen Kantonsspital und habe mir dann gedacht, dass ich nun was machen muss, und ging dann an die Uni nach Zürich und schaue, wie dies so ist. Ich habe zwischenzeitlich auch noch mit der Chirurgie geliebäugelt, da dies ein sehr handwerkliches Gebiet ist, gleichzeitig kam in dieser Zeit eben auch die Entwicklung der Spezialgebiete auf. Mein Spezialgebiet innerhalb der Inneren Medizin ist medizinisch sehr breit, aber auch sehr chirurgisch, also es ist eine Kombination, da wir ja vieles von Innen machen, operieren und so. Das ist eine gute Kombination. Ich bin dann ans Universitätsspital und wusste dann aber nicht, ob ich eine Stelle kriege. Ich war dann dort auf der Medizin und meine heutige Spezialität war eine absolute Männerdomäne, noch viel, viel mehr als Chirurgie. Als ich ans Universitätsspital kam, gab es noch keine Frau, die diese Spezialität in der Schweiz gemacht hat. Es war auch relativ schwierig, eine solche Stelle zu kriegen. Ich habe diese dann gekriegt, kam dann in die Abteilung der Spezialität hinein; es ist ein Gebiet, das enorm expandiert hat. (...) Wir machen so viele Eingriffe von innen heraus (.) sehr technisch, handwerklich. Ich bin handwerklich auch ziemlich geschickt.

– Das war dann am Universitätsspital oder?

Frau Stieger: Ja. Ich war dann von '85 bis '96 am Universitätsspital und dachte immer, dass es dort noch spannend gewesen wäre. Es hätte mir dort auch eigentlich sehr gut gefallen, es war ein gutes Umfeld. Dann gab es aber einen Wechsel und ich habe bemerkt, dass ich hier in diesem Umfeld nicht bleiben kann. Ich wollte dann eigentlich ins kleinere Kantonsspital, wo ich bereits tätig war, und meinen Spezialbereich übernehmen, was eigentlich abgemacht war. Es gab auch bereits einen Handschlag mit dem Regierungsrat, da ich ja im Kanton lebe und man sich dort kennt. Da ich eigentlich dachte, dass mich das große Kantonsspital nicht groß interessiere, es war mir auch zu groß, einfach so. Dann haben sie mich aber am hiesigen Kantonsspital gefragt, es war ausgeschrieben, ich habe mich aber nicht gemeldet. Sie haben mich dann aber danach gefragt, und so habe ich mir gesagt, wenn sie mich doch fragen, dann hat mich dann eben doch der Ehrgeiz gestochen. In der Zwischenzeit kam ich im Universitätsspital natürlich voran und habe dann auch immer so ein wenig forschungsmäßig, also einfache Forschung, klinische Forschung, also kleine Sachen, nichts Hochkarätiges, gemacht und war dann auf dem Weg zur Habilitation, das wollte ich auch nie, das hat sich dann einfach so ergeben. Ich kam dann hierhin, wenn sie mich schon fragen, ich melde mich aber nicht, dafür war ich dann zu stolz, ich habe mich in meinem Leben meines Wissens nie beworben.

– Weshalb waren Sie zu stolz, wenn ich fragen darf?

Frau Stieger: Da es immer hieß, dass ans Kantonsspital jemand anders kommen sollte, der war dann aber nicht so genehm. Sie haben es dann eben ausgeschrieben, ich habe mich dann nicht gemeldet, es hat sich dann irgendein Deutscher gemeldet, der hat dann aber abgesagt, da er eine Doppelbewerbung habe. Und ich fand dann immer, also mein Vorgänger hat ja nie gesagt, dass das was für mich wäre, niemand hat je was gesagt, niemand hat mich je ermuntert, mich zu bewerben. (...) Dann war ich dann wieder zu stolz. Es hätte ja mal einer etwas sagen können, und niemand hat dann was gesagt. Und dann sagte dann der deutsche Kollege eben ab. Dann waren sie natürlich in der Bredouille. Das war dann aber lustig, einer der Professoren einer anderen Spezialität kam extra ans Universitätsspital. Jedenfalls hat er dann gesagt: »Na kommen Sie doch!«, und ich sagte daraufhin: »Ja, wenn ich berufen werde, dann komme ich.«

Es ist eine erstaunliche Mischung aus Selbstbewusstsein und Ambition auf der einen Seite, und Bescheidenheit und Zurückhaltung auf der anderen Seite, die Frau Stiegers berufliche Flugbahn kennzeichnen. Wenn ihre Flugbahn durch das Feld der Krankenhausmedizin auch noch so geradlinig und steil erscheint, kann von einer bewussten Karrierestrategie kaum die Rede sein. Vielmehr scheinen sich die Dinge ihres Lebens nach und nach wie zufällig zu ergeben: Sie bewirbt sich nie, sondern wird angeworben, umworben, sie klopft nicht an Türen, sondern wartet darauf, ge- bzw. berufen zu werden. Wenn es jedoch ihrerseits eine auf den ersten Blick passive, abwartende Haltung gegenüber beruflichen Lebenschancen (Weber) zu geben scheint, trügt dieser Schein wohl stark und ist eher mit dem Motiv zu erklären, dass sie beansprucht, in ihrem Wert erkannt und anerkannt zu werden und nicht für sich werben zu brauchen. Dieser Wert basiert allein auf fachlichen Kompetenzen und Leistungen, auf beruflicher Expertise. Sie hat im Laufe der Jahre »sehr viel gemacht« (FMH, Chirurgie, Pädiatrie…), betreibt viel medizinische Forschung, was aber sofort von ihr heruntergespielt wird (»also kleine Sachen, nichts Hochkarätiges«), wählt ein besonders breites Spezialgebiet der Inneren Medizin für ihre Spezialisierung, und die ausgerechnet – vielleicht gezielt? – in einer »absoluten Männerdomäne« als Schweizer Pionierin auf den Spuren Marie Heim-Vögtlins. Sie schreckt immer wieder vor der Idee, sich mit dem Erreichten, zum Beispiel die erste Schweizer Oberärztin zu sein und an diesem Spital dauerhaft zu bleiben, zurück, will weiterkommen und noch mehr aus sich, ihrem Beruf und ihrem Leben machen und sagt auch unverblümt, dass sie in einer bestimmten Situation vom »Ehrgeiz« gepackt wurde.

Frau Stieger ist also sehr ambitioniert, aber auf unprätentiöse Weise, immer mit hoher »Ehrfurcht« vor den Institutionen der Medizin wie etwa dem Kantonsspital, zu dem sie »hinaufgeschaut« hat, bevor sie dorthin berufen wurde. Zu stolz sein, um sich zu bewerben, könnte psychologisch als Ausdruck von Selbstzweifel interpretiert werden, erscheint in soziologischer Sicht aber eher als ein auch für Frauen, die sich an die Eroberung von Männerdomänen machen, fortbestehender Effekt symbolischer Gewalt im Kontext männlicher Herrschaft. Der weibliche Habitus geht auch in diesen Spitzenpositionen mit dem Selbstzwang zur Bescheidenheit einher und trägt gewissermaßen die berüchtigte »gläserne Decke« als eine dauerhafte Kopfbedeckung mit sich durch die Etappen der biographischen Flugbahn. Sich zu bewerben birgt das Risiko, im Falle der Ablehnung nicht nur dem Scheitern des unternommenen Versuchs, sondern auch dem Vorwurf ausgesetzt zu sein, man kenne seine Grenzen nicht, überschätze sich etc. In dieser Sicht der Dinge haben wir es also mit Formen der Widerständigkeit in einer beherrschten Rolle zu tun, zu denen Selbstbescheidung und Selbstzensur gehören und die das Feld des biographisch möglich Erscheinenden im vorauseilenden Gehorsam begrenzen. Nicht selbstbewusstes Auftrumpfen mit herausgestellten Ellbogen, wie es gerade in Männerdomänen der oberen gesellschaftlichen Sphären typisch ist, ist bei solchen weiblichen »Karrierestrategien« angesagt, sondern beharrliches Lernen und Arbeiten, Erbringen von anzuerkennenden Leistungen, die für sich selber sprechen, um nicht in die Peinlichkeit zu geraten, sie selbst anpreisen und damit hausieren gehen zu müssen. Vielleicht bietet sich aber auch noch eine andere Interpretation dieser wenig mit »Marktkonkurrenz« kompatiblen Dispositionen an. Wenn Frau Stieger vom »Dienen« spricht und sich offenkundig mit Leib und Seele dem Dienst am Menschen verschreibt, dann ist das Denken und Handeln in marktwirtschaftlichen Kategorien der Rechenhaftigkeit, der Profitmaximierung und der Durchsetzung individueller Karrierepläne wenig mit einem solchen Berufsethos vereinbar. Es scheint so, als ob sich gerade der weibliche Habitus mit dem von Ökonomien öffentlicher Güter geforderten »intérêt du désintéressement« (Bourdieu) bzw. mit der Ethik des »Dienens« und der »Gabe« in spezifischer Wahlverwandtschaft befindet. Bei allen Unterschieden der hier skizzierten Berufsbiographie gegenüber jener der jüngeren Kollegin, gibt es genau in diesem Punkt deutliche Hinweise auf ein geteiltes Geschlechtsschicksal.

»ICH HABE EINEN SUPERTOLLEN CHEF, DER ALLE FÖRDERT«: EINE FRAU SAGT, SIE HABE GLÜCK GEHABT

— Frau Warg, vielleicht erklären Sie uns zuerst einmal Ihre Position.

Frau Warg: Erst mal von meiner Position her, Spitalfachärztin, das ist so schon eine Sonderstellung. Also ich bin Fachärztin für Frauenheilkunde. Ich bin dieses Jahr jetzt genau zehn Jahre an der Klinik, habe also hier meine Ausbildung fertig gemacht, habe 2007 meine Facharztprüfung absolviert.

— Und Sie haben Ihre Ausbildung auch hier am Haus gemacht?

Frau Warg: Ja.

— Also, dass Sie 2007 den Facharzt abgeschlossen haben, das war auch schon hier?

Frau Warg: Also es ist so, nein, ich habe den deutschen Facharzt. Weil, ich komme aus Deutschland. Und da habe ich dann schon angefangen gehabt zu arbeiten, bin dann hier in die Schweiz gekommen und dann habe ich die Facharztprüfung in Deutschland gemacht, weil ich auch dort den Ärztekassen dann also angehört habe.

— Darf man fragen, warum Sie in die Schweiz kamen?

Frau Warg: Ja, das ist aufgrund des Jobs meines Mannes. Ganz klar!

— Das ist ja sehr spannend, wenn Sie den Vergleich haben, zwischen Deutschland und der Schweiz. Was fällt Ihnen denn da so zentral auf?

Frau Warg: Also erst mal ich finde das Arbeitsklima sehr, sehr gut. Also ich habe das Gefühl, ich habe auch wirklich Glück gehabt und ich bin wirklich in einem sehr, sehr guten Krankenhaus und ich habe einen supertollen Chef, der alle fördert, da bin nicht nur ich die Einzige. Er guckt halt, jeder hat so sein Spezialgebiet und die Oberärzte und Ärzte, die sich engagieren, die können sich dann da weiterbilden. Die gehen auch ins Ausland, um dort zu lernen, können zurückkommen und das ist natürlich toll, das Arbeitsklima. Das heißt mit einem guten Chefarzt, der frühere war auch sehr, sehr gut, also ich hatte jetzt einen Wechsel, aber die sind beide wirklich sehr gut. Und der jetzige, der fördert noch mehr. Also der guckt wirklich auf die Leute, und das schätze ich sehr. Und ich denke, das ist auch ein Grund, warum viele jetzt hierbleiben und nicht so weggehen. Weil, ich hatte mir auch überlegt, ob ich vielleicht in die Praxis gehe, aber mit diesen guten Arbeitsbedingungen würde ich das nicht machen.

— Was waren denn die Gründe, dass Sie sich für das Kantonsspital entschieden haben im Vergleich zu anderen Kliniken? War das einfach der Ort oder...

Frau Warg: Also ich habe mich in sechs Kliniken beworben und bin dann mit meinem Mann hier vorbeigefahren und habe gedacht: Ach, hier wirst du nie einen Job bekommen! Und das ist der einzige Job, den ich bekommen habe. Und das passt total! Wir wohnen hier in der Stadt.

— Haben Sie eine Einschätzung? Warum glauben Sie, dass Sie hier genommen wurden? Was hat für Sie gesprochen?

Frau Warg: Ich habe ein Vorstellungsgespräch gehabt und mein Chefarzt, also der damalige... Also ich denke mal von meinen Qualifikationen. Ich hatte ein Jahr Berufserfahrung; dann war ich halt im Mutterschutz ein Jahr und dann hatte er eine Stelle frei und das passte und ähm... Er hat mich auch unterstützt. Ich habe auch gesagt, ich möchte nicht mehr zu Hause bleiben. Jeden Tag Kind und Haushalt, also ich möchte arbeiten und ich wäre wirklich froh, wenn ich bei Ihnen eine Stelle bekommen würde. Und dann habe ich sie bekommen. Das ist sehr gut gegangen. Also er ist auch ein sehr mensch... Also war sehr, sehr menschlich, der Professor P., der war vorher da. Der hat viele auch so unterstützt und er hat immer einen guten Riecher gehabt, dass das Team gepasst hat, also er war wirklich gut.

— Könnten Sie sich vorstellen, in Deutschland als Ärztin zu arbeiten? Oder müsste sich da viel ändern am System?

Frau Warg: Ich habe so ein bisschen Angst, ich habe wirklich Angst, dass ich da zurückgehe und dann denke: Oh Gott! Was für eine Arbeitswelt ist das? Aber letztendlich bin ich Ärztin. Ich denke mir, die in Deutschland sind nicht schlechter oder besser als ich und ich nicht schlechter oder besser als sie. Ich kann ja eigentlich nur ein Fachgebiet. Und ich denke, wenn man sich Mühe gibt, kann man sich schon arrangieren. Also... Also ich habe ein bisschen Angst, habe ich schon davor. Dass es ein hartes Klima sein könnte, nicht dieses doch diplomatische und auch mal dieses zwischendurch, das Menschliche: Kaffeetrinken gehen, gemeinsam Mittagessen gehen – also ich habe schon ein bisschen Angst davor. Aber... Nachher denke ich: Gut. Aber die anderen Ärzte arbeiten ja dort auch. Also, und Deutschland ist ja kein Drittweltland. Also das wird schon gehen.

— Aber das heißt, das ist für Sie und Ihre Familie durchaus eine biographische Option, also zurückzugehen nach Deutschland?

Frau Warg: Nee, im Moment gar nicht. Wir sind jetzt zehn Jahre hier, wir haben ein Haus gekauft, die Kinder sind in der Schule – dann ist das schwierig zurückzugehen. Aber man weiß nie, was ist. Jetzt mit der Wirtschaftskrise, also wir versuchen flexibel zu bleiben, einfach. Also es ist jetzt wirklich was Persönliches so von meiner Familie, dass wir sagen: Was wäre wenn? Wo gehen wir hin? Was machen wir? Wenn mein Mann die Arbeit verlieren würde... So, also solche Szenarien. Aber sonst würden wir hierbleiben und hier alt werden.

— Ihre Position, die Sie hier haben, gibt es die auch in deutschen Spitälern oder ist das ein Schweiz-typisches Phänomen?

Frau Warg: Ein Spitalfacharzt gab es, als ich in Deutschland gearbeitet habe, noch nicht. Ich weiß nicht, wie es jetzt ist, aber das kannte ich dort nicht.

— Hat man das gemacht, vielleicht um Frauen auch hier zu halten? Also es hört sich so an, als wäre das eine Tätigkeit als Arzt, die sich auch Frauen mit Familie einfach auch leisten könnten im Vergleich zu allem anderen, was man hier tun kann im Spital. Hat das damit zu tun oder wissen Sie, warum das eingerichtet wurde, warum es das gibt?

Frau Warg: Ich muss ganz ehrlich sagen, ich weiß nicht, ob es primär für die Frauen ist! Weil ich kann nicht so sagen, dass die Schweiz ein so frauenfreundliches Land ist, dass die dann so was denken würden. Und da denke ich einfach so an Mutterschutz beginnt erst mit Geburt; nicht mal Entbindungstermin, sondern ab Geburt. Und das ist schon schwierig, da mit so einem Bauch bis zum Schluss zu arbeiten. Aber es ist halt so, und ich finde es nicht sehr frauenfreundlich. Ich könnte mir vorstellen, dass es deshalb eingerichtet worden ist, damit die Station... Also, dass ein Arzt, der halt jetzt nicht so die Karriere machen will, aber doch arbeiten will, da am Ball bleiben will, dass der die Möglichkeit hat, gerade wenn ich mir jetzt die Station angucke, dass er die Stationsarbeit macht, dabei ist, seinen Lohn bekommt und nicht operiert – so ist er keine Konkurrenz für die operierenden Ärzte, weil jeder versucht, seinen Operationskatalog voll zu kriegen – und dass es einfach auch sehr bequem ist. Es ist weniger Bezahlung als für Oberärzte und dass das vielleicht eher so der Grund ist.

Frau Warg ist ihrem Mann von Deutschland, wo sie ihre Facharztausbildung begonnen hatte, in die Schweiz gefolgt, ohne dort konkrete Anstellungsmöglichkeiten zu haben. Sie berichtet, dass sie ihrem Mann sogar nach China gefolgt wäre, wenn sich dieser für eine berufliche Perspektive dort entschieden hätte. Es sind die beruflichen Motive des Mannes, die die Weichen auch für sie stellen, und der Umstand, dass man gerade ein Kind bekommen hat, könnte diese Entscheidung, verbunden mit einer Elternpause für Frau Warg, erleichtert haben. Frau Warg wird also ihre Arztkarriere durch diesen Schritt erst einmal suspendieren, schaut sich aber nach dem Umzug doch nach möglichen Arbeitsstellen um u.a. am Wohnort, ist aber zunächst wenig optimistisch, hier jemals genommen zu werden. Und dann kommt doch die Einladung zum Vorstellungsgespräch und ein netter Chefarzt sitzt ihr gegenüber. Er zeigt sich »menschlich«, als sie ihre Situation schildert und ihm sagt: »...ich möchte nicht mehr zu Hause bleiben. Jeden Tag Kind und Haushalt, also ich möchte arbeiten und ich wäre wirklich froh, wenn ich bei Ihnen eine Stelle bekommen würde.« Diese Situation erinnert stark an eine traditionelle patriarchale Konstellation mit einem klaren Machtgefälle. Die um eine Stelle bittende Ärztin will heraus aus der Enge von Haushalt und Kind und zurück in den Beruf und hat, wie sie selbst sagt, »Glück«, auf einen menschlichen Arbeitgeber zu stoßen, der sie aufnimmt. Sie bekommt eine für ihre spezifische familiale Situation und die aus ihr erwachsenden Bedürfnisse regelrecht maßgeschneiderte Halbtagsstelle ohne Nachtschichten und Wochenenddienst: geradezu ideal! Und sie wird an diesem Spital die nächsten zehn Jahre bleiben. Man erinnert sich: Für Frau Stieger schien die Idee, sich dauerhaft auf ein solches Gleis zu begeben, in der gleichen Altersphase und beruflichen Situation noch völlig inakzeptabel! Aber für Frau Warg ist die Stelle so bedürfnisgerecht, dass ihr schon die Vorstellung, nach Deutschland zurückzugehen, als Horrorvision erscheint und »Angst macht«. Überhaupt scheint es die ihr auf den Leib geschneiderte Stelle an deutschen Spitälern in dieser Form gar nicht zu geben. Auf die Frage hin, ob diese Stellendefinition nicht vielleicht speziell für Frauen in Arztkarrieren erfunden wurde, reagiert sie zunächst skeptisch-zurückhaltend und unterstreicht, dass ihr die Schweiz nun nicht gerade als besonders frauenfreundliches Land erscheine. Sie erwägt andere Hypothesen und sagt: »Ich könnte mir vorstellen, dass es deshalb eingerichtet worden ist, damit die Station... Also, dass ein Arzt, der halt jetzt nicht so die Karriere machen will, aber doch arbeiten will...«. Die gewählte männliche Form »der Arzt« überrascht im Zusammenhang mit der Zuschreibung »der halt jetzt nicht so Karriere machen will« und überdeckt den immer noch vorhandenen »gender bias« in einer solchen Haltung, selbst wenn die Frage der Work-Life-Balance, wie nachfolgend entwickelt wird, tatsächlich im neuen Regime der Krankenhausmedizin generell, das heißt tendenziell auch geschlechterübergreifend eine Rolle spielt.

Jedenfalls scheint es ganz so, als lieferte das Kantonsspital das ideale Habitat zu ihrem Habitus: eine wenig stressige, mit angenehmen sozialen Beziehungen einhergehende Arbeitswelt mit großer Zeitautonomie für sie, ein überschaubares Pflichtenheft, geringe Konkurrenz, etwa um knappe und begehrte Operationsmöglichkeiten, menschliche Chefs und die Bequemlichkeit, Wohn- und Arbeitsort unter einen Hut zu bringen. Man könnte von einer optimal ausgewogenen Work-Life-Balance sprechen, und diese scheint Frau Wargs Herzenswunsch zu sein. Während ihre Vorstellung von einer pragmatischen Verknüpfung von Familienwunsch und Berufskarriere sich am Ideal eines Lebens als »langem ruhigen Fluss«, Ortsverbundenheit, ausreichendem, wenn auch nicht übermäßig komfortablem Einkommen und befriedigendem beruflichen Alltag zu orientieren scheint, wirkt der Lebensentwurf ihrer älteren Kollegin, die ja keinen Spagat zwischen Familie und Beruf zu leisten braucht, sondern alles auf eine Karte setzt und diese kompromisslos ausspielt, eher wie ein rastloses Suchen nach immer neuen Herausforderungen unter der Losung »Qui n'avance pas recule...«. Erst nach langen Lehr- und Wanderjahren lässt sie sich im Kantonsspital, zu welchem sie ja immer emporblickte und das ihr eine breite Palette immer neuer Herausforderungen bietet, nieder. Wir haben es also auch hier mit offenkundig gegenläufigen Modellen der Lebensplanung und -führung zu tun, verbunden mit je anderen berufsethischen Dispositionen. Diesen wollen wir im nächsten Abschnitt nun in umgekehrter Folge auf den Grund gehen. Zuerst kommt die jüngere Frau Warg zu Wort und beschreibt die verschiedenen Konsequenzen ihrer biographischen Entscheidungen, dann ihre ältere Kollegin, die auf die veränderten Mentalitäten in ihrem Berufsfeld zu sprechen kommt.

»JA, MAN KANN ÜBERLEGEN, OB MAN DA ABSTELLGLEIS IST...«

— Könnten Sie uns Ihre jetzige Position im Kantonsspital näher beschreiben?

Frau Warg: Ich habe hier die Möglichkeit, ein bisschen anders zu arbeiten, als es vielleicht üblich ist. Ich habe Familie, und diese Spitalfacharztstelle ist eher so am Büropersonal orientiert. Das ist, einmal habe ich eine kürzere Arbeitswoche; das heißt, als Oberarzt hat man so 52 Stunden die Woche, ich habe als Spitalfachärztin 42 Stunden pro Woche. Ich kann auf 50 Prozent arbeiten. Ich arbeite auch 50 Prozent und ich habe keine Nachtdienste und keine Wochenenddienste, keine Rufbereitschaft und habe trotzdem meine eigene Stellung. Das heißt, ich bin halt Facharzt, kann selbst entscheiden, ich muss... Also bei schwierigen Fragen frage ich schon den Leitenden Arzt oder den Chefarzt, aber ich bin von meiner Position her den Oberärzten, also zumindest in meiner Klinik, gleichgestellt. Ich habe auch in Teilbereichen eine Oberarztfunktion, wir haben so ein Beckenbodenzentrum, wo ich als Oberärztin hingehe, also was die anderen Oberärzte auch machen, oder Brustultraschall, aber hab halt jetzt nicht die Nachteile dieses Nachtdienstes. Das war jetzt für mich persönlich dieser Schritt, das zu wählen.

— Und das war jetzt aber nur für Sie jetzt möglich oder gibt es das insgesamt, ist das institutionalisiert?

Frau Warg: Das gibt es im Spital insgesamt. Das heißt, die Chirurgen haben das zum Beispiel auch, dass sie Spitalfachärzte einstellen. Zum Beispiel Allgemeinmediziner, die dann die Stationsarbeit machen; nicht operieren und dann meistens so dann Daily Work, halt auf den Stationen dann erledigen. Aber ich bin ja selbst von der Frauenklinik und hab eine Ausbildung als Frauenärztin, also ich hab da... Also ich bin da... Na ja, man kann überlegen, ob man da Abstellgleis ist. Also operieren tue ich nicht mehr. Aber für mich musste man eben überlegen, also die Vorteile waren eben die Familie, die ich haben kann, und geregelte Arbeitszeiten, die ich haben kann. Und das ist mit einer Spitalfacharztstelle schon eher zu gewährleisten.

— Das heißt aber, Sie würden eigentlich gerne operieren?

Frau Warg: Nee! (.) Das ist auch, man muss dann die Entscheidung machen... Ich denke, nicht viele würden diese Stelle vielleicht auch haben wollen. Zum Beispiel für viele ohne Familie, für die ist das nicht lukrativ. Was wollen die denn, wenn sie nicht operieren können, ist es für die nicht so attraktiv. Aber für mich, ich will schon aus Operationen raus. Also ich würde schon insgesamt, also wenn ich jetzt die Möglichkeit jetzt gehabt hätte, wäre ich schon im Operativen drinnen geblieben; aber ich selbst jetzt, muss nicht operieren. Weil, ich habe meinen Katalog voll, und man muss ja nicht immer alles machen.

— Haben Sie da den Überblick, wie viele Männer, wie viele Frauen sind auf solchen Stellen?

Frau Warg: Nur Frauen. Aber ich weiß nicht, ob es primär für die Frauen gemacht worden ist oder weil einfach Frauen, die müssen ja entscheiden, was machen sie? Machen sie jetzt Karriere oder was für Möglichkeiten bleiben ihnen? Dann nehmen die natürlich gerne so eine Stelle. Aber ob das jetzt ist... um Frauen zu unterstützen, das weiß ich nicht. Aber ich sehe das bei mir ja jetzt nicht so. Ich bin ja in meinem Fachgebiet. Und also da werde ich auch gefördert und kann auch normal Frauenarzt sein und muss jetzt nicht Stationsarbeit machen.

— Das heißt, für Sie persönlich war das auch eine Entscheidung gegen Karriere?
Frau Warg: Hmm... Gegen kann ich nicht sagen. Aber zu dem Zeitpunkt, als ich das gewählt habe, passte das. Weil eben dieser pure Oberarztstatus mit Nachtdiensten, da hätte ich jetzt auch nicht gewusst, ob ich das jetzt machen wollte mit Familie. Ja.

Frau Warg hat sich für eine Strategie der Harmonisierung von Familie und Beruf entschieden, die für ihren Lebensentwurf von zentraler Bedeutung zu sein scheint und deren Kosten sie bereitwillig, wenn auch mit einigem Bedauern und Dissonanzen in Kauf zu nehmen scheint. Bei ihrer Sicht der Work-Life-Balance kommt es offensichtlich zu einer Umkehrung: Sie schreibt »Familie« groß und definiert ihre beruflichen Pläne in Funktion dieser Life-Work-Balance, indem sie sagt: »Und wenn man so eine Familie hat mit kleinen Kindern, da ist man total froh, dass man arbeiten gehen kann...«. Keine Rede davon, dass ihr ähnlich qualifizierter Ehemann und Vater dieser Kinder auch einen Beitrag zur gemeinsamen Life-Work-Balance leisten könnte. Für sie ist die Arbeitsteilung selbstverständlich, denn als Frau müsse man halt Abstriche machen, wenn man sich eine Familie wünscht. Die Opfer, die sie hierfür erbringt, betreffen weniger die materiellen Arbeitsbedingungen, die durchweg positiv dargestellt werden: geringere Wochenarbeitszeit als Oberärzte, davon nur 50 Prozent, keine Nachtschichten, keine Wochenendarbeit. Dieser positiven Bilanz stehen aber Negativposten auf der Seite des beruflichen Status, der Autonomie und Handlungsspielräume gegenüber: Ihre Stelle »ist eher so am Büropersonal orientiert«, sagt sie lapidar, was jedoch hinsichtlich der traditionellen Berufsrolle des Krankenhausarztes wenig kompatibel, geschweige denn attraktiv klingt. Frau Warg darf in ihrem Status nicht operieren, ist dadurch dem damit verbundenen Stress enthoben, was sie wiederum positiv hervorhebt, drückt aber auch Bedauern aus: »wenn ich jetzt die Möglichkeit gehabt hätte, wäre ich schon im Operativen drinnen geblieben...« – aber diese Möglichkeit gab es nicht bzw. treffender: sah sie nicht oder sah sie als zu schwer zu realisieren an. Statt zu operieren, macht der Spitalfacharzt die Daily Work der Station, was ganz so klingt, als handele es sich um eine Entlastungsfunktion für die Oberärzte, denen sie formal gleichgestellt ist. Bedenkt man, dass das qualifizierte Pflegepersonal am gleichen Spital mittlerweile durch eine deutliche Akademisierung aufgewertet wurde und schon mit den Assistenzärzten »auf Augenhöhe« Umgang zu pflegen scheint, so rückt Frau Warg tendenziell auch in diese Zone sich treffender vertikaler Mobilitäten mit Aufwärtstrends für die qualifizierte Pflege und gewissen Abstiegsprozessen bei der Ärzteschaft. An dieser potenziellen Statusmisere scheint sie nicht sonderlich zu leiden, auch wenn bestimmte Widersprüche und Euphemisierungen in ihrer Erzählung darauf hinzuweisen scheinen, dass sie sich dieser »Karriereopfer« für die Familie bewusst ist. Da Frau Warg ohnehin ohne dezidierte persönliche Ambitionen bzw. eher fremdbestimmt in die Arztkarriere eingestiegen war und auch beim Profil ihrer jetzigen Stelle letztlich von Bekannten und Freunden gedrängt werden musste (»Das passt doch sowieso zu dir!«), statt sie aus intrinsischen Motiven und klaren

Karriereabsichten heraus zu wählen, kompensiert sie wohl diese Einbußen an »symbolischem Kapital« mit der Befriedigung, die die Mutterrolle ihr bietet. Sie scheint hierin ein unausweichliches Geschlechtsschicksal berufstätiger Frauen zu sehen: »Die müssen ja entscheiden, was machen sie? Machen sie jetzt Karriere oder was für Möglichkeiten bleiben ihnen?« Auf die Frage, ob diese Entscheidung denn für sie eine gegen Karriere gewesen sei, will sie den Begriff »gegen« nicht gelten lassen: Es passte so, wie es jetzt ist nun einmal, und dieser »pure Oberarztstatus« hätte ja andere Probleme mit sich gebracht. Man, bzw. »Frau« arrangiert sich mit den gegebenen Verhältnissen, und Frau Warg gelingt dies auf sehr überzeugende Weise im Rahmen des ihr »möglich« Erscheinenden. Dass diese Situation nicht einfach nur als »Los der Frau« interpretiert werden kann, wird in den nachfolgenden Darlegungen ihrer älteren Kollegin deutlich, die durch ihren kompromisslosen und geradlinigen Karriereweg als Gegenpol zu Frau Wargs Lebensentwurf und -weg erscheint.

»SICH EINER AUFGABE ABER KOMPLETT UNTERWERFEN IST DOCH SEHR ALTMODISCH«: ZUR EROSION EINES ETHOS DES »DIENENS«

— Haben Sie das Gefühl, dass es im Arztberuf heute noch solche Persönlichkeiten wie die Ihres Vaters oder Sie selbst gibt?
Frau Stieger: Ich glaube schon, dass sich ein Wandel vollzogen hat. Ich kenne nach wie vor, gut das ist jetzt vom Alter her, Kollegen in der Praxis, die dem Bild des guten Hausarztes, des guten Doktors entsprechen, die sich engagieren, die interessiert sind, die für die Leute schauen. Das ist unbestritten. Von der Grundeinstellung gibt es noch sehr, sehr viele, die so arbeiten. Was sich aber sicherlich verändert hat, ist, dass sie Ansprüche an ein Leben neben der Praxis stellen. Heute ist es nicht mehr so, dass man sich selber sagt, nun bin ich an einem Posten und bleibe 30, 40 Jahre. Ein junger Mensch strebt nicht nur die Teilzeittätigkeit an, die tage- oder wochenweise dauert, sondern auch die Teillebensarbeitszeit.
— Diese sind Ihrer Meinung nach größer geworden?
Frau Stieger: Ja. Ich würde sagen, dass sich das Engagement der ärztlichen Tätigkeit, inhaltlich und von der Qualität her, nicht bei allen geändert hat. Wenn ich unsere Jungen, die wir hier haben, anschaue, dann haben wir ungeheuer gute und engagierte Ärzte, die dem alten Bild eigentlich entsprechen. Der Anspruch aber ist einfach anders, sie wollen daneben noch etwas leben, möchten Freizeit haben, möchten Familie haben. Parallel kommt, so denke ich, der Anspruch des Partners oder der Partnerin, das ist auch anders. Das Aufopfernde einer Mutter wie meiner, die ich daheim hatte, das können Sie vergessen. Das habe ich auch mit meinen Kollegen des Kaders, die hier am Spital arbeiten, die teilweise seitens der Familie unter einem unheimlichen Druck stehen. Der Wertewandel.
— Welches sind die Gründe dafür, dass dies früher anders funktioniert hat? Früher hat die Frau doch eher auf den Beruf des Mannes Rücksicht genommen und ihm den Rücken frei gehalten.
Frau Stieger: Ich glaube schon, dass die dienende Haltung, das Dienen, ein altmodischer Ausdruck wurde. Dass jemand zurücksteht und sich vollumfänglich dem Manne und seiner

Aufgabe gegenüber zurückstellt oder in den Hintergrund tritt, das ist bei den modernen Vaterschaften schon nicht mehr so. Die Lasten müssen paritätisch geteilt sein. Ich glaube, dass dies schon anhand des Ärzteberufes und des Anhanges, aber auch anhand der Pflegeberufe ersichtlich ist. Es ist das Leisten einer professionellen Arbeit, das Wort Dienen hört jemand nicht mehr so gerne. (.) Man dient vielleicht schon einer Aufgabe, sich einer Aufgabe aber komplett unterwerfen, ist doch sehr altmodisch. Ansonsten sind Ärzte aber »Jommeris« [Jammerer] wie die Bauern, oder, sie sind »Jommeris«. Sie müssen übers Geld und über alles jammern.

— Weshalb ist dies Ihrer Meinung nach so?

Frau Stieger: Ich weiß es auch nicht. Weil es ihnen einfach zu gut geht. Alle jammern auf hohem Niveau, oder. Sie können mit ein paar Ärzten am Tisch sein, ich schaue dann auf die Uhr und betrachte, wie lange es geht, bis alle vom Geld sprechen. Es ist furchtbar.

— Hat der monetäre Faktor...

Frau Stieger: Ich glaube es schon.

— War das bei Ihrem Vater auch so?

Frau Stieger: Man hat nicht über Geld gesprochen, man hatte es. Dies war das Motto.

— Haben Sie das Gefühl, dass man heute mehr darüber spricht, oder ist es heute wichtiger geworden, da man vielleicht höhere Ansprüche hat?

Frau Stieger: Ich glaube, dass es schon wichtiger wurde. Früher war es vielleicht auch kein Thema, da man mit einem Arbeitspensum, wie dasjenige, das mein Vater hatte, das waren natürlich harte Tage. Das waren so Vierzehn-, Sechzehnstundentage, Sechstagewochen, drei Wochen Ferien, wenn man so gearbeitet hat, obwohl die Tarifsituation, wenn man das so vergleichen würde, darüber weiß ich aber nicht ganz genau Bescheid, auch nicht super war. Hat man aber viel gearbeitet, dann kam man auf einen rechten grünen Zweig. Und heute, ich habe einen Kollegen aus der Praxis, der uns mit der ganzen Hausarztmedizin hilft, der sagt, dass wenn ein Hausarzt wirklich reinkniet und arbeitet, dann kommt er auch heute noch auf einen grünen Zweig, und zwar auf einen guten grünen Zweig.

— Weshalb wandern Ihrer Meinung nach Ärzte von öffentlichen Spitälern in Privatkliniken ab? Kennen Sie Kollegen, die diesen Schritt gemacht haben, oder haben Sie selber je dazu tendiert, in ein privates Spital zu gehen. Und wenn ja, weshalb?

Frau Stieger: Nein, ich habe eigentlich nie... Ich hatte unzählige Anfragen der Privatklinik, als ich damals am Universitätsspital war. Die Kollegen dort haben mich immer gefragt, ob ich auch komme. Und es wären auch super Kollegen gewesen.

— Das wären Kollegen des Universitätsspitals gewesen?

Frau Stieger: Genau. Da diese ja an die Privatklinik gingen. Die Universitätsklinik hatte ja wahnsinnige Abwanderungen in die Privatklinik, also praktisch jeder, der gut war des Universitätsspitals, ging in die Privatklinik.

— Weshalb?

Frau Stieger: Es ist natürlich eine hervorragende Klinik, das muss man schon sagen. Es haben mal ein paar begonnen und dann sind gruppenweise gegangen. Angefangen hat es bei der Kardiologie, also die Herzchirurgen sind primär gegangen, und dies waren die besten Herzchirurgen, die wir in der Schweiz hatten. Das war natürlich für sie sehr spannend, etwas neu aufbauen. Neuer Raum, Platz, oder? Es fand dann damals auch gerade der Wechsel von einem Professor zum anderen Professor statt. Für solche Wechselspiele spielen die Entwicklungsmöglichkeiten, die man hatte, eine Rolle. Die Privatklinik hat natürlich sehr investiert, hat gute Möglichkeiten geboten, und wenn natürlich mal so ein Kern von guten Leuten besteht, dann ziehen diese natürlich auch immer wieder gute Leute nach. Es hat aber sicherlich auch einige Nachteile. Mein Chef damals hat x-mal gefragt, ob ich nicht auch kommen wolle. Ich habe viele Kollegen hier, die auch schon gefragt wurden. Ich habe aber immer gesagt, dass ich nie in ein privates Spital gehen möchte. Immer, immer. Also erstens gefallen mir die Menschen, die wir hier behandeln, das ist einfach die Bevölkerung. Das ist einfach... Ich komme da wieder zurück an meinen Ursprung. Ich wollte Medizin machen. Und Medizin so, einfach so, wie der Mensch daherkommt. Ich finde auch, dass die Patienten, die wir hier haben, einen Querschnitt durch die ganze Bevölkerung darstellen. Betrachtet man es vom Medizinischen her, dann ist dies das ganze Spektrum der Medizin, das ist enorm breit und eine spannende Herausforderung. Und trotz... Das ist mal Punkt eins, einfach das ganze Spektrum, das wir hier haben. Etwas ganz Wichtiges, obwohl wir sicherlich ökonomisch betrachtet auch umdenken mussten und sicherlich auch Ertragsoptimierung betreiben, wir arbeiten hier aber nicht primär, damit wir gewinnbringend sind. Das ist interessant, gerade heute Mittag haben wir dies mit einer Pflege..., einer Schwester, die sechs Jahre in einer Privatklinik war und von Adecco kam, thematisiert. Es ist eine Riesengefahr in einem privaten Spital, einfach diejenige Medizin zu machen, die Geld bringt. Sie können jedem Patienten alles verklickern. Wenn Sie ihm sagen [Frau Stieger ahmt einen Arzt bei der Untersuchung nach] »Sie haben da noch etwas, oh, da müssen wir aber, oh, da müssen wir aber noch und so.« Sie können dem Patienten alles einsuggerieren. Sie können jeden Mensch krank machen und Sie können ihm unheimlich viele lukrative Sachen, wenn Sie sagen, »oh je Sie, da müssen wir aber...«. Einen vernünftigen Einsatz der Mittel sind wir dem Staat oder eben dem Einzelnen verpflichtet, dass man mit den Mitteln vernünftig umgeht. Und dennoch haben wir nicht diesen finanziellen Erfolgsdruck wie in einem... Und dann vielleicht auch noch ein weiterer Punkt, derjenige des Erwartungsdruckes. Wir haben einfach eine normale Bevölkerung, diese holt bei uns eine Dienstleistung; er weiß, dass er in einem öffentlichen Spital ist und das Zimmer nicht so ein Hoteldings ist. Es ist super, er wird gut versorgt, aber ein Privatpatient, der in eine Privatklinik geht, hat unheimliche Ansprüche. Dann springen sie dann vielleicht auch nachts, da vielleicht einer ein Augenzippern oder Halsweh hat. Die Erwartungshaltung eines Privatpatienten ist einfach größer. Und eben, ich würde nun nicht sagen ungerechterweise für Sachen, von denen ich nun das Gefühl habe, dass sie fehl am Platz sind, und ich nicht einsehe, weshalb ich nun springen muss. Die Ressource, die ich verkörpere mit diesem Ausbildungsstand und so, setze ich also gescheiter ein, als irgendeinem Privatpatienten nachzurennen, nur damit er zufrieden ist. Diese Medizin ist mir... Nur weil man privat ist, hat man den Anspruch...

— Letzte Frage, würden Sie diesen Beruf nochmals wählen?
Frau Stieger: Absolut. Ohne Abstriche.

— Nie gezweifelt?
Frau Stieger: Nein, nein, nein. Ab und an denke ich, dass ich etwas weniger arbeiten möchte, aber, aber, nein, nein.

Frau Stieger zeigt sich sehr verständnisvoll, wenn es um die jüngere Generation der Ärzteschaft geht, mag deren Arbeitsethos, Lebensstil und Wertehierarchie auch noch so sehr von den ihren abweichen. Sie sieht bei vielen immer noch das Feuer des ärztlichen Ethos brennen, relativiert dann aber unter Verweis auf die »neue Zeit«, andere Mentalitäten, andere Erwartungen an Freizeit und Privatleben, andere Geschlechterbeziehungen mit stärkeren Forderungen der Partnerinnen an eine Präsenz des Vaters im Familienleben etc. Bei dem von ihr beschriebenen »Wertewandel« fällt dann ein Begriff von geradezu programmatischer bzw. emblematischer Bedeutung. Frau Stieger spricht vom »Dienen« und etikettiert dieses Wort mit »altmodisch«, zunächst in Bezug auf die Haltungen der Ärztefrauen gegenüber der Karriere und Funktion ihrer Männer. Ein Dienen, wie ihre Mutter es an den Tag legte, erschiene angesichts des fortgeschrittenen Wandels an Werten und Lebensformen obsolet. Und dies gilt denn auch für die beruflichen Akteure des »Dienens« am Patienten, die dieses Wort ihrer Meinung nach wohl auch »nicht mehr so gerne« hören. Auch wenn man weiterhin einer Aufgabe diene, so käme eine komplette Unterwerfung unter sie nicht mehr in Frage, sagt Frau Stieger und scheint sich dennoch innerlich mit diesem »altmodischen« Konzept identifizieren zu können. Kritisch gegenüber ihren Kollegen wird sie nur, wo es um ihr »Gejammere« in Geldfragen geht, und da kommt sie wieder mit ihrem großen Vorbild, dem Vater, der im Gegensatz zu den heutigen Kollegen nie vom Geld sprach, es schlicht hatte und dafür auch bis zu 16 Stunden jeden Tag arbeitete. Der Umstand, dass ihre jüngeren Kollegen jetzt nur noch die Hälfte dieser 100-Stunden-Woche dienen und dabei immer wieder (auf hohem Niveau) über zu geringe Entlohnung klagen, erscheint ihrem vom Vater geerbten anti-ökonomistischen Habitus und des generösen Dienens ohne Stechuhr und Berechnung völlig inakzeptabel und von geradezu vulgär materialistischer Gesinnung. Ihr eigenes Ethos als Dienerin öffentlicher Güter tritt in den Passagen eindrucksvoll hervor, wo die in der Schweiz überall zu beobachtende Abwanderungsbewegung von hochqualifizierten Fachärzten in private Spitäler zur Sprache kommt. Auch wenn man sie nachdrücklich anwerben wollte, käme ein solcher Schritt für sie nie in Frage, sagt Frau Stieger. Ihre Darstellung der gesellschaftlichen Funktion des öffentlichen Gesundheitswesens in Abgrenzung von den profitorientierten Privatkliniken ist ein flammendes Plädoyer für diese Institution, die der gesamten Bevölkerung zu dienen habe und nicht First-Class-Patienten anzulocken brauche, die sich auch nicht nur den gewinnträchtigsten Operationen zu widmen oder gar den Patienten unnötige, aber kostspielige Angebote aufzuschwatzen brauche, sondern, dem zweifachen Dienst am Staat und dem Einzelnen verpflichtet, mit den knappen Mitteln verantwortlich umzugehen habe, anstatt einem finanziellen Erfolgsdruck gehorchen zu müssen. Hört man Frau Stieger zu, dann erübrigt sich eigentlich die Schlussfrage des Interviews. Frau Stieger würde selbstverständlich diesen Beruf wieder wählen: »Absolut. Ohne Abstriche«, auch wenn sie manchmal gerne etwas weniger arbeitete.

Bei allen noch so markanten Divergenzen beider Lebenswege und Karrieren zeigen sich aber auch bei Frau Warg hinsichtlich des ärztlichen Berufsethos ganz deutliche Gemeinsamkeiten, die es abschließend entsprechend zu würdigen gilt.

»ALSO ICH BIN ZU ALLEN, VERSUCHE ICH GLEICH ZU SEIN«: ZUR BEHARRUNGSKRAFT ETHISCHER GRUNDPRINZIPIEN IN EINER SICH RASCH WANDELNDEN ARBEITSWELT

— Sie haben vorher gesagt, es gehört für Sie dazu, Zeit zu haben für die Patienten. Das ist das, was gute Arbeit für Sie auch ausmacht?

Frau Warg: Ja, dass man also... Also erst mal die Wertschätzung des Patienten. Dass man also, wenn man jemanden vor sich hat, dass man guckt: Was für ein Mensch ist da dort vor einem? Und, dass er auch als Mensch wahrgenommen wird. Das ändert schon ganz viel am Blickwinkel. Da hat man auch einen anderen Zugang. Und was damit Wichtiges verbunden ist, ist die Anamnese. Zu fragen: Weshalb ist der Patient da? Und die Anamnese ist das A und O. Bevor ich untersuche, weiß ich eigentlich zum größten Teil schon vorher durch das Erzählte, was dabei rauskommen wird. Und das geht nur, wenn man richtig hinhört und fragt und sich Zeit nimmt. Danach kann man sich wirklich vieles sparen. Und das ist ganz, ganz wichtig.

— Haben Sie das Gefühl, das sind auch Menschen, die ausgeschlossen sind von alledem, was hier geboten wird?

Frau Warg: Gar nicht. Weil die, alle, die in der Schweiz sind, die sind verpflichtet, eine Grundversicherung zu haben. Da gibt es niemanden, auch die Asyl... ah, -beantragenden, also die um Asyl gebeten haben, die haben auch *alle* eine Krankenversicherung. Und die können dann genauso zugänglich gemacht werden wie andere Patienten. Ich sehe das absolut nicht so, dass eben nur die Reichen oder Gutbetuchten sich das leisten – im Gegenteil. Ich habe hier ganz viele, das sind ganz normale Frauen. Ganz normale Arbeiterinnen, die dann eben Beschwerden haben. Das ist nicht so, dass meine Sprechstunde irgendwie eine elitäre Sprechstunde wäre, gar nicht. Und ich betreue auch noch schwerpunktmäßig auch gerade Frauen vom Asylheim, dass ich mit denen die Verhütung bespreche, die brauchen auch ein bisschen mehr Zeit. Und dann habe ich Kontakt zu den... zu den, ähm... u den Arbeitern vom Asylheim, also die die ganze Büroarbeit machen, die Frauen hin- und herfahren und organisieren. Das heißt, da sind sie... Da bin ich auch primär die Ansprechperson, wenn so was ist, dann... Also es kann jeder... Hat eigentlich die Möglichkeit.

— So wie Sie das sagen, hört sich das so an, dass Sie das auch so richtig finden, dass das so ist.

Frau Warg: Doch, das finde ich auch. Also das finde ich furchtbar, wenn ich wüsste, der eine würde jetzt nur einen Termin bekommen, weil er viel Geld hat, und der andere hat aber genauso Beschwerden und bekommt es nicht. Also das... Das war nie mein Ziel als Ärztin. Also ich wollte... Das ist mir ganz wichtig. Also ich bin zu allen, versuche ich gleich zu sein. Auch zu den Frauen, die vielleicht nicht so viel Fragen stellen, vielleicht nicht so viel verstehen. Und genauso wie die Chefpatientinnen dann sehr fordernd sind und dann doch viel fragen.

Auch für die jüngere Ärztegeneration am öffentlichen Spital scheint das Bewusstsein, im Dienste spezieller Güter und Funktionen zu stehen, die nicht einfach
als Waren marktmäßig organisiert werden dürften, fortzubestehen.[3] Dennoch
hinterlassen die hier kontrastiv gewonnenen Einblicke in den Wandel des Arztberufes und seines Ethos den Eindruck einer schnellen und nachhaltigen Erosion
des von Frau Stieger noch idealtypisch vorgelebten und verkörperten außeralltäg-
lichen beruflichen Habitus.

UNGLEICHZEITIGKEIT DES GLEICHZEITIGEN: BIOGRAPHISCHE FLUGBAHNEN DURCH BERUFSWELTEN IM WANDEL

Der präsentierte »Dialog« unterschiedlicher Lebensentwürfe, biographischer
Flugbahnen und Identitätskonstruktionen zweier Ärztinnen des gleichen Krankenhauses in der östlichen Schweiz entstammt einem Fundus von rund 200 Tie-
feninterviews mit Zeitgenossen, die im »Dienste öffentlicher Güter« stehen. Bei
der Auswahl dieser beiden Fallbeispiele wurde bewusst polarisierend verfahren,
um verstehend nachvollziehbar zu machen, dass es sich hier zwar um entgegengesetzte weibliche Selbstentwürfe im Spannungsfeld familialer und beruflicher
»Karrieren« und im Umgang mit diesem strukturellen »Dilemma«, man könnte
auch von einem »double bind« sprechen, handelt. Wie zu zeigen versucht wurde,
entwickeln beide Ärztinnen jedoch auf ihre je eigene Art Antworten auf dieses
Dilemma, die völlig stimmig und konsequent erscheinen und das »Feld des Möglichen« wie auch dessen Grenzen und Zwänge gemäß den je eigenen normativen
Ansprüchen an ein »gelungenes Leben« nutzen. Im einen Falle beschreitet man
den von den patriarchalen Vorbildern einer noch stabilen Männerdomäne vorgelebten Königsweg, setzt alles auf eine Karte, so wie es dieser Königsweg mit seinen enormen Anforderungen an Motivation, Durchhaltevermögen und Einsatz
mit Leib und Seele erfordert, und verzichtet auf die Doppelkarriere aus Familie
und Beruf zugunsten des Letzteren. Im anderen Falle wählt man das »Sowohl-
als-auch«, geht dafür etliche biographische Kompromisse ein, steckt zurück, was
die eigenen beruflichen Ambitionen und Perspektiven betrifft, und arrangiert
sich mit einer Berufsrolle, die den Bedürfnissen der gewählten Doppelrolle und
-existenz zwar optimal entgegenzukommen scheint, dies aber um den Preis, sich
möglicherweise auf einem »Abstellgleis« wiederzufinden und eine bewusst auf
sich genommene »Deckelung« der beruflichen Karriere als notwendig in Kauf
zu nehmen.

---

3 | Diese Einstellung von Frau Warg ist allerdings nicht ausschließlich mit tradierten be-
rufsethischen Motiven zu erklären: Die konkreten Beispiele, nämlich dass sie versucht,
auch für zugewanderte Frauen aus der Unterschicht Zeit und Aufmerksamkeit zu finden,
könnten vielmehr mit ihrer eigenen Herkunft in Verbindung stehen.

Wir haben es mit Kolleginnen zu tun, die zeitgleich im selben öffentlichen Krankenhaus tätig sind, was aber nicht heißt, dass es sich um »Zeitgenossinnen« handelt, denn es trennt sie eine Generation und ein Zeitraum, der von markanten strukturellen Umbrüchen gekennzeichnet ist, welche die berufliche Position, die Arbeitsbedingungen, den institutionellen Status, ja, den »Gesamthabitus« (Weber) des Krankenhausarztes einer tiefgehenden Metamorphose unterziehen.

Frau Stieger wurde in den Ausläufern des alten Regimes einer hochgradig hierarchisch geordneten Institution mit einem Chefarzt als Patron und Inkarnation des Geistes dieser Institution sozialisiert. Sie hatte die biographische Wahl zwischen den in der Familie präsenten Vorbildern des »Dienens« mit Leib und Seele und entscheidet sich für die männliche. Und dies in einer so radikalen Weise, dass sie nicht nur wie ein »Mann«, sondern wie ein »Mann hoch zwei«, eine geradlinige Karriere startet. Das Familienprojekt, der mütterliche Aspekt, kommt fortan für ihren Lebensentwurf nicht mehr in Frage. Die für Frauen in einer typischen Männerdomäne typischerweise anzutreffenden Inkompatibilitäten von geschlechtsspezifischen Dispositionen des weiblichen Habitus und den im Berufsmilieu herrschenden geschriebenen und ungeschriebenen Spielregeln meistert sie dabei umso brillanter, als sie ja von Hause aus alles Notwendige mitbringt, um in dieses Spiel mit bereits verinnerlichtem Spielsinn einzutreten. Man könnte sogar die These aufstellen, dass in ihrem Falle »Geschlecht« zu einer mehr und mehr irrelevanten sozialen Kategorie der Selbst- und Fremdwahrnehmung der beruflichen Rolle wird. Frau Stieger tritt ihre Karriere zu einem Zeitpunkt an, wo das traditionelle Krankenhausregime noch intakt schien, der Chefarzt noch Patron im Hause war, Frauen nur selten in der Rolle des Krankenhausarztes und noch viel seltener auf den Etagen der Oberärzte und Chefärzte auftauchten, die Zahl aus dem Ausland zugezogener Ärzte am Kantonsspital noch deutlich geringer und die hierarchische Distanz zwischen Ärzteschaft und Pflegepersonal noch markant war. Es war eine Zeit, in der seitens der Chefärzte als Tribut an diese Machtfülle und statusmäßigen Privilegien ein hoher beruflicher Einsatz gefordert war und man bis zu 100 Stunden die Woche im Dienste der Patienten stand. Auch Frau Stieger unterwirft sich diesen enormen Ansprüchen. Im Unterschied zu ihren fast durchweg männlichen Kollegen kann sie jedoch die notwendige Reproduktionsarbeit im Dienste eines Familienprojektes nicht delegieren, sondern muss darauf verzichten. Dieses alte Regime der Krankenhausordnung gerät ab den 1990er Jahren schrittweise ins Wanken. Zunächst durch die zunehmende Ökonomisierung der Alltagspraxis, wachsende Anforderungen an Investition von Zeit und Energie in Verwaltungsarbeit und Abrechnung und Schrumpfen der Zeitressourcen für den eigentlichen Kern der Arbeit, die Sorge um die Patienten. Dann durch die schrittweise Verschiebung der Machtbalance zwischen Ärzteschaft und Administration und die Inthronisierung eines neuen Typus »Patron« in der Gestalt von Ökonomen. Und last, but not least trägt dann die vom Arbeitsrecht oktroyierte Beschränkung der Wochenarbeitszeit auf maximal 54 Stunden,

also etwa die Hälfte der zuvor oft zu leistenden Arbeitsstunden, zu einer funda-
mentalen Veränderung der Praxis und Rolle der Ärzteschaft im Allgemeinen und
der Chefärzte im Besonderen bei. Wie die Studie von T. Willner offenlegt, sehen
sich die ja fast ausschließlich männlichen Chefärzte durch diese Prozesse massiv in ihrer sozialen Identität und ihrem Berufsethos erschüttert, während Frau
Stieger interessanterweise nicht in dieses Klagelied einstimmt, was seinen Grund
darin haben könnte, dass sie seit einigen Jahren selbst in der Geschäftsführung
des Krankenhauses sitzt und dadurch dieses Verlustgefühl kompensiert bzw. es
in ihrer Rolle als Frau in einer Männerwelt erst gar nicht teilt.

Frau Warg kommt eine Generation später in diese bereits tief in den beschriebenen Reformprozess verstrickte Institution. Sie bringt kein vergleichbares familiales Erbe an Vertrautheit mit der Ärzteschaft, Selbstbewusstsein, klaren
Vorbildern und Zielvorstellungen mit. Für sie steht von Beginn an fest, dass die
Arztkarriere nicht auf Kosten der fest im Lebensentwurf verankerten Familienkarriere gehen darf. Unter den Bedingungen des neuen Krankenhausregimes mit
seinen flacheren Hierarchien zwischen den verschiedenen Kategorien der Ärzteschaft, aber auch zwischen diesen und dem Pflegepersonal, mit einer massiven
Präsenz von Frauen auch und gerade »oberhalb« der Pflege und angesichts von
verständnisvollen und flexiblen Vorgesetzten kann Frau Warg in dieser neuen Zeit
des Krankenhauses eine ihr ideal erscheinende Life-Work-Balance gestalten. Eine
Generation früher wäre das in dieser Form kaum möglich gewesen. Die objektiven gesellschaftlichen Strukturen des Feldes und die subjektiven Dispositionen
seiner Akteure haben sich, so ließe sich als Hypothese aus diesen beiden Fallstu-
dien schlussfolgern, in interdependenter Weise gleichgerichtet verschoben. Dennoch ist festzuhalten, dass die Institution »öffentliches Krankenhaus« weiterhin
in der Lage zu sein scheint, für einen Typus Individuum attraktiv zu bleiben, der
im »Helfen« und »Sorge tragen« ein wichtiges Motiv für (berufs-)biographische
Entscheidungen und Lebensentwürfe sieht, selbst wenn dies in seiner Selbstdar-
stellung nur auf verhaltene und unspektakuläre Weise zum Ausdruck kommt.

Wie lassen sich Erwerbsbiographie und Berufsethos im Dienste öffentlicher Güter darstellen?

Abschließende Anmerkungen

zum methodischen Experiment der Fallkontrastierung

Franz Schultheis/Berthold Vogel

Welche zeitdiagnostischen Möglichkeiten und welchen soziologischen Erkenntnisgewinn bieten die kontrastiven Analysen von Erwerbsbiographien und berufsethischen Haltungen, die dieser Band vorlegt? Ja, ist es überhaupt legitim, mit empirischen Daten, hier mit qualitativen Interviews, so zu verfahren wie vorausgehend vorgeführt? Darf soziologische Forschung, ähnlich wie literarische Fiktion, wenn auch mittels methodisch erhobener Primärdaten, Szenarien entwerfen, soziale Situationen fingieren und zwecks Vermittlung einer bestimmten Deutung die dort zum Ausdruck kommenden gesellschaftlichen Erfahrungen inszenieren?

Nach ausführlichen Diskussionen dieser heiklen theoretischen und methodologischen Frage kam unser Forschungsteam zu dem einvernehmlichen Ergebnis, dass es sich hier um eine durchaus fruchtbare Auswertungsstrategie und Darstellungsform empirischen Materials handelt. Subjektive Sichtweisen werden gerade in der Kontrastierung erkennbar, ebenso die objektiven Gegebenheiten. Die Zeugnisse aus den vier öffentlichen Arbeitswelten werden durch das gewählte qualitative Verfahren in doppelter Weise für einen verstehenden Nachvollzug erschlossen.

Die Fragen, warum unsere Gesprächspartner ihre berufliche Alltagswelt und soziale Praxis so schildern und beurteilen, wie sie es im Interview tun, auf welche konkrete Erfahrungen sie sich dabei beziehen und wie sie ihre Befindlichkeiten und Selbstbilder dabei vermitteln, ist in einer qualitativen »Gesellschaftsdiagnose von unten« ein notwendiger erster und zentraler Schritt, auf dem sich dann objektivierende Verfahren des verstehenden Nachvollzuges des »So-und-nicht-anders-Gewordenseins« (Weber) der präsentierten Lebenswege anschließen. Schon diese Objektivierungen bedienen sich eines Verfahrens des In-Beziehung-Setzens von subjektiven Erfahrungen, Interpretationen und Bewertungen mit sozialen Positionen, familiärer Herkunft, generationenbezogener Lage und biographischer Flugbahn.

Dieser Zusammenhang von Position und Perspektive, von objektiven gesellschaftlichen Bedingungen und subjektiven Sichtweisen wird umso deutlicher sichtbar sowie einer soziologischen Rekonstruktion zugänglich, als man ihn durch die Form der Darstellung als zwei Gesichter der gleichen sozialen Verhältnisse präsentiert. Hierbei wird eine zusätzliche Quelle des verstehenden Nachvollzuges subjektiver Sichtweisen eröffnet und ein soziologischer Mehrwert im Umgang mit qualitativem Material erzielbar, ohne dass die erhobenen Daten bei dem gewählten Verfahren in ihrer spezifischen Qualität verformt würden.

Natürlich ändert sich bei der gewählten Darstellungsform der Blick auf die erhobenen Daten: Anstatt die Erzählungen der Befragten wie geschlossene und selbstgenügsame »Monaden« zu behandeln, die den Schlüssel zu ihrem verstehenden Nachvollzug mittels adäquatem hermeneutischen Verfahren in sich selbst bereit halten, wird auf dem von uns gewählten Weg der Darstellung systematisch ein relationaler Umgang und ein sozialstrukturelles Denken in den Prozess der Sozioanalyse subjektiver Zeugnisse integriert. Hierbei nehmen die individuellen Biographien im Wechselspiel mit den inszenierten Kontrastierungen die Form »soziologischer Biographien« oder »unpersönlicher Biographien« an, wie es die französische Autorin Annie Ernaux in ihrem Werk bezeichnet. Es geht also zunächst um eine Technik der Ent-Singularisierung vermeintlich rein individueller (berufs-)biographischer Erfahrungen und um den Versuch, die geschilderten subjektiven »Verhältnisse« im Umgang mit der gesellschaftlichen Welt und sich selbst als »Fälle des Möglichen« zu begreifen. Als Fälle des Möglichen sind sie in phänotypischer Hinsicht jeweils einmalig und von keinem anderen Individuum in identischer Weise lebensgeschichtlich vollzogen, in genotypischer Sicht werden sie jedoch als kollektiv geteilte Strukturen der gesellschaftlichen Welt soziologisch nachvollziehbar.

Was aber kommt hierbei mit Blick auf die Befindlichkeiten und die Selbstverhältnisse von Angestellten in den ausgewählten öffentlichen Dienstleistungsbereichen zum Ausdruck? Die gewählte Kontrastierungstechnik verstärkt zunächst den Eindruck, dass wir eine beeindruckende Vielfalt berufsbezogener Motivlagen, berufsbiographischer Wege, beruflicher Selbstverständnisse und subjektiver Einstellungen im Umgang mit öffentlichen Gütern vorfinden. Je nach Ressourcen an formaler Bildung und beruflicher Ausbildung, je nach erreichtem Status und den mit ihm zusammenhängenden Handlungsspielräumen und je nach der sich im beruflichen Alltag eröffnenden »Lebenschancen« (Weber) in Form zur Verfügung stehender materieller und immaterieller Güter äußern sich deutlich divergierende Sichtweisen und Beurteilungen ein und derselben beruflichen

Lebenswelt. Je nach den weiterhin wirkenden geschlechtsspezifischen Mustern sozialer Schließungen und Ausschließungen variieren berufliche Anspruchsniveaus und Erwartungen an die eigene Berufsbiographie und damit einhergehende Beurteilungen dessen, was als gegeben, erreicht oder unerreichbar erscheinen mag. Je nach biologischem Alter, insbesondere aber je nach »sozialem Alter« in Gestalt der Dauer der Präsenz und Zugehörigkeit zu der gegebenen Arbeitswelt, kommt es, wie in mehreren Fallkontrastierungen (re-)konstruiert, zu deutlich abweichenden subjektiven Erfahrungen mit dem beruflichen Alltag, seinen Belastungen und Vorzügen. Hierbei wird gut nachvollziehbar, inwieweit »Altern« nicht nur mit abnehmender Resilienz und zunehmendem Risiko der Erschöpfung, sondern auch mit der Erfahrung einhergeht, vom beschleunigten sozialen Wandel der Arbeitswelt überrannt und überfordert zu werden. Hierbei geht es aus soziologischer Sicht nicht allein um die Frage biologischen Alters, sondern um das »Problem der Generationen« (Mannheim) im Arbeitsleben. In verschiedenen Kontrastierungen kommt sehr plastisch zum Ausdruck, dass Beschäftigte, deren berufsspezifischer Habitus im öffentlichen Sektor unter gesellschaftsgeschichtlich anderen Vorzeichen geprägt wurde, die Erfahrungen machen müssen – und zwar durchaus im Sinne eines kollektiven Generationenschicksals –, dass ihre Haltungen und Handlungsweisen, ihre Dispositionen und Erwartungen nicht mehr mit den gegebenen objektiven gesellschaftlichen Spielregeln und Erwartungen harmonisieren. Daraus entsteht bisweilen das Gefühl, hinter diesen Entwicklungen zurückzubleiben oder gar vom sozialen Wandel, sei er technisch bedingt oder auf der Ebene der Normen sozialen Umgangs, der Arbeitsethik oder der Lebensführung angesiedelt, »abgehängt« worden zu sein.

Schließlich zeigen unsere kontrastierenden Dialoge zwischen Arbeitskräften der gleichen Arbeitswelten des öffentlichen Sektors, dass Individuen mit dem allgemein konstatierten beschleunigten Wandel der Arbeitswelt mehr oder minder erfolgreich umzugehen verstehen und sich entweder eher als Gewinner oder aber tendenziell als Verlierer begreifen bzw. darstellen. Die enorme Varianz der subjektiven Erfahrungen und Strategien im Umgang mit dem Wandel öffentlicher Arbeitswelten könnte nun den Schluss nahe legen, dass es letztlich psychische Dispositionen und Motive, mithin Persönlichkeitsmerkmale und Charaktereigenschaften sind, die über Erfolg oder Misserfolg, Zufriedenheit oder Frustration, Engagement oder Rückzug im Wandel der Arbeitswelt entscheiden. Genau gegen einen solchen psycholog(ist)isch wohl »nahe« liegenden Fehlschluss wendet sich das in diesem Band gewählte Verfahren im Umgang mit qualitativ erhobenen subjektiven Zeugnissen. Jedes der zu Wort kommenden Individuen bastelt seine Arbeitsbiographie selbst, macht seine Lebensgeschichte selbst, aber, um Marx zu paraphrasieren, nicht aus freien Stücken, sondern in den Grenzen des eigenen Habitus und dem ihm möglich, denkbar und realisierbar Erscheinenden.

Wir sind uns darüber im Klaren, dass es die in diesem Band vorgelegte kontrastive Form der Sozioanalyse riskiert, die Leserschaft zu konsternieren. Dennoch sind wir der Überzeugung, dass es solcher methodischer Experimente bedarf, um die Kluft zu überbrücken, die nach wie vor zwischen den mit qualitativen Interviews erhobenen subjektiven Perspektiven auf der einen Seite und makrosoziologischen Zugängen zu gesellschaftlichen Strukturen und Organisationsformen auf der anderen Seite besteht. Was die Einschätzungen unserer Gesprächspartner betreffend Stellung und Funktion des öffentlichen Dienstes und seiner Güter betrifft, so waren diese wesentlich weniger einstimmig und eindeutig, als vielleicht zunächst erwartet. Dies war einer der Gründe für die Wahl des diesem Band zugrunde liegenden Darstellungsprinzips. Durchgängig zeigt sich aber, wie stark das jeweils gebotene Arbeitsarrangement die konkrete Herstellung öffentlicher Güter und Dienstleistungen beeinflusst, welche (Sozial-)Charaktere angezogen werden und auf welche Dispositionen Wert gelegt bzw. und wie diese im beruflichen Alltag verstärkt werden. Solche Kontingenzen und die Schnelligkeit des Wandels von Arbeitsarrangements verdeutlichen aber auch, in welchem Maße die Produktion öffentlicher Güter und Dienstleistungen und deren Qualität im Prinzip gestaltungsfähig und regulierbar wären. Letztlich bleibt es immer eine grundlegend politische Entscheidung, welchen Typus Bewerber mit welchen Merkmalen, Kompetenzen und Dispositionen man zu welchen Bedingungen für welche Aufgaben rekrutieren will.

Literatur

Attac Schweiz (Hg.) (2005): Service Public – Perspektiven jenseits der Privatisierung, Zürich

Bär, Stefan (2010): Kämpfe um die Autonomie der Medizin. Überlegungen zu Arbeitskämpfen im Krankenhaus, in: Schweiger, Gottfried/Brandl, Bernd (Hg.): Der Kampf um Arbeit. Dimensionen und Perspektiven, Wiesbaden, S. 277–310

Baitsch, Christof (ohne Jahr): Pressetext zum Gutachten »FAGE«. Internet: www.aggp.ch/cms/upload/aggpPDF/fage_Zusammenfassung.pdf (zuletzt aufgesucht am 11.12.2012)

Ballendowitsch, Jens (2003): Sozialstruktur, soziale Sicherung und soziale Lage des öffentlichen Dienstes der Schweiz, Mannheim

Bartholomeyczik, Sabine (2007): Reparaturbetrieb Krankenhaus. DRGs und ihre Auswirkungen aus Sicht der Pflege, in: Dr. med. Mabuse, 166, März/April

Bauer, Ullrich/Bittlingmayer, Uwe (2010): »Ja, das kostet aber Geld«. Der Umbau und die Neuordnung des Gesundheitssektors, in: Schultheis, Franz/Vogel, Berthold/Gemperle, Michael (Hg.): Ein halbes Leben. Biografische Zeugnisse aus einer Arbeitswelt im Umbruch, Konstanz, S. 665–730

Baumgart, Ralf/Eichener, Volker (1991): Norbert Elias zur Einführung, Hamburg

Bode, Ingo (2010a): Der Zweck heil(ig)t die Mittel? Ökonomisierung und Organisationsdynamik im Krankenhaussektor, in: Endreß, Martin/Matys, Thomas (Hg.): Die Ökonomie der Organisation – die Organisation der Ökonomie, Wiesbaden, S. 63–92

Bogumil, Jörg/Reichard, Christoph (2007): Perspektiven kommunaler Verwaltungsmodernisierung, in: Bogumil, Jörg u.a. (Hg.): Perspektiven kommunaler Verwaltungsmodernisierung, Berlin, S. 85–90

Bogumil, Jörg/Grohs, Stephan/Kuhlmann, Sabine/Ohm, Anna K. (2008): Zehn Jahre Neues Steuerungsmodell – eine Bilanz kommunaler Verwaltungsmodernisierung, Berlin

Bogumil, Jörg/Holtkamp, Lars (2013): Kommunalpolitik und Kommunalverwaltung, Bonn

Bourdieu, Pierre (2005): Die männliche Herrschaft, Frankfurt a. M.

Brandt, Torsten/Schulten, Thorsten (2009): Die Folgen von Liberalisierung und Privatisierung für Arbeitsbeziehungen, in: Kammer für Arbeiter und Angestellte Wien (Hg.), Nr. 7, S. 35–49, Wien. Internet: www.boeckler.de/pdf/p_wsi_ak_wien_study_pique.pdf

Braun, Bernard/Müller, Rolf (2005): Arbeitsbelastungen und Berufsausstieg bei Krankenschwestern, in: Pflege & Gesellschaft, 10/3, S. 131–141

Bundesagentur für Arbeit (2011): Arbeitsmarktberichterstattung: Gesundheits- und Pflegeberufe in Deutschland, Nürnberg

Bundesamt für Statistik (2005a): Frauen- und Gleichstellungsatlas Schweiz. Internet: www.bfs.admin.ch/bfs/portal/de/index/regionen/thematische_karten/gleich stellungsatlas/familien_und_haushaltsformen/allein_erziehende_muetter. html

Bundesamt für Statistik (2005b): Frauen- und Gleichstellungsatlas Schweiz. Internet: www.bfs.admin.ch/bfs/portal/de/index/regionen/thematische_kar ten/gleichstellungsatlas/vereinbarkeit_von_familie_und_erwerbsarbeit/egali taer_familienbezogenes_modell.html

Bundesamt für Statistik (2005c): Frauen- und Gleichstellungsatlas Schweiz. Internet: www.bfs.admin.ch/bfs/portal/de/index/regionen/thematische_karten/ gleichstellungsatlas/erwerbsarbeit_und_beruf/teilzeitbeschaeftigung.html

Bundesamt für Statistik (2005d): Frauen- und Gleichstellungsatlas Schweiz. Internet: www.bfs.admin.ch/bfs/portal/de/index/regionen/thematische_kar ten/gleichstellungsatlas/erwerbsarbeit_und_beruf.html

Corsten, Michael (2010): Karl Mannheims Kultursoziologie, Frankfurt a. M./New York

Czerwick, Edwin (2007): Die Ökonomisierung des öffentlichen Dienstes, Wiesbaden

Czerwick, Edwin/Lorig, Wolfgang/Treutner, Erhard (Hg.) (2009): Die öffentliche Verwaltung in der Demokratie der Bundesrepublik Deutschland, Wiesbaden

de Pury, David/Hauser, Hans/Schmid, Beat (1995): Mut zum Aufbruch. Eine wirtschaftspolitische Agenda für die Schweiz, Zürich

de Swaan, Abram (1993): Der sorgende Staat. Wohlfahrt, Gesundheit und Bildung in Europa und den USA der Neuzeit, Frankfurt a. M.

Dietrich, Philipp (2006): Flexibilisierung der Arbeit – Modelle, Erfahrungen und Ausblick, in: Online Publications: Sociology of Work and Organization. Internet: http://socio.ch/arbeit/t_pdietrich.htm

Elias, Norbert/Scotson, John L. (1993): Etablierte und Außenseiter, Frankfurt a. M.

Elias, Norbert (1970): Was ist Soziologie? Weinheim/München

Emery, Yves/Martin, Noémi (2010): Le service public au XXIe siècle: Identités et motivations au sein de l'après-fonctionnariat, Paris

Esping-Andersen, Gøøsta (1999): Social Foundations of Postindustrial Economies, Oxford

Estermann Josef/Page, Julie/Streckeisen, Ursula (Hg.) (2013): Alte und neue Gesundheitsberufe. Soziologische und gesundheitswissenschaftliche Beiträge zum Kongress »Gesundheitsberufe im Wandel«, Winterthur 2012, Berlin/ Münster

Flecker, Jörg/Hermann, Christoph (2012): Die »große Transformation« öffentlicher Dienstleistungen. Materielle und symbolische Folgen für die Arbeit und Beschäftigung, in: Mittelweg 36, Heft 5/2012, S. 22–36

Flecker, Jörg/Schultheis, Franz/Vogel, Berthold (Hg.) (2014, im Erscheinen): Im Dienste öffentlicher Güter – Metamorphosen der Arbeit aus der Sicht der Beschäftigten, Berlin

Fluder, Robert (1996): Interessenorganisationen und kollektive Arbeitsbeziehungen im öffentlichen Dienst der Schweiz, Zürich

Friedli, Hans-Ulrich (2006): Move it – ein Arbeitszeitmodell mit Zukunft, in: Die Post. Die Zeitung für die Mitarbeiterinnen und Mitarbeiter der Post, 9/2006, S. 12–13

Gemperle, Michael/Pfeuffer, Andreas (2013): Die Ökonomien der Dokumentationskritik, in: Estermann/Page/Streckeisen (Hg.), S. 74–94

Gernert, Johannes: »Post ohne Amt«, TAZ, 16.10.2010

Glaser, Jürgen/Höge, Thomas (2005): Probleme und Lösungen in der Pflege aus Sicht der Arbeits- und Gesundheitswissenschaften, Berlin

Gottschall, Karin (2009): Der Staat und seine Diener: Metamorphosen eines wohlfahrtsstaatlichen Beschäftigungsmodells, in: Obinger, Herbert/Rieger, Elmar (Hg.): Wohlfahrtsstaatlichkeit in entwickelten Demokratien, Frankfurt a. M./ New York, S. 461–492

Guex, Sébastien (2003): La politique des caisses vides, in: Actes de la recherche en sciences sociales, 146/1, S. 51–61

Herrmann, Christoph (2007): Die Privatisierung von Gesundheit in Europa, FORBA-Schriftenreihe 2/2007, Wien. Internet: www.forba.at/data/downloads/ file/212-SR%2002-07.pdf

Hirschman, Albert O. (1974): Abwanderung und Widerspruch. Reaktionen auf Leistungsabfall bei Unternehmungen, Organisationen und Staaten, Tübingen

Holtkamp, Lars (2008): Das Scheitern des Neuen Steuerungsmodells, in: dms – der moderne staat – Zeitschrift für Public Policy, Recht und Management, 2, S. 423–446

Jaccard Ruedin, Hélène et al. (Hg.) (2009): Gesundheitsberufe in der Schweiz: Bestandsaufnahme und Entwicklung bis 2020, Neuchâtel

Jaccard Ruedin, Hélène/Weaver, France (2009): Ageing Workforce in an Ageing Society. Wie viele Health Professionals braucht das Schweizer Gesundheitssystem bis 2030? Neuchâtel

Keller, Berndt (2010): Arbeitspolitik im öffentlichen Dienst. Ein Überblick über Arbeitsmärkte und Arbeitsbeziehungen, Berlin

Kersten, Jens/Neu, Claudia/Vogel, Berthold (2012): Demografie und Demokratie. Zur Politisierung des Wohlfahrtsstaates, Hamburg

Klenk, Tanja (2013): Krise und Krisenmanagement in kommunalen Krankenhäusern, in: Haus, Michael/Kuhlmann, Sabine (Hg.): Lokale Politik und Verwaltung im Zeichen der Krise? Wiesbaden 2013, S. 215–233

Knöpfel, Carlo (2009): Armut bekämpfen: Kantone verfolgen unterschiedliche Strategien, in: Kutzner et al. (2009), S. 121–141

Kratzer, Nick/Sauer, Dieter/Hacket, Anne/Trinks, Katrin/Wagner, Alexandra (ISF München) (2005): Flexibilisierung und Subjektivierung von Arbeit. Internet: www.soeb.de/fileadmin/redaktion/downloads/kratzer_flex.pdf

Krohn, Judith (2013): Subjektivierung in einer Bundesbehörde, Frankfurt a. M.

Kutzner, Stefan (2009): Die Hilfe der Sozialhilfe: integrierend oder exkludierend? Menschenwürde und Autonomie im Schweizer Sozialhilfewesen, in: Kutzner et al. (2009), S. 25–61

Kutzner, Stefan/Mäder, Ueli/Knöpfel, Carlo/Heinzmann, Claudia/Pakoci, Daniel (2009): Sozialhilfe in der Schweiz – Klassifikation, Integration und Ausschluss von Klienten (Nationales Forschungsprogramm NFP 51), Zürich/Chur

Lauener, Alain (2011): Besonderheiten des Wohlfahrtsstaates in der Schweiz im internationalen Vergleich: Analyse am Beispiel der schweizerischen AHV, St. Gallen. Internet: http://aleph.unisg.ch/F/FSDENQUGE1Q6D328NUFTQMBN PGLV4HQETAXT45JLNKT9FG257T-15409?func=find-b&find_code=WRD&re quest=lauener+alain

Liebig, Brigitte (2003): Flexibilisierung von Arbeitsverhältnissen, in: Carigiet, Erwin/Mäder, Ueli/Bonvin, Jean-Michel (Hg.) (2003): Wörterbuch der Sozialpolitik. Internet: www.socialinfo.ch/cgi-bin/dicopossode/show.cfm?id=223

Linhart, Danièle et al. (Hg.) (2006): Les différents visages de la modernisation du service public. Enquête sociologique sur les valeurs des agents de la fonction publique du Nord, Paris

Loriol, Marc/Boussard, Valérie/Caroly, Sandrine (2010): Ethnische Diskriminierung in Dienstleistungsorganisationen. Ein berufsübergreifender Vergleich, in: Groenemeyer, Axel (Hg.): Doing Social Problems. Mikroanalysen der Konstruktion sozialer Probleme und sozialer Kontrolle in institutionellen Kontexten, Wiesbaden

Maeder, Christoph/Nadai, Eva (2002): Die öffentliche Sozialhilfe zwischen Armutsverwaltung und Sozialarbeit – Eine soziologische Untersuchung sozialstaatlicher Intervention (Kurzfassung zuhanden des Schweizerischen Nationalfonds). Rorschach/Olten

Maeder, Christoph/Nadai, Eva (2004): Organisierte Armut – Sozialhilfe aus wissenssoziologischer Sicht, Konstanz

Mayntz, Renate (1998): Soziologie der öffentlichen Verwaltung, Heidelberg

Marrs, Kira (2007): Ökonomisierung gelungen, Pflegekräfte wohlauf? In: WSI Mitteilungen, 9, S. 502–507

Mau, Kristina (2014): »Die Jungen werden bei uns eigentlich nicht mehr alt.« Die Veränderungen bei der Schweizer Post aus Sicht der Beschäftigten, in: Flecker/Schultheis/Vogel : Im Dienste öffentlicher Güter

Mau, Kristina/Wagner, Constantin (2014): Symbolische Kämpfe um die Anerkennung von Qualifikation und Kompetenz: Das Verhältnis von Ärzteschaft und
Pflegenden, in: Flecker/Schultheis/Vogel: Im Dienste öffentlicher Güter

Mau, Kristina/Pfeuffer, Andreas/Tschernitz, Maria/Wagner, Constantin (2014):
Transformationen der österreichischen, deutschen und schweizerischen Post:
Zu Fragmentierungsprozessen und deren Auswirkungen auf die Beschäftig-
ten, in: Flecker/Schultheis/Vogel: Im Dienste öffentlicher Güter

Maupassant, Guy de (1986): Fettklößchen, Stuttgart

McDonough, Patricia (2006): Habitus and the Practice of Public Service, in: Work,
Employment and Society, 20/4, S. 629–647

Moser, Peter (1991): Schweizerische Wirtschaftspolitik im internationalen Wettbewerb eine ordnungspolitische Analyse, Zürich

Pelizzari, Alessandro (2001): Die Ökonomisierung des Politischen. New Public Management und der neoliberale Angriff auf die öffentlichen Dienste, Konstanz

Perry, James L./Hondeghem, Annie (Hg.) (2009): Motivation in public management: the call of public service, Oxford/New York

Pfeuffer, Andreas/Gemperle, Michael (2013): Die Kodierfachkräfte. Eine Beschäftigtengruppe des Krankenhauses im Spannungsfeld zwischen medizinisch-
pflegerischen und betriebswirtschaftlichen Ansprüchen, in: Estermann/Page/
Streckeisen (Hg.), S. 95–114.

Pongratz, Hans J./Voß, G. Günter (2003): Arbeitskraftunternehmer. Erwerbs-
orientierungen in entgrenzten Arbeitsformen, Berlin

Rein, Kurt (1983): Einführung in die kontrastive Linguistik, Darmstadt

Rohde, Johann Jürgen (1974): Soziologie des Krankenhauses. Zur Einführung in
die Soziologie der Medizin, 2. Auflage, Stuttgart

Roth, Thomas (2008): Soziale Arbeit im Spannungsfeld zwischen Integration und
sozialer Kontrolle am Beispiel des sozialen Integrationsauftrages der öffentlichen Sozialdienste Internet: http://edoc.unibas.ch/728/1/DissB_8176.pdf

Sassnick Spohn, Frauke/Aregger, Othmar/Hohn, Michael/Monnin, Daniel/Schmid,
Walter (2005): Von der Armenpflege zur Sozialhilfe – Ein Jahrhundert SKOS &
ZeSo. Ein Lesebuch, Bern

Schmidt, Werner (2005): Industrielle Beziehungen, Interesse und Anerkennung.
Plädoyer für eine duale Perspektive, in: Industrielle Beziehungen, 12(1), S. 51–73

Schmidt, Werner/Müller, Andrea/Trittel, Nele (2011): Leistungsentgelt im öffentlichen Dienst: Intentionen, Wirkungen und Akzeptanz, in: Industrielle Beziehungen, 18(1-2), S. 78–98

Schröter, Eckhard/Wollmann, Hellmut (2005): New Public Management, in: Ban-
demer, Stephan v./Blanke, Bernhard/Wewer, Göttrik (Hg.): Handbuch zur
Verwaltungsreform, Opladen, S. 63–74

Schultheis, Franz (1997): Deutsche Verhältnisse im Spiegel französischer Verhältnisse, in: Bourdieu, Pierre (Hg.): Das Elend der Welt, Konstanz, S. 827–838

Schultheis, Franz/Schulz, Kristina (Hg.) (2005): Gesellschaft mit begrenzter Haftung, Konstanz

Schultheis, Franz/Vogel, Berthold/Gemperle Michael (Hg.) (2010): Ein halbes Leben, Konstanz

Schultheis, Franz (2012): Im Dienste öffentlicher Güter: Eine feldtheoretische Annäherung, in: Mittelweg 36 Heft 5/2012, S. 9–21

Schweizerische Post (2011): Gelb bewegt. Die Schweizerische Post ab 1960, Bern

Schweizerische Post (2012): Geschäftsbericht 2012. Zahlenspiegel

Schweizerische Sanitätsdirektorenkonferenz SDK/Schweizerisches Rotes Kreuz SRK: Diplomausbildungen im Gesundheitsbereich – ausgewählte Daten und Fakten, Juli 2003. Internet: www.redcross.ch/data/info/pubs/pdf/redcross_105_de.pdf

Simon, Michael (2007a): Das deutsche DRG-Fallpauschalensystem: Kritische Anmerkungen zu Begründungen und Zielen, in: Jahrbuch für Kritische Medizin und Gesundheitswissenschaften, Bd. 44, Geld als Steuerungsmedium im Gesundheitswesen, S. 41–63

Simon, Michael (2007b): Stellenabbau im Pflegedienst der Krankenhäuser: Eine Analyse der Entwicklung zwischen 1991 und 2005. Veröffentlichungsreihe der Evangelischen Fachhochschule Hannover, P07-001

Simon, Michael (2010): Das Gesundheitssystem in Deutschland. Eine Einführung in Struktur und Funktionsweise, 3. Aufl., Bern

Sofsky, Wolfgang/Paris, Rainer (1994): Figurationen sozialer Macht. Autorität – Stellvertretung – Koalition, Frankfurt a. M.

Spiegel online (14.6.2012): Krankenhaus-Report 2012. Deutschland droht ein Kliniksterben

Staub-Bernasconi, Silvia (2007): Vom beruflichen Doppel — zum professionellen Tripelmandat. Wissenschaft und Menschenrechte als Begründungsbasis der Profession Soziale Arbeit. Internet: www.zpsa.de/pdf/artikel_vortraege/StB-Soz-Arb-Tripelmandat.pdf

Vester, Michael (2004): Die Illusion der Bildungsexpansion. Bildungsöffnungen und soziale Segregation in der Bundesrepublik Deutschland, in: Krais, Beate/Engler, Steffani (Hg.): Das kulturelle Kapital und die Macht der Klassenstrukturen, Weinheim, S. 13–52

Vogel, Berthold (2009): Wohlstandskonflikte. Soziale Fragen, die aus der Mitte kommen, Hamburg

Vogel, Berthold (2012): Schrumpfende Zukunft. Warum sich die Soziologie für öffentliche Dienstleistungen interessieren muss, in: Mittelweg 36, Heft 5/2012, S. 3–8

Weber, Max (1922): Wirtschaft und Gesellschaft. Grundriß der verstehenden Soziologie, Tübingen

Weisbrod-Frey, Herbert (2012): Zehn Jahre diagnosebezogene Fallpauschalen in Kliniken, in: Soziale Sicherheit, 8-9, S. 285–292

Wikipedia: Pflegediagnose. Internet: http://de.wikipedia.org/wiki/Pflegediagnose

Willner, Tina-Maria: Vom Halbgott in Weiß zum Unternehmer: Chefärzte und die Ökonomisierung des Gesundheitswesens (unveröffentlichte Dissertation, Universität St. Gallen, 2013)

Kurzbiographien

Michael Gemperle, Dr., Soziologe, Visiting Fellow am Department of Sociology der London School of Economics and Political Science, Advanced Postdoc-Stipendiat des Schweizerischen Nationalfonds. Koordinator des internationalen Korrespondentennetzwerks der Fondation Pierre Bourdieu (St. Gallen) und Mitglied des Forschungskomitees Gesundheitssoziologie der Schweizerischen Gesellschaft für Soziologie. Von 2012 bis 2013 Lehrbeauftragter für Wirtschaftssoziologie an der Universität St. Gallen. Arbeitsschwerpunkte: Arbeitsorientierung und berufliche Wertvorstellungen, Sozialisation und Qualifikation in der Arbeitswelt, Politische Ökonomie der stationären Gesundheitsversorgung.

Kristina Mau, Soziologin/Politologin M.A., ist wissenschaftliche Angestellte am Seminar für Soziologie der Universität St. Gallen.

Andreas Pfeuffer, Soziologe/Historiker M.A., ist wissenschaftlicher Angestellter am Hamburger Institut für Sozialforschung.

Franz Schultheis ist Professor für Soziologie an der Universität St. Gallen und Präsident der Fondation Pierre Bourdieu.

Berthold Vogel, Prof. Dr., ist Soziologe am Hamburger Institut für Sozialforschung und seit 2011 Direktor des Soziologischen Forschungsinstituts (SOFI) an der Georg-August-Universität Göttingen. Berthold Vogel unterrichtet im Fachbereich Gesellschaftswissenschaften an der Universität Kassel und ist seit 2008 Lehrbeauftragter für Soziologie an der Universität St. Gallen. Arbeitsschwerpunkte: Politische Soziologie sozialer Ungleichheit, Wandel der Arbeitswelt, Theorie und Empirie des Wohlfahrtsstaates.

Constantin Wagner studierte Soziologie, Politikwissenschaft, Ethnologie und Religionswissenschaft an den Universitäten Frankfurt am Main und Genf. Zurzeit ist er Wissenschaftlicher Mitarbeiter an der Universität Frankfurt. Seine Forschungsinteressen, Publikationen und Interventionen beziehen sich auf soziale

In- und Exklusionsprozesse, kritische Rassismusforschung sowie den Themen-bereich Religion und Gesellschaft. Seit 2008 ist er freier Mitarbeiter des Instituts für Medienverantwortung, Erlangen.

Tina-Maria Willner studierte Wirtschaftswissenschaften an der Universität St. Gallen, wo sie in Soziologie promovierte. Zurzeit ist sie in der Privatwirtschaft tätig und Lehrbeauftragte an der Universität St. Gallen.

Gesellschaft der Unterschiede

*Tina Denninger, Silke van Dyk,
Stephan Lessenich, Anna Richter*
Leben im Ruhestand
Zur Neuverhandlung des Alters
in der Aktivgesellschaft

April 2014, 464 Seiten, kart., 29,99 €,
ISBN 978-3-8376-2277-5

Johanna Klatt, Franz Walter
Entbehrliche der Bürgergesellschaft?
Sozial Benachteiligte und Engagement
(unter Mitarbeit von David Bebnowski,
Oliver D'Antonio, Ivonne Kroll,
Michael Lühmann, Felix M. Steiner
und Christian Woltering)

2011, 254 Seiten, kart., 19,80 €,
ISBN 978-3-8376-1789-4

Hannes Krämer
Die Praxis der Kreativität
Eine Ethnografie kreativer Arbeit

August 2014, 422 Seiten, kart., 34,99 €,
ISBN 978-3-8376-2696-4

Leseproben, weitere Informationen und Bestellmöglichkeiten
finden Sie unter www.transcript-verlag.de

Gesellschaft der Unterschiede

Oliver Marchart
Die Prekarisierungsgesellschaft
Prekäre Proteste. Politik und Ökonomie
im Zeichen der Prekarisierung

2013, 248 Seiten, kart., 22,99 €,
ISBN 978-3-8376-2192-1

Oliver Marchart (Hg.)
Facetten der Prekarisierungsgesellschaft
Prekäre Verhältnisse. Sozialwissenschaftliche
Perspektiven auf die Prekarisierung von Arbeit
und Leben

2013, 224 Seiten, kart., 24,99 €,
ISBN 978-3-8376-2193-8

Monika Windisch
**Behinderung – Geschlecht –
Soziale Ungleichheit**
Intersektionelle Perspektiven

Oktober 2014, ca. 270 Seiten, kart., zahlr. Abb., ca. 29,99 €,
ISBN 978-3-8376-2663-6

**Leseproben, weitere Informationen und Bestellmöglichkeiten
finden Sie unter www.transcript-verlag.de**